Word, Excel & PowerPoint 2010 pour LES NULS

Dan Gookin, Greg Harvey & Doug Lowe

FIRST
Interactive

Word, Excel & PowerPoint 2010 pour les Nuls

Titre de l'édition originale : *Word, Excel & PowerPoint 2010 For Dummies*
Pour les Nuls est une marque déposée de Wiley Publishing, Inc
For Dummies est une marque déposée de Wiley Publishing, Inc

Collection dirigée par Jean-Pierre Cano
Édition : Pierre Chauvot
Traduction : Bernard Jolivalt et Philip Escartin
Maquette et illustration : MADmac

Edition française publiée en accord avec Wiley Publishing, Inc.

Éditions First-Gründ
60 rue Mazarine
75006 Paris
Tél. : 01 45 49 60 00
Fax : 01 45 49 60 01
e-mail : firstinfo@efirst.com
ISBN : 978-2-7540-2148-7
Dépôt légal : 4e trimestre 2010
Imprimé en Italie

Sommaire

Livre 1 : Word

Livre 2 : Excel

Introduction

Bienvenue dans *Word, Excel et PowerPoint 2010 pour les Nuls*, où vous allez découvrir les folies des deux logiciels bureautiques les plus en vogue !

Word, Excel et PowerPoint sont des programmes de grande taille, avec une histoire impressionnante. Il fait bien plus que traiter simplement du texte, des chiffres et des diapositives. Avez-vous besoin de tout savoir de ce qu'ils faont ? Non ! Il n'est pas nécessaire de tout savoir de Word pour s'en servir. Il y a une meilleure question : *voulez-vous* tout savoir sur eux ? Sans doute pas. Vous ne voudrez pas connaître toutes les options des commandes, ni toutes les fioritures, ni même toutes ces fonctions spéciales dont vous connaissez l'existence mais qui vous font peur. Tout ce que vous voulez, c'est la réponse à une question simple. Une fois que vous l'avez, vous pouvez fermer le livre l'esprit tranquille et vous mettre au travail. Si c'est bien ce que vous voulez, vous avez trouvé le livre qu'il vous faut.

Word, Excel et PowerPoint 2010 pour les Nuls expose aussi toutes les techniques fondamentales que vous devez connaître pour créer, modifier, mettre en forme et imprimer vos propres feuilles de calcul avec Excel 2010, créer des textes impeccables avec Word 2010 et impressionner votre auditoire avec PowerPoint 2010.

Ce livre est fait pour informer et pour amuser, et il a un sérieux problème avec le sérieux. Dans le fond, je n'ai pas l'intention de vous apprendre à aimer Word, Exel et PowerPoint. Attendez-vous plutôt à rencontrer des informations pratiques et utiles (dans une forme compréhensible) sur la manière d'accomplir une tâche.

À propos de ce livre

Je ne vous demande pas de lire ce livre de la première à la dernière page. Ce n'est pas un roman, et ça vaut mieux parce que s'il l'était je tuerais tout le monde à la fin et ce serait sinistre. Ce livre est plutôt une référence. Chaque chapitre traite d'une tâche ou d'un thème particulier, et vous y trouverez des sections autosuffisantes, chacune d'elles expliquant comment accomplir une tâche particulière ou obtenir un résultat. Vous pouvez ainsi rencontrer des sections comme :

- Enregistrer votre travail.
- Couper et coller un bloc.

- Aller rapidement où vous voulez.
- Aligner des paragraphes.

Il n'y a pas de clés à retenir, pas de codes secrets, pas de tours de passe-passe, pas de dioramas. Chaque section donne les explications nécessaires sur un sujet, comme si c'était la première chose que vous lisiez dans le livre. Je ne présuppose rien, et tout ce qui peut faire l'objet d'une référence croisée est indiqué. Les indications techniques sont signalées par une icône dans la marge, ce qui vous permet d'éviter de les lire si elles ne vous intéressent pas. Le principe est que rien ne vous oblige à tout apprendre. Ce livre est fait pour vous permettre de trouver facilement ce qui vous intéresse, comprendre comment ça marche et vous remettre au travail.

Comment utiliser ce livre

Pour accomplir quelque chose dans Word ou Excel, on utilise la souris et les menus, c'est-à-dire ce qu'on est en droit d'attendre sous Windows, bien que des *combinaisons de touches*, ou *raccourcis clavier* (plusieurs touches à presser ensemble ou l'une après l'autre), soient parfois nécessaires. Vous trouverez dans ce livre des raccourcis clavier et des commandes de menu.

Voici un raccourci clavier :

Ctrl+Maj+P

Il signifie que vous devez presser et maintenir enfoncées en même temps les touches Ctrl et Maj, appuyer sur la touche P, puis relâcher les trois.

Les commandes de menu sont indiquées de cette façon :

Fichier/Ouvrir

Cette commande signifie que vous devez ouvrir le menu Fichier (avec la souris ou avec le clavier), puis sélectionner la commande Ouvrir. Les lettres que vous voyez soulignées dans les menus sont les «touches d'activation» utilisées par Windows. Vous pouvez utiliser la combinaison de touches Alt+F pour accéder au F de Fichier, puis appuyer sur O (la touche Alt étant maintenue enfoncée) pour accéder au O de Ouvrir.

Notez que sous Windows vous aurez peut-être à appuyer d'abord sur la touche Alt (seule) pour activer les touches de commande des menus, pour utiliser ensuite celles-ci pour accéder aux commandes des menus et des boîtes de dialogue.

Si je décris un message ou un autre élément que vous voyez à l'écran, il pourra ressembler à ceci :

```
Le lecteur sélectionné n'est pas en service.
```

Si pour utiliser votre ordinateur vous avez besoin d'une aide supplémentaire ou d'une bonne référence générale, je me permets de vous conseiller mon livre, *le PC pour les Nuls*, publié par les Éditions First. Il contient de nombreuses informations utiles en plus de ce que vous trouverez dans ce livre.

Ce que vous n'avez pas forcément besoin de lire

Ce livre est truffé de sections techniques spéciales, encadrées et tramées. Elles contiennent des informations techniques aussi ennuyeuses qu'interminables, des descriptions de méthodes avancées ou de commandes alternatives qu'il n'est vraiment pas indispensable de connaître, bien qu'elles soient parfois utiles. La lecture de tout ce qui est indiqué de cette manière n'est pas indispensable.

Comment ce livre est organisé

Ce livre contient trois livrets principaux, chacun d'eux étant divisé en plusieurs chapitres. Les chapitres eux-mêmes sont divisés en sections modulaires, plus petites. Vous pouvez ouvrir le livre à n'importe quelle section, et la lire sans nécessairement connaître ce qui a déjà été traité dans le reste du livre. Vous pouvez commencer où vous voulez.

Les icônes utilisées dans ce livre

Cette icône signale des conseils ou des raccourcis utiles.

Cette icône est là pour vous rappeler de faire quelque chose.

ATTENTION Cette icône est là pour vous rappeler de ne pas faire quelque chose.

NOTE TECHNIQUE L'information distillée ici est d'ordre technique.

Livre 1

Word

Première partie

Bien le bonjour mister Word !

« J'ai écrit mon livre de cuisine dans Word car avec les autres programmes, les recettes ne marchaient pas. »

Dans cette partie...

Un jour, le poète Homère raconta *L'Iliade* à des Grecs très attentifs. L'un d'eux fut tellement pris par cette histoire qu'il s'écrira : « Ce récit est génial ! Si seulement nous pouvions le garder en mémoire ! »

Irrité par cette interruption, Homère répliqua : « Pourquoi ne pas l'écrire ? »

Les Grecs furent estomaqués.

Homère expliqua : « Je suis aveugle. Je dois donc tout mémoriser. Vous, vous voyez. Vous pouvez donc écrire ce que vous entendez. Bien entendu, ce serait super si je possédais un traitement de texte qui facilite la saisie des mots, leur mise en forme, et l'impression des pages. Mais cela ne sera inventé que dans quelques milliers d'années. Voici mon conseil : commencez par inventer un alphabet. Mieux encore, vous les Grecs, volez-en un. »

Et la longue quête commença. De l'alphabet grec aux tables de marbre en passant par le crayon, puis la machine à écrire, nous possédons désormais un outil exceptionnel : le logiciel de traitement de texte que je vous présente dans les chapitres de cette première partie.

Chapitre 1

Vue panoramique

Dans ce chapitre :

- Lancer Word.
- Lire l'écran de Word.
- Quitter Word (ou pas).

Écrire avec un ordinateur n'est plus aussi difficile qu'autrefois et il est bien moins exigeant que pouvait l'être la machine à écrire Ce chapitre est une introduction à Word 2010. Je vais entrebâiller la porte pour que vous jetiez un œil et que vous voyiez où vous mettez les pieds. Il n'y a rien d'effrayant ni de dangereux. En tout cas, rien de très dangereux. Peut-être simplement des choses qui vous sont un peu étrangères. Ce chapitre a pour but de vous les rendre familières.

Les portes d'accès à Word

Si vous avez déjà utilisé Word, vous avez peut-être remarqué qu'il y a généralement plus d'une manière de réaliser une opération quelconque. Vous avez également le choix entre plusieurs solutions pour lancer un programme.

Il y a probablement une bonne dizaine de manières différentes d'entrer dans Word. Je ne les présenterai pas toutes, seulement celles qui me semblent les meilleures et les plus évidentes.

Méthode classique pour lancer Word

La manière la plus fiable de lancer Word est encore d'utiliser le bon vieux bouton Démarrer de Windows. Suivez ces étapes :

1. **Cliquez sur le bouton Démarrer.**

   À l'aide de la souris, cliquez sur ce bouton situé dans le coin inférieur gauche de l'interface de Windows.

2. **Sélectionnez Tous les programmes/Microsoft Office/Microsoft Word 2010.**

Contemplez avec admiration votre ordinateur réagir à votre demande. Word apparaît enfin sur l'écran. Il a l'air d'un parent éloigné arrivant en retard à un dîner de famille avec une bouteille de champagne bon marché à la main pour se faire pardonner.

La meilleure manière de lancer Word

Ma manière favorite de lancer Word consiste à utiliser une icône de raccourci placée sur le *Bureau* (le Bureau est le fond de l'écran quand vous utilisez Windows), ou à cliquer sur un bouton dans la palette de la Barre des tâches de Windows 7.

1. **Localisez l'icône de Word dans Tous les programmes ou le dossier Microsoft Office.**

   Ne lancez pas Word maintenant ! Placez simplement le pointeur de la souris sur l'icône de Word.

2. **Cliquez du bouton droit de la souris sur ladite icône.**

   Un sous-menu apparaît.

3. **Cliquez sur Épingler à la Barre des tâches.**

   Et voilà ! Une icône de Word est maintenant affichée sur la Barre des tâches.

Vous pouvez maintenant utiliser cette icône pour lancer Word sans avoir à passer par le menu Démarrer.

Démarrer Word en ouvrant un document

Tout document Word est un fichier stocké sur le disque dur de votre ordinateur. Comme tout fichier, il est identifié par une icône. Chaque fois que vous double-cliquez sur cette icône, le document correspondant s'ouvre directement dans Word. Voici comment procéder :

1. **Double-cliquez sur le dossier Mes documents.**

   Le dossier Mes documents est l'emplacement de stockage par défaut de vos fichiers Word.

2. **Localisez un document Word.**

Il s'identifie par l'icône d'une feuille cornée sur laquelle est imprimé un W bleu.

3. **Double-cliquez sur l'icône du document Word.**

Cette action démarre Word dans lequel s'affiche le document. Au travail !

Word à l'écran

Comme n'importe quel autre programme, Word apparaît à l'écran dans sa propre fenêtre totalement relookée. Regardez la Figure 1.2 : Word a subi un lifting généreux qui révolutionne notre approche ancestrale du traitement de texte.

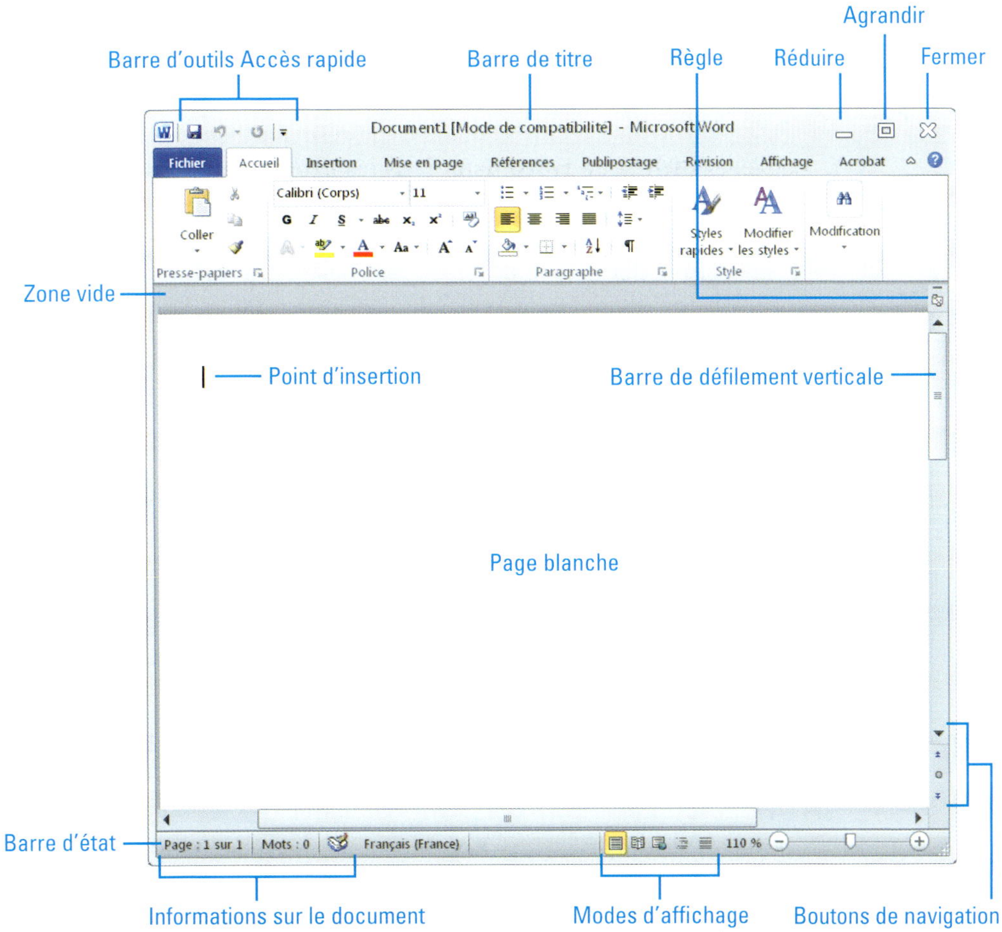

Figure 1.1 : Attaquer Word de front.

La Figure 1.2 détaille le contenu du Ruban de Word 2010.

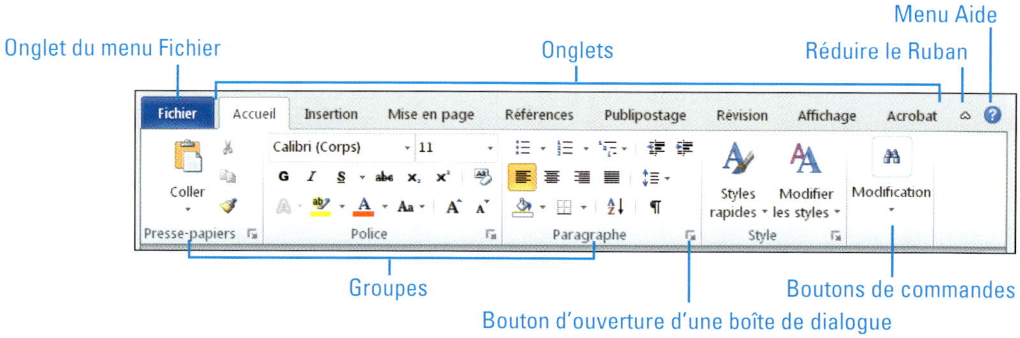

Figure 1.2 : Le Ruban.

Les détails du fonctionnement de cette fenêtre seront étudiés tout au long de ce livre. Reportez-vous à l'index pour localiser les sujets qui attisent votre curiosité.

- La première fois que vous entrez dans Word, quelques questions peuvent vous être posées : votre nom, vos initiales, la configuration de la sécurité de Word et des options de mises à jour de Microsoft. Je recommande ces fameux *updates*.

- Juste après avoir lancé Word, je choisis d'agrandir la fenêtre afin qu'elle occupe tout l'écran. Pour cela, cliquez sur le bouton Agrandir dans le coin supérieur droit de la fenêtre (celui du milieu). Si la fenêtre a déjà la taille maximale, ce bouton contient deux carrés superposés. Dans ce cas, il est inutile de cliquer dessus.

- La taille de la fenêtre de Word affecte le nombre de boutons de commandes visibles dans le Ruban. Plus la fenêtre est grande et plus vous voyez de boutons.

Autour de la fenêtre de Word

Autour de la zone d'affichage du texte, vous pouvez voir toutes sortes de boutons, listes déroulantes et menus, dont certains, je vous l'accorde, seraient plus attirants s'ils étaient comestibles. Un des avantages avec Word et que vous avez la possibilité de personnaliser tout cela (mieux vaut savoir de quoi il s'agit avant d'envisager de changer quoi que ce soit) :

- **La barre de titre** est l'endroit où apparaît `Document 1 - Microsoft Word` jusqu'à ce que vous ayez enregistré votre document sur le disque (voir le Chapitre 8).

- **L'onglet Fichier** remplace le bouton Office introduit par Word 2007. Cliquez sur cet onglet pour accéder à une liste de commandes qui gèrent vos documents.
- **Le Ruban** regroupe les différentes commandes et fonctions de Word. Ils apparaissent et disparaissent selon le travail effectué dans le programme. Le Ruban se divise en onglets (Figure 1.2) qui contiennent des groupes de fonctions.
- **La règle** permet de définir les marges et les tabulations. Elle peut être ou non visible.

Au-dessous de la zone d'affichage du texte, figurent trois éléments :

- **Les informations sur le document** répertorient des données spécifiques mais facultatives à propos de votre document.
- **Les boutons d'affichage**, situés à gauche de la barre de défilement horizontale, permettent de contrôler l'affichage de votre document.
- **Le zoom** détermine la taille d'affichage du document à l'écran sans incidence sur sa taille d'impression bien évidemment. (Pour plus de détails sur le zoom, consultez le Chapitre 29).

- Contrairement aux précédentes versions de Word, les onglets, les groupes, et les boutons de commande ne peuvent pas être personnalisés ou redimensionnés. Vous pouvez uniquement personnaliser la barre d'accès rapide (voir la Figure 1.1). Ceci est traité au Chapitre 29.

La page blanche sur laquelle vous écrivez

Pour écrire dans Word, le point de départ est le point d'insertion clignotant. C'est ce I clignotant dans votre texte qui montre à quel endroit apparaîtra à l'écran ce que vous allez taper avec le clavier.

- **Page :** Cliquez sur ce bouton pour afficher la page telle qu'elle s'imprimera. Les images, les graphiques, et toutes autres sortes d'éléments sont visibles. Vous voyez les bords de la page et un espace vide entre chaque page.

- **Brouillon :** Cliquez sur ce bouton pour afficher la page dans le mode préféré des rédacteurs. Vous n'êtes embarrassé par rien d'autre que le texte. Dans ce mode, vous voyez le texte mais pas les graphiques fantaisistes, les colonnes, les en-têtes, les pieds de page, c'est-à-dire toutes ces choses qui apparaissent en mode Page.

Vous pouvez aussi afficher votre document en mode Lecture plein écran, Web, et Plan.

Passez d'une vue à une autre en cliquant sur un des boutons d'affichage situé dans le coin inférieur droit de la fenêtre de Word (Figure 1.1).

- En mode Brouillon, chaque séparation de page est identifiée par une ligne horizontale. Ce n'est pas le cas en mode Page où les pages sont séparées par un espace vide. En mode Brouillon, sous le point d'insertion, vous observez la présence d'un épais trait noir. Il désigne la fin du document.
- Le mode Brouillon se nommait *Normal* dans les précédentes versions de Word.

Le pointeur de la souris dans Word

Le traitement de texte est affaire de clavier. Cependant, dans certaines circonstances, la souris est d'une grande aide. Dans Word, vous utiliserez le pointeur de la souris pour choisir des commandes et vous déplacer dans le texte à modifier. Le pointeur change d'aspect selon la tâche effectuée dans le programme :

- Pour saisir ou modifier du texte, il prend la forme d'un I majuscule appelé point d'insertion.
- Pour choisir des éléments, le pointeur standard est utilisé.
- Pour sélectionner des lignes de texte, un autre pointeur standard est affiché.

En mode Page, le pointeur peut prendre la forme du *cliquer-taper*. Des lignes apparaissent à gauche et à droite, et sous le curseur. Pour plus d'informations sur le cliquer-taper, consultez le Chapitre 32.

TRUC

- Vous pouvez utiliser le pointeur de la souris pour connaître la fonction d'un bouton : placez le pointeur sur ce dernier, en quelques secondes une info-bulle apparaît sous le pointeur indiquant la fonction de l'élément désigné.
- Le Chapitre 4 explique comment utiliser le pointeur de la souris pour déplacer le point d'insertion, permettant ainsi de modifier différentes parties de votre texte.

Lorsque vous avez fini

L'un des aspects importants du savoir-vivre est de trouver à quel moment prendre congé. Parfois, il est même préférable de ne pas se montrer. Mais Word se fiche complètement de ces considérations. Une fois que vous avez saisi ce que vous aviez à écrire, le moment est venu de quitter Word.

Quitter Word

Lorsque vous avez fini de travailler dans un logiciel de traitement de texte, quittez le programme ! Cette opération revient un peu à fermer un livre et à le ranger dans une bibliothèque. En informatique, voici comment les choses se déroulent :

1. **Cliquez l'onglet Fichier.**

   Le contenu de cet onglet apparaît sur la gauche de l'interface.

2. **Cliquez sur la commande Quitter.**

   Word disparaît de l'écran.

   Avant de se fermer, Word vous prévient toujours : si vous avez un fichier ouvert non enregistré depuis les dernières modifications, il vous propose de l'enregistrer. Vous voyez apparaître un avertissement sur l'écran, semblable à celui de la Figure 1.3.

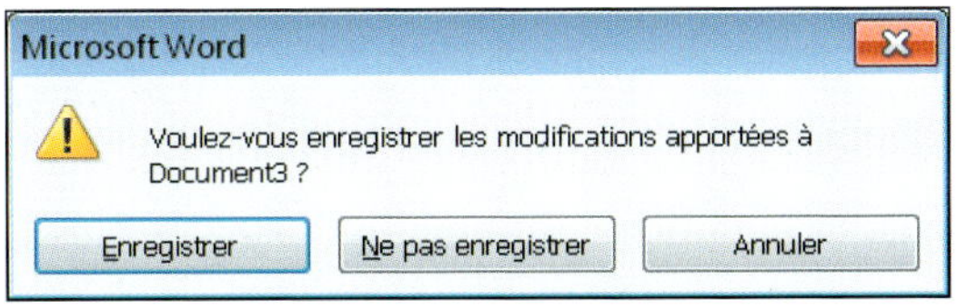

Figure 1.3 : Il est préférable de cliquer sur Enregistrer.

- Si vous ne voulez pas conserver ce que vous venez de taper, cliquez sur Ne pas enregistrer.
- Consultez le Chapitre 8 pour savoir comment récupérer un document dont l'enregistrement a échoué.
- Si vous changez d'avis, vous pouvez cliquer sur Annuler pour abandonner la commande Quitter, et retourner dans Word.
- Inutile de quitter Word pour modifier un autre document (reportez-vous pour cela à la prochaine section).

Chapitre 2

Le clavier, mon ami

Dans ce chapitre :

- Identifier le clavier d'un PC.
- Conseils pour taper.
- Utiliser la barre d'espace.
- Utiliser la touche Entrée.
- Retour arrière et Suppression.
- Observer la barre d'état.
- Marquer l'espace entre les pages.

Malgré la souris, Word est avant tout un programme qui requiert le clavier. Pour profiter au maximum de Word, vous devez bien le maîtriser. Cela signifie que vous devez non seulement savoir où se trouvent les touches, mais aussi comment les utiliser et/ou les associer pour obtenir l'action désirée. Ce chapitre livre tous ces secrets.

Un coup d'œil à votre clavier

Le plus court chemin pour aller de votre cerveau à un document Word est de descendre le long de votre bras et d'atteindre vos doigts posés sur le clavier. Il vous aide alors à saisir du texte, à le modifier, et à utiliser différentes commandes qui améliorent votre productivité.

La Figure 2.1 présente le clavier type d'un PC, tel qu'il est utilisé au début du troisième millénaire.

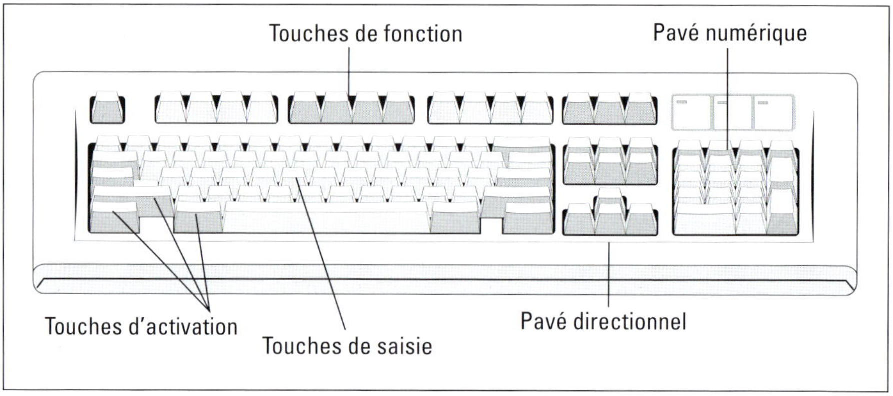

Figure 2.1 : Les célèbres atouts du clavier du PC.

Remarquez que le clavier est divisé en zones distinctes, chacune ayant une fonction particulière. Dans Word, vous pouvez utiliser chaque touche de ces différents groupes, soit seule, soit en combinaison avec d'autres touches :

- **Les touches de fonction :** ces touches, de F1 à F12, sont situées dans la rangée supérieure du clavier. Elles peuvent être utilisées seules ou en combinaison avec les touches Ctrl, Alt et Maj.
- **Les touches de saisie :** ce sont les touches alphanumériques standard que l'on trouve sur toutes les machines à écrire. De A à Z et de 0 à 9, plus les symboles et autres caractères « exotiques ».
- **Les touches directionnelles :** ces touches permettent de déplacer le curseur en forme de I sur l'écran. On trouve également les touches Début, Fin, PgPr (Page précédente), PgSv (Page suivante), Insertion et Suppression, sans oublier les touches Plus et Moins du pavé numérique.
- **Pavé numérique :** la double fonction de chaque touche est évidente, puisqu'on y voit apparaître un chiffre et un symbole. Ainsi, en fonction du verrouillage ou non du pavé numérique, soit vous saisissez des chiffres, soit vous déplacez le point d'insertion, les touches devenant alors des flèches directionnelles. Le voyant lumineux associé à la touche Verrouillage numérique indique que le pavé numérique est actif (il permet de saisir des chiffres). Si le voyant n'est pas allumé, ce sont les touches directionnelles qui sont actives.
- **Les touches d'activation :** ces touches, Maj, Ctrl et Alt, utilisées seules ne font rien de spécial, il faut les combiner avec d'autres touches.

Voici quelques touches élémentaires :

- **Entrée :** indiquée par le mot Entrée et parfois identifiée par une flèche coudée pointant vers la gauche (↲), cette touche permet d'ajouter un paragraphe dans votre texte.
- **Echap :** la touche « échappe » n'exécute pas vraiment une action dans Word. Toutefois, lorsqu'une boîte de dialogue apparaît, il suffit d'appuyer sur cette touche pour la fermer sans exécuter la moindre commande. Cela revient à cliquer sur le bouton Annuler de ladite boîte.
- **Barre d'espace :** c'est la seule touche sur laquelle n'apparaît aucun symbole. Elle permet d'insérer des espaces dans le texte.
- **Tab :** insère un caractère de tabulation, qui aligne le texte auquel il s'applique sur le repère de tabulation suivant. C'est une touche de mise en forme intéressante et d'usage parfois délicat (mais très précisément décrite au Chapitre 12).
- **Retour arrière :** c'est votre touche de retour en arrière et d'effacement. Très pratique.
- **Suppression :** souvent nommée Suppr, elle efface le caractère qui se trouve juste après le curseur, et ne fait donc pas revenir en arrière celui-ci. Nous en dirons plus à son sujet au Chapitre 5.

Presser les touches

Quand je dis « appuyez sur la touche Entrée », regardez votre clavier, fixez la touche Entrée droit dans les yeux, appuyez dessus, puis relâchez-la. Physiquement, c'est un effort très raisonnable, et comme beaucoup de claviers font entendre un clic quand vous appuyez sur une touche, vous aurez l'impression de taper sur une machine à écrire, et vous pourrez vous prendre pour un bon vieil auteur de romans policiers.

Taper sur le clavier

Oubliez tous les gadgets et les trucs amusants. La majeure partie du temps que vous allez passer dans Word va être consacrée à taper.

Popopoc, popopoc, popopoc.

Allez-y, tapez ! Laissez vos doigts danser sur les touches ! Tout ce que vous frappez apparaît sur l'écran, caractère par caractère, même si cela consiste à dire du mal de votre ordinateur (votre PC s'en moque, mais n'en concluez pas que Word manque de sensibilité).

Suivre le curseur qui clignote

La clé d'une bonne saisie dans Word est de ne pas perdre des yeux le point d'insertion. Il a l'aspect d'une barre verticale qui clignote :

|

Le texte que vous tapez vient s'insérer juste avant le curseur clignotant. Vous pouvez par exemple taper ceci :

```
L'agriculture est le plus vieux métier du monde.
```

Pour modifier cette phrase, placez le point d'insertion juste après « le ». Tapez une espace, puis le texte suivant :

```
second
```

Le nouveau texte est inséré au fur et à mesure que vous le saisissez, et tout ce qui se trouve après lui est décalé en conséquence vers la droite (et éventuellement sur la ligne suivante) pour faire de la place.

Nous obtenons donc la nouvelle phrase :

```
L'agriculture est le second plus vieux métier du monde.
```

Le Chapitre 4 traite en détail du déplacement du point d'insertion.

Quand appuyer sur la barre d'espace ?

La *barre d'espace* sert à insérer des espaces entre les mots ou les phrases. Sanselleletexteseraitdifficileàlire.

La seule chose exaspérante avec la barre d'espace est que beaucoup trop de gens s'en servent pour essayer d'aligner des colonnes ou pour mettre du texte en retrait. Non ! Vous ne devez appuyer sur la barre d'espace qu'une seule fois entre chaque mot !

- Pour insérer des espaces entre les mots et les phrases, utilisez la barre d'espace.
- Il est inutile de mettre plus d'une espace entre deux phrases. Chaque fois que vous pensez avoir besoin de plus d'une espace, par exemple pour disposer du texte dans des colonnes ou pour aligner du texte, utilisez plutôt la touche Tab (voyez le Chapitre 12).

Les touches Retour arrière et Suppression

Si vous faites une faute de frappe ou toute autre erreur typographique, appuyez sur la touche Retour arrière du clavier. Elle permet de supprimer le ou les caractères situés à gauche du point d'insertion. Pour supprimer ceux situés à sa droite, appuyez sur la touche Suppr.

- Pour plus d'informations sur l'effacement du texte avec les touches Retour arrière et Suppr, consultez le Chapitre 4.
- La touche Retour arrière se nomme ainsi car elle agit sur les caractères situés derrière le point d'insertion. Cette touche est bien plus puissante que sur une machine à écrire car elle revient en arrière tout en effaçant les caractères.
- N'OUBLIEZ PAS — Pour déplacer le point d'insertion vers l'arrière sans effacer de caractère, appuyez sur la touche fléchée gauche du pavé directionnel.

Quand appuyer sur la touche Entrée ?

N'appuyez sur la touche Entrée que lorsque vous avez atteint la fin d'un paragraphe.

Contrairement à la saisie totale d'un texte sur une machine à écrire, un programme de traitement de texte concerne les mots et les paragraphes. Il est essentiel d'indiquer à Word la fin d'un paragraphe. Et la ligne de texte ? Pas de problème ! Word la crée automatiquement quand il arrive en fin de ligne. En d'autres termes, saisissez au kilomètre, car Word créera autant de lignes qu'en nécessite votre texte. En revanche, appuyez sur la touche Entrée pour créer un nouveau paragraphe.

À titre d'exemple, tapez le texte suivant (tapez-le d'un bout à l'autre, sans jamais appuyer sur la touche Entrée) :

```
Dans le but de trouver les meilleurs virtuoses du clavier de la
galaxie, la Fédération vient d'embaucher l'instructeur de première
classe Maxime Kornhieser. Dans ses recherches à travers la galaxie,
M. Kornhieser a presque trouvé les candidats parfaits : avec leurs
douze doubles doigts à chaque main, les Doublezons de Plantax 9
sont capables de taper à une vitesse vertigineuse. Hélas, ils sont
dépourvus de toute colonne vertébrale, et M. Kornhieser les a
disqualifiés pour position non réglementaire.
```

Avez-vous remarqué comment le texte *passe à la ligne suivante* ? Ce qui dépasse la fin d'une ligne passe automatiquement à la ligne. Pas de « ding ! », et pas la peine d'appuyer sur Entrée à la fin de chaque ligne. N'appuyez sur Entrée qu'à la fin d'un paragraphe.

- Cette fonction s'appelle *retour à la ligne automatique*.
- Pour marquer la fin d'un paragraphe, certains appuient deux fois sur la touche Entrée, et certains une fois. Si vous voulez un espace plus grand entre les paragraphes, il est préférable d'utiliser les commandes de mise en forme de paragraphe de Word, que je décris au Chapitre 11.
- Si vous voulez mettre en retrait le paragraphe suivant, appuyez sur la touche Tab après avoir appuyé sur la touche Entrée.

TRUC

- Si vous appuyez sur la touche Entrée au milieu d'un paragraphe déjà existant, Word crée un nouveau paragraphe. Le texte placé avant le curseur constitue un paragraphe, de même pour le texte placé après.

Faire correctement ses 1 et ses 0, ses L et ses O

N'OUBLIEZ PAS

Si vous vous êtes formé à la machine à écrire c'est que vous avez une quarantaine d'années ! Passer au traitement de texte n'est pas un défi, c'est une adaptation très facile à faire. Voici quelques conseils :

- N'utilisez pas le L minuscule ou le I majuscule pour vos chiffres. Appuyez sur le 1.
- N'utilisez pas le O (lettre) pour vos zéros. Appuyez sur la touche 0 (zéro).

Je sais qu'il est difficile de perdre ses habitudes. Cependant, en informatique, l'exactitude est de mise !

Touches rémanentes !

Vos doigts ne suivent pas toujours le mouvement de votre esprit, ou du moins son rythme. Alors que vous appuyez sur la touche Maj, vous voyez surgir le message « touches rémanentes ! ». En effet, si vous pressez cinq fois de suite Maj, Ctrl, ou Alt, vous activez la fonction Touches rémanentes de Windows 7. C'est un outil qui permet de mieux utiliser le clavier d'un ordinateur. Mais voilà, cette attitude de Windows vous perturbe.

Ne paniquez pas ! Il est très facile de désactiver les touches rémanentes sous Windows 7 : ouvrez le Panneau de configuration et cliquez sur Options d'ergonomie. Dans la fenêtre qui apparaît, cliquez sur le lien Modifier le fonctionnement de votre clavier. Là, décochez l'option Activer les touches rémanentes. Cliquez sur OK. Vous ne serez plus jamais ennuyé.

Choses à remarquer pendant que vous tapez

Il se passe beaucoup de choses intéressantes pendant que vous saisissez du texte, dont certaines peuvent vous intriguer, d'autres vous agacer, et d'autres encore vous consterner.

Le côté gauche de la barre d'état

On l'appelle *barre d'état* car elle donne des informations sur l'état d'avancement de votre document au fur et à mesure que vous tapez, comme représenté sur la Figure 2.2.

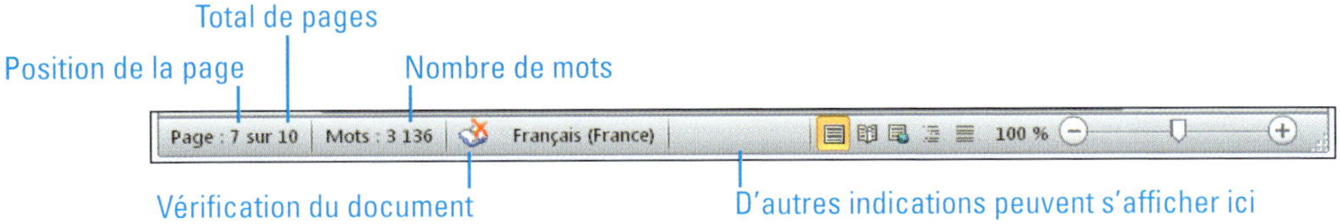

Figure 2.2 : Les éléments de la barre d'état qui évoluent.

Le type d'informations affichées dépend de la configuration de Word.

- La barre d'état affiche des informations lorsque vous ouvrez un document, comme son nom et le nombre de caractères. Cette information disparaît d'ailleurs très rapidement.
- Lorsqu'un document est en cours d'enregistrement, la barre d'état en montre la progression. Souvent, l'enregistrement est si rapide que vous n'avez pas le temps de la voir.

La vie secrète des pages

Pour vous permettre de savoir où commence la page suivante, Word vous offre deux indices visuels selon l'*affichage* en cours.

En mode Page (qui montre la présentation véritable de la page telle qu'elle sera imprimée), les contours des pages apparaissent à l'écran. La Figure 2.3 illustre cette séparation entre deux pages. Les pages sont blanches, et l'espace qui les sépare est gris-bleu.

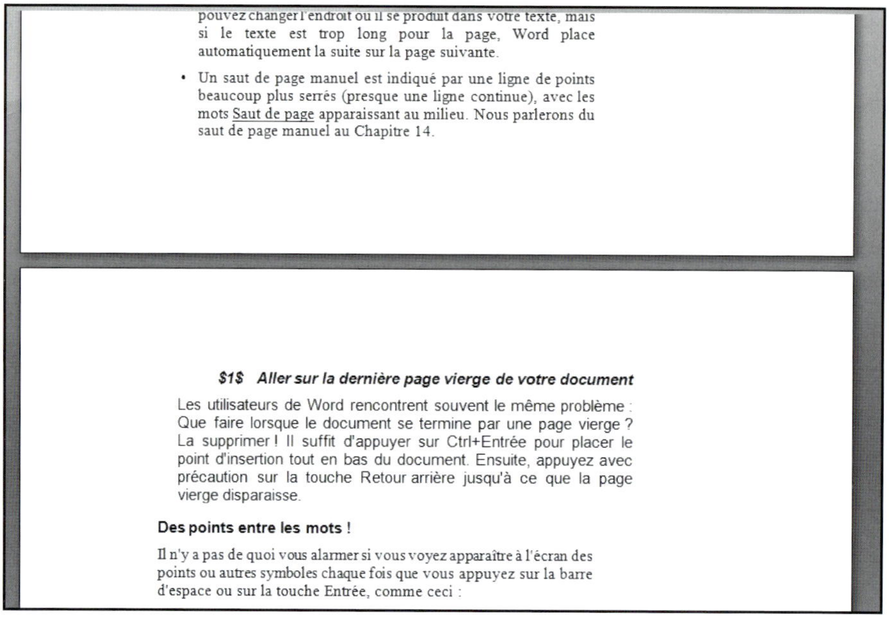

pouvez changer l'endroit où il se produit dans votre texte, mais si le texte est trop long pour la page, Word place automatiquement la suite sur la page suivante.

- Un saut de page manuel est indiqué par une ligne de points beaucoup plus serrés (presque une ligne continue), avec les mots Saut de page apparaissant au milieu. Nous parlerons du saut de page manuel au Chapitre 14.

1 Aller sur la dernière page vierge de votre document

Les utilisateurs de Word rencontrent souvent le même problème : Que faire lorsque le document se termine par une page vierge ? La supprimer ! Il suffit d'appuyer sur Ctrl+Entrée pour placer le point d'insertion tout en bas du document. Ensuite, appuyez avec précaution sur la touche Retour arrière jusqu'à ce que la page vierge disparaisse.

Des points entre les mots !

Il n'y a pas de quoi vous alarmer si vous voyez apparaître à l'écran des points ou autres symboles chaque fois que vous appuyez sur la barre d'espace ou sur la touche Entrée, comme ceci :

Figure 2.3 : La séparation entre deux pages en mode Page.

En mode Brouillon, que j'utilise volontiers moi-même, chaque saut de page apparaît comme une colonne de fourmis traversant l'écran. *Ne leur faites pas de mal !*

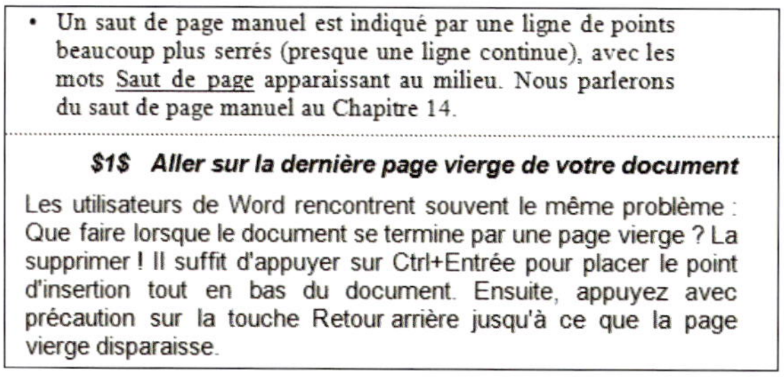

- Un saut de page manuel est indiqué par une ligne de points beaucoup plus serrés (presque une ligne continue), avec les mots Saut de page apparaissant au milieu. Nous parlerons du saut de page manuel au Chapitre 14.

1 Aller sur la dernière page vierge de votre document

Les utilisateurs de Word rencontrent souvent le même problème : Que faire lorsque le document se termine par une page vierge ? La supprimer ! Il suffit d'appuyer sur Ctrl+Entrée pour placer le point d'insertion tout en bas du document. Ensuite, appuyez avec précaution sur la touche Retour arrière jusqu'à ce que la page vierge disparaisse.

Voilà comment se présente un saut de page en mode Brouillon. Le texte que vous voyez au-dessus des fourmis (les points) est dans la page précédente, et le texte que vous voyez au-dessous est dans la page suivante.

Des points entre les mots !

Il n'y a pas de quoi vous alarmer si vous voyez apparaître à l'écran des points ou autres symboles chaque fois que vous appuyez sur la barre d'espace ou sur la touche Entrée, comme ceci :

```
Ceci·peut·être·très·agaçant.
```

Ce qui se produit est simplement que Word affiche les caractères *non imprimables*. Word utilise différents symboles pour représenter les choses que vous ne voyez pas en temps normal : les espaces, les tabulations et la touche Entrée.

À quoi ça sert ? En affichant les caractères non imprimables, vous pouvez facilement identifier des choses qui perturbent votre mise en forme, mais qui seraient difficiles à voir autrement. Par exemple, deux taquets de tabulation sur une même ligne peuvent désorganiser votre texte. La seule manière de savoir qu'il y a deux tabulations sur une ligne est d'afficher les caractères non imprimables.

- Pour masquer les caractères non imprimables, appuyez sur la combinaison de touches Ctrl + Maj + 8 (pour les faire réapparaître, effectuez cette même combinaison). Utilisez le 8 du clavier principal et non celui du pavé numérique.

- Vous pouvez aussi cliquer sur le bouton illustré ci-contre pour afficher ou masquer les caractères non imprimables.
- Ces symboles apparaissent à l'écran, mais pas dans le document imprimé.

Soulignements et ondulations

Il est simple comme bonjour de souligner du texte dans Word. Le Chapitre 10 vous dit tout à ce sujet. Il arrive aussi que Word souligne lui-même certaines choses, en rouge, en vert ou en violet, avec des ondulations ou des pointillés. Ces soulignements servent à vous avertir de certaines particularités du texte concerné.

Ondulations rouges : les fautes d'orthographe sont signalées par un soulignement ondulé rouge, quand la vérification d'orthographe au cours de la frappe est en action. Reportez-vous au Chapitre 7.

Ondulations vertes : les fautes de grammaire sont signalées par un soulignement ondulé vert. Ces indications sont parfois intempestives. Consultez le Chapitre 7.

Ondulations bleues : souligne une importante erreur grammaticale. Ici encore, voir le Chapitre 7.

Points violets : la fonction balises actives utilise des pointillés violets pour mettre en évidence des informations comme les noms, les dates, les lieux, et des données similaires qui peuvent être partagées par d'autres programmes Microsoft Office.

Soulignements bleus : Word souligne en bleu les adresses de pages Web. Pour accéder à la page, appuyez sur Ctrl et cliquez sur le *lien*.

Textes et soulignements en couleur : lorsque votre texte s'affiche en couleur et souligné, ou bien barré, je présume que vous n'avez pas configuré les options de mise en forme, ou que vous les avez modifiées sans vous en rendre compte. Je suppose également que, sans le savoir, vous avez activé la fonction de *Suivi des modifications*.

Deuxième partie

Les bases du traitement de texte

« On peut même insérer des cliparts ! »

Dans cette partie…

Word est un programme imposant dont il est difficile de mémoriser toutes les fonctionnalités. Essayez ! Migraine et explosion des neurones en résulteront. La sagesse commande une autre méthode de formation.

Si vous lisez ce livre, vous constaterez que votre utilisation quotidienne de Word se limite à quelques fonctions clés assez faciles à maîtriser dès lors que l'on possède la bonne méthode pour cela. Cette partie va étudier les choses essentielles à connaître pour s'en sortir correctement avec Word.

Chapitre 3

Au sein du document

Dans ce chapitre :

- Utiliser les barres de défilement.
- Déplacer le point d'insertion.
- Se déplacer avec des raccourcis clavier.
- Naviguer avec les boutons de navigation.

Écrire signifie souvent *réécrire*, ce qui veut dire que bien des fois on ne fait que relire son document pour le modifier.

Heureusement, Word dispose de commandes de base des mouvements du curseur qui vous permettent de faire défiler votre texte, de le relire ou de le modifier, beaucoup plus facilement qu'en faisant tourner un rouleau. Voilà de l'action, du mouvement et du sport !

Faire défiler un document

L'écran d'un ordinateur et la fenêtre de Word ne sont pas assez grands pour exposer la totalité de vos documents. Donc, pour parcourir leur contenu, vous devez utiliser la souris et *la barre de défilement verticale*.

La barre de défilement verticale

Sur le côté droit de votre document, vous apercevez la barre de défilement verticale (Figure 3.1). Elle fonctionne comme n'importe quelle autre barre de ce type d'un programme Windows :

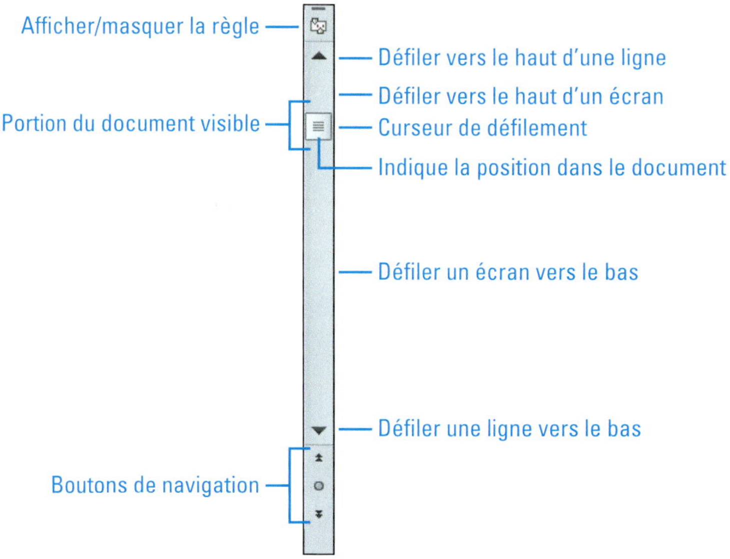

Figure 3.1 : Décrypter la barre de défilement verticale.

- Cliquez sur les deux boutons situés en haut et en bas de la barre de défilement pour faire défiler le contenu de votre document vers le haut ou le bas. Le document défile à la cadence d'une ligne de texte par clic.
- Un *curseur de défilement* apparaît sur la barre. Cliquez dessus et, sans relâcher le bouton de la souris, faites-le monter ou descendre pour parcourir le document.
- Vous pouvez cliquer au-dessus ou en dessous du curseur de défilement pour parcourir le document à la cadence d'un écran par clic.

La taille du curseur de défilement indique la partie du document que vous pouvez voir à l'écran. Lorsque le curseur est invisible ou désactivé, tout le document est visible. Sinon, sachez que plus ce curseur est petit, plus le document est grand.

La position du curseur de défilement sur sa barre permet de savoir à peu près où vous vous situez dans le document. Quand il est en haut de la barre de défilement, vous savez que vous êtes tout proche du haut de la page. *A contrario*, lorsque le curseur de défilement se trouve à proximité du bas, vous êtes proche de la fin du document.

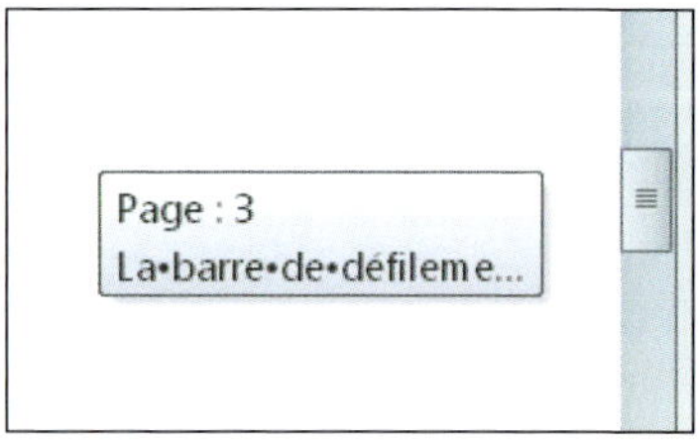

Figure 3.2 : Des informations sur le numéro de la page et le titre en cours.

Lorsque vous faites glisser le curseur de défilement, certaines informations s'affichent. Ainsi, sur la Figure 3.2, le numéro de la page visible ainsi que le titre de la section (qui se situe au niveau du curseur de défilement) s'affichent.

Parcourir ainsi le document ne déplace pas le point d'insertion. Si vous commencez à taper, ne soyez pas surpris d'atteindre instantanément l'emplacement actuel du point d'insertion.

N'OUBLIEZ PAS

- Faire défiler le contenu d'un document ne déplace pas le point d'insertion.
- Reportez-vous à la section Utiliser les boutons de navigation, plus loin dans ce chapitre, pour obtenir des informations complémentaires sur ces boutons localisés sous la barre de défilement verticale.

La barre de défilement horizontale

La barre de défilement horizontale apparaît juste au-dessus de la barre d'état, c'est-à-dire dans la partie inférieure de la fenêtre de Word. Elle ne s'affiche que si le document est trop large pour occuper toute la fenêtre. Grâce à elle, vous naviguez sur la largeur du document.

Utiliser la souris pour vous déplacer

Si votre PC est équipé d'une souris à molette, comme la souris IntelliMouse de Microsoft, vous pouvez faire défiler votre document en l'utilisant :

- Pour faire défiler votre document vers le haut ou vers le bas, faites tourner la molette dans l'une ou l'autre direction. La vitesse de défilement (le nombre de lignes par « pas » de la molette) peut être définie dans le Panneau de configuration de Windows en double-cliquant sur l'icône Souris.
- Utilisée comme un bouton, la molette de votre souris vous donne un contrôle du défilement de votre document : si vous cliquez avec la molette comme avec un bouton (il est inutile de la maintenir enfoncée), vous pouvez régler la vitesse de défilement en déplaçant votre souris plus ou moins vers le haut, vers le bas, vers la gauche ou vers la droite par rapport à l'endroit où vous avez cliqué.
- Pour mettre fin à cet effet, cliquez en un endroit quelconque avec le bouton gauche de la souris.

Déplacer le point d'insertion

Quand vous écrivez sur une feuille de papier, il est difficile de vous perdre. Et au bon vieux temps des machines à écrire, ce sur quoi on écrivait ne pouvait dépasser la taille d'une feuille de papier standard. Mais avec Word, vos documents peuvent devenir véritablement énormes. Malheureusement, ce n'est qu'une petite partie de cet imposant document qui apparaît sur l'écran.

Pour aller d'un endroit à un autre, il ne suffit pas d'appuyer sur une touche du curseur. Il vous faut donc en savoir un peu plus sur les touches de navigation et autres commandes spéciales de Word.

Commander le point d'insertion à la souris

Le moyen le plus simple pour placer le point d'insertion exactement où vous le souhaitez et de cliquer sur le texte. Pointez, cliquez, et voilà ! Le point d'insertion est en place.

Petits déplacements (les touches directionnelles)

La manière la plus courante de vous déplacer dans votre document consiste à utiliser les touches du pavé directionnel (celles qui portent une flèche), que l'on appelle aussi *touches de contrôle du curseur* parce qu'elles permettent de contrôler les déplacements de ce dernier sur l'écran.

Les quatre touches de base déplacent respectivement le curseur vers le haut, vers le bas, vers la droite et vers la gauche :

Touche	*Effet*
↑	Déplace le curseur d'une ligne vers le haut.
↓	Déplace le curseur d'une ligne vers le bas.
→	Déplace le curseur d'un caractère vers la droite.
←	Déplace le curseur d'un caractère vers la gauche.

Déplacer le point d'insertion n'efface pas les caractères. Le Chapitre 5 explique comment supprimer des informations.

Si vous maintenez enfoncée la touche Ctrl en appuyant sur une touche du curseur, vous passez en mode accéléré. Le curseur survitaminé bondit à une vitesse folle dans les quatre directions :

Touches	***Effet***
Ctrl + ↑	Place le curseur au début du paragraphe précédent.
Ctrl + ↓	Place le curseur au début du paragraphe suivant.
Ctrl + ←	Place le curseur au début du mot précédent (juste avant la première lettre).
Ctrl + →	Place le curseur au début du mot suivant (juste avant la première lettre).

Si vous utilisez les touches du curseur du pavé numérique, assurez-vous que le voyant Verr num (ou *Num Lock*) est éteint. S'il est allumé, appuyez sur la touche Verr num pour l'éteindre. Sans cette vérification, vous verrez apparaître des chiffres dans votre texte au lieu de voir se déplacer le curseur, co444mme ceci.

Le début et la fin

Il arrive que l'on ait simplement besoin d'aller directement au début ou à la fin d'une ligne de texte ou de tout un document. Voici les touches qui permettent de le faire :

Touche(s)	***Effet***
Fin	Envoie le curseur à la fin de la ligne de texte dans laquelle il se trouve.
Début	Envoie le curseur au début de la ligne de texte dans laquelle il se trouve.
Ctrl + Fin	Envoie le curseur tout à fait à la fin de votre document (juste après le dernier caractère).
Ctrl + Début	Envoie le curseur tout à fait au début de votre document (juste avant le premier caractère).

Le cas très particulier des touches PgPr et PgSv

En langage « clavier », PgSv signifie Page suivante et PgPr Page précédente. Un clavier standard de 102 touches dispose de deux emplacements pour ces touches PgSv et PgPr : soit sur le pavé numérique, soit sur la zone du curseur (à gauche du pavé numérique). Certains imaginent que la touche PgSv déplace le document vers le haut de la page suivante et la touche PgPr vers le haut de la page précédente. Eh bien non ! Ces touches vous permettent de vous déplacer dans le document de l'équivalent d'un écran (et non d'une page) vers le bas ou vers le haut, d'où leur appellation (Page précédente et Page suivante).

Touche	*Effet*
PgPr	La touche PgPr déplace le curseur vers le haut d'un écran (la hauteur du texte affiché dans la fenêtre). Si vous êtes en haut de votre document, cette touche place le curseur tout en haut de l'écran.
PgSv	La touche PgSv déplace le curseur d'un écran vers le bas du document. Si vous êtes en bas du document, elle place le curseur tout en bas de l'écran.

Si vous voulez seulement placer le curseur en haut ou en bas de l'écran (le texte affiché dans la fenêtre du document), utilisez ces combinaisons de touches :

Touches	*Effet*
Ctrl + Alt + PgPr	Place le curseur en haut de la portion de texte affichée dans la fenêtre.
Ctrl + Alt + PgSv	Place le curseur en bas de la portion de texte affichée dans la fenêtre.
Ctrl + PgPr et Ctrl + PgSv	Ces combinaisons sont utilisées par Word, mais ne donnent pas du tout l'effet que vous espérez. Lisez la prochaine section pour plus de détails.

Utiliser les boutons de navigation

Regardez en bas de la barre de défilement verticale. Vous voyez trois boutons illustrés dans la marge des paragraphes suivants. Ces boutons facilitent la navigation dans vos documents.

Le bouton du haut, avec deux chevrons, nommé *Page précédente,* équivaut au raccourci clavier Ctrl + PgPr.

Le bouton du bas, avec deux chevrons, nommé *Page suivante,* équivaut au raccourci clavier Ctrl + PgSv.

Le bouton du centre est un peu la réponse à la question : « Mais qu'est-ce que je cherche après tout ? ». Son raccourci clavier est Ctrl + Alt + Origine.

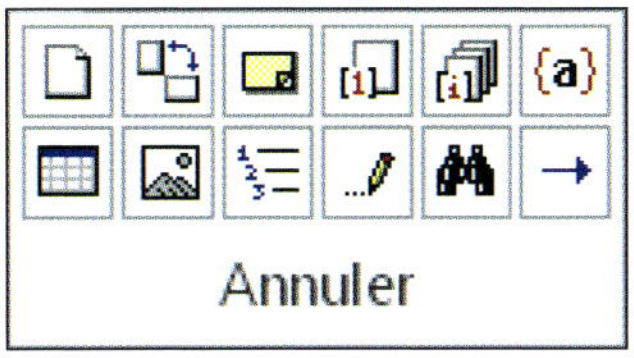

Figure 3.3 : Plusieurs méthodes de navigation.

Lorsque vous cliquez sur ce bouton central, vous ouvrez la palette représentée à la Figure 3.3. Placez le pointeur de la souris sur n'importe quel élément et vous en verrez la description dans la partie inférieure de la palette.

Chaque fois que vous choisissez une option dans cette palette de navigation, son bouton change de couleur. Quand il est noir, vous effectuez une navigation par page. Quand il est bleu, vous effectuez un autre type de navigation.

Chapitre 4

Modifier le texte

Dans ce chapitre :

- Effacer du texte avec les touches Retour arrière et Suppression.
- Effacer des lignes, des phrases et des paragraphes.
- Scinder et réunir des paragraphes.
- Annuler ses erreurs.
- Utiliser la commande Répéter (annuler votre annulation !).

Modifier le texte : voilà un programme intéressant ! Au premier abord, c'est beau et c'est facile, mais la vérité est beaucoup moins rose. Modifier, ça commence par détruire.

En effet, modifier, c'est couper, écraser, supprimer. C'est éliminer le texte en excès, mal écrit ou maladroit, qui n'a pas sa place sur la page imprimée, et le remplacer éventuellement par ce qui convient. Eh oui, le traitement de texte, c'est bien plus que taper sur le clavier et promener le curseur un peu partout dans le document. C'est jouer avec le texte. Supprimer, défaire, puis retaper. Ce sont les tâches de base que vous allez trouver dans les sections suivantes (que j'ai tapées et retapées de nombreuses fois).

Effacer du texte

C'est triste, mais c'est la vérité, effacer du texte fait partie du processus de rédaction. Toute personne qui écrit doit, tôt ou tard, supprimer du texte. En fait, j'ai l'habitude de dire que, dans la plupart des cas, on peut supprimer le premier paragraphe de son premier jet.

L'avènement des logiciels de traitement de texte a rendu encore plus populaire les possibilités de suppression diverses et variées. Aujourd'hui, l'effacement fait partie du processus de création car il permet de mieux reconstruire. Écrire. Effacer. Réécrire. Réeffacer. Ainsi va la vie de l'utilisateur d'un traitement de texte.

Effacer un seul caractère

La création et la destruction du texte passent par l'utilisation des touches du clavier. La grande majorité de ces touches sert à créer, à composer du texte.

Seules deux touches servent à le détruire :

- **Retour arrière :** Supprime le caractère situé à gauche du point d'insertion.
- **Suppr (Suppression) :** Supprime les caractères situés à gauche du point d'insertion.

Dans l'exemple ci-après, le curseur « clignote » (je veux dire qu'il clignoterait s'il était sur un écran) entre le *n* et le *i* d'*Annie*. En appuyant sur la touche Retour arrière, vous effacez le *n*. En appuyant sur la touche Suppression, vous effacez le *i*.

```
Le réfrigérateur d'Ann¦ie était rempli d'échantillons.
```

- Après l'effacement d'un caractère, tout le texte qui se trouve à droite ou au-dessous de celui-ci se déplace d'un cran pour remplir l'espace laissé libre.
- La touche Retour arrière ne fonctionne pas comme sur une machine à écrire. La différence est que, dans Word, non seulement le curseur revient en arrière, mais il efface les caractères sur lesquels il passe (l'équivalent de la touche Retour arrière d'une machine à écrire est, dans Word, la touche de déplacement vers la gauche du curseur).

Effacer un mot

Pour effacer un mot complet, Word dispose de deux commandes :

- Ctrl + Retour arrière : efface le mot qui se trouve juste avant le curseur (à sa gauche).
- Ctrl + Suppression : efface le mot qui se trouve juste après le curseur (à sa droite).

Ces raccourcis clavier fonctionnent très bien quand le point d'insertion se trouve au début ou à la fin d'un mot (Cela étant dit, quand il est à la fin d'un mot, il n'est pas loin d'être au début d'un autre). Lorsque vous êtes au milieu d'un mot, ces commandes suppriment respectivement les caractères situés à gauche ou à droite du point d'insertion.

Pour effacer un mot en utilisant Ctrl + Retour arrière, placez le curseur juste après la dernière lettre de ce mot. Appuyez sur Ctrl + Retour arrière : le mot disparaît. Le curseur se trouve alors juste après le dernier caractère du mot précédent ou au début de la ligne (dans le cas où vous avez effacé le premier mot d'un paragraphe).

Pour effacer un mot en utilisant Ctrl + Suppression, placez le curseur juste avant la première lettre de ce mot. Appuyez sur Ctrl + Suppression : le mot disparaît. Le curseur se trouve alors juste avant le premier caractère du mot suivant ou à la fin de la ligne (si vous avez effacé le dernier mot d'un paragraphe).

Après avoir effacé du texte, Word repositionne les mots qui se trouvaient directement après pour remplir l'espace laissé libre par les caractères effacés.

Aucune gomme à papier n'est plus efficace et plus rapide que Ctrl + Suppression ou Ctrl + Retour arrière.

Effacer des lignes, des phrases et des paragraphes

Dans Word, il y a une différence entre une ligne de texte, une phrase et un paragraphe. Ne perdez pas de vue ces définitions :

- Une **ligne de texte** n'est rien d'autre qu'une ligne sur la page (ce n'est pas une entité grammaticale).
- Une **phrase** est de nature grammaticale : elle commence par une majuscule et se termine par un point, un point d'interrogation ou un point d'exclamation. Je suppose que vous avez appris cela à l'école.
- Un **paragraphe** est une portion de texte commençant juste après un *retour chariot* et se terminant par un autre retour chariot. Un paragraphe peut donc être composé d'une simple ligne, d'une phrase ou de plusieurs phrases.
- Une **page** est tout le texte compris entre le début et la fin de la page.

Word sait aussi effacer des *blocs* de texte. Vous en saurez davantage à ce sujet en consultant le Chapitre 6.

Effacer une ligne de texte

La méthode la plus simple pour effacer une ligne de texte consiste à utiliser la souris :

1. **Placez le pointeur de la souris dans la marge gauche de votre document.**

   Le pointeur prend la forme d'une flèche pointant vers le haut et vers la droite.

2. **Placez le pointeur devant la ligne de texte que vous voulez supprimer.**
3. **Cliquez sur le bouton gauche de la souris.**

   La ligne de texte est sélectionnée et apparaît en surbrillance.

4. **Appuyez sur la touche Suppression ou sur la touche Retour arrière pour supprimer la ligne sélectionnée.**

Effacer une phrase

Effacer une phrase est un jeu d'enfant :

1. **Placez le curseur dans la phrase à supprimer.**
2. **Appuyez sur Ctrl et cliquez sur le bouton de la souris.**

   La phrase est sélectionnée.

3. **Appuyez sur la touche Suppression.**

   La phrase disparaît.

Effacer un paragraphe

La méthode la plus rapide pour effacer un paragraphe :

1. **Placez le pointeur de la souris sur le paragraphe.**
2. **Cliquez trois fois sur le bouton gauche de la souris.**

   Le paragraphe est sélectionné.

3. **Appuyez sur la touche Suppression.**

   Le paragraphe disparaît.

Si cliquer trois fois vous pose problème, placez le pointeur de la souris dans la marge gauche du paragraphe à supprimer. Quand le pointeur prend la forme d'une flèche pointant vers le haut et vers la droite, cliquez deux fois. Le paragraphe est sélectionné. Appuyez sur Suppr pour l'effacer.

Effacer une page

La page n'est pas traitée avec désinvolture par Word. En réalité, une page correspond à une feuille imprimée. Virtuelles dans Word, les pages n'en demeurent pas moins des éléments que vous pouvez supprimer :

1. Appuyez sur Ctrl + G pour afficher le contenu de l'onglet Atteindre de la boîte de dialogue Rechercher et remplacer.

   Consultez le Chapitre 3 pour plus d'informations sur la commande Atteindre.

2. **Tapez le numéro de la page à atteindre.**

3. **Cliquez sur le bouton Fermer pour quitter la boîte de dialogue.**

4. **Appuyez sur F8.**

   La touche F8 bascule Word dans un mode de sélection spécial qui est détaillé au Chapitre 6.

5. **Appuyez sur Ctrl + G.**

   Vous accédez de nouveau à la boîte de dialogue Rechercher et remplacer.

6. **Tapez le numéro de la page qui suit celle que vous désirez effacer.**

   Par exemple, pour effacer la page 6, tapez 7.

7. **Appuyez sur Entrée.**

   Toute la page 6 se retrouve sélectionnée.

8. **Appuyez sur Suppr.**

   La page est effacée.

Pour effacer l'espace vide laissé en bas de votre document, consultez le Chapitre 9.

Séparer et grouper

L'édition d'un texte conduit à la séparation d'un paragraphe en plusieurs autres, ou au regroupement de plusieurs paragraphes en un seul.

Créer deux paragraphes à partir d'un seul

Pour diviser un paragraphe en deux paragraphes distincts, localisez le point où vous désirez créer cette séparation. En général, il se situe entre deux phrases, c'est-à-dire au début de l'une et à la fin de l'autre. Ensuite, appuyez sur la touche Entrée. Vous disposez ainsi de deux paragraphes.

Créer un paragraphe à partir de deux

Pour regrouper deux paragraphes, vous devez supprimer la marque de paragraphe qui les sépare. Pour cela, placez le point d'insertion au début du second paragraphe et appuyez sur la touche Retour arrière. Voilà ! Les deux paragraphes n'en forment plus qu'un.

Séparer des lignes avec un retour à la… ligne

La touche Entrée insère un saut de paragraphe, c'est-à-dire qu'un nouveau paragraphe est créé sur la ligne suivante. Pour changer de ligne sans créer de nouveau paragraphe, vous devez appuyer sur la touche Maj tout en appuyant sur Entrée.

Ce retour à la ligne est principalement utilisé pour les titres et les en-têtes. Par exemple, lorsque vous avez un long titre que vous souhaitez présenter sur deux lignes, appuyez sur Maj + Entrée. Par exemple, saisissez cette ligne :

```
Filbert & Hazel
```

Appuyez sur Maj + Entrée. Vous commencez une nouvelle ligne. Saisissez :

```
Un couple d'imbéciles
```

Le retour à la ligne conserve le texte de ce titre regroupé (dans le même paragraphe), mais sur des lignes séparées.

Annuler ses erreurs

Si vous venez d'effacer accidentellement du texte, formater un paragraphe de manière hasardeuse, ou saisir des mots que vous regrettez, faites l'une des opérations ci-après pour le faire réapparaître :

- Appuyez sur Ctrl + Z.
- Cliquez sur le bouton Annuler dans la barre d'outils Accès rapide.

Personnellement, je préfère le raccourci Ctrl + Z. Toutefois, le bouton Annuler déroule une liste qui permet de choisir l'annulation simultanée de plusieurs commandes.

Voudriez-vous répéter, s'il vous plaît ?

Si vous annulez quelque chose pour vous apercevoir que ce n'était pas ce que vous vouliez faire, vous devez utiliser la commande Répéter pour remettre tout d'aplomb. Pour faire revenir du texte que vous venez de faire disparaître en utilisant accidentellement la commande Annuler, effectuez l'une des opérations suivantes :

- Appuyez sur Ctrl + Y.
- Cliquez sur le bouton Répéter dans la barre d'outils Accès rapide (s'il est disponible).

Comment ça marche ? Eh bien, imaginez qu'après un bon déjeuner vous reveniez au bureau pour une vigoureuse séance de frappe au clavier. Hélas, vous vous mettez bien vite à somnoler, et votre tête, dans un bruit sourd, tombe sur le clavier, produisant des résultats aléatoires. Puis, vous vous réveillez. Après vous être assuré que personne ne vous a vu dans cette posture peu profitable, vous prenez la décision mûrement réfléchie d'annuler la frappe produite par la chute de votre tête, autrement dit : Ctrl + Z, Ctrl + Z, Ctrl + Z...

Mais, diantre ! Vous avez appuyé sur Ctrl + Z une ou plusieurs fois de trop. Dans ce cas, il ne vous reste plus qu'à sélectionner Édition/Répéter (ou à appuyer sur Ctrl + Y) pour faire revenir ce que vous venez de faire disparaître par mégarde.

Chapitre 5

Chercher et remplacer

Dans ce chapitre :

- Rechercher du texte dans son document.
- Utiliser les différentes options de la commande Rechercher.
- Rechercher des caractères spéciaux.
- Utiliser la commande Remplacer.

Chercher et remplacer est une fonction basique des traitements de texte. Dans Word, cette fonction permet deux choses : de chercher du texte vers le haut ou le bas du document, et de remplacer ce texte par un autre.

Le plaisir de la recherche

Word peut localiser rapidement toute portion de texte où qu'elle soit dans votre document, du discours le plus grandiloquent au plus petit caractère. La commande utilisée à cette fin s'appelle Rechercher, et vous l'exécutez depuis le ruban de Word 2010 (Figure 5.1).

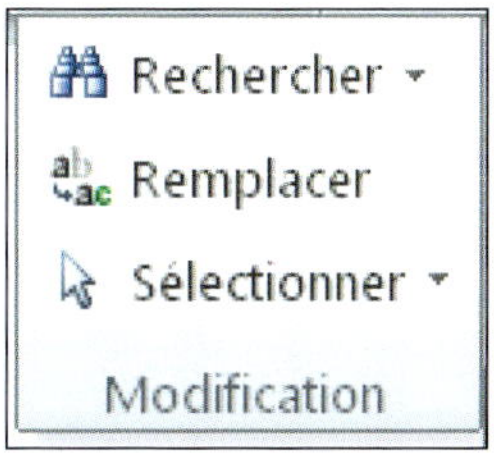

Figure 5.1 : Le groupe de commandes Modification.

Mais où te caches-tu ?

Localiser du texte dans un document est une tâche très simple à réaliser :

1. **Dans l'onglet Accueil, cliquez sur le bouton Rechercher.**

Reportez-vous à la Figure 5.1. Parfois vous devrez cliquer sur Modification pour afficher ce bouton. Si vous n'y parvenez pas, appuyez simplement sur Ctrl + F.

Cliquer sur le bouton Rechercher permet d'accéder au panneau Navigation illustrée par la Figure 5.2.

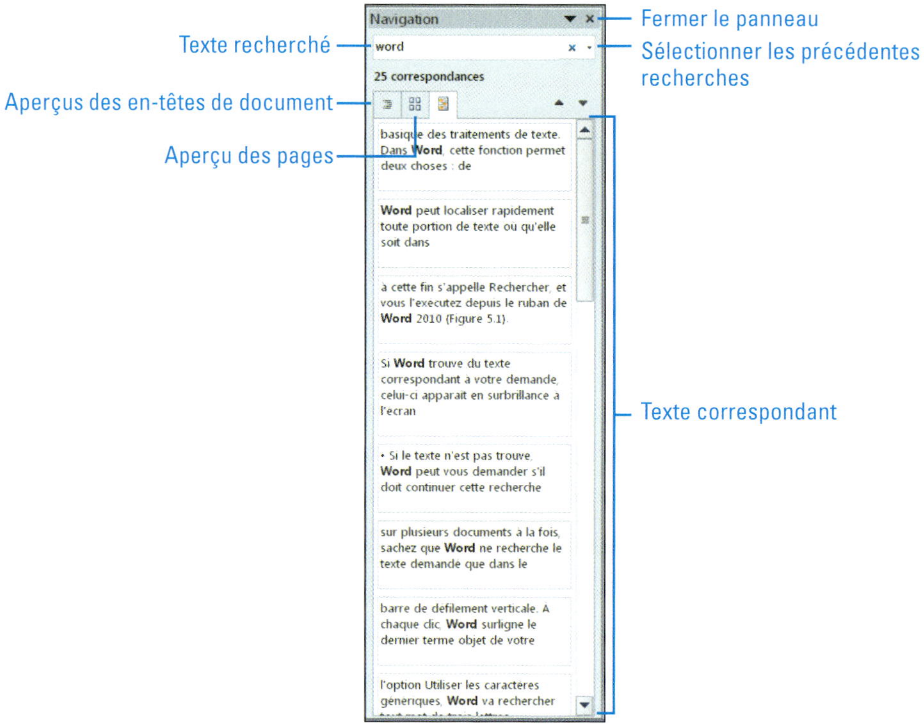

Figure 5.2 : Le panneau Navigation aide à rechercher du texte.

2. **Dans le champ, saisissez le texte à rechercher.**

   Par exemple : Word. Tapez-le exactement sous la forme voulue. Au fur et à mesure que vous tapez des caractères, le texte correspondant est surligné dans votre document.

   Soyez précis. Ne commettez pas de faute afin de réduire le nombre d'occurrences trouvées.

3. **Faites défiler les résultats affichés dans le panneau Navigation.**

4. **Fermez le panneau une fois que votre chasse au texte est terminée.**

   Vous pouvez également appuyer simplement sur Entrée.

Après avoir utilisé la commande Rechercher, vous pouvez cliquer sur le bouton Suivant/Atteindre de la barre de défilement verticale. À chaque clic, Word surligne le dernier terme objet de votre recherche. C'est comme si vous appuyiez sur Ctrl + PgSv.

Utiliser la traditionnelle commande Rechercher

Si le panneau Navigation vous déconcerte, retrouvez vos bonnes vieilles habitudes en invoquant la boîte de dialogue Rechercher et remplacer.

1. **Appuyez sur Ctrl + G.**

   La boîte de dialogue Rechercher et remplacer s'ouvre.

2. **Cliquez sur l'onglet Rechercher puis, dans le champ Rechercher, saisissez le texte à rechercher.**

   Vous obtenez une boîte de dialogue sensiblement équivalente à celle de la Figure 5.3.

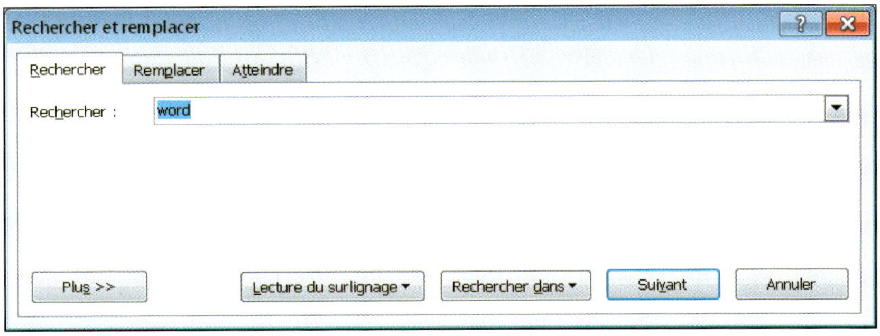

Figure 5.3 : L'onglet Rechercher de la boîte de dialogue Rechercher et remplacer.

3. **Pour commencer la recherche, cliquez sur le bouton Suivant.**

   Vous pouvez également appuyer simplement sur Entrée.

Si Word trouve du texte correspondant à votre demande, celui-ci apparaît en surbrillance à l'écran, c'est-à-dire sélectionné. La boîte de dialogue Rechercher et remplacer reste affichée à l'écran aussi longtemps que vous ne cliquez pas sur le bouton Annuler ou que vous n'appuyez pas sur la touche Échap (elle reste ouverte afin que vous continuiez à rechercher du texte si vous le souhaitez).

- La boîte de dialogue Rechercher et remplacer affiche toujours le dernier mot ou texte objet de la dernière recherche. Pour l'effacer, appuyez sur la touche Retour arrière.
- Ne terminez pas le texte par un point, sauf si vous souhaitez aussi inclure le point dans la recherche.
- Si vous ne savez pas si le texte est écrit en majuscules ou en minuscules, saisissez-le en minuscules.
- Si le texte n'est pas trouvé, Word peut vous demander s'il doit continuer cette recherche depuis le début du document. Cliquez sur Oui si vous êtes d'accord.
- Si le texte n'a pas été trouvé mais que vous êtes certain qu'il existe bien dans le document, essayez encore, mais en commençant par vérifier soigneusement l'orthographe du mot que vous avez saisi.
- Pour trouver la prochaine occurrence du texte dans le document, cliquez à nouveau sur le bouton Suivant.

Rechercher avec plus de précision

Pour faire apparaître les options supplémentaires de la boîte de dialogue Rechercher et remplacer, commencez par la faire apparaître en appuyant sur Ctrl + G, puis cliquez sur le bouton Plus. La boîte de dialogue s'agrandit vers le bas, faisant apparaître un certain nombre d'options et de boutons supplémentaires (Figure 5.4).

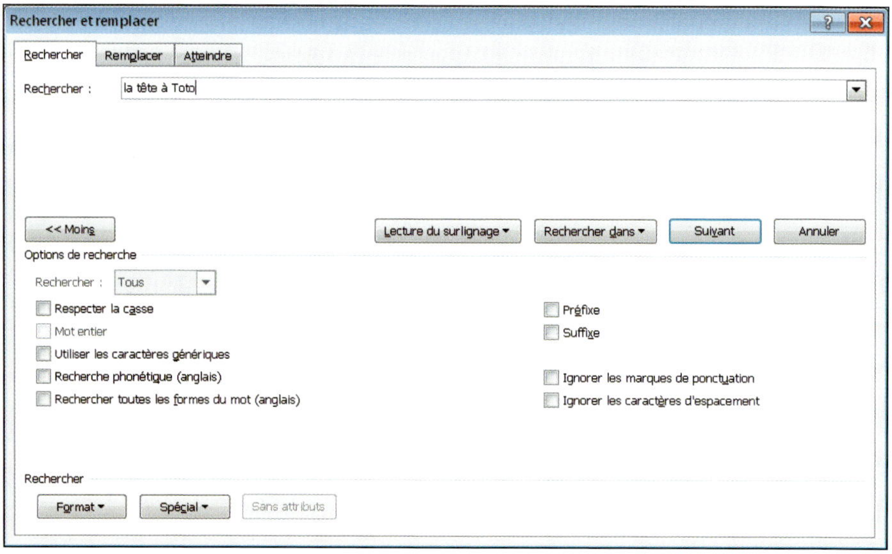

Figure 5.4 : La boîte de dialogue Rechercher et remplacer, avec ses options supplémentaires.

Les sections suivantes détaillent ces options.

Chercher un fragment de texte

Il y a une différence entre *Sylvestre* et *sylvestre*. Le premier est un prénom, le second un adjectif. Pour trouver l'un et pas l'autre en utilisant la commande Rechercher, cochez la case Respecter la casse dans la zone Options de la boîte de dialogue. Ainsi, si vous avez tapé *Sylvestre* dans le champ Rechercher, cette recherche ne trouvera que les occurrences du mot *Sylvestre* commençant par une majuscule, le reste du mot étant en minuscules.

Rechercher un mot entier

L'option Mot entier permet de rechercher des mots comme *droit* ou *sur*, en évitant de vous arrêter inutilement sur des mots comme *endroit* ou *surprise*.

Rechercher du texte dont on ne sait rien du tout (avec des caractères génériques)

Voici une bonne astuce : utiliser des caractères spéciaux nommés « caractères génériques » pour trouver des mots dont vous ne connaissez qu'une partie, ou des groupes de mots dans diverses variantes portant sur certains caractères. Comme cette astuce est très technique, concentrez-vous attentivement sur ce qui suit.

Les deux caractères génériques de base sont ? et * : le premier représente une lettre quelconque, le second un groupe quelconque de lettres. Ainsi, supposons que vous ayez tapé ceci dans le champ Rechercher :

```
?ur
```

Si vous avez sélectionné l'option Utiliser les caractères génériques, Word va rechercher tout mot de trois lettres commençant par une lettre quelconque et se terminant par *ur : sur*, *mur*, *dur* ou *pur*, par exemple.

Comme l'astérisque représente un groupe de caractères quelconque, le texte suivant dans le champ Rechercher permettra de trouver tous les mots commençant par *a* et se terminant par *n* (il y en a beaucoup) :

```
a*n
```

Rechercher vers le haut, vers le bas ou les deux

Janus était, pour les Romains, le dieu des commencements et des fins. Il était doté de deux visages regardant dans deux directions opposées, ce qui est très pratique pour regarder un match de tennis ou pour retrouver vos clés quand vous ne savez plus ce que vous en avez fait. La commande Rechercher est comme Janus car elle recherche toutes les occurrences d'un élément dans tout le texte, sauf si vous lui indiquez d'effectuer une recherche dans une direction spécifique. Pour cela, cliquez sur le bouton Plus, puis déroulez la liste Sens. Vous accédez aux options suivantes :

- **Tous.** Avec cette option, la recherche s'effectue dans tout le document quelle que soit la position du point d'insertion.
- **Vers le bas.** La recherche part de la position du point d'insertion et s'arrête à la fin du document.
- **Vers le haut.** La recherche part de la position du point d'insertion et s'arrête au début du document.

N'OUBLIEZ PAS

Vous pouvez utiliser les boutons de navigation pour répéter la commande Rechercher vers le haut ou le bas, selon que vous cliquez sur Précédent/Atteindre ou Suivant/Atteindre.

Rechercher des caractères qu'on ne peut pas taper

Il y a des caractères que l'on ne peut pas taper avec le clavier dans le champ Rechercher. Ce sont des caractères spéciaux, non imprimables. C'est le cas par exemple du Tab. Essayez d'appuyer sur la touche Tab après avoir cliqué dans le champ Rechercher : il ne se passe rien. Pour rechercher un caractère de tabulation, ainsi que quelques autres, il faut l'indiquer à la fonction Rechercher au moyen d'un code spécial.

Pour insérer le code correspondant à l'un de ces caractères spéciaux, cliquez sur le bouton Plus pour faire apparaître le volet des options supplémentaires de la boîte de dialogue Rechercher et remplacer, puis cliquez sur le bouton Spécial (Figure 5.5).

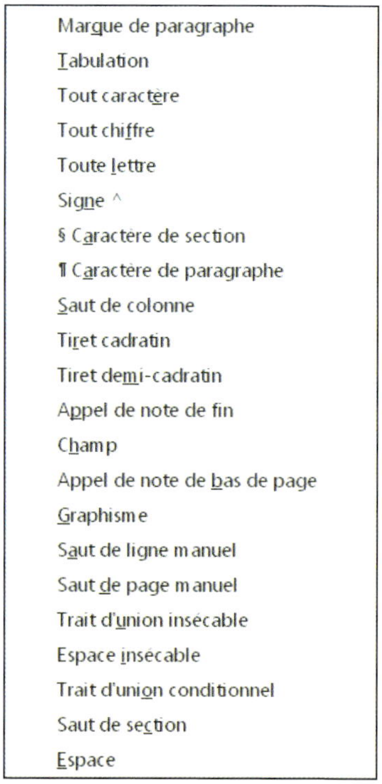

Figure 5.5 : Rechercher des caractères que vous ne pouvez pas taper.

Voici quelques-uns des 22 caractères spéciaux les plus utiles que vous trouverez dans la liste du bouton Spécial de la boîte de dialogue Rechercher et remplacer :

- **Tout caractère, Tout chiffre** et **Toute lettre :** Permettent de représenter à peu près n'importe quoi. Ce sont des caractères génériques qui permettent de trouver toutes sortes de choses.
- **Signe ^ :** Permet de rechercher le symbole (^), autrement dit l'accent circonflexe quand il n'est pas sur une lettre, qui est un caractère spécial. Si vous tapez le signe ^ lui-même dans le champ Rechercher, il sera interprété par Word comme indiquant un autre caractère spécial.
- **Marque de paragraphe (¶) :** Permet de rechercher dans votre document le caractère qui indique la fin de chaque paragraphe.
- **Tabulation :** Permet de rechercher le caractère Tab.
- **Espace :** Il ne s'agit pas nécessairement d'une espace obtenue en appuyant sur la barre d'espace du clavier, mais de tout caractère se traduisant par un espace blanc sur l'écran (par exemple, un Tab).

Choisissez un des éléments dans la liste. Dès que c'est fait, une suite de symboles étranges apparaît dans le champ Rechercher comme ^t si vous cherchez des tabulations. Cliquez sur Suivant pour trouver ce symbole dans votre document.

N'OUBLIEZ PAS

- Si vous recherchez le caractère spécial ¶, cliquez sur Spécial et sélectionnez Caractère de paragraphe, car l'option Marque de paragraphe renvoie à toutes les marques de paragraphe créées quand vous appuyez sur Entrée.
- Vous pouvez combiner ces caractères spéciaux entre eux et avec tous ceux que vous désirez. Si vous voulez trouver un Tab suivi par le mot *Chasseur*, utilisez le bouton Spécial pour insérer le code du Tab (^t), puis tapez Chasseur dans le champ Rechercher en utilisant le clavier. Vous verrez donc :

  ```
  ^tChasseur
  ```

- Si vous avez mémorisé le code du caractère spécial que vous voulez, vous n'avez pas besoin de passer par la liste du bouton Spécial. Vous pouvez utiliser le clavier pour saisir le code dans le champ Rechercher. C'est ce que je fais en général. Comme je sais que ^p est le code correspondant à la touche Entrée (le caractère de fin de paragraphe), je n'ai pas besoin de cliquer sur le bouton Plus et sur le bouton Spécial. Au cas où vous voudriez faire de même, voici la liste des codes des caractères spéciaux les plus utilisés :

Marque de paragraphe	^p
Tab	^t
Tout caractère	^?
Tout chiffre	^#
Toute lettre	^$
Signe ^	^^
Tiret cadratin	^ +
Tiret demi-cadratin	^=
Saut de ligne manuel	^1
Saut de page manuel	^m
Espace	^w

Rechercher et remplacer

En elle-même, la commande Rechercher est vraiment pratique, sa véritable puissance réside dans sa capacité non seulement de rechercher du texte, mais aussi de le remplacer par autre chose. C'est l'une des fonctions de traitement de texte qui ont peu à peu fait disparaître les machines à écrire. Si vous maîtrisez la commande Rechercher, il ne vous manque plus grand-chose pour maîtriser aussi la commande Remplacer. En fait, la seule difficulté que vous pourriez rencontrer en chemin, c'est que le raccourci clavier ne soit pas le même.

Imaginons maintenant que vous vouliez remplacer le mot *cochon* par le mot *porc*. Ils ont le même sens, mais selon le contexte on peut préférer utiliser l'un plutôt que l'autre.

1. **Dans l'onglet Accueil, cliquez sur la commande Remplacer du groupe Modification.**

   La boîte de dialogue Rechercher et remplacer apparaît ,elle s'ouvre sur l'onglet Remplacer.

2. **Dans le champ Rechercher, saisissez le texte à rechercher.**

   C'est le texte que vous voulez remplacer par autre chose, par exemple *cochon*.

   Après avoir tapé le texte voulu, appuyez sur Tab.

3. **Dans le champ Remplacer par, tapez le texte que vous voulez substituer au texte recherché.**

   Dans notre exemple, tapez le mot *porc*.

4. **Cliquez sur Suivant.**

Word s'arrête à chaque occurrence du mot *cochon*. Dès que le texte est trouvé, passez à l'Étape 5.

5. **Cliquez sur le bouton Remplacer.**

   Word remplace le mot *cochon* par le mot *porc*, et s'arrête à l'occurrence suivante. Répétez cette étape pour remplacer chaque occurrence, ou uniquement certaines d'entre elles. Dans ce cas, cliquez sur Suivant au lieu de Remplacer.

6. **Poursuivez vos remplacements.**

   Dès que vous cliquez sur Remplacer, Word passe à l'occurrence suivante, et ceci jusqu'à ce que tout le document ait été parcouru.

7. **Lisez le résumé.**

   Une fois les remplacements terminés, Word affiche des statistiques sur son travail indiquant le nombre de mots remplacés par rapport à ceux qui ont été trouvés.

8. **Cliquez sur le bouton de fermeture de la boîte de dialogue (la croix – X).**

Vous avez fini !

- Il peut arriver que Word trouve votre texte, par exemple *mer*, dans un autre mot comme *arrimer*. Pour éviter cela, cliquez sur le bouton Plus et cochez la case Mots entiers.
- Si vous faites une erreur lors de votre opération de remplacement, la commande Annuler restaure votre document dans son état antérieur. Consultez le Chapitre 4 pour plus de détails à son sujet.

Le miraculeux bouton Remplacer tout

Les étapes de la précédente section fonctionnent très bien. Cependant, il peut s'avérer fastidieux de cliquer des dizaines de fois sur le bouton Remplacer. Pour cette raison, la boîte de dialogue Rechercher et remplacer propose le bouton Remplacer tout.

Ce bouton exécute exactement ce que l'on suppose de sa fonction. Il va remplacer toutes les occurrences du texte par le nouveau. Donc, lorsque vous êtes certain de vouloir remplacer un mot par un autre dans tout le document, cliquez sur Remplacer tout au lieu de Remplacer.

Chapitre 6

Travailler avec des blocs de texte

Dans ce chapitre :

- Comprendre la notion de bloc de texte.
- Sélectionner du texte au clavier.
- Sélectionner du texte avec la souris.
- Désélectionner un bloc de texte.
- Copier et déplacer des blocs de texte.
- Les différentes manières de coller du texte.

Comment pourrait-on écrire sans *blocs* ? Je ne parle pas de blocs de papier, ni du vertige de la page blanche, ni de la crampe de l'écrivain. Je parle de *blocs de texte*.

Cette notion est apparue avec le traitement de texte. Grâce aux blocs, vous pouvez faire des manipulations de texte incroyables que je vous propose de découvrir tout au long de ce chapitre. Oui, croyez-moi, l'heure est venue de travailler avec des blocs.

Qu'est-ce qu'un bloc de texte ?

Pour Word, un *bloc* est une portion de texte : mots, phrases, paragraphes ou tout le document. Les blocs ont un commencement et une fin et tout ce qui se trouve entre ce début et cette fin constitue ledit bloc de texte.

À l'écran, un bloc de texte sélectionné apparaît en surbrillance (Figure 6.1).

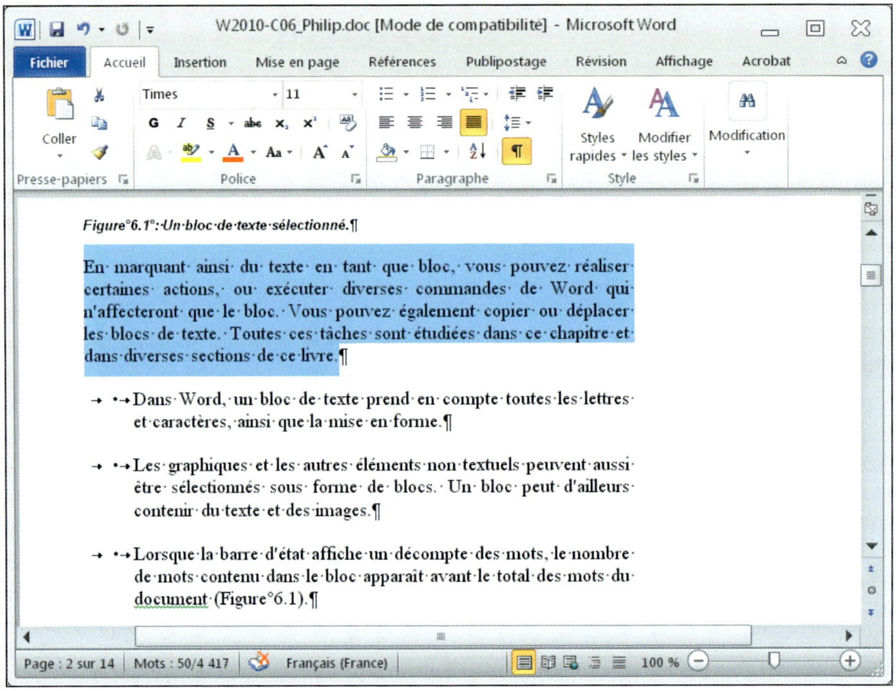

Figure 6.1 : Un bloc de texte sélectionné.

En marquant ainsi du texte en tant que bloc, vous pouvez réaliser certaines actions, ou exécuter diverses commandes de Word qui n'affecteront que le bloc. Vous pouvez également copier ou déplacer les blocs de texte.

Sélectionner des blocs de texte

Word vous permet de faire toutes sortes de manipulations avec des blocs de texte. Et vous n'avez pas à vous préoccuper de triple interligne, de taper sur du papier très épais, et encore moins de vous ruiner en colle à papier. Il vous faut plutôt savoir comment sélectionner un bloc, et, comme d'habitude, Word vous offre de nombreux moyens de le faire. Je vais en décrire quelques-uns, plus ou moins appropriés selon la taille du bloc.

Sélectionner du texte au clavier

Pour sélectionner rapidement une petite quantité de texte (un mot, une ligne ou un paragraphe), vous pouvez utiliser la touche Maj en combinaison avec l'une ou l'autre des touches du pavé directionnel (les touches de contrôle du curseur). C'est la technique recommandée pour sélectionner une petite portion de texte, entièrement visible à l'écran. Laissez-vous guider par le Tableau 6.1.

Tableau 6.1 : Sélectionner avec la touche Maj.

Touche(s)	*Effet*
Maj + →	Sélectionne caractère par caractère vers la droite du point d'insertion.
Maj + ←	Sélectionne caractère par caractère vers la gauche du point d'insertion.
Maj + Fin	Sélectionne le texte compris entre le point d'insertion et la fin de la ligne.
Maj + Début	Sélectionne le texte compris entre le point d'insertion et le début de la ligne.
Maj + ↑	Sélectionne le texte compris entre le point d'insertion et la même position du point d'insertion dans la ligne du dessus.
Maj + ↓	Sélectionne le texte compris entre le point d'insertion et la même position du point d'insertion dans la ligne du dessous.

Vous pouvez utiliser n'importe quelle commande de déplacement du point d'insertion (voir le Chapitre 4), mais je conseille la méthode impliquant la touche Maj lorsque vous devez sélectionner peu de texte.

TRUC

N'importe quelle touche Maj fera l'affaire. Toutefois, je préconise l'emploi de la touche Maj de gauche de manière à manipuler avec la main droite les touches du pavé directionnel.

Marquer un bloc avec la souris

Mickey est peut-être venu au monde pour gouverner un empire, mais votre souris est venue au monde pour sélectionner du texte. Plus sérieusement, en dehors de ses capacités graphiques, la souris est une virtuose de la sélection de texte.

Faire glisser pour sélectionner

Pour sélectionner un bloc de texte avec votre souris, suivez ces étapes :

1. **Placez le pointeur à l'endroit où vous voulez commencer la sélection.**

2. **Tout en maintenant enfoncé le bouton gauche de la souris, faites glisser le pointeur sur votre texte.**

Au fur et à mesure que vous faites glisser le pointeur, le texte est mis en surbrillance (sélectionné), comme l'illustre la Figure 6.1. Faites glisser le pointeur du début à la fin du bloc de texte que vous désirez sélectionner.

3. **Quand le pointeur est à la fin du bloc à sélectionner, relâchez le bouton de la souris.**

NOTE TECHNIQUE

Minibarre d'outils

Lorsque vous sélectionnez du texte avec la souris, Word affiche une minibarre d'outils comme celle-ci :

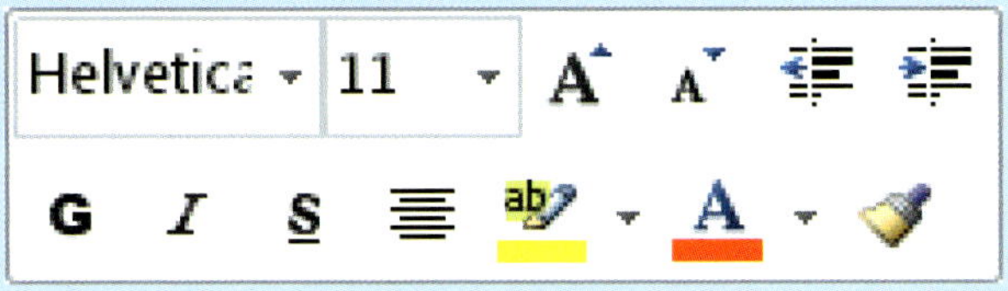

La *minibarre d'outils* est une palette contenant les commandes de mise en forme les plus utilisées. Elle est conçue pour vous aider à rapidement mettre en forme le texte du bloc. Après l'avoir âprement critiquée, j'avoue lui trouver aujourd'hui bien des vertus. Si elle vous gêne, vous pouvez facilement éviter son affichage :

1. **Cliquez sur l'onglet Fichier et choisissez Options.**
2. **Dans la partie gauche de la boîte de dialogue, choisissez Général.**
3. **Décochez l'option Afficher la minibarre d'outils lors de la sélection.**
4. **Cliquez sur OK.**

Si vous ne désirez pas bannir cette minibarre, vous observerez sa disparition progressive à mesure que vous éloignez le pointeur de la souris du bloc sélectionné.

La souris vous permet de sélectionner un bloc de texte de taille quelconque.

TRUC

- Je vous conseille toutefois de ne vous en servir que pour des blocs assez petits pour être affichés en un seul morceau à l'écran. Si vous essayez de sélectionner du texte au-delà de ce que vous voyez à l'écran, il vous faudra faire défiler pour arriver au bout, ce qui peut être très incommode. La souris fait défiler le texte vers le haut et vers le bas assez vite, et ce dont vous avez besoin peut se retrouver hors de vue en un clin d'œil.
- Si vous ne parvenez pas à sélectionner tout ou partie d'un mot, lisez l'encadré suivant Souhaitez-vous sélectionner le texte lettre par lettre ou mot par mot ?

Techniques de sélection rapide par clic

Le Tableau 6.2 explique comment tirer le meilleur parti de votre robot-rongeur pour sélectionner tel ou tel type de bloc de texte.

Tableau 6.2 : Sélection de texte par clic.

Pour	*Faites comme ceci*
Sélectionner un mot	Placez le pointeur sur le mot et double-cliquez.
Sélectionner une ligne	Placez le pointeur dans la marge gauche, devant la ligne à sélectionner. Le pointeur prend la forme d'une flèche pointant vers le haut et vers la droite. Cliquez pour sélectionner la ligne, ou faites glisser en maintenant enfoncé le bouton gauche de la souris pour sélectionner plusieurs lignes.
Sélectionner une phrase	Placez le pointeur sur la phrase, et faites Ctrl + clic (maintenez enfoncée la touche Ctrl et cliquez). La phrase est sélectionnée.
Sélectionner un paragraphe	Placez le pointeur sur le paragraphe et faites un triple clic.

Sélectionner un bloc par Maj + clic

TRUC

La technique la plus radicale que j'utilise pour sélectionner un bloc de texte est ce que j'appelle le « zyeuter-cliquer » :

1. **Commencez par placer le pointeur au début du bloc de texte à sélectionner.**

2. **Faites défiler votre document en utilisant la barre de défilement.**

   Utilisez bien la barre de défilement et non les touches de contrôle du point d'insertion. Si vous utilisiez celles-ci, le point d'insertion sera déplacé par la même occasion, et ce n'est pas ce que nous voulons.

3. **Pour marquer la fin du bloc, maintenez enfoncée la touche Maj et cliquez avec la souris à l'endroit précis où se termine le bloc à sélectionner.**

   Le bloc de texte compris entre la position initiale du point d'insertion et l'endroit où vous avez cliqué en maintenant enfoncée la touche Maj est sélectionné.

Sélectionner tout le document

Pour sélectionner tout votre document, choisissez Édition/Sélectionner tout. Le raccourci clavier correspondant est Ctrl + A. Honnêtement, le plus efficace est d'appuyer sur Ctrl + A.

Désélectionner un bloc

Voici quelques moyens pratiques de désélectionner votre bloc :

- **Appuyer sur la touche ←.** Cette action désélectionne le bloc et ramène le point d'insertion au début de celui-ci, ou au début de votre document si vous l'aviez sélectionné en entier. Cette technique fonctionne si vous avez utilisé la souris ou la touche Maj pour la sélection.
- **Cliquer avec la souris.** Cette action désélectionne le bloc et place le point d'insertion à l'endroit où vous avez cliqué. Cette technique fonctionne si vous avez utilisé la souris ou la touche Maj pour la sélection.
- **Appuyer sur la touche Échap, puis sur la touche ←.** Cette méthode est à utiliser lorsque vous êtes encore en mode de sélection étendue, pour en sortir (vous vous souvenez ? La touche F8 ou le bouton EXT dans la barre d'état).
- **N'oubliez pas la commande Maj + F5 !** Non seulement ce raccourci clavier désélectionne le bloc (que vous l'ayez sélectionné avec la souris, la touche Maj ou la touche F8), mais il vous ramène aussi à l'endroit où vous étiez avant la sélection. Admirable !

Vous avez sélectionné un bloc, et puis après ?

Si vous sélectionnez un bloc c'est pour atteindre un objectif particulier. En règle générale, un bloc de texte est sélectionné pour le copier ou le déplacer. C'est un des atouts majeurs du traitement de texte.

Cette section traite de la copie, du déplacement, et de la duplication des blocs de texte. Si vous savez copier, couper, et coller dans Windows, vous n'aurez aucun mal à le faire dans Word. Voici ce qu'il est possible de faire avec un bloc de texte :

- Les blocs doivent être sélectionnés avant de pouvoir les manipuler. Voir la première partie de ce chapitre.
- Le supprimer en appuyant sur Retour arrière ou Suppr.
- La commande que vous utilisez affecte uniquement le bloc de texte.

Copier un bloc

Une fois un bloc sélectionné, vous pouvez le copier pour le coller à n'importe quel autre endroit de votre document. Le bloc original n'est pas altéré par cette opération. Suivez ces étapes :

1. **Sélectionnez le bloc.**

   La première partie de ce chapitre contient des instructions détaillées pour accomplir cette tâche.

2. **Dans le groupe Presse-papiers de l'onglet Accueil, cliquez sur l'outil Copier.**

   Il ne se passe rien de visible à l'écran car la copie laisse l'élément à sa place.

3. **Placez le point d'insertion où vous désirez coller le bloc à copier.**

4. **Cliquez sur le bouton Coller du groupe Presse-papiers.**

   Le bloc apparaît au point d'insertion (voir la section Options de collage du texte plus loin dans ce chapitre pour comprendre les diverses commandes du bouton Coller).

- Dans Word (et plus généralement dans Windows), le raccourci clavier de la commande Copier est Ctrl + C.
- Le raccourci clavier de la commande Coller est Ctrl + V.
- Après avoir copier un bloc, vous pouvez le coller dans votre document une seconde fois. Chaque fois qu'un texte est copié ou coupé, Word le garde bien au chaud dans le Presse-papiers. Il est donc réutilisable par simple collage *via* Ctrl + V ou clic sur le bouton Coller.
- Vous pouvez coller un bloc de texte dans un autre document.
- Pour en savoir plus sur le Presse-Papiers, reportez-vous à la section Le miracle du Presse-papiers à la fin de ce chapitre.

Déplacer un bloc

Pour déplacer un bloc de texte, il faut le couper et le coller. Cette terminologie est celle de Microsoft, pas la mienne. Traditionnellement, un traitement de texte déplace des blocs de texte. Couper et coller, c'est ce que font les enfants à l'école. Mais je m'égare.

Le déplacement d'un bloc de texte est une opération identique à la copie d'un bloc de texte, à ceci près que l'on utilise la commande Ctrl + X (ou Édition/Coller) au lieu de Ctrl + C, et que le bloc de texte disparaît (en fait, il est placé dans le Presse-Papiers). À partir de là, vous pouvez coller ce bloc de texte où vous voulez dans votre document.

TRUC

La commande Annuler (Ctrl + Z) permet d'annuler le déplacement d'un bloc.

Options de collage du texte

Lorsque vous collez du texte dans Word, l'icône Options de collage (voir ci-contre) apparaît à la fin du texte que vous venez de coller. Elle vous permet de sélectionner la mise en forme que vous souhaitez appliquer au texte collé, car sa mise en forme initiale ne correspond plus forcément à ce que vous désirez pour cet endroit choisi.

L'utilisation de l'icône Options de collage n'est en rien obligatoire. En fait, il vous suffit de continuer à utiliser Word comme si de rien n'était pour qu'elle disparaisse instantanément. Mais si vous voulez modifier la mise en forme du texte collé, suivez ces étapes :

1. **Placez la souris sur l'icône Options de collage.**

   Une flèche pointant vers le bas apparaît à droite de l'icône.

2. **Cliquez sur la flèche pointant vers le bas.**

   Un menu apparaît dans lequel vous pouvez sélectionner différentes options de mise en forme (Figure 6.2).

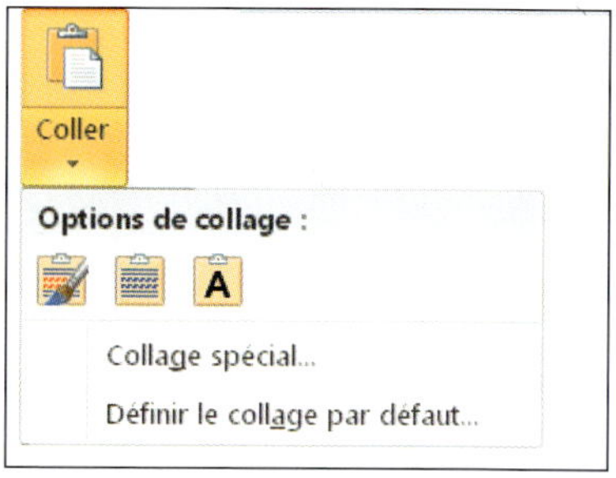

Figure 6.2 : Les options de mise en forme du texte collé.

Voici un bref résumé des options disponibles :

- **Conserver la mise en forme source :** Ne fait rien car la mise en forme vous convient.
- **Fusionner la mise en forme :** Applique au bloc la mise en forme du texte dans lequel il a été collé.
- **Conserver le texte seulement :** Ne colle que le texte, en éliminant les mises en forme particulières qu'il pouvait contenir.

Pour ne copier ou ne couper que le bloc (sans formatage), appuyez sur Ctrl puis T après le collage. Ne faites donc pas un Ctrl + T.

Les options de collage qui apparaissent sur le texte sont facultatives. Pour les ignorer, continuez à saisir votre texte.

Copier ou déplacer un bloc avec la souris

Si vous voulez déplacer un bloc sur une courte distance, vous pouvez utiliser la souris pour une opération glisser-déplacer ou glisser-copier. Cette fonction est très pratique, mais il vaut mieux ne l'utiliser que pour déplacer ou copier entre deux emplacements assez proches pour être simultanément visibles à l'écran. Dans le cas contraire, si vous essayez de faire défiler votre document avec la souris, vous vous exposez à de lourdes contrariétés.

Pour déplacer avec la souris n'importe quel bloc de texte sélectionné, placez le pointeur dessus, appuyez sur le bouton gauche de la souris et maintenez-le enfoncé, déplacez le pointeur jusqu'à l'endroit où vous souhaitez placer le bloc, puis relâchez le bouton de la souris. Vous venez d'effectuer une opération glisser-déplacer.

Copier un bloc avec la souris fonctionne de la même manière que pour le déplacer, avec pour seule différence qu'il faut maintenir enfoncée la touche Ctrl tout en faisant glisser. Un signe + apparaît alors à côté du pointeur (voir ci-contre). Il indique que le bloc sera copié et non déplacé.

- L'icône Options de collage apparaît une fois que vous avez déposé le bloc de texte. Pour en savoir plus sur cette icône, reportez-vous à la section précédente.
- Lorsque vous faites glisser un bloc de texte avec la souris, celui-ci n'est pas collé dans le Presse-Papiers. Vous ne pouvez pas utiliser la commande Coller (Ctrl + V) pour le coller à nouveau.

- Si vous maintenez enfoncées à la fois la touche Maj et la touche Ctrl en faisant glisser un bloc de texte, vous créez une *copie liée* de celui-ci à l'endroit où vous le déposez. Lorsque vous relâchez le bouton de la souris, le bloc copié apparaît dans le document sous une forme un peu étrange. Cette fonction avancée de Word établit un lien entre le bloc copié et l'original, de sorte que toute modification apportée à ce dernier se répercute dans l'autre.

Copier et déplacer avec la touche F2

Voici une autre méthode pour déplacer ou copier un bloc de texte :

1. **Sélectionnez un bloc de texte.**
2. **Appuyez sur la touche F2.**

   La barre d'état affiche le message « Déplacer vers où ? ».

3. **Placez le point d'insertion à l'endroit où vous souhaitez coller le texte.**

   Utilisez les touches directionnelles ou la souris.

4. **Appuyez sur Entrée.**

   Le bloc est déplacé.

Pour effectuer une copie, appuyez sur Maj + F2 à l'Étape 2.

Le miracle du Presse-papiers

L'une des fonctions les plus sympathiques de Word, qui fait défaut dans de nombreuses applications Windows, est la possibilité de stocker plusieurs éléments copiés ou HTML collés dans le Presse-Papiers. Vous pouvez ainsi couper ou copier différentes choses à la suite, puis choisir parmi les objets stockés dans le Presse-Papiers celui que vous voulez coller à tel ou tel endroit. Je peux vraiment affirmer que cette fonction est la bienvenue, mais elle nécessite quelques explications.

Un coup d'œil au Presse-papiers

Vous pouvez à tout moment voir ce que contient le Presse-papiers spécial de Word. Il suffit pour cela de cliquer sur la toute petite flèche située dans le coin inférieur droit du groupe Presse-papiers. Un volet apparaît alors sur la gauche de l'interface de Word, semblable à celui de la Figure 6.3.

La liste du volet Presse-papiers est celle des différents éléments que vous avez copiés ou coupés non seulement dans Word, mais dans n'importe quelle autre application.

Nous parlerons dans la section suivante de la manière de coller des éléments du Presse-papiers.

- Le Presse-papiers de Word peut contenir jusqu'à 24 éléments. Si vous copiez ou collez un élément alors qu'il y en a déjà 24 dans le Presse-papiers, le plus ancien de ces éléments est éliminé pour laisser la place au nouveau. C'est la logique « premier entré, premier sorti ». Le nombre d'éléments stockés dans le Presse-papiers est affiché en haut du volet Presse-papiers.
- Une fois que vous n'avez plus besoin du Presse-papiers, vous pouvez fermer le volet Office. Cliquez sur le X dans le coin supérieur droit du volet.

Figure 6.3 : Le volet Presse-papiers.

Coller à partir du Presse-papiers

Pour coller un bloc de texte placé dans le Presse-papiers, cliquez dessus dans le volet Presse-papiers. Il est aussitôt inséré à l'endroit où se trouve le point d'insertion dans votre document.

Chaque fois que vous collez un élément, l'icône Options de collage apparaît à la fin du texte que vous venez de coller.

N'OUBLIEZ PAS

- Pour coller d'un coup tous les éléments contenus dans le Presse-papiers, cliquez sur le bouton Coller tout.
- Cliquez une seule fois ! Si vous double-cliquez, vous insérez deux copies du texte.

Vider le Presse-Papiers

Pour faire disparaître d'un coup tous les éléments stockés dans le Presse-papiers, cliquez sur le bouton Effacer tout en haut du volet Presse-papiers. C'est ce que je fais quand je veux collecter plusieurs éléments pour les coller ensuite tous ensemble. Par exemple, je commence par cliquer sur Effacer tout, puis je vais copier individuellement tous les éléments souhaités. Je place ensuite le curseur à l'endroit où je veux coller le tout, et je clique enfin sur le bouton Coller tout. Et le tour est joué !

Chapitre 7

Vérifier son document : orthographe et grammaire

Dans ce chapitre :

- Comprendre la vérification d'orthographe au cours de la frappe.
- Gérer les erreurs de frappe.
- Ajouter ou ignorer des mots inconnus.
- Laisser Word corriger automatiquement l'orthographe.
- Corriger ses fautes grammaticales.
- Vérifier rapidement son document.

« Avoir une bonne orthographe est un talent, pas un acquis » – Mark Twain

Ce chapitre traite des incroyables outils de vérification de Word. Il s'agit des vérificateurs orthographiques et grammaticaux, ainsi que d'outils et de fonctions qui aident à trouver le mot juste (et pas juste un mot), à l'utiliser, et à le corriger correctement.

Cachez cette coquille que je ne saurais voir !

N'OUBLIEZ PAS

C'est bien connu, voilà quelques années que les traitements de texte sont capables de vous signaler les mots mal orthographiés ou simplement suspects. Même votre programme de courrier électronique sait le faire (si ce n'est pas le cas, c'est que vous ne l'avez pas mis à jour depuis un bon moment). Le vérificateur d'orthographe de Word vous fait savoir instantanément s'il reconnaît ou non un mot, mais il ne vous dit pas si ce mot est correctement utilisé. Ce n'est pas parce qu'un document ne contient pas de mots mal orthographiés qu'il ne contient pas de fautes.

Vérifier son orthographe

Le correcteur orthographique intégré de Word entre en action dès que vous saisissez des mots.

Vérifier signifie corriger de deux manières. Tout d'abord, Word souligne en ondulations rouges tout mot qu'il ne connaît pas. Ensuite et enfin, Word sait corriger automatiquement les erreurs.

La crainte du soulignement ondulé rouge

Word possède une bibliothèque interne composée de dizaines de milliers de mots, tous correctement orthographiés. Dès que vous saisissez un mot qui ne se trouve pas dans cette bibliothèque, Word le suspecte d'être mal orthographié. Par conséquent, il le souligne avec des ondulations rouges, comme à la Figure 7.1.

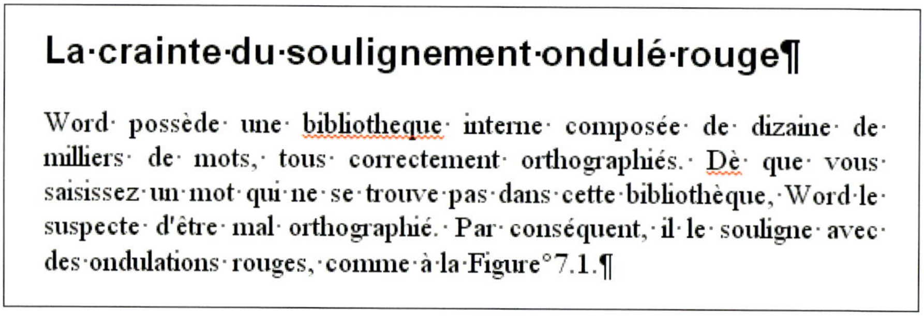
La crainte du soulignement ondulé rouge¶

Word possède une bibliotheque interne composée de dizaine de milliers de mots, tous correctement orthographiés. Dè que vous saisissez un mot qui ne se trouve pas dans cette bibliothèque, Word le suspecte d'être mal orthographié. Par conséquent, il le souligne avec des ondulations rouges, comme à la Figure°7.1.¶

Figure 7.1 : Les mots « bibliotheque » et « Dè » sont indiqués comme des fautes d'orthographe.

Mon conseil : continuez à saisir le texte. Ne vous laissez pas perturber par les ondulations rouges. Il est plus important de penser à ce que vous écrivez que de corriger instantanément les inévitables fautes de frappe.

Une fois que vous avez l'esprit disponible, vous pouvez revenir en arrière et corriger vos erreurs. Je fais cela en général tous les deux ou trois paragraphes.

1. **Cherchez un mot mal orthographié.**

   Ils sont reconnaissables au soulignement rouge ondulé.

2. **Cliquez du bouton droit de la souris sur le mot mal orthographié.**

   Un menu déroulant apparaît, semblable à celui de la Figure 7.2.

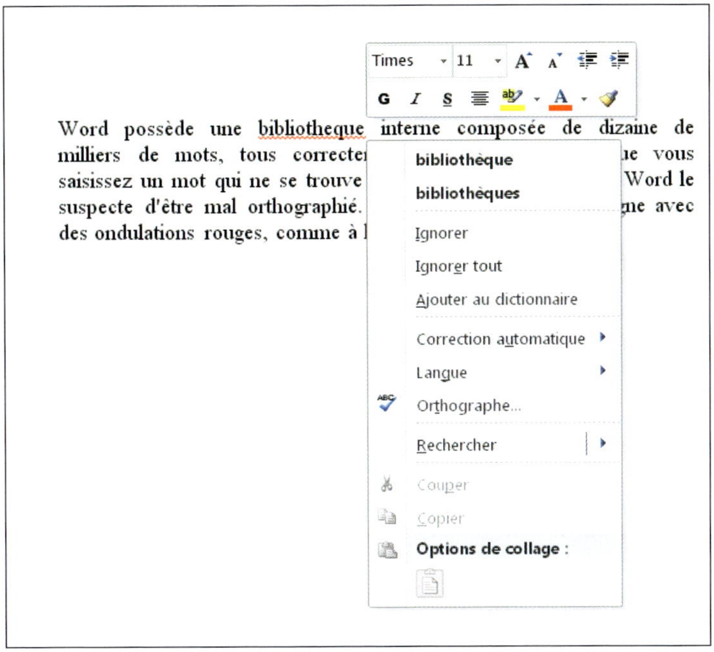

Figure 7.2 : Sélectionnez dans la liste le mot correct.

3. **Choisissez dans la liste le mot que vous vouliez écrire.**

   Dans la Figure 7.2, c'est le mot *bibliothèque*. Cliquez dessus : il se substitue automatiquement dans votre document au mot erroné.

Si le mot que vous aviez voulu taper n'est pas dans la liste, ne soyez pas surpris. Word ne connaît pas tous les mots de la création. Il vous faudra peut-être utiliser un dictionnaire plus complet pour vérifier ce terme, ou faire une nouvelle tentative avec une autre orthographe pour vous voir proposer d'autres corrections possibles.

- La minibarre d'outils que vous observez au-dessus des propositions de Word sur la Figure 7.2 permet d'appliquer une nouvelle mise en forme au texte.
- Tout mot inconnu de Word peut être ajouté à son dictionnaire.

- Word désactive la vérification automatique quand le document atteint une certaine taille. Par exemple, sur mon ordinateur, au-delà de 100 pages, la vérification est désactivée. Un message s'affiche. Cela ne vous empêchera pas d'effectuer une vérification manuelle.

Que faire quand le vérificateur se trompe ?

Le vérificateur orthographique ne doit pas être pris au mot. (Ah ! Quel humour !) En d'autres termes, il peut se tromper. En effet, le programme ne repère que les mots qui sont répertoriés dans son dictionnaire. Par conséquent, si vous écrivez un mot particulier, non inscrit dans le dictionnaire de Word, le programme le considère comme mal orthographié. Cliquez dessus avec le bouton droit de la souris et, dans la boîte de dialogue du vérificateur, vous constaterez la présence des options Ignorer tout et Ajouter au dictionnaire :

Ignorer tout. Ignore un mot absent du dictionnaire dans le document en cours, et seulement dans celui-ci. Si vous voulez que le mot ne soit jamais considéré comme une faute dans aucun document, sélectionnez Ajouter au dictionnaire dans le menu de correction.

Ajouter au dictionnaire. Cette commande ajoute au dictionnaire les mots qui n'y sont pas stockés. À partir de cet ajout, le programme connaît le mot. Il ne le considère plus comme mal orthographié, voire inconnu.

N'OUBLIEZ PAS

- Si le mot semble correctement orthographié mais est quand même souligné en rouge, c'est peut-être qu'il est répété, car les occurrences sont indiquées de la même manière que les fautes d'orthographe. Vous pouvez supprimer l'un des deux ou l'ignorer si vous estimez que ce n'est pas une faute.
- Word ignore certains types de mots. Il s'agit en général de mots contenant des chiffres ou des termes écrits en majuscules et qui sont souvent des abréviations.

Annuler la commande Ignorer tout

Lorsque vous choisissez d'exécuter la commande Ignorer tout, vous indiquez à Word que le mot souligné est correct dans tout le document en cours. Pour Word, il s'agit d'une vérité absolue que vous validez en enregistrant le document. Quand vous le rouvrirez, la faute ne sera plus mentionnée. Mais si c'est vous qui vous êtes trompé ! Voici ce que vous devez faire :

1. **Ouvrez l'onglet Fichier, puis cliquez sur Options.**

   La boîte de dialogue éponyme apparaît.

2. **Dans le volet gauche, cliquez sur Vérification.**

3. **Si nécessaire, faites défiler le contenu de cette fenêtre jusqu'à ce que vous voyiez le bouton Vérifier le document. Cliquez dessus.**

   Un message vous signale que la liste des mots ignorés va être détruite.

4. **Cliquez sur Oui.**

5. **Cliquez sur OK pour revenir au document.**

Ces étapes demandent en fait à Word d'ignorer ce qu'il a ignoré. Ceci concerne également la grammaire. Vous ne pouvez pas annuler une *revérification* de l'orthographe.

Ces étapes n'affectent que le document actuel. La commande Ignorer tout ne concerne que le document en cours d'édition.

Correction instantanée avec la Correction automatique

Certaines erreurs de frappe ou d'orthographe ne sont pas soulignées en rouge. Cela tient au fait que Word les corrige à la volée. Donc, ces erreurs n'apparaissent jamais sur votre écran (ni nulle part ailleurs). Vous allez comprendre comment ce miracle est possible.

Comprendre la correction automatique

La réalité est qu'il est impossible de faire certaines fautes d'orthographe dans Word. En principe, il ne faut jamais écrire *jamias*. Essayez ! Word corrige automatiquement cette faute de frappe aussitôt que vous appuyez sur la barre d'espace ou que vous tapez un signe de ponctuation. C'est tout simplement parce que *jamias* fait partie de la liste des corrections automatiques de Word, qui suppose que lorsque vous tapez *jamias* vous voulez en fait saisir *jamais*. De même pour de nombreuses autres fautes de frappe plus ou moins courantes comme *acalmie* pour *accalmie* ou *lse* pour *les*. C'est l'une des joies de la correction automatique : il est vraisemblablement difficile de faire des fautes d'orthographe courantes en tapant dans Word.

Créer ses propres entrées de correction automatique

Pour en arriver à ce qui est expliqué précédemment, vous devez enrichir vous-mêmes la fonction de correction automatique de Word. Par exemple, si vous savez que vous écrivez systématiquement *cauchemard* au lieu de *cauchemar*, voici ce que vous devez faire pour que Word corrige automatiquement cette faute :

1. **Effectuez un clic droit sur le mot mal orthographié.**
2. **Dans le menu contextuel, choisissez Correction automatique.**
3. **Dans le sous-menu, sélectionnez le mot correctement orthographié, comme à la Figure 7.3.**

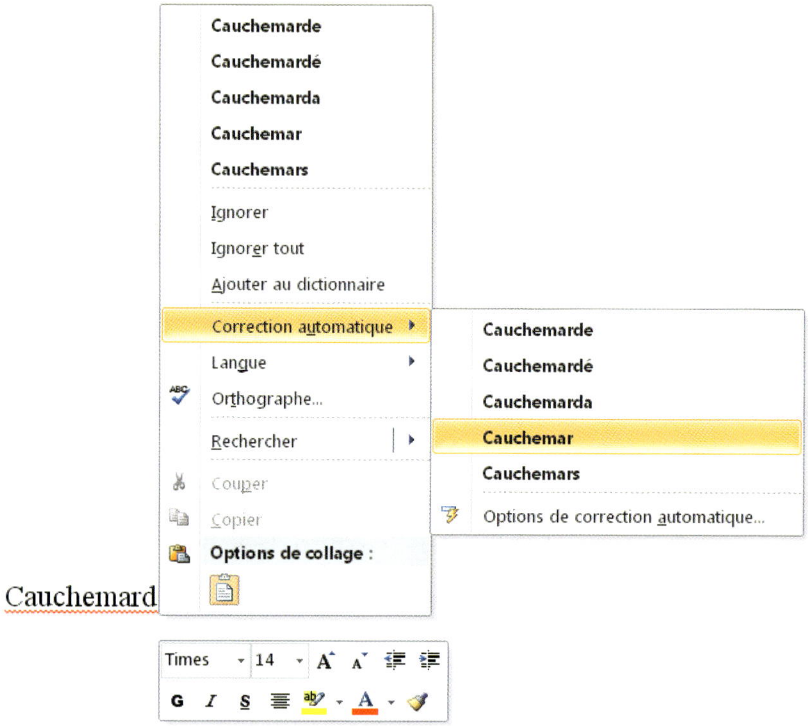

Figure 7.3 : Correction automatique d'une faute systématique.

À partir de cet instant, dès que vous écrirez le mot avec cette même faute, Word le corrigera tout seul comme un grand dès que vous appuierez sur la touche espace.

Ajoutez de préférence les mots commençant par une minuscule. Ainsi, Word saura corriger automatiquement ces mots même quand ils commencent par une majuscule.

Annuler une correction automatique

Si Word fait une correction automatique dont vous ne voulez pas, vous pouvez l'annuler. En général, il suffit d'appuyer sur Ctrl + Z (le raccourci de la commande Annuler) juste après le remplacement automatique. Dans certains cas, vous pouvez aussi appuyer sur la touche Retour arrière pour obtenir le même résultat.

Lorsque vous placez le curseur dans un mot corrigé automatiquement, vous voyez apparaître au-dessous un petit rectangle bleu. Placez le pointeur sur ce rectangle, et vous verrez surgir l'icône Options de correction automatique. Si vous cliquez sur la flèche pointant vers le bas, un menu vous propose différentes options (Figure 7.4), car Word se demande pourquoi vous voulez modifier la correction automatique.

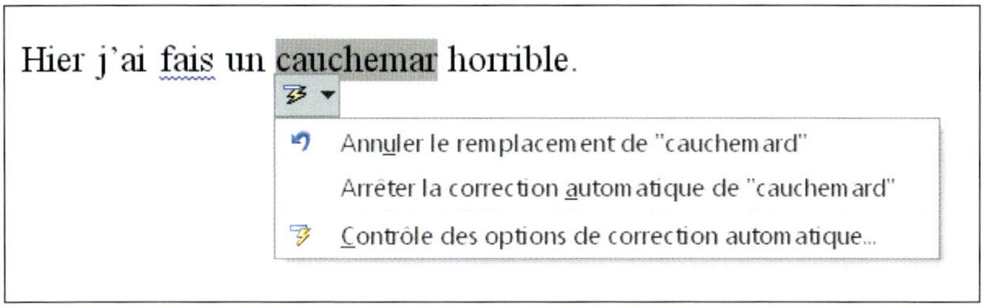

Figure 7.4 : Modifier une correction automatique.

- **Annuler le remplacement de <votre mot> :** Vous pouvez annuler le remplacement automatique en sélectionnant la première option du menu, Annuler le remplacement de [mot].
- **Arrêter la correction automatique de <votre mot> :** La sélection de cette deuxième option du menu supprime le mot de la liste des corrections automatiques.
- **Contrôle des options de correction automatique :** La dernière option du menu affiche la boîte de dialogue Correction automatique.

N'OUBLIEZ PAS

Vous n'êtes pas obligé d'utiliser les Options de correction automatique. Dans ce cas, appuyez sur Ctrl + Z ou sur la touche Retour arrière.

Que ma grammaire soit immaculée !

Quelle que soit mon opinion à ce sujet, Word dispose d'une fonction de vérification grammaticale, qui identifie par un soulignement bleu ondulé ou vert (selon la nature de la faute) ce qui lui paraît douteux dans votre texte. C'est le signe que vous avez offensé la sensibilité grammaticale de Word. J'ai fait un rêve.

Comme pour l'orthographe, cliquez sur le terme souligné avec le bouton droit de la souris. Un menu contextuel peut vous proposer une ou plusieurs corrections, ou vous dire simplement que votre phrase est trop longue et vous propose d'assez médiocres propositions, voire aucune. Si une correction proposée vous convient, cliquez dessus, et Word remplace la phrase dans votre document. Dans le cas contraire (s'il y a vraiment une faute), il ne vous reste plus qu'à trouver vous-même une correction satisfaisante.

- Lorsque vous choisissez À propos de cette phrase dans le menu contextuel, Word ouvre l'Aide de Microsoft Office et tente de trouver une explication sur les règles grammaticales qui doivent s'appliquer dans le contexte d'utilisation de votre phrase.

- Le vérificateur grammatical semble parfois détecter des fautes qui n'en sont pas. Ne concluez pas trop vite et examinez soigneusement votre phrase. La faute n'est pas forcément dans le mot souligné.

Vérifier tout le document en une seule opération

Avant l'instauration de cette fonction de vérification et de correction automatique, la vérification s'effectuait une fois le document entièrement écrit. Word parcourait la totalité du texte et s'arrêtait sur tout ce qui lui semblait incorrect. Vous pouvez toujours procéder de la sorte. Voici comment faire :

1. **Cliquez sur l'onglet Révision.**
2. **Dans le groupe Vérification, cliquez sur le bouton Grammaire & orthographe.**

   La boîte de dialogue éponyme apparaît. Elle affiche une section du texte dans laquelle une erreur a été identifiée par Word.

Voici ce que vous pouvez faire :

- Pour corriger l'erreur, saisissez le texte directement dans la zone de texte de la boîte de dialogue.
- Cliquez sur le bouton Ignorer pour passer sur cette erreur, ou bien cliquez sur le bouton Phrase suivante (quand il est présent) pour continuer la vérification du document.
- Choisissez le mot correctement orthographié dans la liste Suggestions.

3. **Continuez à vérifier le document jusqu'à ce que Word vous en indique la fin.**

Chapitre 8

Documents et fichiers

Dans ce chapitre :

- Créer un document.
- Utiliser des modèles.
- Enregistrer son document sur le disque dur.
- Utiliser un nom de fichier pertinent.
- Actualiser (réenregistrer) un document.
- Insérer un document dans un autre.
- Fermer un document
- Retrouver un document perdu.

Dès que vous avez commencé à saisir du texte, vous devez enregistrer votre document. Là, sur le disque, votre document devient un *fichier*, c'est-à-dire un enregistrement permanent que vous pouvez ouvrir à nouveau pour le modifier, l'imprimer ou tout simplement le relire. Ce chapitre explique dans un premier temps comment enregistrer un document, puis comment ouvrir un document déjà enregistré sur le disque. Je vais également vous apprendre à insérer un document dans un autre.

Un fichier ? Mais qu'est-ce donc ?!

Sur le disque dur de votre ordinateur, les informations existent sous forme de fichiers. Chaque fichier contient donc lesdites informations. Elles sont de nature électronique. *De facto*, un fichier peut être une image, une chanson, une vidéo, *etc.*

Sous Windows, les fichiers apparaissent sous la forme graphique d'une icône. Pour en faciliter l'identification, chaque type de fichier possède sa propre icône. Elle est attribuée par le programme qui a créé le fichier, ou par celui qui sait en lire le contenu par défaut. Donc, un fichier, ici un document Word, se distingue par une icône spécifique.

Envisagez cette relation de la manière suivante :

- Un pianiste utilise une partition pour jouer un morceau. Cette partition ne fait pas partie du piano lui-même. Le pianiste stocke et/ou envoie des partitions qu'il jouera avec son piano. Un ordinateur fait la même chose. Il stocke des éléments que l'on appelle des fichiers, et qu'un logiciel va savoir jouer. On dira (mais ne le dites jamais comme ça) que Word sait jouer des fichiers de traitement de texte, et plus particulièrement ceux qu'il a créés.
- Pour plus d'informations sur les fichiers et les disques durs, je vous recommande de lire *Le PC pour les nuls* paru aux éditions First Interactive.

Créer un document

L'avantage d'un logiciel de traitement de texte est que vous n'avez pas besoin de courir acheter des feuilles chez votre libraire pour commencer à travailler :

1. **Cliquez sur l'onglet Fichier.**

   Le contenu de l'onglet apparaît. Elle est débordante de possibilités.

2. **Dans le volet gauche, cliquez sur Nouveau.**
3. **Dans le volet central, cliquez sur Document vierge, puis sur Créer dans le volet de droite (Figure 8.1).**

Et voilà ! Une feuille blanche s'affiche dans Word.

TRUC

- Une méthode plus rapide pour créer un document ? Appuyez sur Ctrl + N.
- Pour se mettre rapidement au travail, ouvrez un fichier existant en cliquant sur la commande Ouvrir de l'onglet Fichier. Nous en parlerons plus loin dans ce chapitre.

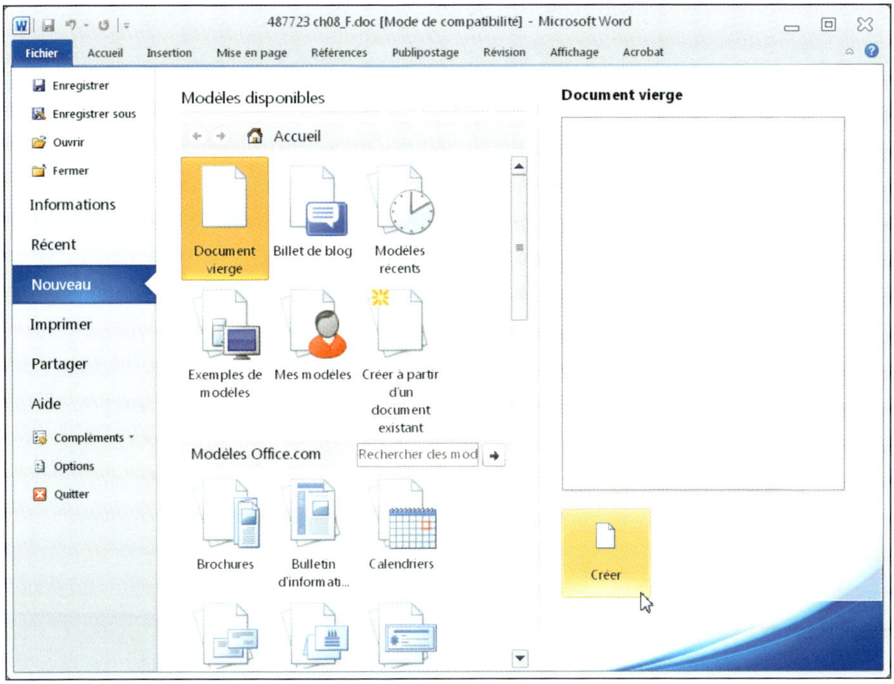

Figure 8.1 : Créez un nouveau document !

Enregistrer un document

La chose la plus importante pour un document est de l'enregistrer. Vous créez une copie permanente de ce que vous avez sous les yeux. Sinon, à la fermeture de Word ou à l'extinction de votre ordinateur, tout ce qui aura été écrit sera à tout jamais perdu. Tout document enregistré sur un disque dur peut être réutilisé. Vous en ferez aussi des copies sur CD-R, l'enverrez par e-mail, ou le garderez pour de pures raisons sentimentales. Dans tous les cas, le mot d'ordre est : Enregistrer !

Premier enregistrement d'un document

Pour enregistrer sur le disque un document qui ne l'a pas encore été, suivez ces étapes :

1. **Ouvrez l'onglet Fichier.**

2. **Cliquez sur Enregistrer sous.**

La boîte de dialogue Enregistrer sous de Windows 7 apparaît (Figure 8.2).

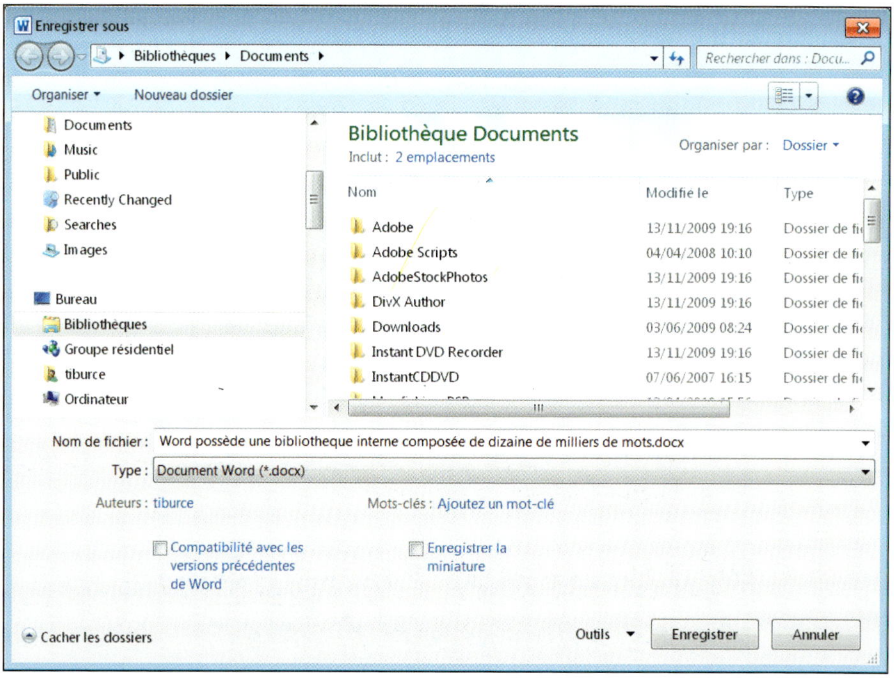

Figure 8.2 : La boîte de dialogue Enregistrer sous.

3. **Dans le champ Nom de fichier, saisissez un nom pour votre document.**

   Word utilise automatiquement les premiers mots de votre document comme nom de fichier par défaut. Si ce nom vous convient, vous pouvez passer directement à l'Étape 4. Si vous voulez donner à votre document un autre nom que le nom par défaut, saisissez-le dans le champ Nom du fichier. Vous pouvez utiliser des lettres, des chiffres et divers symboles. Bien qu'un nom de fichier puisse être très long, je vous conseille de vous en tenir à un nom relativement court, simple et évocateur.

4. **Vous pouvez, mais rien ne vous y oblige, changer l'emplacement de stockage de votre fichier.**

   Par défaut, Word suppose que vous centralisez tous vos fichiers texte dans le dossier Documents. Si vous vous êtes organisé autrement, par exemple en créant un dossier Bureautique sur un autre disque dur, rien ne vous empêche de le choisir.

5. **Cliquez sur le bouton Enregistrer.**

Si tout se passe normalement, après quelques secondes, le fichier est enregistré et son nom apparaît dans la barre de titre de la fenêtre de Word.

À compter de cet instant, vous pouvez continuer votre travail. N'hésitez pas à enregistrer régulièrement toutes vos modifications, c'est-à-dire saisie d'un nouveau texte, ou suppression d'un ancien.

- Ce n'est pas parce que vous avez enregistré un document que vous êtes obligé de quitter Word.
- La seule fois où la boîte de dialogue Enregistrer sous apparaît est lorsque vous sauvegardez un document pour la première fois. Par la suite, la commande Enregistrer suffit.
- Vous savez que le document a été correctement enregistré quand le nom de son fichier apparaît dans la barre de titre de Word.
- Enregistrez toujours votre document le plus tôt possible, dès que vous avez tapé ne serait-ce que quelques lignes de texte, ou même avant d'avoir commencé à taper.

Problèmes avec l'enregistrement d'un document sur disque

Bien enregistrer un document impose une parfaite connaissance de Word et de Windows. Voici les situations auxquelles vous devrez parfois faire face :

```
Le fichier existe déjà
```

Trois choix se présentent à vous :

- **Remplacer le fichier existant :** Non !
- **Enregistrer les modifications sous un autre nom :** Oui !
- **Fusionner les modifications dans le fichier existant :** Non !

Dès que vous avez activé la deuxième option, saisissez un nom de fichier différent dans la boîte de dialogue Enregistrer sous.

Un autre problème communément rencontré est celui du message :

```
Le nom du fichier, son type ou son emplacement <nom du fichier> n'est
pas valide…
```

Cela signifie que vous avez assigné un nom farfelu aux caractères refusés par Word. Pour bien comprendre de quoi il retourne, lisez l'encadré ci-après. Cliquez sur OK, et attribuez un nouveau nom.

NOTE TECHNIQUE

Compliqué mais important : à propos des noms de fichiers

Les noms que vous donnez à vos fichiers doivent respecter les règles, bienveillantes mais strictes, de Windows. Cette tâche n'a rien de bien difficile. Voici quelques règles à respecter :

- Un nom de fichier peut faire jusqu'à 245 caractères. En dépit de cette liberté, choisissez plutôt des noms de fichiers courts et évocateurs.
- Un nom de fichier peut comporter des lettres, des chiffres et des espaces, et doit commencer par une lettre ou par un chiffre.
- Un nom de fichier peut contenir des points, des virgules et des tirets.
- Un nom de fichier ne doit contenir aucun des caractères suivants : \ / : • ? " < > |

Vous n'avez pas besoin de taper vous-même l'extension de trois lettres (.doc) à la fin des noms des fichiers Word (contrairement à certaines vieilles versions de Word, mais c'était il y a très longtemps).

Enregistrer un document qui a déjà été enregistré

Pour enregistrer un document qui a déjà été enregistré (ce que nous avons décrit dans la section précédente), cliquez sur l'onglet Fichier, puis sur Enregistrer. Pendant un court instant, la barre d'état prend une allure différente, indiquant que le document est en cours d'enregistrement. Cette fois, la boîte de dialogue Enregistrer sous n'apparaît pas.

- La méthode la plus rapide pour enregistrer un document est d'appuyer sur Ctrl + S.

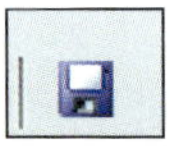

- Vous pouvez cliquer sur l'icône Enregistrer de la barre d'outils Accès rapide.
- La commande d'enregistrement la plus étrange est Maj + F12.

Enregistrer quand le travail est terminé

Votre travail s'achève. Vos doigts se crispent sur le clavier, vos yeux sont fatigués, vous avez bien mérité un peu de repos. Vous quittez Word, mais un message surgit (Figure 8.3) :

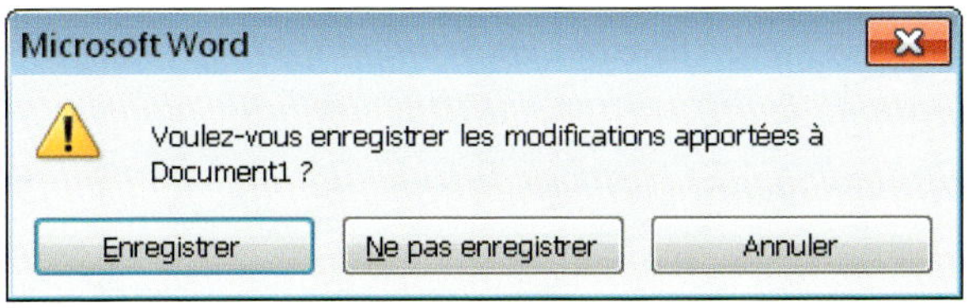

Figure 8.3 : Dernière chance de sauvegarde.

Enregistrer : Enregistre le document. Toutes les modifications apportées depuis votre dernière sauvegarde sont enregistrées.

Ne pas enregistrer : Le document n'est pas enregistré. Toute modification apportée depuis la dernière sauvegarde est perdue.

Annuler : Vous décidez de ne pas quitter Word. Vous revenez à votre document.

Choisissez, mais choisissez en toute connaissance de cause. Je conseille l'option *Enregistrer*.

Ouvrir un document

Enregistrer un document sur le disque signifie stocker un fichier Word facile à retrouver afin d'y poursuivre son travail. Il existe plusieurs manières d'ouvrir un document. Cette section les présente.

Utiliser la commande traditionnelle Ouvrir

Pour ouvrir un document enregistré sur le disque, on utilise la commande Ouvrir. Celle-ci ouvre le document dans une fenêtre qui vous permet de travailler avec toutes les commandes de Word.

Suivez ces étapes :

1. **Cliquez sur l'onglet Fichier, puis sur Ouvrir.**

   La boîte de dialogue Ouvrir apparaît (Figure 8.4). Ici, vous voyez l'aspect qu'elle revêt sous Windows 7.

2. **Cliquez sur le nom du document.**

   La boîte de dialogue Ouvrir affiche une liste de documents déjà enregistrés sur le disque, comme le montre la Figure 8.4. Vous devez y trouver celui que vous désirez ouvrir.

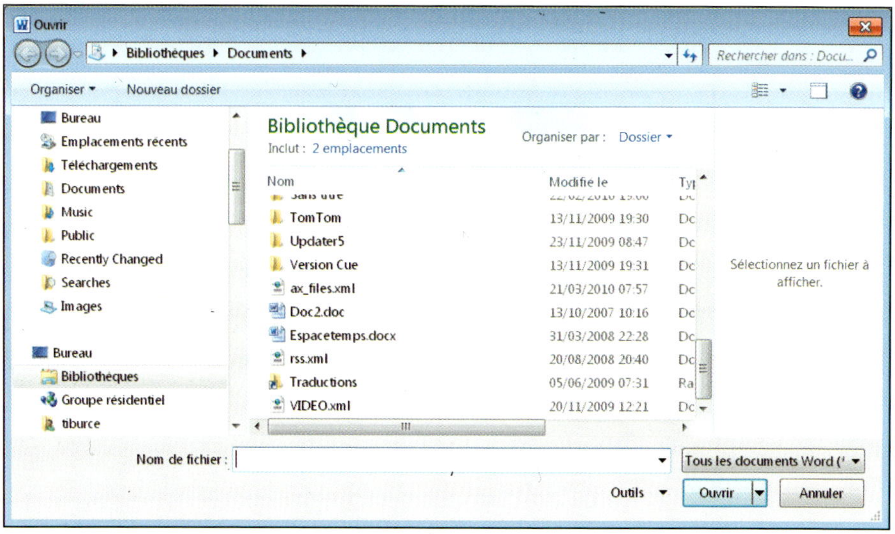

Figure 8.4 : La boîte de dialogue Ouvrir.

3. **Cliquez sur le bouton Ouvrir.**

   - Word ouvre le fichier dans une fenêtre de document.
   - Ouvrir un document ne l'efface pas du disque dur.
   - Ouvrir un document est l'une des premières choses que vous avez à faire en commençant une journée de travail avec Word.
   - Quand vous ouvrez un document, enregistrez-le par la commande Enregistrer ou par Ctrl + S. Inutile de recourir à la boîte de dialogue Enregistrer sous.
   - Le raccourci pour ouvrir un document est Ctrl + O.
   - Vous pouvez ouvrir un document en double-cliquant sur son icône dans l'Explorateur Windows.
   - ATTENTION Évitez d'ouvrir un fichier depuis une disquette ou un disque amovible. En effet, bien des problèmes peuvent surgir si vous enlevez ce support. Word ne saura plus où trouver le document. Prenez toujours l'habitude de transférer un document d'un support amovible sur votre disque dur. Ensuite, ouvrez dans Word la copie effectuée sur votre disque.

Une fois qu'un document est ouvert, vous pouvez le modifier, le lire, l'imprimer ou même méditer à son sujet.

Ouvrir l'icône d'un document

Pour ouvrir rapidement un document, il suffit de double-cliquer sur son icône soit sur le Bureau, dans le dossier Documents, ou tout autre dossier du disque dur sur lequel vous stockez vos fichiers Word. Le programme s'ouvre et affiche le document sur lequel vous venez de double-cliquer.

Accéder aux fichiers récents

TRUC

Word mémorise les derniers fichiers sur lesquels vous avez travaillé. Vous pouvez les consulter en ouvrant l'onglet Fichier, et en cliquant sur Récent comme à la Figure 8.5. Cliquez sur le document que vous désirez ouvrir dans Word.

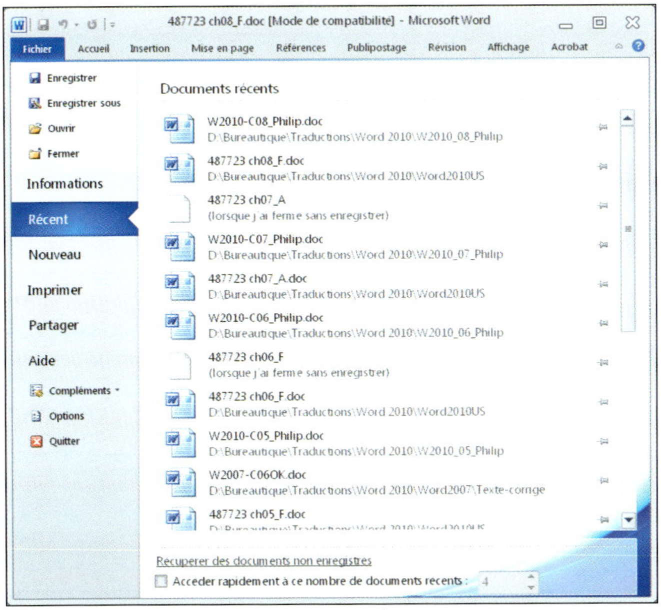

Figure 8.5 : Les fichiers récemment ouverts dans Word 2010.

Fermer un document

Lorsque vous avez fini de travailler sur un document, vous devez le fermer. Le plus simple consiste à afficher le contenu de l'onglet Fichier, puis à cliquer sur Fermer. Le raccourci clavier de cette commande est Ctrl + W.

Si vous n'avez pas sauvegardé les dernières modifications apportées à votre fichier, Word vous invite à y procéder. Cliquez sur le bouton Enregistrer du message qui apparaît. Bien entendu, si votre document n'avait encore jamais été enregistré (NE FAITES PAS ÇA !!!), Word affichera la boîte de dialogue Enregistrer sous.

Chapitre 9

Imprimer vos documents sur papier

Dans ce chapitre :

- Que l'imprimante soit prête à imprimer !
- Voir l'aperçu avant impression.
- Imprimer une partie spécifique d'un document.
- Imprimer un document en plusieurs exemplaires.
- Utiliser une autre imprimante.
- Annuler la commande Imprimer.

Ah, oui ! Imprimer. Ça a l'air facile. Il suffit d'appuyer sur un bouton, l'imprimante se met en route, et tout est pour le mieux dans le meilleur des mondes. Cependant, quelques problèmes peuvent survenir, ce chapitre vous aidera à les résoudre. Les imprimantes sont des créatures délicates, à traiter avec le plus grand des égards.

Votre document sur papier

Imprimer un document reste l'une des activités favorites d'une personne qui tape du texte. Pour cela, vous allez utiliser soit une imprimante connectée directement à votre ordinateur, soit une imprimante installée en réseau.

Préparer l'imprimante

Avant d'imprimer, vous devez vous assurer que votre imprimante est prête à fonctionner. Vérifiez les quelques points suivants :

1. **Assurez-vous que votre imprimante est branchée sur le secteur et correctement connectée à votre ordinateur.**

   L'imprimante est reliée à l'ordinateur par un câble. Celui-ci doit être correctement connecté aux deux extrémités (il n'est nécessaire de le vérifier que si vous rencontrez des problèmes d'impression). Si vous avez des doutes, lisez l'ouvrage *Le PC pour les nuls*.

2. **Assurez-vous que votre imprimante dispose de suffisamment de toner ou d'encre, ou d'un ruban en bon état.**

   Une imprimante laser doit contenir une cartouche de toner. Si l'imprimante dispose d'un indicateur de quantité et que celui-ci signale qu'il ne reste plus assez de toner, changez la cartouche.

   La plupart des imprimantes à jet d'encre vous préviennent lorsqu'il ne reste plus assez d'encre. Si ce n'est pas le cas, les images paraissent plus claires et les caractères peuvent être incomplets. Remplacez alors la cartouche. De plus, évitez les cartouches dites *compatibles*, utilisez de préférence des cartouches de la même marque que votre imprimante.

3. **Vérifiez que l'imprimante contient du papier.**

   L'alimentation en papier peut se faire par l'arrière, par un bac à papier, ou manuellement une feuille à la fois. Quel que soit le mode d'alimentation de votre imprimante, assurez-vous qu'elle dispose d'assez de papier avant de lancer l'impression.

4. **Avant d'imprimer quoi que ce soit, votre imprimante doit être *en ligne* (*online*) ou *sélectionnée*. En d'autres termes, allumez-la, cela devrait suffire.**

Dès que vous êtes certain que l'imprimante est prête, vous pouvez lancer la procédure d'impression depuis Word.

Voir l'aperçu avant impression

Pour afficher l'aperçu avant impression de votre document, cliquez sur le bouton Lecture plein écran situé en bas de l'interface, et dont l'icône est représentée ci-contre. Votre document apparaît dans une présentation un peu différente, comme l'illustre la Figure 9.1.

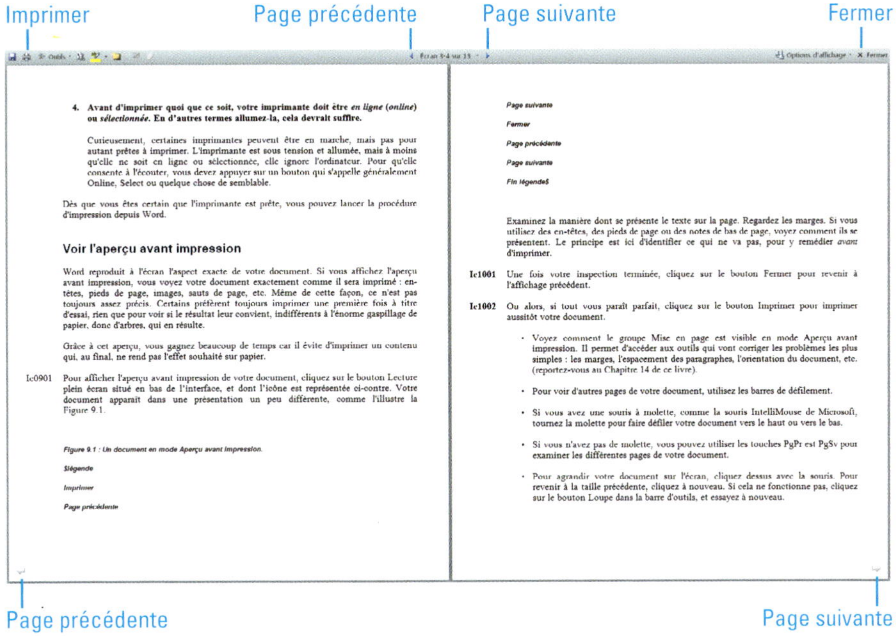

Figure 9.1 : Un document en mode Aperçu avant impression.

Examinez la manière dont se présente le texte sur la page. Regardez les marges. Si vous utilisez des en-têtes, des pieds de page ou des notes de bas de page, voyez comment ils se présentent. Le principe est ici d'identifier ce qui ne va pas, pour y remédier *avant* d'imprimer.

Une fois votre inspection terminée, cliquez sur le bouton Fermer pour revenir à l'affichage précédent.

Imprimer la totalité d'un document

L'auteur d'une peinture rupestre n'avait pas droit à plusieurs brouillons. Nous autres, hommes et femmes du XXIe siècle, disposons du luxe d'écrire, de réécrire et de mettre en forme autant de fois que nous le désirons sur l'écran. Une fois que vous êtes prêt à peindre sur la pierre (à imprimer), suivez ces étapes :

1. **Assurez-vous que l'imprimante est en ligne et prête à imprimer.**

   Voyez la première section Préparer l'imprimante de ce chapitre, (commencez par là !).

2. **Enregistrez votre document.**

Vous êtes peut-être surpris. Il est toujours préférable d'enregistrer votre document avant d'imprimer. Cliquez simplement sur le bouton Enregistrer dans la barre d'outils Accès rapide.

3. **Cliquez sur l'onglet Fichier.**

4. **Cliquez sur Imprimer.**

   Vous accédez au volet Imprimer (Figure 9.2).

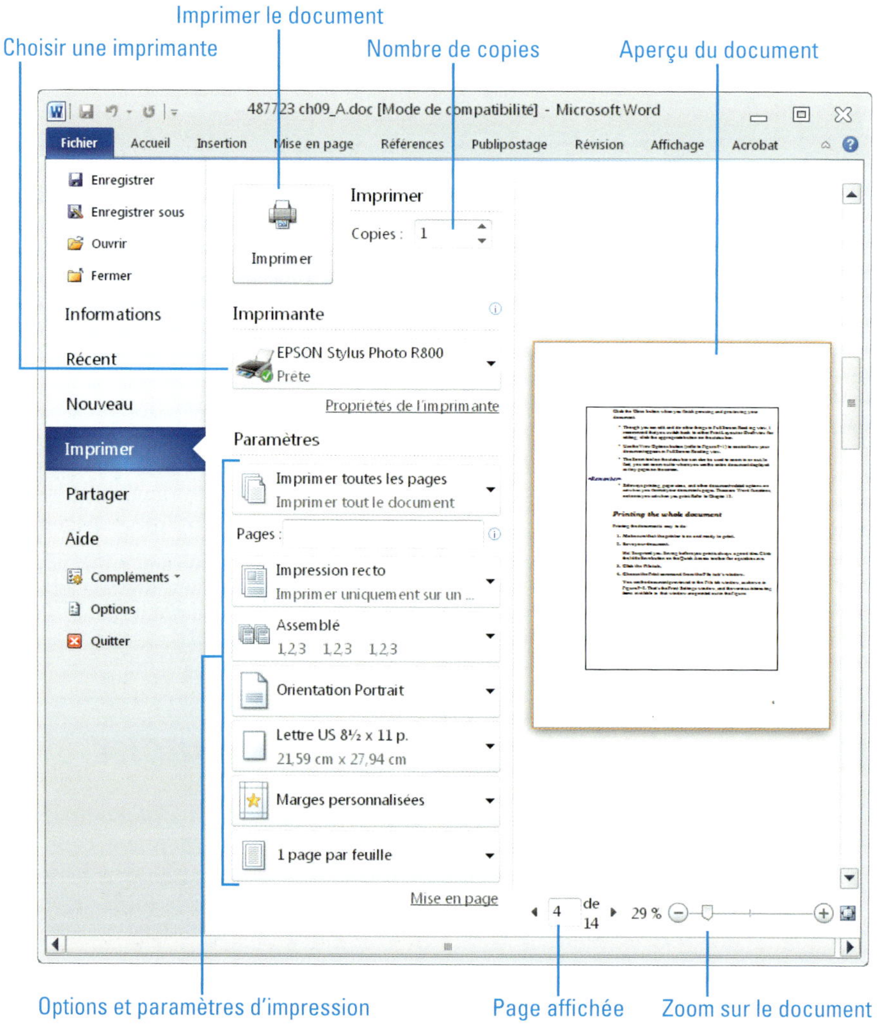

Figure 9.2 : Le volet des paramètres d'impression.

5. **Cliquez sur le bouton Imprimer.**

Le document commence à sortir page par page de votre imprimante.

- La méthode la plus rapide pour afficher la boîte de dialogue Imprimer est d'appuyer sur Ctrl + P.
- Si rien ne s'imprime, ne répétez pas la commande Imprimer ! Il n'y a sans doute aucun problème. L'ordinateur est probablement encore en train de préparer l'impression ou d'envoyer (de télécharger) du texte vers l'imprimante. Si vous ne voyez pas apparaître de message d'erreur, il est vraisemblable que l'impression ne tarde pas à commencer.
- Si vous avez une imprimante à alimentation manuelle, c'est elle qui va vous demander du papier. Elle vous dit : « *Bip !* Donne-moi du papier ! ». Vous devez alors lui présenter du papier, d'un geste techniquement correct, autant de fois que nécessaire, jusqu'à ce que votre document soit entièrement imprimé. Heureusement, les imprimantes d'aujourd'hui disposent d'un bac pouvant contenir suffisamment de feuilles pour ne rien vous réclamer sauf, bien sûr, si ce bac est vide.
- En plus d'enregistrer votre document, vous pouvez le corriger avant de l'imprimer. Voyez le Chapitre 7.

Supprimer la page blanche à la fin du document

Parfois, vous pouvez être surpris de voir sortir une page blanche à la fin de l'impression.

Pour éviter ce désagrément, appuyez sur Ctrl + Fin. Le point d'insertion apparaît en toute fin de votre document. Maintenez la touche d'espacement enfoncée jusqu'à ce que la page vierge disparaisse. Comment être certain de sa disparition ? Regardez le total des pages dans la barre d'état, il devrait être réduit d'une unité.

Imprimer une page spécifiée

Pour imprimer seulement une page de votre document, suivez ces étapes :

1. **Placez le curseur à un endroit quelconque dans la page que vous voulez imprimer.**

   Vérifiez le numéro de page dans le coin inférieur gauche de la fenêtre du document (dans la barre d'état) pour vous assurer que vous êtes bien dans la page souhaitée.

2. Cliquez sur l'onglet Fichier, puis sur Imprimer, ou appuyez sur Ctrl + P.

3. Dans la section Paramètres, ouvrez le premier menu local, et choisissez Imprimer la page active.

4. Cliquez sur Imprimer.

Que vous imprimiez une seule page ou plusieurs, celles-ci sont imprimées avec toutes les mises en forme que vous leur avez données. Par exemple, si votre document comporte des en-têtes, des pieds de page et l'insertion du numéro de page, tout cela apparaît sur la page imprimée.

Imprimer une plage de pages

Word vous permet d'imprimer une seule page, une plage de pages, ou même une liste quelconque de pages de votre document, sans qu'elles aient besoin de se suivre. Pour imprimer une plage ou un groupe de pages, cliquez sur l'onglet Fichier, puis sur Imprimer. Dans le menu local Paramètres, choisissez Imprimer la plage personnalisée.

Dans le champ Pages, indiquez la plage à imprimer en respectant les règles suivantes :

- Pour imprimer les pages 3 à 5, tapez **3-5**.
- Pour imprimer les pages 1 à 7, tapez **1-7**.
- Pour imprimer les pages 2 et 6, tapez **2;6**.
- Les plages de pages vous permettent de faire des sélections très précises. Par exemple, pour imprimer la page 3, les pages 5 à 9, les pages 15 à 17 et la page 19, saisissez **3;5-9;15-17;19** dans le champ Pages.

Une fois la plage définie, cliquez sur le bouton Imprimer.

Imprimer un bloc

Après avoir sélectionné un bloc de texte à l'écran, vous pouvez demander à Word d'imprimer ce bloc et lui seul. Voici comment :

1. Sélectionnez le bloc de texte à imprimer.

Pour tout savoir sur la sélection d'un bloc de texte, reportez-vous au Chapitre 6.

2. Dans l'onglet Fichier, cliquez sur Imprimer.

3. **Dans la section Paramètres, ouvrez le menu local et choisissez Imprimer la sélection.**

   L'option Imprimer la sélection n'est disponible que si du texte est sélectionné. Vous indiquez ainsi à Word que vous ne voulez imprimer que ce bloc.

4. **Cliquez sur le bouton Imprimer.**

Le bloc sélectionné est imprimé à la même position sur la page, accompagné du même en-tête et du même pied de page que si vous aviez imprimé tout le document.

Imprimer plusieurs exemplaires d'un document

Pour imprimer plusieurs exemplaires d'un document, suivez ces étapes :

1. **Exécutez la commande Imprimer de l'onglet Fichier.**

2. **Dans le champ Copies, saisissez le nombre d'exemplaires voulus.**

   Si vous voulez trois exemplaires d'un document, tapez 3 dans le champ Nombre de copies.

3. **Cliquez sur Imprimer pour imprimer les exemplaires demandés.**

Annuler une commande d'impression

Comme tôt ou tard vous aurez probablement besoin d'annuler rapidement une commande d'impression, voici comment procéder :

1. **Double-cliquez sur l'icône de l'imprimante à côté de l'horloge dans la Barre des tâches.**

   La fenêtre de l'imprimante s'ouvre (Figure 9.3) et affiche la liste des documents de la file d'attente d'impression.

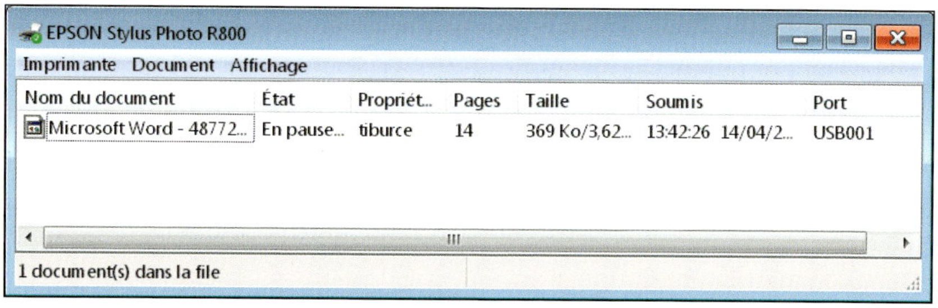

Figure 9.3 : Documents dans la file d'attente d'impression.

2. **Dans la liste de la file d'attente, cliquez sur le nom du document dont vous voulez annuler l'impression.**

3. **Dans la fenêtre de l'imprimante, sélectionnez Documents/Annuler.**

4. **Cliquez sur Oui pour terminer le travail d'impression.**

5. **Fermez la fenêtre de l'imprimante une fois que vous avez terminé.**

   Cliquez sur Imprimante/Fermer.

Troisième partie

La mise en forme

« On t'avait dit de cliquer sur le bouton Gras avec la souris, mon chéri. »

Dans cette partie...

La mise en forme est l'aspect le plus artistique du traitement de texte. Elle donne à votre document un caractère résolument professionnel. En appliquant une mise en forme soignée à votre texte, vos phrases, vos paragraphes, et vos pages, vous placez votre document à un niveau supérieur de qualité que vous n'imaginiez même pas.

La mise en forme est la tâche qui consiste à rendre un document plus présentable qu'il ne l'est à l'état brut. Vous y procédez après avoir saisi votre texte au kilomètre. En revanche, si vous maîtrisez les concepts de *styles* et de *modèles*, vous pouvez *formater* lors de la saisie. Les chapitres de cette partie démontrent que la mise en forme permet de faire pratiquement tout ce que vous désirez dans Word.

Chapitre 10

Mettre en forme texte, caractères et polices

Dans ce chapitre :

- Choisir la police.
- Appliquer des mises en forme élémentaires.
- Changer la taille du texte.
- Ajouter de la couleur.
- Explorer la boîte de dialogue Police.
- Modifier la casse du texte.

Un *caractère* est le plus petit élément que l'on puisse mettre en forme dans un document. Ce peut être une lettre, un chiffre ou un symbole.

Un caractère peut être mis en gras ou en italique. Vous pouvez le souligner, en changer la taille, la police ou la couleur. Word vous offre un grand contrôle sur la présentation de votre texte. Ce chapitre explore en détail toutes ces possibilités.

Comment mettre en forme votre texte ?

Vous avez deux manières de changer la mise en forme de votre texte :

- **Sélectionner une commande de mise en forme, puis taper le texte.** Tout le texte que vous tapez apparaît avec la mise en forme préalablement sélectionnée.

- **Saisir le texte, puis sélectionner le bloc et lui appliquer la mise en forme voulue.** Cette technique est plus indiquée lorsque vous êtes concentré sur une idée. Vous pouvez mettre en forme votre texte après l'avoir saisi.

Vous pouvez utiliser ces deux méthodes pour composer votre texte dans votre document. Il est vrai qu'il est parfois pratique de choisir une commande de mise en forme et de taper le texte dans ce format. Par exemple :

1. **Saisissez le texte suivant :**

   ```
   Nous perdons tous un temps
   ```

2. **Appuyez sur Ctrl + I pour activer la mise en *italiques*.**

3. **Saisissez :**

   ```
   horrible.
   ```

La phrase finale ressemble à ceci :

Nous perdons tous un temps *horrible*.

Pour des mises en forme plus complexes, écrivez d'abord le texte, et appliquez les modifications après.

Pour plus d'informations sur les blocs de texte, consultez le Chapitre 6.

Mise en forme élémentaire

Word regroupe les commandes de mises en forme standard dans le groupe Police (rien à voir avec Sting !), comme vous le voyez à la Figure 10.1.

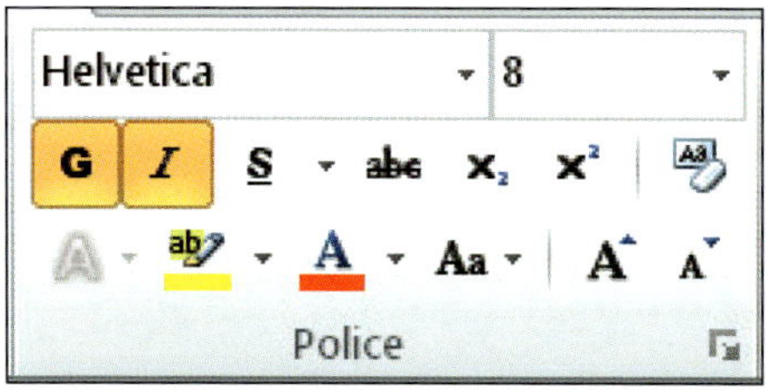

Figure 10.1 : Mises en forme standard *via* le groupe Police.

- Le texte peut aussi être formaté à l'aide de la minibarre d'outils qui apparaît chaque fois que vous sélectionnez du texte (voir le Chapitre 6).

- Le groupe Police accélère la mise en forme appliquée au texte. Par exemple, vous voyez que le texte où se trouve actuellement le point d'insertion utilise la police Times. Le chiffre 11 en identifie la taille exprimée en points. Si le bouton G était actif, cela signifierait que le texte est en gras (toutes ces mises en forme sont expliquées ci-après).

Changer la police

L'un des côtés amusants de Word est sa capacité à utiliser un grand nombre de polices différentes. Bien sûr, vous pouvez mettre du texte en gras ou en italique, le souligner, en changer la taille, *etc.*, mais la possibilité de choisir la police au gré de votre fantaisie porte votre liberté d'expression à un tout autre niveau. Pour choisir une police, suivez ces étapes :

1. **Dans le groupe Police de l'onglet Accueil, cliquez sur la flèche pour afficher toutes les polices disponibles.**

   Une liste apparaît (Figure 10.2).

   La partie supérieure présente les polices associées au document sous l'appellation *Polices de thème*. La section suivante affiche les dernières polices utilisées. Enfin, tout le reste concerne des polices installées sur votre système d'exploitation Windows.

2. **Faites défiler la liste jusqu'à la police que vous souhaitez.**

   Les polices apparaissent par nom, affiché dans le style de la police correspondante, et elles sont triées par ordre alphabétique.

3. **Cliquez sur une police pour la sélectionner.**

Figure 10.2 : La liste déroulante Police.

Vous pouvez utiliser le menu Police pour prévisualiser l'aspect que pourrait revêtir le texte si vous choisissiez telle ou telle police. Par exemple, sélectionnez un paragraphe. Déroulez la liste des polices. Passez le pointeur de la souris sur les polices qui vous plaisent. Instantanément, le texte s'affiche dans le style de la police sur laquelle se trouve le pointeur de la souris.

- Si la liste des polices n'affiche pas de nom, cela signifie que plusieurs polices sont utilisées dans le bloc de texte sélectionné.
- Vous pouvez rapidement parcourir la liste des polices. Cliquez dans le champ qui affiche le nom de la police, et appuyez sur une touche. Par exemple, si vous appuyez sur T, vous accédez immédiatement à la première police de caractères dont le nom commence par un T.
- Les polices font partie de Windows, et non de Word. Elles sont installées dans le dossier Polices. Il existe des milliers de polices disponibles pour Windows, qui fonctionnent dans toutes ses applications.

Mises en forme élémentaires des caractères

Une fois que vous avez choisi une police, les mises en forme les plus élémentaires que vous pouvez appliquer à votre texte sont **Gras**, *Italique* et Souligné. Elles sont rendues particulièrement faciles à utiliser par des boutons dans la barre d'outils et des raccourcis clavier.

Pour mettre du texte en **gras**, appuyez sur Ctrl + B ou utilisez le bouton Gras.

Utilisez le **gras** pour le texte que vous voulez faire ressortir sur la page (par exemple pour les titres et les légendes) ou pour mettre en évidence ce qui a une importance particulière.

Pour mettre du texte en *italique*, appuyez sur Ctrl + I ou utilisez le bouton Italique.

L'*italique* est un autre moyen de mettre du texte en évidence, aujourd'hui préféré au soulignement. L'italique est léger, il a quelque chose de poétique et d'aérien.

Pour souligner du texte, appuyez sur Ctrl + U ou utilisez le bouton Souligné. Le texte souligné est un héritage de l'époque des machines à écrire. Dans la plupart des cas, le soulignement peut être avantageusement remplacé par l'italique. On dira ce qu'on voudra, *Crime et Châtiment* c'est mieux que Crime et Châtiment.

Barrer un texte se fait par un clic sur le bouton Barré. Ici, il n'y a pas de raccourci clavier.

Mettez le texte en indice en appuyant sur Ctrl + =, ou en cliquant sur le bouton Indice.

L'indice apparaît sous la ligne comme dans H_2O.

Mettez le texte en exposant en appuyant sur Ctrl + Maj + +, ou en cliquant sur le bouton Exposant.

L'exposant apparaît au-dessus de la ligne comme dans 10^2.

La plupart des mises en forme de Word, comme les petites majuscules, le contour, et l'ombre sont accessibles *via* la boîte de dialogue Police. Pour en connaître le fonctionnement, reportez-vous à la section Utiliser la boîte de dialogue Police, plus loin dans ce chapitre.

- Une mise en forme de caractères n'affecte que le texte sélectionné ou celui que vous tapez.
- Pour désactiver un attribut de texte, utilisez à nouveau la même commande. Par exemple, pour taper un élément en italique, appuyez sur Ctrl + I. Pour revenir au texte normal, appuyez à nouveau sur Ctrl + I.
- Vous pouvez cliquer sur la flèche du bouton Souligné pour afficher divers types et options de traits. Dès qu'un style de soulignement est sélectionné, il s'applique chaque fois que vous utilisez la commande de soulignement soit par Ctrl + U, soit par un clic sur le bouton approprié.
- Il est possible de combiner différentes mises en forme de caractères. Le texte peut être à la fois en gras et souligné, ou en gras et en italique. Vous pouvez avoir à sélectionner plusieurs commandes de mise en forme de caractères avant de taper votre texte, par exemple Ctrl + B, Ctrl + I et Ctrl + U si vous voulez du texte à la fois en gras, en italique et en souligné. Pour revenir à du texte normal, il vous faudra sélectionner à nouveau toutes ces commandes.

Grandes lettres, petites lettres : la taille du texte

Les attributs (gras, italique, soulignement, et ainsi de suite) ne représentent que la moitié des mises en forme de caractères disponibles. L'autre moitié concerne la taille du texte. En utilisant ces mises en forme, vous pouvez rendre votre texte minuscule aussi bien que gigantesque, comme ça vous chante.

Avant d'entrer dans le vif du sujet, vous devez connaître l'unité de mesure typographique officielle pour la taille du texte : c'est le *point*. C'est l'unité qu'utilise Word. Un point vaut 1/72 pouce, soit 0,3528 mm, sachant qu'un pouce vaut 25,4 mm.

- Plus la taille exprimée en points est grande, plus le texte est grand.
- Le texte d'usage courant a généralement une taille de 10 à 12 points.

- Les titres ont généralement une taille de 14 à 24 points.
- La majeure partie des polices peut recevoir une taille allant de 1 à 1 638 points. Les caractères de taille inférieure à 6 points sont généralement trop petits pour qu'une personne d'acuité visuelle normale puisse les lire.
- Une taille de 72 points correspond à des caractères d'un pouce de haut (25,4 mm).
- La taille du texte se mesure en points de bas en haut, c'est-à-dire du bas de la lettre *p* au haut de la majuscule *E*. De ce fait, en fonction de la police utilisée, et malgré le fait que vous choisissiez la même taille, le texte apparaîtra plus ou moins grand dans le document.

NOTE TECHNIQUE

Spécifier la taille du texte

La taille du texte se définit dans le champ Taille de la police du groupe Police (onglet Accueil). Cliquez sur la flèche pointant vers le bas dans ce champ : une liste de tailles apparaît (Figure 10.3).

Si la taille que vous désirez appliquer n'est pas dans la liste, tapez-la ! Si vous avez besoin d'une taille de 11.5, saisissez 11.5 dans la liste et validez en appuyant sur Entrée.

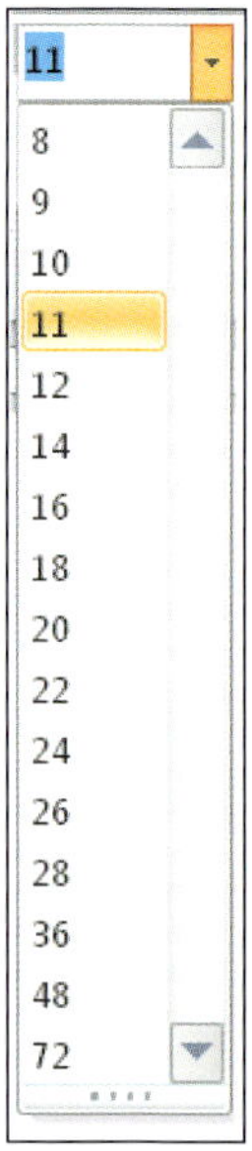

Figure 10.3 : Sélectionner une taille de police dans cette liste.

Rendre le texte plus grand ou plus petit

La taille du texte peut varier au sein d'un même bloc. Pour vous aider à travailler plus vite, Word met à votre disposition des outils dont deux se situent dans le groupe Police.

Pour augmenter la taille du texte, cliquez sur le bouton Agrandir la police.

Pour réduire la taille du texte, appuyez sur Ctrl + Maj + >, ou cliquez sur le bouton Réduire la police.

La commande Réduire la police passe directement à la taille inférieure à celle utilisée actuellement par le texte. Ainsi, si votre texte a une taille de 14, le réduire le fera passer à 12.

Le monde merveilleux de la couleur

Désormais, les imprimantes couleur sont bon marché, profitez pleinement de la couleur dans Word. Elle peut donner un caractère personnel à votre correspondance, donner du dynamisme à votre courrier commercial, ou rendre un document important extrêmement difficile à lire. Donc, choisissez la couleur du texte de manière avisée.

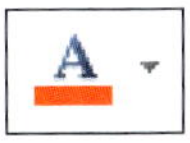

Vous appliquez une couleur au texte en cliquant sur le bouton Couleur de police. Le trait placé sous la lettre A informe de la couleur qui sera utilisée.

Vous pouvez choisir une autre couleur en cliquant sur la flèche associée au bouton A. Vous accédez à un nuancier représenté à la Figure 10.4. Lorsque vous placez le pointeur de la souris sur un carré de couleur, le texte sélectionné s'affiche temporairement dans cette teinte pour vous donner un aperçu de ce que sera le texte. Si elle vous convient, cliquez sur le carré pour appliquer la teinte.

Bien entendu, le texte ne s'imprime en couleur que si vous disposez d'assez d'encre dans l'imprimante.

Figure 10.4 : Sélectionner une couleur pour le texte.

- Cliquez sur Autres couleurs pour ouvrir la boîte de dialogue Couleurs où vous définissez de nouvelles teintes.
- Ne confondez pas la commande Couleur de police avec Couleur de surbrillance du texte située juste à sa gauche. Cette dernière place le texte en surbrillance exactement comme si vous passiez dessus un surligneur.

Utiliser la boîte de dialogue Police

Il existe un endroit dans Word où toutes vos mises en forme sont tenues à jour de façon claire et nette. C'est la boîte de dialogue Police (Figure 10.5).

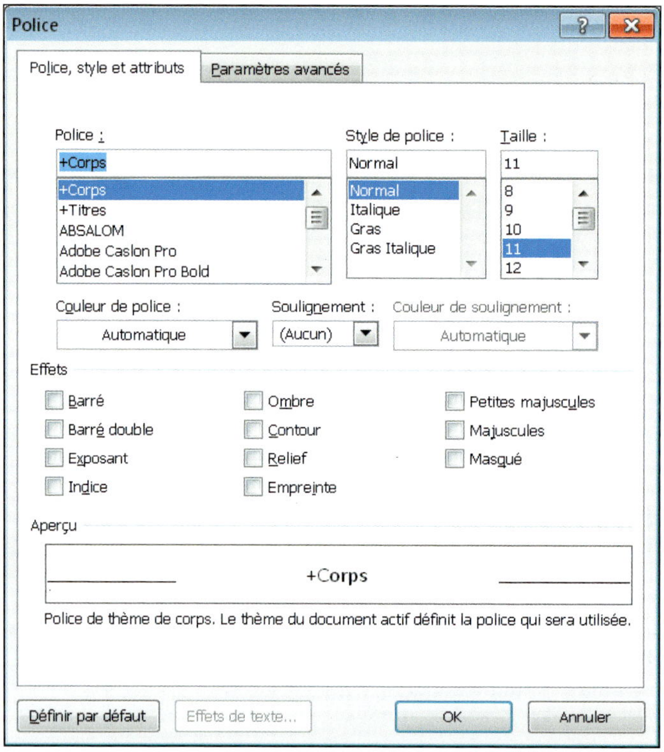

Figure 10.5 : La remarquable organisation de la boîte de dialogue Police.

Pour la faire apparaître, cliquez sur le bouton d'affichage de la boîte de dialogue Police du groupe éponyme, ou bien appuyez sur Ctrl + D.

Veuillez noter la très jolie fenêtre d'aperçu en bas de la boîte de dialogue. Elle vous permet de visualiser l'effet sur votre texte de ce que vous sélectionnez. L'un de mes passe-temps est de sélectionner successivement toutes les polices de la liste pour voir dans la fenêtre d'aperçu à quoi elles ressemblent dans la taille sélectionnée.

Une fois défini ce que vous désiriez, cliquez sur OK. Si vous ne faisiez que jeter un coup d'œil, cliquez sur Annuler.

TRUC

- Le plus gros avantage de la boîte de dialogue Police est la fenêtre d'aperçu qu'elle contient. Elle vous montre exactement sur votre texte l'effet des attributs que vous sélectionnez.
- Notez que l'attribut de soulignement est à sélectionner dans la liste déroulante Soulignement. Word peut appliquer différents types de soulignement.
- Les noms `+ Corps` et `+ Titre` se réfèrent aux polices sélectionnées dans le thème du document en cours. Cela permet d'utiliser les commandes du thème Word pour modifier rapidement la police du corps et des titres dans tout le document.
- Testez les attributs Ombre, Contour, ou Relief sur vos titres et vos en-têtes.
- L'onglet Paramètres avancés contient des options avancées qui permettent de modifier la taille et la position du texte sur une ligne.

N'OUBLIEZ PAS

- Les modifications que vous effectuez dans la boîte de dialogue Police s'appliquent aux blocs de texte sélectionnés à l'écran ou à partir de la position du curseur, dès que vous cliquez sur OK.
- Vous pouvez accéder à la boîte de dialogue Police depuis les boîtes de dialogue Rechercher et Rechercher et remplacer. Ceci vous aide à effectuer des recherches et/ou des remplacements de texte à la mise en forme particulière.
- Vous pouvez sélectionner des textes de mise en forme similaire. Il suffit d'effectuer un clic droit sur un texte, et de choisir Styles/Sélectionner le texte ayant une mise en forme semblable. Ainsi, dans un document, vous changez rapidement tous les blocs de texte affichant la même mise en forme.

Modifier la casse du texte

En langage typographique, on parle de « haut de casse » pour les majuscules et de « bas de casse » pour les minuscules (en anglais *upper case* et *lower case*). Pour mettre en majuscules du texte en minuscules, ou l'inverse, on parle donc de « changer la casse ». Bien que ces effets ne soient normalement pas considérés comme faisant partie de la mise en forme, les petits génies de Word chez Microsoft ont trouvé de la place dans leur sac à malices pour un raccourci clavier qui vous permet de changer rapidement la casse de votre texte : Maj + F3

Cette commande s'applique à tout bloc de texte sélectionné ou à partir de la position du curseur.

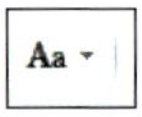

Bien que je préfère utiliser Maj + F3, il y a aussi le bouton Modifier la casse du groupe Police. Cette commande fait apparaître un menu (Figure 10.6) qui vous permet de choisir la combinaison exacte que vous voulez pour votre texte.

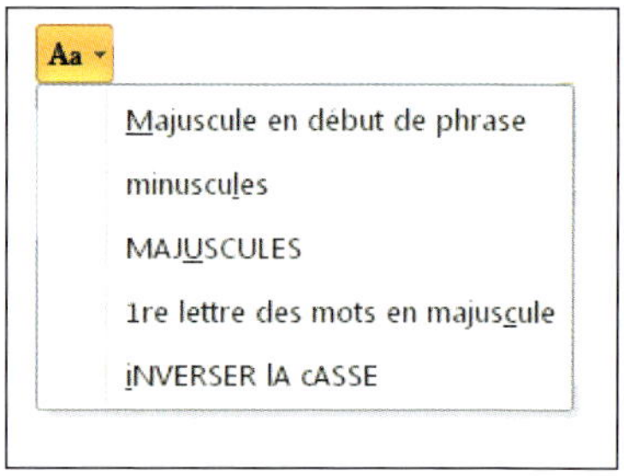

Figure 10.6 : Le menu du bouton Modifier la casse.

Annuler un ensemble de mises en forme

Il pourra vous arriver d'alourdir votre texte avec tant de commandes de mise en forme que l'annulation de toutes ces commandes l'une après l'autre serait un exercice remarquablement fastidieux. Plutôt que d'effacer votre texte et de tout recommencer, vous pouvez utiliser une commande d'annulation de mise en forme simple et globale. Cette commande s'appelle Effacer la mise en forme, et son raccourci clavier est Ctrl + Barre d'espace.

Ainsi, si une mise en forme vous paraît trop lourde, sélectionnez le texte correspondant et appuyez sur Ctrl + Barre d'espace, ou cliquez sur le bouton Effacer la mise en forme du groupe Police. Toute la mise en forme disparaît d'un coup, et le texte se retrouve dans le style de paragraphe appliqué au départ.

Chapitre 11

Mettre en forme des paragraphes

Dans ce chapitre :

- Comprendre la notion de mise en forme des paragraphes.
- Trouver les commandes de formatage des paragraphes.
- Justifier des paragraphes.
- Changer l'interlignage.
- Espacer les paragraphes.
- Mettre un paragraphe en retrait.
- Appliquer un retrait négatif.
- Mettre un paragraphe en retrait à droite et à gauche.

Word fait de son mieux pour vous aider à travailler avec les paragraphes aussi facilement que possible. Ce chapitre va vous dévoiler toutes les astuces.

Techniques de mise en forme de paragraphe

Il existe plusieurs manières de mettre en forme un paragraphe dans Word :

- Utiliser une commande de mise en forme de paragraphe, puis taper un nouveau paragraphe dans cette mise en forme.
- Utiliser une commande de mise en forme pour mettre en forme un paragraphe existant (en plaçant le curseur dans le paragraphe avant d'exécuter la commande).
- Utiliser une commande de mise en forme sur un ensemble de paragraphes sélectionnés pour leur appliquer à tous la même mise en forme.

Quelle que soit la méthode que vous choisissez, gardez à l'esprit qu'une commande de mise en forme de paragraphe ne s'applique qu'à des paragraphes, et non à des phrases ou à des mots. Bien sûr, rien ne vous empêche d'avoir un paragraphe qui ne fait qu'une phrase ou un mot.

Mais, qu'est-ce qu'un paragraphe ? Il s'agit d'un morceau de texte qui contient des phrases. En fait, un paragraphe est créé à chaque fois que vous appuyez sur la touche Entrée.

- Pour en savoir plus sur la sélection de blocs de texte, reportez-vous au Chapitre 6.

- Souvenez-vous : un paragraphe est un élément de texte qui se termine lorsque vous appuyez sur la touche Entrée (ce qui marque le début d'un autre).
- Vous pouvez mettre en forme d'un coup tous les paragraphes d'un document si vous commencez par sélectionner tout le document, pour ce faire appuyez sur Ctrl + A.
- Si vous voulez appliquer une mise en forme à certains caractères ou à certains éléments du texte d'un paragraphe, reportez-vous au Chapitre 10.

Localisation des commandes de mise en forme

Les commandes essentielles de mise en forme des paragraphes se situent dans le groupe Paragraphe illustré Figure 11.1. L'organisation des boutons de commandes dépend de la résolution d'affichage de votre écran.

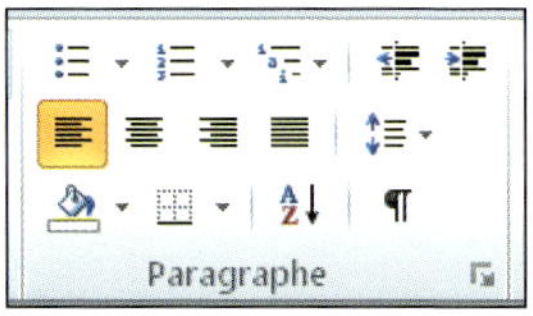

Figure 11.1 : Les commandes de mise en forme des paragraphes de l'onglet Accueil.

D'autres commandes sont localisées dans le groupe Paragraphe de l'onglet Mise en page, représenté à la Figure 11.2.

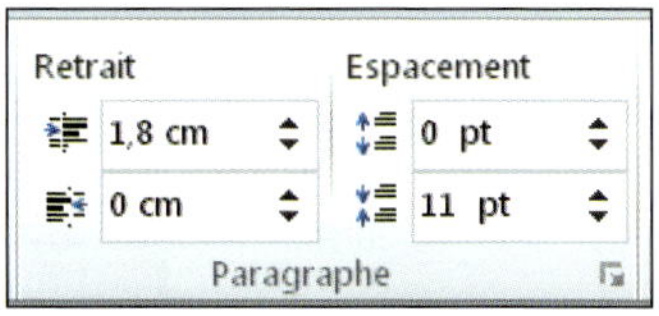

Figure 11.2 : Les commandes de mise en forme des paragraphes de l'onglet Mise en page.

Dans la mesure où de nombreuses commandes de mise en forme exigent d'entrer des valeurs, il existe une boîte de dialogue Paragraphe illustrée Figure 11.3. Vous y trouverez des contrôles bien plus précis que les boutons des différents onglets de Word.

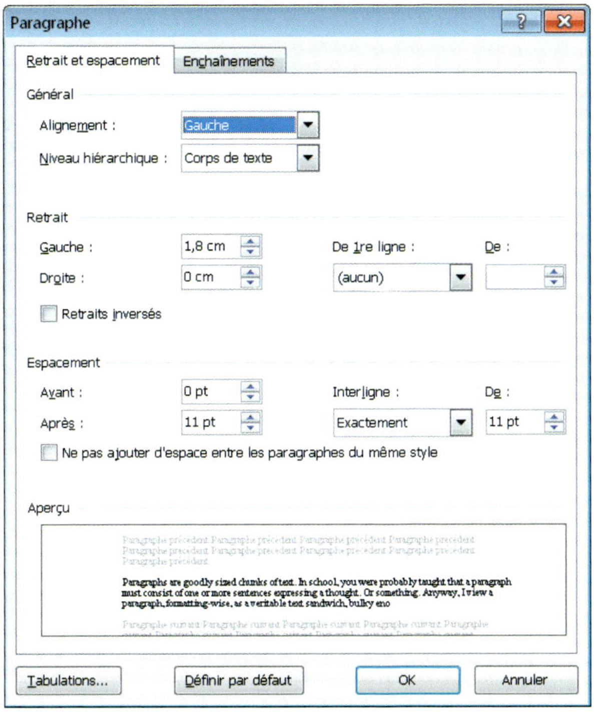

Figure 11.3 : La boîte de dialogue Paragraphe.

Les options et paramètres de la boîte de dialogue Paragraphe sont traités dans ce chapitre.

Cliquez sur le bouton Annuler ou appuyez sur Échap pour quitter cette boîte de dialogue sans appliquer de modification.

La minibarre d'outils qui apparaît au niveau du pointeur de la souris lorsque vous sélectionnez un paragraphe contient également quelques options de mise en forme. Pour plus de détails sur la minibarre d'outils, consultez le Chapitre 6.

Justification et alignement des paragraphes

L'alignement d'un paragraphe n'a rien de politique, et la justification ne consiste pas à justifier de la mise en forme spécifique d'un paragraphe. Ces deux termes envisagent l'aspect d'un paragraphe sur une page. Il y a quatre possibilités : Aligner à gauche, Aligner à droite, Centrer et Justifier.

Aligner à gauche

Dans l'univers de Word, l'alignement à gauche est la nature même d'un texte. C'est une notion qui découle des machines à écrire traditionnelles avec lesquelles les textes étaient systématiquement alignés à gauche.

Pour aligner à gauche un paragraphe, placez le curseur dedans et cliquez sur le bouton Aligner le texte à gauche du groupe Paragraphe (onglet Accueil), ou appuyez sur Ctrl + L.

C'est également le seul moyen d'annuler d'autres alignements.

Tout centrer

Un texte centré apparaît au centre de la page.

Pour centrer un paragraphe, placez le curseur dedans et cliquez sur le bouton Centrer du groupe Paragraphe (onglet Accueil), ou appuyez sur Ctrl + E.

Vous pouvez saisir directement un mot au milieu d'une ligne en insérant une tabulation centrale. Reportez-vous au Chapitre 12.

Aligner à droite

Dans un paragraphe aligné à droite, tout le côté droit du paragraphe est proprement aligné sur la marge droite de la page. Le côté gauche du paragraphe est irrégulier. Cette mise en forme peut s'utiliser pour des légendes d'illustrations, pour des citations, parfois pour des titres, ou, d'une façon générale, pour un court paragraphe que l'on veut distinguer du texte courant pour une raison quelconque.

Pour aligner à droite un paragraphe, placez le curseur dedans et cliquez sur le bouton Aligner le texte à droite du groupe Paragraphe (onglet Accueil), ou appuyez sur Ctrl + R.

- Lorsque vous alignez un texte à droite, les caractères s'inscrivent de droite à gauche.
- Vous pouvez justifier à droite un texte sur une seule ligne en plaçant une tabulation droite. Consultez le Chapitre 12 pour de plus amples informations.

Justification totale !

Enfin, il y a la justification, avec laquelle les côtés gauche et droit du paragraphe sont proprement alignés, à une distance constante des marges. C'est la mise en forme habituelle des livres, des journaux et des magazines, qui rend le texte plus agréable à lire. L'alignement de chaque côté est obtenu par l'ajustement dans chaque ligne de la longueur des espaces entre les mots, ce qui permet d'obtenir des lignes de longueur égale.

Pour justifier un paragraphe, placez le pointeur dedans et cliquez sur le bouton Justifier du groupe Paragraphe (onglet Accueil), ou appuyez sur Ctrl + J.

Aérer verticalement le texte

Vous disposez de deux moyens d'ajouter de l'espace verticalement dans votre texte. Le premier consiste à augmenter l'interlignage dans les paragraphes ; le second à ajouter de l'espace avant ou après chaque paragraphe. Comme pour toute mise en forme de paragraphe, la modification de l'interlignage s'applique au paragraphe en cours (celui dans lequel se trouve le curseur) ou à tous les paragraphes d'un bloc de texte sélectionné.

Modifier l'interlignage

Modifier l'espacement entre les lignes consiste à insérer un espace vierge entre toutes les lignes de texte d'un paragraphe (ou tous les paragraphes d'un bloc).

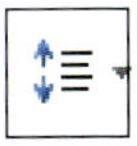

La commande Interligne affiche une liste de valeurs d'espacement traditionnelles, représentée à la Figure 11.4. Choisissez une valeur qui va modifier l'interligne du paragraphe où se situe actuellement le point d'insertion, ou de tous les paragraphes sélectionnés.

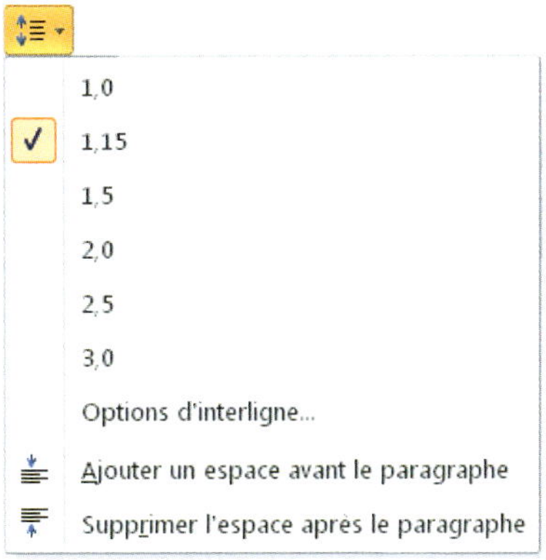

Figure 11.4 : Dans ce menu, choisissez une valeur d'interligne.

- Un double interligne, c'est-à-dire une valeur d'espacement de 2, signifie qu'une pleine ligne blanche apparaît entre deux lignes d'un paragraphe. Un triple interligne aura tout logiquement une valeur de 3 ce qui équivaut à deux lignes vides.
- Pour mettre un paragraphe (où tous les paragraphes d'un bloc) en interligne simple, appuyez sur Ctrl + 1.
- Pour obtenir un interlignage de 1,5, appuyez sur Ctrl + 5, mais le chiffre 5 du clavier et non pas du pavé numérique. Pour un double espacement, appuyez sur Ctrl + 2.

Définir un interlignage spécifique

Pour définir un interligne spécifique, vous devez utiliser la boîte de dialogue Paragraphe de la Figure 11.3.

Dans la section Espacement de cette boîte de dialogue, utilisez la liste Interligne pour choisir : Simple, 1,5, et Double, comme vous le faites avec le bouton Interligne.

Des options supplémentaires permettent de spécifier une valeur dans le champ De :

- **Au moins :** L'espacement est défini sur la valeur spécifiée. Word la considère comme une valeur minimale. Il s'arroge le pouvoir d'ajouter un interligne plus important quand la police utilisée l'exige, notamment dans les paragraphes où vous employez plusieurs polices de caractère.
- **Exactement :** Word utilise l'interligne spécifié. Il n'effectue aucun ajustement quelle que soit la police utilisée.
- **Multiple :** Cette option permet d'entrer des valeurs d'interligne différentes de celles figurant dans la liste déroulante. Par exemple, pour obtenir un interligne de 4, choisissez Multiple dans la liste Interligne, puis saisissez 4 dans le champ De.

Dans le champ De, vous pouvez spécifier des valeurs par incrémentation de 0,1. Donc, lorsque vous désirez réduire l'interligne, sélectionnez tout le paragraphe, et choisissez Multiple dans la liste Interligne. Saisissez 0,9 dans le champ De. Pour augmenter l'interligne, tapez 1,2.

Cliquez sur OK pour confirmer vos réglages, puis fermez la boîte de dialogue Paragraphe.

Aérer les paragraphes

Il y a des personnes (c'est mon cas) qui ont l'habitude de faire un double retour chariot, c'est-à-dire d'appuyer deux fois de suite sur la touche Entrée à la fin de chaque paragraphe, alors qu'il suffit d'appuyer une fois. À l'ère du traitement de texte, c'est une mauvaise habitude héritée de l'époque des machines à écrire.

Si vous voulez un peu d'espace entre vos paragraphes, il vous suffit de le demander à Word. Voici comment faire :

1. **Placez le point d'insertion dans le paragraphe concerné, ou sélectionnez un ensemble de paragraphes.**

2. **Vérifiez la taille (en points) du texte.**

   Vous la trouverez dans le groupe Police de l'onglet Accueil.

3. **Cliquez sur l'onglet Mise en page.**

4. **Utilisez le champ Espace après pour ajouter un espace après le paragraphe.**

   Au fur et à mesure que vous ajustez la valeur, vous constatez un éloignement des deux paragraphes qui se suivent.

Par exemple, si votre texte a une taille de 12 points, cliquez sur la flèche Espace après jusqu'à ce que la valeur 12 apparaisse dans le champ. Cela ajoute une ligne blanche (espace) d'une *épaisseur* de 12 points.

L'espace que vous ajoutez devient un attribut du style du paragraphe, exactement comme l'interligne. La seule différence est que l'espace après apparaît uniquement au moment où vous créez un nouveau paragraphe en appuyant sur la touche Entrée.

La plupart du temps, l'espace est ajouté après le paragraphe. Cependant, Word permet aussi d'ajouter un espace avant. Vous l'appliquerez par exemple pour séparer davantage un paragraphe d'un titre, d'un en-tête, ou d'une image. Pour ajouter l'espace avant, répétez la procédure ci-dessus et, à l'Étape 4, saisissez une valeur dans le champ Espace avant.

- Vous pouvez saisir manuellement des valeurs dans les champs Avant et Après. La valeur est exprimée en *points*.
- Les espacements peuvent être définis dans la boîte de dialogue Paragraphe.
- L'espacement est idéal pour augmenter l'intervalle entre les différentes lignes d'une liste à puces, sans altérer l'interligne au sein de chaque puce.

- Pour plus d'informations sur la taille du texte exprimée en points, consultez le Chapitre 10.
- Ajouter un espace avant et après un paragraphe ne revient pas à insérer un double interligne dans le paragraphe. L'espacement ne modifie aucunement l'interlignage.

Modifier le retrait d'un paragraphe

Word vous donne toute liberté pour mettre en retrait vos paragraphes. Peut-être en êtes-vous encore à utiliser la touche Tab pour effectuer ce retrait ? Je ne veux pas vous snober, mais il y a un meilleur moyen : le faire faire automatiquement par Word.

Mettre en retrait automatiquement la première ligne d'un paragraphe

Il n'est pas nécessaire d'appuyer sur la touche Tab au début de chaque paragraphe. Word se charge d'obtenir le même résultat pour vous.

1. **Ouvrez la boîte de dialogue Paragraphe.**

   La méthode est expliquée un peu plus haut dans ce chapitre.

2. **Ouvrez la liste déroulante De 1 re ligne.**

3. **Dans le menu choisissez Première ligne.**

4. **Dans le champ De, entrez la valeur du retrait voulu.**

   La valeur de mise en retrait de la première ligne du paragraphe par défaut est de 1,25 cm. Si vous voulez augmenter ou réduire ce retrait, entrez une autre valeur (constatez que l'unité de mesure est ici le centimètre et non le point).

5. **Cliquez sur OK.**

   La première ligne du paragraphe dans lequel se trouve le curseur (ou de tous les paragraphes du bloc de texte sélectionné) est automatiquement mise en retrait de la valeur spécifiée.

Pour supprimer la mise en retrait automatique de la première ligne d'un paragraphe, répétez ces étapes, mais en sélectionnant (Aucun) dans la liste déroulante à l'Étape 3, puis cliquez sur le bouton OK.

La fonction de correction automatique de Word peut effectuer ces étapes à votre place. Toutefois, la procédure est assez complexe. Commencez par taper le paragraphe. Ensuite, revenez au début du paragraphe et appuyez sur la touche Tab. Cette action définit un retrait positif et l'icône des Options de correction automatique apparaît à la base de cette tabulation. L'astuce : ignorez cette icône, et le retrait est appliqué.

Définir un retrait négatif

Un retrait négatif est tout simplement l'inverse du retrait positif que nous venons de présenter. C'est un paragraphe dans lequel le début de la première ligne reste à sa place initiale alors que ce sont les lignes suivantes qui sont mises en retrait, comme ceci :

> Les Martiens auraient débarqué. Selon M. Duflon, de Vert-le-Grand, informaticien indépendant spécialiste de Word, une vaste flotte d'objets volants présentant toutes les caractéristiques bien connues des soucoupes volantes aurait débarqué hier soir dans le champ qui se trouve derrière sa maison. Les voisins de M. Duflon assurent que son gagne-pain lui donne des hallucinations, mais l'intéressé persiste et signe.

Pour créer un tel animal, quelles que soient les raisons qui vous poussent, appuyez sur Ctrl + T.

Comme vous oublierez très vite ce raccourci clavier, sachez que vous pouvez créer un retrait négatif depuis la boîte de dialogue Paragraphe. Suivez pour ce type de retrait les mêmes étapes que celles de la section précédente.

- Le retrait négatif consiste simplement à mettre en retrait tout le paragraphe sauf la première ligne.

- Il existe également le raccourci Ctrl + Maj + T qui a pour effet de décaler vers la gauche le début de toutes les lignes d'un paragraphe sauf la première.

Mettre en retrait tout le paragraphe

Mettre en retrait un paragraphe, c'est décaler le début de toutes les premières lignes en alignant le bord gauche sur une tabulation.

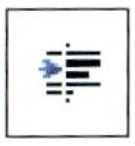

Pour mettre en retrait la totalité d'un paragraphe, placez-y le point d'insertion, et appuyez sur Ctrl + M. Une autre technique consiste à cliquer sur le bouton Augmenter le retrait du groupe Paragraphe de l'onglet Accueil.

Pour réduire le retrait, appuyez sur Ctrl + Maj + M. Vous pouvez aussi cliquer sur le bouton Diminuer le retrait du groupe Paragraphe de l'onglet Accueil.

Chaque fois que vous augmentez le retrait d'un paragraphe, le bord gauche se décale de l'équivalent d'une valeur de tabulation. Pour annuler cela, il suffit de cliquer sur le bouton Diminuer le retrait.

Chapitre 12

Définir des tabulations

Dans ce chapitre :

- Le principe des tabulations.
- Définir une tabulation gauche.
- Utiliser les différents types de tabulations.
- Utiliser la boîte de dialogue Tabulations.
- Supprimer des tabulations.

L'échelle des valeurs de Word place les tabulations au niveau de la mise en forme des paragraphes. Toutefois, ces éléments spécifiques peuvent être une source de complexité et de frustration telle que je leur dédie nécessairement un chapitre. Loin de nécessiter l'intervention d'un exorciste, les tabulations n'en exigent pas moins beaucoup d'attention, comme le démontrent les sections à venir.

Histoire des tabulations

Les *tabulations* sont des espaces de longueur inhabituelle. Lorsque vous appuyez sur la touche Tab, Word fait passer le point d'insertion au prochain *taquet de tabulation*. Vous pouvez utiliser les tabulations pour aligner des colonnes, ou pour mettre en retrait des paragraphes ou des lignes de texte. La première chose à retenir est qu'elles sont très pratiques. Ce chapitre vous explique le reste en détail.

Que cela ne vous embrouille pas : il y a dans Word deux endroits où vous pouvez définir les taquets de tabulation. Le premier est la règle (Figure 12.1) ; le second, la boîte de dialogue Tabulations. La plupart des gens utilisent la règle, mais pour certaines choses il vous faudra utiliser la boîte de dialogue Tabulations.

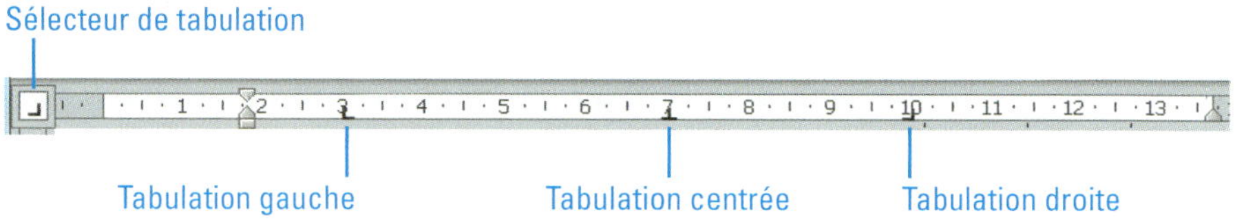

Figure 12.1 : Des taquets de tabulation sur la règle.

Les taquets ou arrêts de tabulation sont symbolisés par de petits éléments noirs affichés sur la règle. La Figure 12.1 montre trois taquets de tabulation : gauche, centrée, et droite.

Vous pouvez déplacer les taquets sur la règle avec la souris. Voici les cinq types de tabulations qui existent dans Word :

La plus courante est la tabulation gauche. Le bouton Tabulation ressemble à un L.

La tabulation centrée a pour effet de centrer le texte sur le taquet de tabulation.

La tabulation droite place le texte correspondant à gauche du taquet de tabulation.

La tabulation décimale permet d'aligner les nombres sur la virgule décimale.

Le rejeton le plus inattendu de la famille est la tabulation barre. Elle ne sert pas souvent, ni à grand-chose.

La création d'une tabulation se déroule en deux étapes :

1. **Cliquez sur le bouton Tabulation (sélecteur), pour sélectionner la tabulation à insérer.**

2. **Placez le pointeur de la souris sur la règle à l'endroit précis où vous souhaitez insérer une tabulation dans votre document. Cliquez !**

Voilà, le type de tabulation sélectionné apparaît sur la règle. Dès que vous appuierez sur la touche Tab, le point d'insertion se positionnera au niveau de ce taquet, et le texte saisi s'affichera en respectant les contraintes imposées par votre taquet de tabulation.

- Supprimez une tabulation avec la barre d'espace ou la touche Suppr.
- Utilisez toujours la touche Tab pour mettre en retrait, ou pour aligner du texte dans un document. Le pire que vous puissiez faire pour obtenir le même résultat est d'appuyer sur la barre d'espace. La prochaine fois que vous appuierez plusieurs fois sur la barre d'espace, vous comprendrez la nécessité de définir une tabulation. Croyez-moi, votre document n'en sera que plus beau, et vous gagnerez du temps dans la mise en retrait ou l'alignement de vos textes.

- Les caractères de tabulation peuvent prêter à confusion. En effet, ils ne sont pas visibles à l'écran par défaut. Toutefois, il est possible de les afficher. Pour cela, cliquez sur l'onglet Fichier, puis sur Options. Dans les options de Word, cliquez sur Affichage. Cochez la case Tabulations. Validez par un clic sur OK.

Définir une tabulation gauche

La *tabulation gauche* est le type de tabulation le plus courant, que tout le monde utilise. Mais de quoi s'agit-il exactement ? La tabulation gauche est ainsi nommée parce que le texte que vous tapez après avoir appuyé sur la touche Tab voit son extrémité gauche alignée sur la position définie par les taquets de tabulation. Vous n'arriverez jamais à cela avec la barre d'espace. Voilà pourquoi les tabulations sont si utiles.

Créer une liste

Pour créer une liste comme celle de la Figure 12.2, suivez ces étapes :

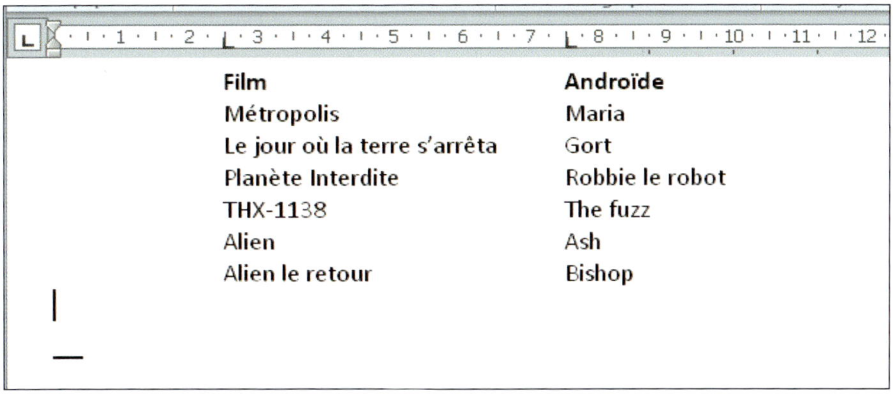

Figure 12.2 : Liste à deux colonnes.

1. **Sur une nouvelle ligne, appuyez sur la touche Tab.**
2. **Tapez le nom de la première colonne.**

   Il est préférable de saisir un nom très court.
3. **Appuyez sur la touche Tab.**
4. **Tapez le nom de la seconde colonne.**

   Il est également préférable de saisir un nom très bref.

5. **Appuyez sur la touche Entrée pour débuter une nouvelle ligne.**

   Oui, la liste est horrible ! Ne vous inquiétez pas. Commencez par saisir les données, vous appliquerez la mise en forme par la suite.

6. **Répétez les Étapes 1 à 5 pour chaque élément de la liste.**

   Une fois la liste créée, vous définissez visuellement les taquets de tabulation sur la règle.

7. **Si besoin, affichez la règle.**

   Cliquez si nécessaire sur le bouton Règle au-dessus de la barre de défilement verticale.

8. **Sélectionnez toutes les lignes de texte que vous souhaitez répartir sur deux colonnes.**

   Consultez le Chapitre 7 pour plus d'informations sur la sélection des blocs.

9. **Cliquez sur l'icône de sélection du type de tabulation jusqu'à ce que vous affichiez celle de la tabulation gauche.**

   Normalement, vous n'avez pas à le faire car c'est la tabulation proposée par défaut.

10. **Placez le pointeur de la souris là où vous désirez placer la première tabulation, par exemple à 2,5 cm comme à la Figure 12.2.**

11. **Placez un second taquet à 7,5 cm.**

12. **Si besoin, ajustez la position des taquets pour que les deux listes soient bien séparées.**

    Faites glisser les taquets vers la droite ou la gauche pour obtenir une liste très propre. Lorsque vous déplacez un taquet, une barre verticale pointillée permet de bien visualiser le nouvel alignement du texte.

N'OUBLIEZ PAS

Voici quelques considérations à garder à l'esprit :

- Une seule tabulation suffit entre les éléments d'une liste d'une colonne. En effet, c'est le *taquet de tabulation* qui aligne le texte.
- Vous devez d'abord taper le texte, le sélectionner, et enfin définir le taquet de tabulation.
- Le taquet de tabulation peut être ajusté pour un bloc de texte entier en utilisant la souris et la règle.

- Pour qu'une liste alignée par des tabulations donne le résultat attendu, vous devez créer un paragraphe pour chaque ligne. Dans ce cas, chaque élément devra se limiter à un mot assez bref. Sinon, recourez à la fonction de création des tableaux de Word.

Création de colonnes avec des tabulations

Il est possible d'utiliser les tabulations pour créer des listes et pour placer un paragraphe de description au niveau de la tabulation la plus à droite. La Figure 12.3 illustre cette procédure. Elle combine l'expérience de la mise en forme des documents à celle des tabulations.

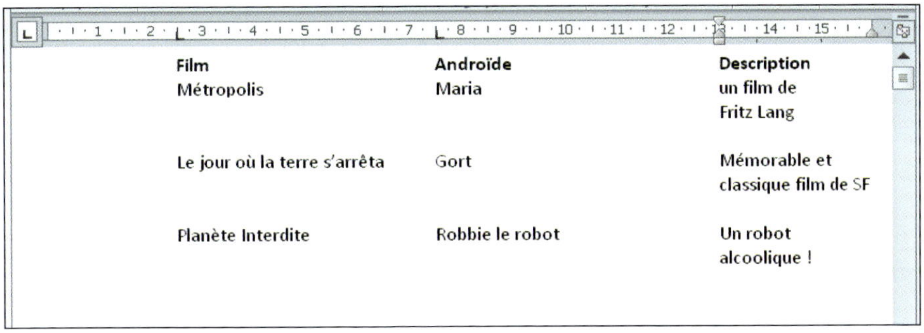

Figure 12.3 : Formatage d'un texte avec les tabulations.

Pour obtenir un résultat similaire, procédez ainsi :

1. **Sur une nouvelle ligne, tapez l'élément de la première colonne.**

   Plus il est court, mieux c'est.

2. **Appuyez sur la touche Tab.**

3. **Tapez l'élément de la deuxième colonne, et appuyez sur Tab.**

4. **Tapez le texte du paragraphe.**

   Libre à vous de saisir autant de lignes que vous le souhaitez.

5. **Appuyez sur Entrée pour commencer une nouvelle ligne.**

   Le texte sera bien plus beau quand les taquets de tabulation seront définis.

6. **Répétez les Étapes 1 à 5 pour tous les éléments de la liste.**

   Une fois les éléments saisis, vous devrez afficher la règle pour y placer vos taquets.

7. **Si la règle n'est pas visible, affichez-la !**

   Cliquez sur le bouton Règle pour l'afficher.

8. **Sélectionnez toutes les lignes de texte à organiser sous forme de liste.**

9. **Faites glisser le triangle de mise en retrait à la position 9.**

   Le paragraphe apparaît.

10. **Vérifiez que le type de tabulation sélectionné est Gauche.**

11. **Placez un taquet à environ 7,5 cm.**

    La seconde colonne se met en place.

12. **Si besoin, ajustez le taquet et le triangle de mise en retrait.**

    Le texte étant encore sélectionné, vous pouvez faire glisser le taquet de tabulation et le triangle de mise en retrait vers la gauche ou la droite pour ajuster vos colonnes.

Plus vous ajoutez de tabulations, plus les colonnes et leurs paragraphes sont étriqués. Donc, méfiance !

La tabulation centrée

La Figure 12.4 représente l'utilisation d'une tabulation centrée. Le texte situé à gauche est au début du paragraphe, c'est-à-dire justifié à gauche, tandis que le suivant est centré sur la ligne.

Figure 12.4 : La tabulation centrée en action.

1. **Choisissez ou créez un paragraphe contenant le texte que vous voulez centrer.**

2. **Créez une tabulation centrée.**

   Le symbole de tabulation centrée (voir ci-contre) se présente comme un T à l'envers.

3. **Saisissez le texte qui restera à gauche (ce n'est pas obligatoire).**

4. **Appuyez sur la touche Tab.**

Le point d'insertion passe à la tabulation centrée.

5. **Saisissez le texte.**

   Miracle ! Le texte se centre au fur et à mesure de votre saisie.

6. **Appuyez sur Entrée pour terminer la ligne de texte.**

Une tabulation centrée est généralement utilisée pour une seule ligne de texte. Vous pouvez mettre autant de tabulations centrées sur une même ligne que vous le souhaitez, mais dans la pratique on n'en met généralement qu'une.

- La tabulation centrée permet aussi de centrer du texte sur une ligne sans être obligé de centrer toute la ligne.
- La tabulation centrée donne le meilleur d'elle-même sur une seule ligne de texte.

La tabulation droite

La *tabulation droite* aligne le bord droit du texte (et non le bord gauche) sur le taquet de tabulation. Elle permet donc d'obtenir un document avec du texte justifié à gauche et à droite, comme le montrent les Figures 12.5 et 12.6.

Comme les autres types de tabulations exotiques, la tabulation droite est plus efficace sur une seule ligne.

Pour définir une tabulation droite, sélectionnez le symbole Tabulation droite dans le bouton Tabulation de la règle. Puis cliquez dans la règle à l'endroit où vous voulez placer la tabulation.

Tabulation droite et tabulation gauche

Voici comment créer deux colonnes centrées avec un taquet de tabulation droite et gauche (Figure 12.5).

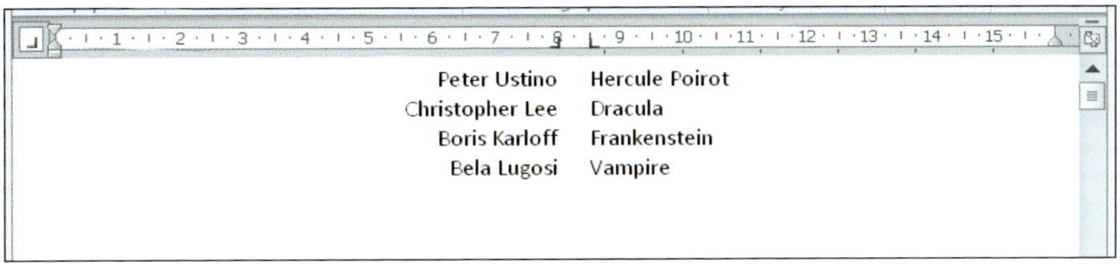

Figure 12.5 : Les taquets de tabulation sont utilisés pour centrer cette liste.

1. **Commencez une ligne vierge, c'est-à-dire la ligne que vous allez mettre en forme avec les tabulations.**

2. **Sélectionnez le type de tabulation droite.**

   Cliquez sur le bouton des tabulations de la règle jusqu'à ce que vous voyiez l'icône ci-contre.

3. **Avec le pointeur de la souris, cliquez à environ 8 cm.**

4. **Dans le sélecteur de tabulation de la règle, activez la tabulation gauche.**

5. **Cliquez à environ 8,5 cm.**

6. **Le point d'insertion étant au début de la ligne, appuyez sur Tab pour le placer au niveau de la tabulation droite.**

7. **Saisissez votre texte.**

   Il s'écrit de droite à gauche, le bord droit étant bien aligné sur la tabulation droite.

8. **Appuyez sur la touche Tab.**

9. **Saisissez le texte.**

   Cette fois, le texte est standard. Son bord gauche s'aligne tout naturellement sur la tabulation gauche.

10. **Appuyez sur Entrée pour terminer la ligne de texte.**

11. **Répétez les Étapes 6 à 10 pour chaque ligne de texte.**

Pour réaliser quelques ajustements, sélectionnez la liste en tant que bloc de texte (voir le Chapitre 6). Ensuite, faites glisser les taquets de tabulation sur la règle. Une ligne verticale pointillée indique où se trouvera votre texte.

Liste alignée sur la droite

Vous pouvez utiliser la tabulation droite pour créer une liste justifiée sur la droite (Figure 12.6).

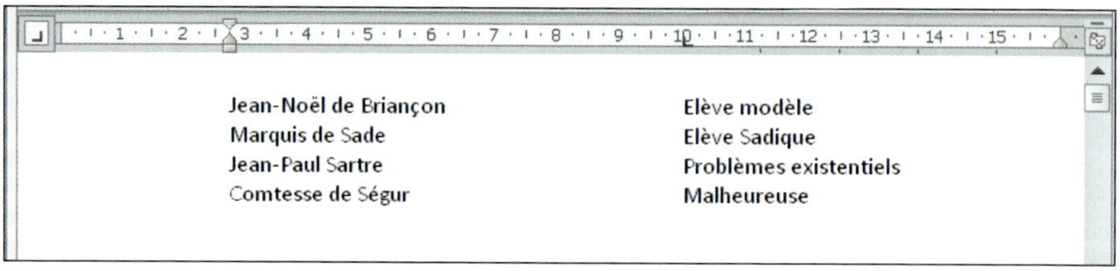

Figure 12.6 : Ici, la tabulation droite crée une liste alignée sur la droite.

Voici comment arriver à ce résultat :

1. **Commencez sur une ligne de texte vide.**
2. **Dans le sélecteur de tabulation, vérifiez que la tabulation droite est bien sélectionnée.**
3. **Sur la règle, cliquez à environ 10 cm.**
4. **Saisissez le texte de la colonne de gauche.**

   Ce texte se situe en réalité au début du document car il s'agit d'un texte normal.

5. **Appuyez sur la touche Tab.**

   Le point d'insertion se positionne au niveau du taquet de tabulation droite.

6. **Saisissez le texte de cette colonne.**
7. **Appuyez sur Entrée pour créer une nouvelle ligne.**
8. **Répétez les Étapes 4 à 7 pour chaque ligne de ces deux listes.**

Une fois l'ensemble des listes saisi, vous pouvez sélectionner le texte en tant que bloc, et ajuster la position du taquet à votre guise pour obtenir une belle présentation de vos listes.

- Vous pouvez déplacer le retrait gauche vers la droite pour réduire l'écart entre la première et la seconde liste.

L'étonnante tabulation décimale

Je suis fou de la *tabulation décimale* ! Sans elle, on ne parviendrait jamais à aligner une colonne de chiffres. C'est une véritable bénédiction pour tous les gens qui ont besoin d'écrire des rapports financiers (entre autres), comme à la Figure 12.7.

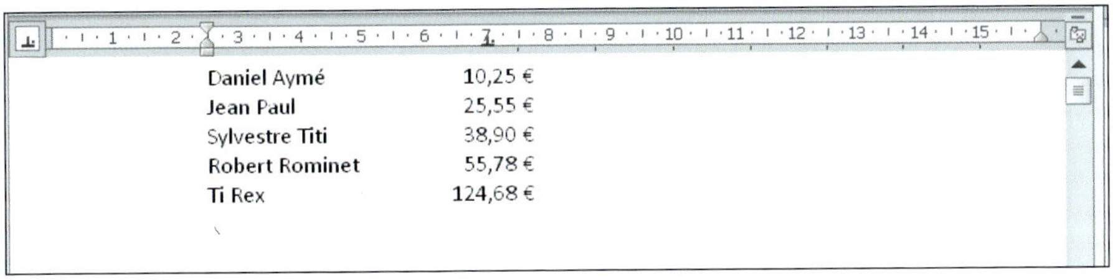

Figure 12.7 : Aligner des chiffres avec la tabulation décimale.

Voici comment opérer :

1. **Commencez une nouvelle ligne de texte vide.**
2. **Dans le sélecteur des tabulations de la règle, choisissez la tabulation Décimal comme à la Figure 12.7.**
3. **Sur la règle, placez la tabulation à 7 cm.**
4. **Tapez le texte de la première colonne.**

   Ce texte va de gauche à droite puisqu'il est standard.
5. **Appuyez sur la touche Tab.**
6. **Tapez vos chiffres.**

   Une tabulation décimale s'utilise comme n'importe quel autre type de tabulation. La différence est que les caractères qui précèdent la virgule viennent se placer à gauche du taquet de tabulation, alors que les caractères qui suivent la virgule viennent se placer à droite de celui-ci (Figure 12.7).
7. **Terminez la ligne en appuyant sur Entrée.**
8. **Répétez les Étapes 4 à 7 pour chaque ligne de texte.**

Lorsque vous tapez quelque chose sans point, le texte s'aligne à droite.

Supprimer un taquet de tabulation

Pour supprimer un taquet de tabulation, il suffit de cliquer dessus avec la souris et, sans relâcher le bouton, de glisser-déposer le taquet à l'extérieur de la règle.

Vous pouvez également supprimer des taquets *via* la boîte de dialogue Tabulations. Ouvrez cette boîte de dialogue. Dans la liste Position, sélectionnez la tabulation à supprimer, puis cliquez sur le bouton Effacer. Pour supprimer toutes les tabulations de la règle, cliquez sur Effacer tout. Pour supprimer un caractère de tabulation, utilisez la touche Retour arrière.

Chapitre 13

La mise en page du document

Dans ce chapitre :

- Définir la taille de la page et du papier.
- Sélectionner l'orientation Portrait ou Paysage.
- Définir les marges du document.
- Numéroter automatiquement les pages.
- Changer la numérotation des pages.
- Créer une nouvelle page.

La dernière grande étape de notre voyage, qui a commencé par l'exploration de la mise en forme d'un document, est *la mise en page*. Une fois imprimé, un document est fait de pages, qui ont une certaine taille et une certaine orientation, des marges et un numéro. Voilà ce que je m'en vais vous expliquer, clairement et allégrement.

Description d'une feuille de papier

La plupart des documents sont imprimés sur du papier au format standard A4 (21 x 29,7 cm). C'est ce que Word appelle une *page*, pour laquelle vous pouvez définir des marges et autres attributs de mise en page. Mais Word est loin d'être limité à ce seul format. Il vous permet d'utiliser tous les formats que vous voulez, de la plus petite enveloppe aux plus grandes feuilles de papier.

Quelle est la taille de ma page ?

Word est capable d'imprimer sur des feuilles de n'importe quelle taille. Bien entendu, votre imprimante limite la dimension du papier que vous pouvez utiliser. En matière de taille de page, voici quelques considérations à ne jamais oublier :

- Vous devez vous procurer des feuilles dont la taille correspond au document défini dans Word.
- Votre imprimante doit être capable de prendre en charge ce papier.
- Vous devez indiquer à Word le type de papier que vous utilisez.

Dans Word 2010, les différentes tailles de papier sont répertoriées dans le groupe Mise en page de l'onglet Mise en page. Cliquez sur le bouton Taille pour afficher une liste des dimensions de page disponibles (Figure 13.1). Choisissez la taille appropriée à vos feuilles.

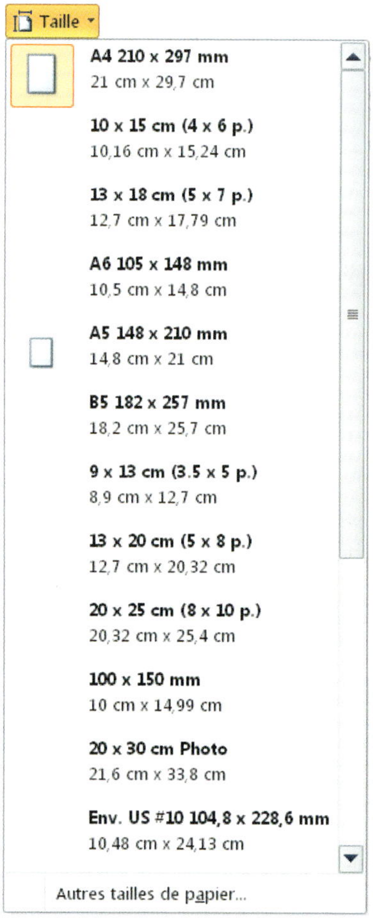

Figure 13.1 : Le menu Taille.

Par exemple, si vous désirez imprimer sur du papier au format A4, cliquez sur A4 210 x 297 mm. Votre document est immédiatement actualisé pour s'adapter à ce type de page.

- Pour sélectionner une taille qui n'est pas présente dans le menu, cliquez sur Autres tailles de papier. Dans la boîte de dialogue Mise en page, effectuez les réglages expliqués à la section La boîte de dialogue Mise en page, plus loin dans ce chapitre.
- La taille de la page affecte la totalité du document, sauf si vous l'avez divisé en sections. Chaque section peut avoir sa propre taille de page comme expliqué au Chapitre 14.

ATTENTION

- La majorité des imprimantes PC savent imprimer sur plusieurs tailles de papier. Vérifiez bien celles compatibles avec votre matériel d'impression.

- En France, le format standard est A4, c'est-à-dire une dimension de 21 x 29,7 cm.
- Si vous avez sélectionné un format inhabituel, n'oubliez pas de mettre le papier correspondant dans votre imprimante. Certaines imprimantes sont assez astucieuses et vous indiquent la taille du papier sur lequel elles s'apprêtent à imprimer. La mienne passe son temps à me réclamer du papier de la « bonne » taille.

Portrait ou paysage ?

En général, la feuille de papier sur laquelle on imprime est plus haute que large. C'est ce à quoi nous sommes tous habitués, et c'est ce que fait normalement Word. Toutefois, Word peut aussi imprimer sur une feuille de papier plus large que haute. Ce n'est qu'une question d'orientation.

Les termes techniques correspondants sont *portrait* et *paysage*. L'orientation *Portrait* correspond à la manière habituelle d'utiliser le papier : la hauteur est supérieure à la largeur. L'orientation *Paysage* est ce que l'on obtient en faisant pivoter la feuille de 90 degrés : la largeur est supérieure à la hauteur. Vous choisissez cette orientation dans le groupe Mise en page de l'onglet éponyme (Figure 13.2).

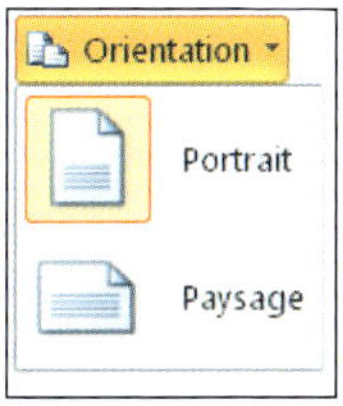

Figure 13.2 : Orientation de la page.

Pour changer l'orientation de la page, cliquez sur le bouton Orientation, puis sur Portrait.

- Lorsque vous passez du mode Portrait au mode Paysage (et réciproquement), vous serez parfois obligé d'ajuster les marges de votre document. Reportez-vous à la prochaine section.
- De même que pour le format du papier, vous pouvez appliquer l'orientation Portrait ou Paysage à tout votre document, à partir d'un certain point ou à une section. Pour en savoir plus, voyez la section précédente.
- Pour des documents ordinaires, il vaut mieux éviter le mode Paysage. D'austères savants qui ont voué leur vie à méditer sur ces questions ont découvert que plus les lignes sont longues, plus les gens lisent lentement. Le mode Paysage doit plutôt être réservé à des choses particulières, telles que des tableaux, des graphiques, des illustrations, ou toutes choses pour lesquelles l'orientation habituelle ne convient pas.
- Pour en savoir plus sur les options et le paramétrage de l'orientation, consultez la section La boîte de dialogue Mise en page, plus loin dans ce chapitre.

Attention à vos marges !

Une page a toujours des marges. Ce sont les quelques centimètres qui séparent le texte du bord de la page et qui permettent au document de respirer. Une page a quatre marges : en haut, en bas, à gauche et à droite.

Dans Word, la valeur par défaut de ces quatre marges est de 2,5 cm, mais vous pouvez l'ajuster à votre guise, pour chacune d'entre elles.

Pour changer la largeur des marges, passez par le bouton Marges du groupe Mise en page de l'onglet éponyme (Figure 13.3).

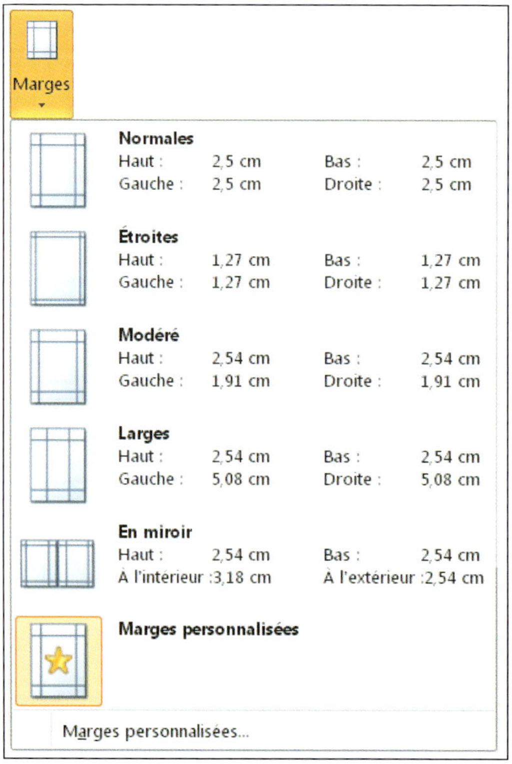

Figure 13.3 : Le menu local Marges.

Pour spécifier des marges particulières, cliquez sur Marges personnalisées. Vous accédez à l'onglet Marges de la boîte de dialogue Mise en page. Vous pouvez y saisir des valeurs précises pour bien définir vos différentes marges. La section suivante vous en dit davantage à ce sujet.

- Pour définir des retraits pour un paragraphe, ce sont les commandes de mise en forme de paragraphe que vous devez utiliser. Reportez-vous au Chapitre 11.

- Les marges prédéfinies du menu local Marges correspondent aux plus utilisées par les documents, ou aux plus souvent utilisées par vous-mêmes.

  Ne perdez pas de vue que la plupart des imprimantes laser ne peuvent pas imprimer trop près du bord du papier (en général, 1,25 cm). Cet espace constitue une marge absolue dans laquelle vous ne pouvez rien imprimer, bien que Word vous permette de définir des marges de largeur nulle. Si vous le faites, le texte correspondant sera coupé par l'imprimante. Il vous faut donc définir des marges au moins égales à cette largeur. Reportez-vous à la documentation de votre imprimante pour la connaître.

La boîte de dialogue Mise en page

Comme pour beaucoup d'autres fonctions dans Word, lorsque vous voulez contrôler la mise en page, le Ruban ne suffit plus. Vous devez reprendre les bonnes vieilles habitudes consistant à ouvrir une boîte de dialogue, en l'occurrence Mise en page illustrée à la Figure 13.4.

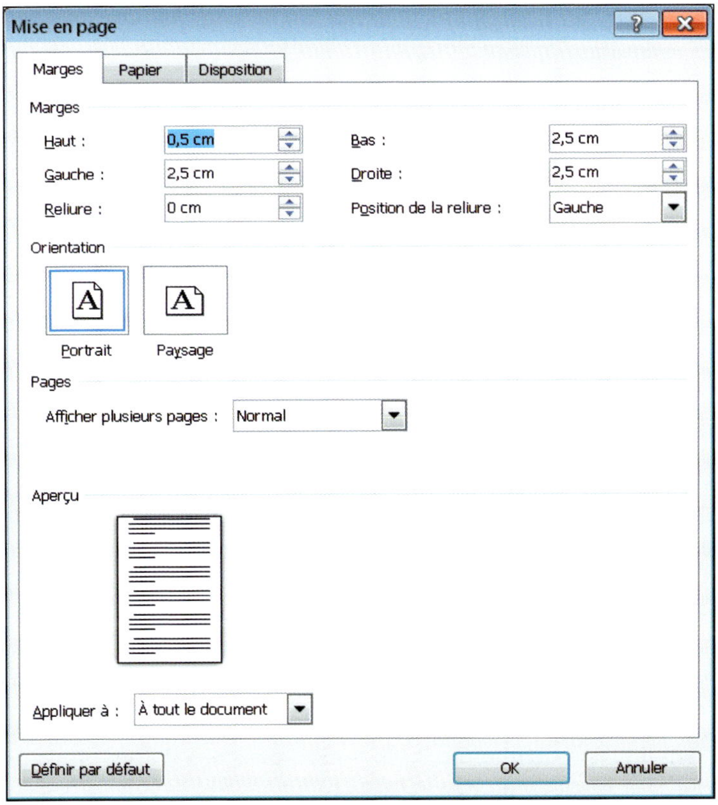

Figure 13.4 : L'onglet Marges de la boîte de dialogue Mise en page.

Pour accéder à cette boîte de dialogue, cliquez sur le bouton situé dans le coin inférieur droit de l'onglet Mise en page.

La boîte de dialogue en question contient trois onglets : Marges pour paramétrer les marges, Papier pour définir la taille du papier utilisé, et Disposition pour gérer d'autres aspects de la mise en page.

Cliquez sur le bouton OK pour valider vos modifications.

TRUC

- Pour imprimer sur du papier affichant trois trous de reliure dans la marge, utilisez l'onglet Marges de la boîte de dialogue Mise en page. Fixez une valeur de reliure d'environ 1,25 cm par rapport à la position des trous. Ainsi, dans le champ Position de la reliure, choisissez Gauche. Si les trous de reliure sont en haut de la feuille, choisissez Haut.
- Les modifications apportées au format de la page – sa taille, son orientation, et ses marges – affectent normalement l'intégralité du document. En choisissant une option dans la liste Appliquer à, vous pouvez sélectionner :
    - **À tout le document,** ce qui applique les valeurs spécifiées à tout votre document.
    - **À partir de ce point,** ce qui signifie que les valeurs spécifiées s'appliquent à partir de la page dans laquelle se trouve le curseur.
    - **À cette section,** ce qui signifie que les valeurs spécifiées ne s'appliquent qu'à la section dans laquelle se trouve le curseur (pour en savoir plus sur les sections, reportez-vous au Chapitre 14).

Numéroter les pages

Word peut numéroter pour vous les pages de votre document. Inutile de le faire à la main. Vous pouvez avoir autant de pages que vous le voulez, et en ajouter ou en supprimer à volonté, Word s'y retrouve toujours. Vous n'avez à vous occuper de rien, il vous suffit d'avoir indiqué à Word à quel endroit insérer le numéro sur les pages. Inutile de chercher à numéroter manuellement dans un traitement de texte.

Où mettre le numéro de page ?

La question n'est pas : « Word *peut-il* mettre le numéro sur la page ? » mais : « *Où* faut-il mettre le numéro ? » Si vous suivez ces étapes, vous pouvez demander à Word de mettre le numéro à l'endroit précis où vous désirez le faire apparaître :

1. **Cliquez sur l'onglet Insertion.**
2. **Repérez le groupe En-tête et pied de page, et cliquez sur la commande Numéro de page.**

   Une liste apparaît. Elle permet de choisir divers emplacements de numéros de page. Les trois premiers choix sont : Haut de page, Bas de page, et Marges de la page.

3. **Sélectionnez une position pour le numéro de page.**

   En règle générale, nous faisons apparaître le numéro en bas de la page.

4. **Dans la liste déroulante, choisissez un style de numérotation.**

En mode Page, vous pouvez voir les numéros des pages. En mode Brouillon, ils sont masqués. Word numérote chaque page en commençant par le chiffre 1, et en l'incrémentant d'une unité pour chaque nouvelle page. Vous supprimez une page ? Word actualise la numérotation. Vous insérez une page ? Word la numérote pour vous. Chaque fois que vous insérez un numéro de page en suivant les étapes précédentes, Word prend entièrement en charge la numérotation.

- Les numéros de page sont insérés dans l'en-tête ou le pied de page du document. Vous ne les voyez pas sauf en mode d'affichage Aperçu avant impression. Même en mode Brouillons vos numéros de page sont présents.
- Les en-têtes et les pieds de page peuvent être mis en forme avec toutes sortes de caractéristiques intéressantes, y compris vos propres styles de numéros, ou même en affichant ces numéros aussi bien en haut qu'en bas de la page. Pour cela, consultez le Chapitre 14.
- Pour modifier le format des numéros, choisissez-en un dans le menu local Numéro de page.
- Les numéros de page peuvent facilement être effacés comme cela est expliqué un peu plus loin.

Commencer la numérotation à partir d'une valeur spécifiée

Pour faire commencer la numérotation de vos pages à partir d'une valeur spécifiée, suivez les instructions de la section précédente pour afficher les numéros de page, puis suivez ces étapes :

1. **Cliquez sur l'onglet Insertion.**

2. **Dans le groupe En-tête et pied de page, choisissez Numéro de page/ Format des numéros de page.**

   La boîte de dialogue Format des numéros de page apparaît (Figure 13.5).

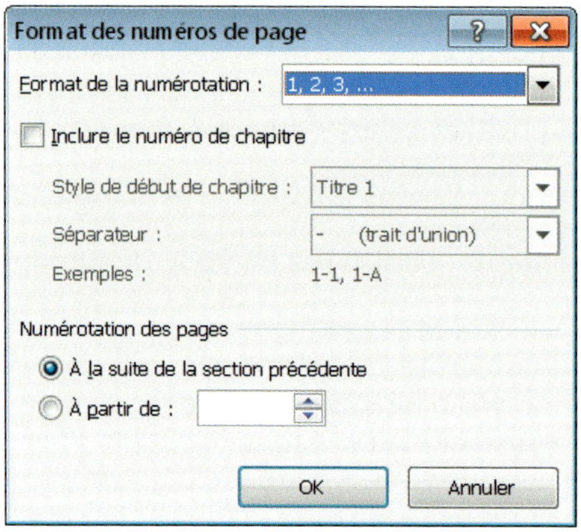

Figure 13.5 : Encore plus de contrôle avec la boîte de dialogue Format des numéros de page.

3. **Dans la zone Numéros de page, sélectionnez À partir de, et saisissez le numéro qui sera attribué à la première page du document.**

4. **Cliquez sur OK pour fermer la boîte de dialogue Format des numéros de page.**

Word commence la numérotation avec le numéro de page spécifié. Si vous saisissez 47 à l'Étape 3, la première page du document portera le numéro 47, la suivante le 48, et ainsi de suite.

Lorsque vous désirez que la numérotation change en plein milieu d'un document, par exemple passer de la page 5 à la page 16, ou bien d'une numérotation IV à la page 1, vous devez diviser le document en sections. Chaque section aura alors sa propre numérotation. Vous en saurez davantage à ce sujet au Chapitre 14.

Numéroter avec des chiffres romains

Lorsque vous devez afficher une numérotation en chiffres romains, Word est heureux de pouvoir vous aider. Ouvrez la boîte de dialogue Mise en page (Figure 13.5). Dans la liste Format de la numérotation, choisissez le style de chiffres romains à utiliser.

Supprimer des numéros de page

Pour ôter des numéros insérés dans vos pages, accédez au groupe En-tête et pied de page. Cliquez sur le bouton Numéro de page, puis sur Supprimer les numéros de page.

Seuls les numéros insérés *via* le menu local Numéro de page sont effacés. *De facto*, si vous avez inséré manuellement des numéros dans un en-tête ou un pied de page, vous devez les supprimer manuellement (voir le Chapitre 14).

Commencer une nouvelle page

Il y a deux manières de commencer une nouvelle page dans Word. Cette section en explique les tenants et les aboutissants.

Commencer une nouvelle page vierge

Le raccourci Ctrl + Enter (pas Entrée) insère un *saut de page manuel* dans votre document, demandant à Word de commencer une nouvelle page à cet endroit précis. C'est la seule bonne manière de commencer une nouvelle page.

Dans l'affichage Normal (Chapitre 2), un saut de page manuel se présente comme un saut de page ordinaire (automatique), mais avec les mots `Saut de page` qui apparaissent au milieu :

Vous pouvez aussi insérer un saut de page par un clic sur le bouton éponyme du groupe Pages localisé sous l'onglet Insertion.

En mode Page, un saut de page est identifié par la création d'une nouvelle page séparée de la précédente par un espace vide. En mode Brouillon, il est identifié par une ligne pointillée, avec, au centre, l'indication Saut de page.

En utilisant des sauts de page manuels, gardez à l'esprit les points suivants :

ATTENTION

- Ne commencez jamais, je dis bien jamais, une nouvelle page en appuyant répétitivement sur la touche Entrée (ou Enter) jusqu'à ce que Word crée la nouvelle page une fois arrivé en bas de la page en cours.
- Ctrl + Enter insère un caractère de saut de page manuel dans votre document. Ce caractère reste là où vous l'avez inséré, faisant apparaître un saut de page, quelles que soient les modifications que vous pouvez apporter au texte des pages précédentes.

- Pour supprimer un saut de page manuel, vous pouvez utiliser les touches Retour arrière ou Suppr. Si vous le faites accidentellement, appuyez à nouveau sur Ctrl + Enter, ou sur Ctrl + Z pour annuler la suppression.

- Si vous insérez des sauts de page manuels, pensez à utiliser l'aperçu avant impression pour vérifier votre document avant de l'imprimer. Il arrive que les modifications apportées au texte depuis l'insertion d'un saut de page manuel rendent ce dernier superflu. Pour en savoir plus sur l'aperçu avant impression, reportez-vous au Chapitre 9.

- Le raccourci de la commande Afficher/Masquer est Ctrl + Maj + 8. Vous pouvez aussi cliquer sur le bouton Afficher tout, du groupe Paragraphe de l'onglet Accueil.

- Ne tombez pas dans le piège qui consiste à utiliser des sauts de page manuels pour ajuster la numérotation des pages. Vous avez à votre disposition toute la puissance de votre traitement de texte pour ajuster cette numérotation sans avoir à bricoler la mise en page pour y parvenir. Voyez la section Où mettre le numéro de page ? plus haut dans ce chapitre.

Insérer une page vierge

Pour placer une page vide au beau milieu d'un document, vous pouvez activer le bouton Page vierge du groupe Page localisé dans l'onglet Insertion. Avec cette commande, vous insérez deux sauts de page manuels créant ainsi une vraie page vide.

Je déconseille d'utiliser cette commande sauf si vous avez vraiment besoin d'une page vide. Par exemple, elle pourrait vous servir à insérer une photo, ou encore à créer un tableau. Saisir du texte sur cette page aura pour conséquence la création automatique d'une nouvelle page dès que vous arriverez à la fin de celle-ci, laissant alors le saut de page suivant à sa position. Dans le meilleur des cas, il y aura systématiquement une page blanche en fin de document, page qui ne sert absolument à rien.

Chapitre 14

Mettre en forme des documents

Dans ce chapitre :

- Diviser le document en sections.
- Tirer le meilleur parti des sections.
- Insérer une page de couverture dans le document.
- Ajouter un en-tête ou un pied de page.
- Créer des en-têtes.

Du point de vue de la mise en forme, un document n'est pas une page. La mise en forme d'un document n'est pas une chose compliquée. En fait, la plupart des informations que contient ce chapitre ne seront d'aucune utilité pour la majeure partie des documents que vous allez créer (votre courrier personnel, par exemple). Mais si un jour vous avez la lubie soudaine d'éblouir votre entourage par votre connaissance de Word, ce chapitre sera votre plus fidèle allié.

Tout savoir sur les sections

Un bon nombre des commandes de mise en forme de Word s'appliquent à l'ensemble d'un document. Par exemple, la majeure partie des commandes de mise en forme décrites au Chapitre 13 le concerne : format du papier, orientation, ainsi que les en-têtes et pieds de page (décrits dans ce chapitre).

S'il arrive que vous ayez besoin de changer le format d'un document rien que pour une page ou un groupe de pages, il faut diviser votre document en sections, chacune d'elles possédant sa propre mise en page. Si par exemple, vous avez besoin que seule une page soit imprimée en format Paysage, vous devez créer une section pour cette page. Il en va de même si votre document nécessite une numérotation particulière. Par exemple, vous ne souhaitez pas que votre document soit logiquement numéroté de la page 1 à la page 50, mais que chacune des cinq sections qui le composent soit numérotée de 1 à 10.

La notion de sections

Il est facile de créer une section, et les sections peuvent simplifier la plupart des tâches de mise en forme du document.

Ainsi, la Figure 14.1 présente un document bâti en deux sections. La première contient quatre pages numérotées en chiffres romains, et la seconde six pages numérotées en chiffres arabes.

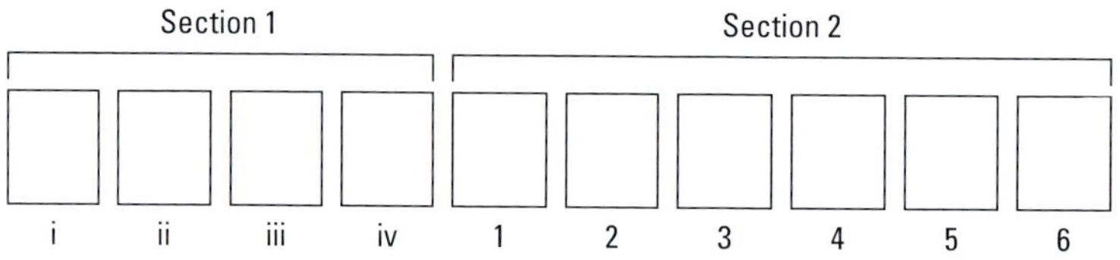

Figure 14.1 : Un document structuré autour de deux sections.

Le document illustré à la Figure 14.2 est constitué de quatre sections. La première se limite à la page de couverture, suivie d'une section de quatre pages numérotées de 1 à 4. La troisième section se compose d'une seule page mais au format Paysage ; enfin, la quatrième section reprend un mode d'affichage tout à fait normal.

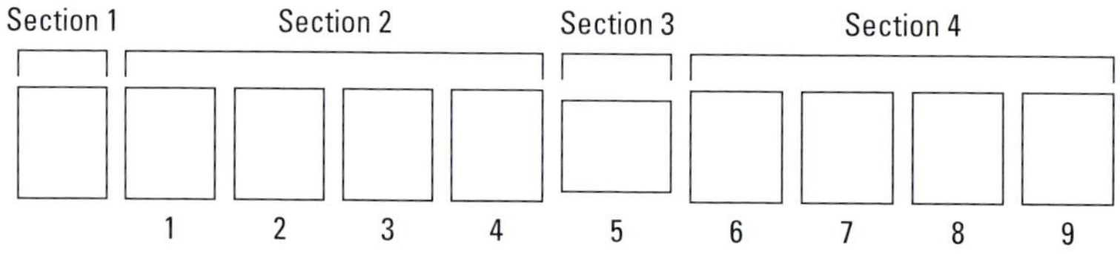

Figure 14.2 : Un document composé de quatre sections.

Lorsque vous créez un document linéaire, c'est-à-dire qui ne varie pas du début à la fin, il est inutile de créer des sections. Dans tous les autres cas, la section est une bénédiction.

- Une section est essentiellement une partie de votre document dont les paramètres de mise en page sont indépendants du reste du document.
- La mise en forme du texte et des paragraphes, aussi bien que les styles que vous pouvez créer, ne sont en rien affectés par les sections.

Créer une section

Diviser un document n'est pas une tâche difficile. Toutes les commandes d'insertion de sauts de Word sont rassemblées sous l'onglet Mise en page. La Figure 14.3 présente le contenu du menu local Saut de page. Vous constatez que le second groupe de commandes contient les sauts de section.

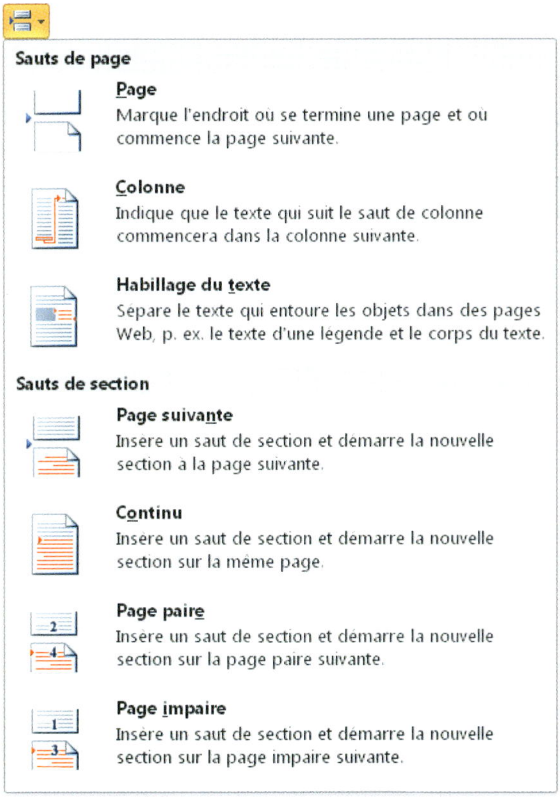

Figure 14.3 : Les sauts de section sont groupés avec les sauts de page.

La méthode la plus simple pour créer une nouvelle section consiste à choisir Page suivante dans le menu local Saut de page. Cette action crée un saut de page et génère une nouvelle page considérée comme une nouvelle section du document.

En mode Page, le saut de section s'affiche comme n'importe quel autre saut de page. Pour mieux en apprécier les conséquences, il est préférable de basculer en mode Brouillon. Ensuite, appuyez sur Ctrl + Maj + 8 ou bien cliquez sur le bouton Afficher tout de l'onglet Accueil pour bien voir la position du saut de section.

L'étape suivante du processus consiste à placer le curseur en haut de la première page (la page de titre dont nous avons parlé dans la section précédente), et à mettre en forme cette page selon vos besoins.

- Pour combiner des mises en forme différentes dans une même page, vous pouvez sélectionner l'option Continu. Par exemple, si vous voulez partager une page entre du texte sur plusieurs colonnes et du texte sur une colonne, le saut de section continu est le moyen idéal pour effectuer cette séparation.
- Pour faire commencer la section à la prochaine page paire ou à la prochaine page impaire, utilisez les options Page paire ou Page impaire. Par exemple, si votre document est destiné à être relié, vous pouvez vouloir que votre section commence sur le côté droit ou sur le côté gauche dans le document imprimé et relié (je ne connais personne qui utilise ces options).
- Les sauts de colonne et d'habillage du texte n'ont rien à voir avec les sections. Les sauts d'habillage du texte (voir le Chapitre 2) sont destinés à mettre en forme du texte en fonction de la position d'une image ou d'un tableau dans le document.

Utiliser une section

Pour appliquer un format de page spécifique à une seule section, utilisez la boîte de dialogue Mise en page. Là, intéressez-vous à la liste Appliquer à, et choisissez À cette section. Ainsi, tout ce que vous modifierez dans la boîte de dialogue Mise en page se limitera à la section en cours.

TRUC

Pour déterminer dans quelle section vous vous trouvez, effectuez un clic droit sur la barre d'état. Vous ouvrez le menu contextuel Personnaliser la barre d'état. En haut de ce menu, vous notez la présence du terme Section avec un chiffre à sa droite. Il identifie le numéro de la section dans laquelle se situe actuellement le point d'insertion. Pour afficher en permanence cette information dans la barre d'état, cliquez sur Section. Sinon, fermez ce menu contextuel en appuyant sur la touche Échap.

Supprimer un saut de section

Pour supprimer un saut de section, vous pouvez utiliser la touche Retour arrière ou la touche Suppr. Sachez qu'il est plus facile de supprimer une section en mode Brouillon que dans tout autre mode d'affichage du document.

- L'équivalent clavier de la commande Afficher tout est Ctrl + Maj + 8.

- Supprimer une section efface toute mise en forme, y compris les en-têtes et les pieds de page qui, je le rappelle, sont propres à cette section.
- Si vous supprimez accidentellement une section, vous perdez toutes les informations de mise en forme que vous lui aviez appliquées. Si cela vous arrive, annulez votre action en appuyant sur Ctrl + Z avant de faire quoi que ce soit d'autre.

Ajouter une page de couverture

L'utilisation la plus courante des sections concerne la création d'une page de couverture pour votre document. En règle générale, cette page ne contient aucun numéro de page, en-tête, pied de page, *etc*. Elle est faite pour présenter le titre du document et le nom de son auteur. Il est donc nécessaire de créer une seule section pour une seule page, celle de la couverture. Longtemps difficile à maîtriser, Word 2010 introduit enfin la commande Page de garde. En voici le fonctionnement :

1. **Cliquez sur l'onglet Insertion.**
2. **Dans le groupe Pages, cliquez sur Pages/Page de garde.**

   Un menu affiche quelques modèles de pages de garde.

3. **Choisissez la mise en page de la page de garde qui vous convient.**

   La page de garde ou page de couverture est immédiatement insérée en tant que première page du document.

4. **Sur cette page sélectionnez le texte entre crochets.**
5. **Remplacez ce texte par le vôtre.**

   Ainsi, dans la zone de réserve qui attend l'intitulé du document, tapez votre titre !

6. **Répétez les Étapes 4 et 5 jusqu'à ce que la page de garde ait l'aspect désiré.**

Vous pouvez changer cette page de couverture à n'importe quel moment. Si vous décidez de vous passer de cette page de garde, cliquez sur Pages/Page de garde. Dans le menu local, choisissez Supprimer la page de garde actuelle.

- Le menu Page de garde ne crée pas une nouvelle section dans votre document. Si vous utilisez des en-têtes et des pieds de page, ils apparaissent sur la page de garde ainsi insérée. Pour éviter cela, placez le point d'insertion en haut de la page 2 (c'est-à-dire après la page de garde), et dans l'onglet Mise en page, choisissez Saut de page/Continu. Vous pouvez alors modifier l'en-tête et le pied de page.

N'OUBLIEZ PAS

- Ne laissez pas en place les textes entre crochets ! Saisissez toujours vos informations personnelles à la place de ces informations génériques.

Les joies des en-têtes et des pieds de page

Dans une lettre, l'en-tête n'apparaît que sur la première page. Dans un document, il apparaît sur toutes les pages, sauf en général sur la première. Son équivalent en bas de la page est le pied de page. On peut très bien utiliser les deux à la fois.

- Un en-tête contient généralement différentes informations, par exemple votre nom, le nom du document, la date, le numéro de la page, éventuellement un titre ou encore un numéro de téléphone.
- Un en-tête est un style de texte utilisé pour diviser un long document, pour introduire de nouveaux concepts, et pour vous aider à conserver le texte bien organisé.
- Le pied de page apparaît en bas de la page. Comme l'en-tête, le pied de page possède sa zone d'insertion et contient un texte spécial.
- Les pieds de page peuvent contenir des numéros de page, un titre de chapitre ou de document, ou toute autre chose que vous jugez utile.

Ajouter un en-tête ou un pied de page

Les en-têtes et les pieds de page peuvent faire beaucoup pour embellir un document. Vous n'êtes pas obligé d'utiliser les deux à la fois. De plus, que vous préfériez utiliser l'un ou l'autre (ou les deux), on les définit de la même manière.

Pour ajouter un en-tête ou un pied de page, suivez ces étapes :

1. **Cliquez sur l'onglet Insertion.**
2. **Dans le groupe En-tête et pied de page, cliquez sur le bouton En-tête.**

   Une liste d'en-têtes préformatés s'affiche.

3. **Choisissez le format que vous désirez.**

   L'en-tête est ajouté à votre document, et sauvegardé comme partie intégrante de la mise en forme de la page.

Si vous êtes en mode Brouillon, vous basculez instantanément en mode Page pour éditer l'en-tête (les en-têtes et les pieds de page n'apparaissent pas en mode Brouillon).

Lorsque vous modifiez un en-tête, le point d'insertion apparaît dans la zone d'en-tête qui, dans Word 2010, prend la forme d'un onglet directement sur le document.

4. **Sélectionnez tout le texte contenu entre crochets.**

5. **Tapez le texte de remplacement.**

   Saisissez, par exemple, le titre de votre document à la place de `[Tapez un texte]`.

6. **Répétez les Étapes 4 et 5 pour tous les textes contenus entre crochets.**

7. **Une fois que vous avez terminé, cliquez sur le bouton Fermer l'en-tête et le pied de page du groupe Fermer sous l'onglet Insertion.**

En mode Page, vous voyez les en-têtes et les pieds de page dans une zone de texte grisée. En mode Brouillon, vous ne voyez rien. Pour voir ces deux éléments, vous pouvez également utiliser la commande Aperçu avant impression étudiée au Chapitre 10.

N'OUBLIEZ PAS

- Vous pouvez quitter la modification d'un en-tête par un double-clic sur l'onglet En-tête.
- Il n'est pas nécessaire de vous placer dans la première page de votre document pour insérer le numéro de page dans l'en-tête. Word est assez astucieux pour mettre le numéro qui convient sur chaque page, quelles que soient les modifications que vous apportez à votre document comme à l'en-tête.
- Les en-têtes et les pieds de page sont idéaux pour diviser votre document en sections. Donc, tant que vous restez dans la même section, vous pouvez en modifier l'en-tête ou le pied de page.
- Les boutons de commande des en-têtes et des pieds de page se situent sous l'onglet Insertion, et non sous l'onglet Mise en page.

Modifier un en-tête

Regardons les choses en face : les en-têtes prédéfinis de Word ne sont pas terribles. Ils ne contiennent pas toutes les informations que vous désirez faire apparaître dans un en-tête. Ce n'est pas problématique. Vous pouvez modifier l'en-tête de la manière suivante :

1. **Cliquez sur l'onglet Insertion.**
2. **Dans le groupe En-tête et pied de page, choisissez En-tête/Modifier l'en-tête.**

   Lorsque vous modifiez l'en-tête, Word bascule dans un mode opératoire particulier. L'en-tête apparaît à l'écran comme élément du document affiché en mode Page. À cela s'ajoute un nouvel onglet Outils des en-têtes et pieds de page illustré à la Figure 14.4.

Figure 14.4 : Les outils de modification des en-têtes et des pieds de page.

3. **Utilisez les boutons Atteindre l'en-tête et Atteindre le pied de page pour passer de l'en-tête au pied de page et réciproquement.**
4. **Appliquez des modifications à l'en-tête.**

   L'édition du texte des en-têtes se fait comme celle de n'importe quel texte Word. Vous pouvez ajouter ou modifier du texte, le mettre en forme avec les commandes de formatage des paragraphes, et même ajouter des tabulations.

   TRUC

   Word applique automatiquement les tabulations gauche, centrée, et droite. Il vous suffit d'appuyer sur la touche Tab pour positionner comme il se doit le point d'insertion.

5. **Utilisez les boutons de commande du groupe Insérer de l'onglet Outils des en-têtes et pieds de page pour ajouter des éléments spéciaux.**

   Voici quelques éléments spéciaux utiles que vous pouvez insérer dans un en-tête :

   - **Date & heure :** Cliquez sur le bouton éponyme pour accéder à la boîte de dialogue Date et heure. Sélectionnez le format dans lequel vous désirez faire apparaître ces deux éléments dans l'en-tête. Validez et cliquez sur OK.
   - **Image :** Le bouton Image ouvre la boîte de dialogue Insérer une image qui permet de parcourir vos divers disques durs à la recherche de l'image à insérer. Vous pouvez aussi utiliser le bouton Images clipart.
   - **Champs :** L'élément le plus polyvalent que vous puissiez insérer dans un en-tête ou un pied de page est un *champ*. Vous sélectionnez cette option par un clic sur le bouton Composants QuickPart.

6. **Une fois vos modifications terminées, cliquez sur le bouton Fermer l'en-tête et le pied de page.**

   Vous revenez au document.

L'en-tête est le même pour chaque page du document. Cependant, Word permet d'appliquer un en-tête particulier à la première page ou à des pages alternatives, ainsi qu'aux différentes sections du document.

- En mode Page, vous pouvez très facilement modifier un en-tête ou un pied de page en double-cliquant sur la partie grisée qui affiche son contenu.
- Si le seul en-tête dont vous avez besoin est un numéro de page, je conseille l'utilisation de la technique décrite au Chapitre 13. Elle est bien plus simple à mettre en œuvre.

En-têtes pairs pour les pages paires, impairs pour les pages impaires

Si vous le désirez, Word vous permet de définir deux jeux d'en-têtes et de pieds de page pour votre document : un pour les pages paires et un pour les pages impaires. Par exemple, c'est de cette façon que ce livre a été mis en forme. L'en-tête des pages paires contient le numéro de page et le titre de partie ; l'en-tête des pages impaires le numéro du chapitre suivi du titre du chapitre et du numéro de page. Vous pouvez en faire autant !

Pour demander à Word de créer deux jeux d'en-têtes et de pieds de page, suivez ces étapes :

1. **Cliquez sur l'onglet Insertion.**
2. **Dans le groupe En-tête et pied page, cliquez sur En-tête/Modifier.**

   Cette commande affiche l'onglet Outils des en-têtes et pieds de page.

3. **Cliquez sur Option. Cochez la case Pages paires et impaires différentes.**

   Cette étape indique à Word de créer deux jeux d'en-têtes : un pour les pages paires, et l'autre pour les pages impaires. L'onglet de l'en-tête permet de les identifier clairement.

Cet onglet montre que l'on est en présence de l'en-tête des pages impaires.

4. **Créez l'en-tête des pages impaires.**

   Pour savoir comment créer le contenu d'un en-tête ou d'un pied de page, reportez-vous à la section précédente.

5. **Dans le groupe Navigation, cliquez sur le bouton Section suivante.**

   Word affiche le contenu de l'en-tête de la page paire.

   Pour revenir à l'en-tête des pages impaires, cliquez sur le bouton Section précédente.

6. **Pour afficher et modifier les pieds de page paires et impaires, cliquez sur le bouton Atteindre le pied de page.**

   Pour passer d'un pied de page à un autre, cliquez sur les boutons Section suivante et Section précédente.

7. **Une fois vos modifications terminées, cliquez sur Fermer l'en-tête et le pied de page.**

Pour supprimer les en-têtes et les pieds de page paires et impaires, il suffit de décocher la case Pages paires et impaires différentes.

Mais je ne veux pas d'en-tête sur la première page !

Pour éviter que l'en-tête ou le pied de page apparaisse sur la première page d'un document :

1. **Cliquez sur l'onglet Insertion.**

2. **Dans le groupe En-tête et pied de page, cliquez sur En-tête/Modifier l'en-tête.**

3. **Cliquez sur Options, et cochez la case Première page différente.**

   L'onglet En-tête page impaire devient Premier en-tête, et le pied de page de cette même page devient Premier pied de page.

Rien ne vous empêche de changer le contenu de ce premier en-tête et pied de page. Il n'affecte que cette première page du document.

Les en-têtes et les sections du document

Un en-tête ou un pied de page est défini pour toute une section. Pour la plupart des documents, qui ne sont qu'une section, il n'y a pas à se poser de question. Mais imaginez que, pour une raison quelconque, vous ayez besoin de plusieurs types d'en-têtes dans votre document. Ou alors que vous ayez besoin de faire disparaître l'en-tête pour une partie du document. Il vous faut plusieurs en-têtes, et pour cela vous devez diviser votre document en sections.

Word identifie les jeux des en-têtes et de pieds de page des sections sur l'onglet de ces derniers.

Vous savez toujours dans quel en-tête/pied de page de section vous vous trouvez.

Pour passer d'un en-tête de section au suivant, cliquez sur le bouton Section suivante.

Pour revenir à l'en-tête de section précédent, cliquez sur le bouton Section précédente.

L'option Lier au précédent est faite pour que l'en-tête de la section soit identique à celui de la section précédente. Ainsi, il est possible d'appliquer le même en-tête à plusieurs sections.

Si vous liez des sections, l'onglet de l'en-tête le spécifie comme ceci sur le côté droit de la page :

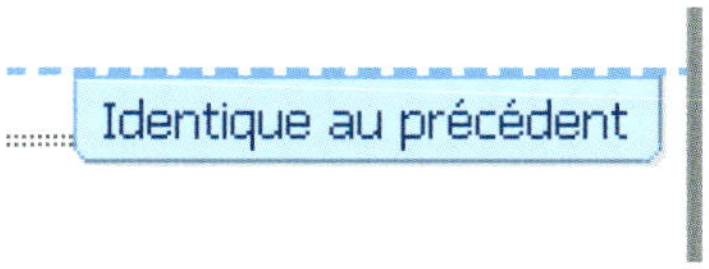

Ce nouvel onglet apparaît sur le côté droit du document. Il permet de mieux comprendre pourquoi vos modifications sont sans effets.

- En plaçant plusieurs sections dans votre document, vous disposez de plusieurs en-têtes. Reportez-vous à la première partie de ce chapitre.
- Plusieurs sections permettent de modifier les en-têtes dans tout le document, ou encore de supprimer l'en-tête d'une seule page.

N'OUBLIEZ PAS

- Pour supprimer l'en-tête de la première page d'un document, suivez les instructions de la section Mais je ne veux pas d'en-tête sur la première page !
- Modifier l'en-tête d'une section est sans effet sur les autres, sauf si elles sont liées.
- Lorsque vous cochez l'option Première page différente, notez que chaque section a son propre en-tête et pied de page de première page.
- L'option Pages paires et impaires différentes affecte toutes les sections d'un document.

Supprimer un en-tête

La méthode la plus simple pour supprimer un en-tête dans un document consiste à utiliser la commande En-tête/Supprimer l'en-tête. Voici comment :

1. **Affichez la page où se situe l'en-tête.**

   Utilisez pour cela le mode Page de manière à bien voir la section grisée de la page où est localisé l'en-tête.

2. **Cliquez sur l'onglet Insertion.**

3. **Dans le groupe En-tête et pied de page, cliquez sur En-tête/Supprimer l'en-tête.**

   Il disparaît.

Livre 2

Excel

Première partie

On se jette à l'eau

« J'ai déjà utilisé toutes sortes de tableurs,
mais c'est celui-ci le meilleur pour dessiner des patchworks. »

Dans cette partie...

Il suffit d'un coup d'œil à la fenêtre d'Excel 2010, avec sa barre d'outils Accès rapide et son Ruban, pour se rendre compte de la quantité d'outils dont on dispose ici. Que cela ne vous épouvante pas : au Chapitre 1, le Ruban d'Excel 2010 est analysé afin de clarifier les nombreux onglets et boutons de commande que vous aurez devant vous jour après jour.

Naturellement, il ne suffit pas de vous asseoir tranquillement pour vous faire expliquer par quelqu'un comme moi tout ce que vous voyez sur l'écran. Pour faire effectivement quelque chose d'Excel, il vous faut commencer par apprendre à utiliser toutes ces merveilles. Pour cela, c'est le Chapitre 2 qui vous explique comment utiliser certains des principaux boutons et des principales commandes de la fenêtre pour entrer vos données dans votre feuille de calcul. À partir de cette modeste entrée en matière, le chemin n'est pas très long jusqu'à la maîtrise complète du logiciel.

Chapitre 1

Excel 2010 pour son utilisateur

Dans ce chapitre :

- Sélectionner des commandes à partir du Ruban.
- Les méthodes pour lancer Excel 2010.
- Surfer dans un classeur et une feuille de calcul Excel 2010.

À l'instar de la version 2007, la nouvelle interface utilisateur d'Excel 2010 a été débarrassée de ses menus déroulants, panneaux et barres d'outils. Tous ces éléments ont été remplacés par un seul bandeau placé en haut de la feuille de calcul, appelé Ruban. Il contient toutes les commandes d'Excel, rapidement accessibles à tout moment.

L'interface utilisateur et son Ruban

À son premier lancement, Excel 2010 s'ouvre en affichant la première des trois feuilles de calcul nommées Feuil1, Feuil2, Feuil3, d'un nouveau fichier de classeur (Classeur1), dans une fenêtre identique à celle de la Figure 1.1.

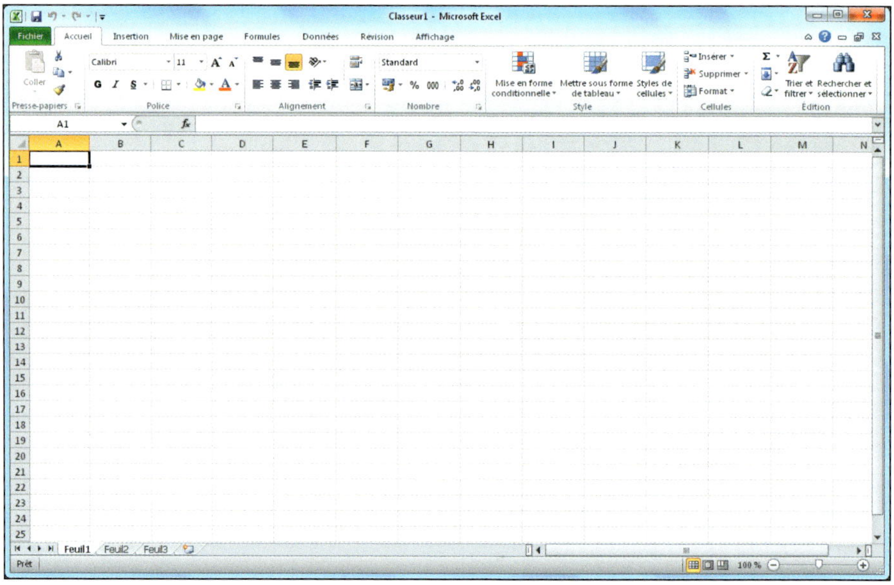

Figure 1.1 : La fenêtre qui apparaît au démarrage d'Excel 2010.

Cette fenêtre se compose des éléments suivants :

- **L'onglet Fichier**, qui ouvre le panneau dont le volet de gauche, appelé Backstage – « les coulisses », comme au théâtre – contient toutes les commandes relatives au fichier, notamment Enregistrer, Ouvrir, Imprimer, et Quitter, ainsi que le bouton Options qui permet de modifier les paramètres par défaut d'Excel.

- **La barre d'outils Accès rapide,** qui contient des boutons sur lesquels vous pouvez cliquer pour accomplir des tâches d'usage courant, par exemple enregistrer votre travail ou bien annuler ou répéter une modification, et que vous pouvez personnaliser en y ajoutant des boutons.

- **Le Ruban**, qui contient la majeure partie des commandes d'Excel, réparties dans un certain nombre d'onglets allant d'Accueil à Affichage.

- **La Barre de formule**, qui affiche l'adresse de la cellule sélectionnée ainsi que son contenu.

- **La zone de feuille de calcul**, qui contient toutes les cellules de la feuille de calcul en cours, identifiées par des en-têtes de colonnes au moyen de lettres sur le bord supérieur, et par des en-têtes de lignes utilisant des nombres sur le bord gauche, avec des onglets permettant de sélectionner une autre feuille de calcul du classeur, une barre de défilement horizontale sur le bord inférieur pour se déplacer vers la droite et vers la gauche dans la feuille de calcul, et une barre de défilement verticale sur le bord droit pour se déplacer vers le haut et vers le bas dans la feuille de calcul.

- **La Barre d'état**, qui indique dans quel mode se trouve le programme et quelles touches spéciales sont activées, vous permet de sélectionner une autre feuille de calcul et de faire un zoom avant ou arrière sur la feuille de calcul affichée.

Aller en coulisse via l'onglet Fichier

L'onglet Fichier se trouve à gauche de l'onglet Accueil, juste sous la barre d'Accès rapide.

Cliquer sur l'onglet Fichier donne accès à la vue Backstage. Elle contient le menu visible dans la Figure 1.2. L'option Informations affiche l'état du classeur Excel actuellement ouvert et actif.

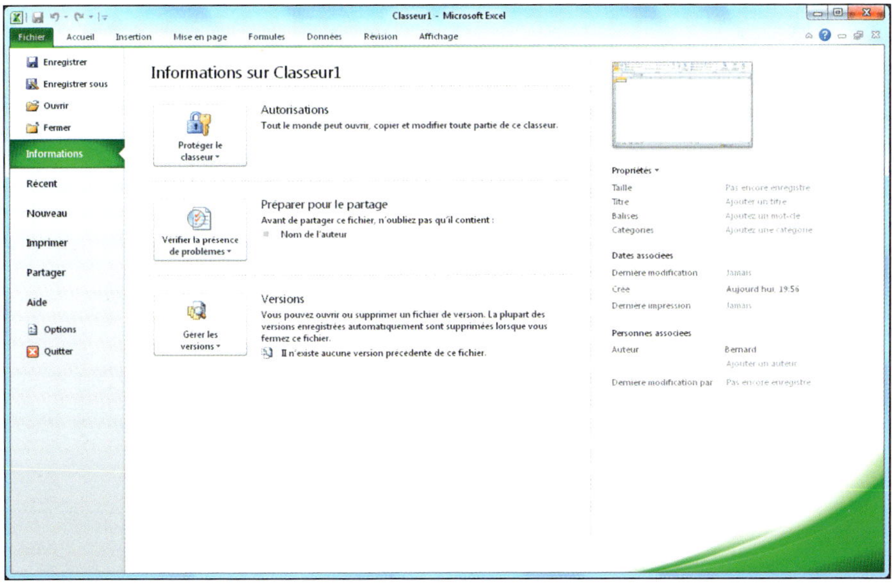

Figure 1.2 : La Vue Backstage fournit des informations sur le fichier courant, donne accès à des commandes de gestion des fichiers ainsi qu'aux options d'Excel.

Le panneau Informations est divisé en deux parties. Celle de gauche contient de grands boutons servant à modifier les autorisations du classeur et à restreindre sa diffusion. La partie de droite contient une miniature du classeur ainsi que des informations concernant les propriétés du document, dont certaines, comme Titres, Balises, Catégorie et Auteur, sont modifiables. Les autres ne le sont pas.

En haut de l'option Informations se trouvent les commandes Enregistrer, Enregistrer sous, Ouvrir et Fermer, qui sont usuellement utilisées lorsque vous travaillez sur des classeurs Excel. En bas du menu, l'option Aide affiche un panneau Support dans la vue Backstage. Il contient l'aide en ligne d'Excel, l'aide pour personnaliser les paramètres par défaut ainsi que la recherche des mises à jour d'Excel 2010. En dessous de Aide, le bouton Options permet de paramétrer Excel, tandis que le bouton Quitter met fin à la session de travail avec Excel.

TRUC

Cliquez sur le bouton Récent pour accéder à un classeur Excel sur lequel vous avez travaillé récemment.

N'OUBLIEZ PAS

Pour fermer la vue Backstage et revenir à l'affichage normal de la feuille de calcul, cliquez de nouveau sur Fichier ou appuyez sur la touche Echap.

Visite guidée du Ruban

Le Ruban (Figure 1.3) change radicalement la manière de travailler avec Excel 2010. Au lieu de devoir vous rappeler (ou deviner) dans quel menu déroulant ou dans quelle barre d'outils Microsoft a placé la commande que vous voulez utiliser, les concepteurs d'Excel 2010 ont imaginé ce Ruban qui rend directement accessibles dans des onglets les commandes les plus utilisées pour une certaine catégorie de tâches.

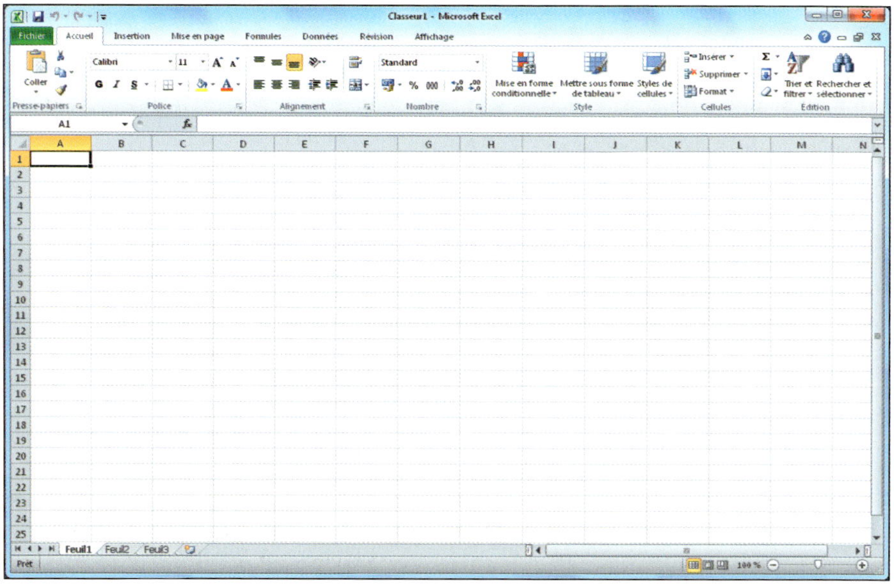

Figure 1.3 : Le Ruban d'Excel se compose d'une série d'onglets contenant des boutons de commande répartis dans différents groupes.

Le Ruban est constitué des composants suivants :

- **Des onglets** pour chaque catégorie de tâches d'Excel, rassemblant chacun les commandes les plus utilisées pour cette catégorie de tâches.
- **Des groupes**, rassemblant des boutons de commande par sous-ensemble de ces catégories de tâches.
- **Des boutons de commande** dans chaque groupe, que vous pouvez sélectionner pour accomplir une action ou ouvrir une galerie dans laquelle vous pourrez cliquer sur la miniature de votre choix. Notez que dans certains onglets un certain nombre de ces boutons se présentent comme des mini-barres d'outils donnant accès aux paramètres correspondants.
- **Des lanceurs de boîte de dialogue**, dans le coin inférieur droit de certains groupes, vous permettant d'ouvrir une boîte de dialogue contenant un certain nombre d'options supplémentaires.

TRUC

Pour afficher une plus grande surface de votre feuille de calcul dans la fenêtre d'Excel, vous pouvez minimiser le Ruban de manière que seuls les onglets apparaissent. Il vous suffit de double-cliquer sur l'un des onglets ou d'appuyer sur Ctrl + F1. Vous pouvez aussi utiliser la commande Réduire le Ruban du menu Personnaliser la barre d'outils Accès rapide.

N'OUBLIEZ PAS

Pour sélectionner une commande dans le Ruban minimisé, cliquez d'abord sur l'onglet voulu. Celui-ci apparaît. Mais dès que vous avez sélectionné la commande voulue, le Ruban est à nouveau minimisé ; seuls les onglets restent visibles.

Les onglets du Ruban

La première fois que vous lancez Excel 2010, son Ruban contient les onglets suivants, de la gauche vers la droite :

- **Accueil**, qui contient les boutons de commande normalement utilisés pour créer, mettre en forme et modifier une feuille de calcul, répartis dans les groupes Presse-papiers, Police, Alignement, Nombre, Style, Cellules et Édition.
- **Insertion**, qui contient les boutons de commande normalement utilisés pour ajouter divers éléments (dessins, tableaux, graphiques, graphiques sparkline, liens hypertextes, en-têtes et pieds de pages), répartis dans les groupes Formes, Tableaux, Illustrations, Graphiques, Graphiques sparkline, Diagrammes, Liens et Texte.
- **Mise en page**, qui contient les boutons de commande normalement utilisés pour préparer une feuille de calcul pour l'impression ou réorganiser les dessins sur une feuille de calcul, répartis dans les groupes

Thèmes, Mise en page, Mise à l'échelle et Options de la feuille de calcul et Organiser.

- **Formules**, qui contient les boutons de commande normalement utilisés pour ajouter des formules et des fonctions dans une feuille de calcul ou pour rechercher des erreurs dans une formule, répartis dans les groupes Bibliothèque de fonctions, Cellules nommées, Audit de formules et Calcul. Notez que cet onglet contient également un groupe Solutions lorsque vous activez certains compléments comme Analysis Toolpack et Outils pour l'euro.

- **Données**, qui contient les boutons de commande normalement utilisés pour importer, émettre des requêtes, mettre en évidence ou faire un sous-total des données d'une feuille de calcul, répartis dans les groupes Donnés externes, Gérer les connexions, Trier et filtrer, Outils de données et Plan. Notez que cet onglet contient également un groupe Analyse lorsque vous activez certains compléments comme Analysis Toolpak ou Complément Solver.

- **Révision**, qui contient les boutons de commande normalement utilisés pour vérifier, protéger et effectuer le suivi des modifications d'une feuille de calcul, répartis dans les groupes Vérification, Commentaires et Modifications. Notez que ce ruban contient aussi un groupe Ink si vous utilisez Office 2010 sur un Tablet PC ou avec un ordinateur équipé d'une tablette numérique Ink.

- **Affichage**, qui contient les boutons de commande normalement utilisés pour modifier l'affichage de la feuille de calcul, répartis dans les groupes Affichages classeur, Afficher/Masquer, Zoom et Fenêtre.

En plus de ces sept onglets standard, Excel dispose également de l'onglet supplémentaire optionnel Développeur, que vous pouvez ajouter au Ruban si vous travaillez avec des macros et des fichiers XML.

Bien que ces onglets standard soient ceux que vous voyez toujours sur le Ruban lorsqu'il est affiché dans Excel, ils ne sont pas tout ce qui peut apparaître dans cette zone. Excel peut également y afficher des outils contextuels lorsque vous travaillez sur un objet que vous avez sélectionné dans la feuille de calcul, par exemple une image insérée ou un graphique, ou un tableau que vous avez créé. Les noms des outils contextuels pour l'objet sélectionné apparaissent juste au-dessus de l'onglet ou des onglets associés à ces outils.

Par exemple, la Figure 1.4 montre une feuille de calcul après avoir cliqué sur le graphique qu'elle contient pour le sélectionner. Sélectionner ce graphique fait apparaître à l'extrémité du Ruban les Outils de graphique répartis dans trois onglets supplémentaires : Création (sélectionné par défaut), Disposition et Mise en forme. Notez également que les boutons de commande de l'onglet Création sont répartis dans les groupes Type, Données, Disposition rapide, Styles rapides et Emplacement.

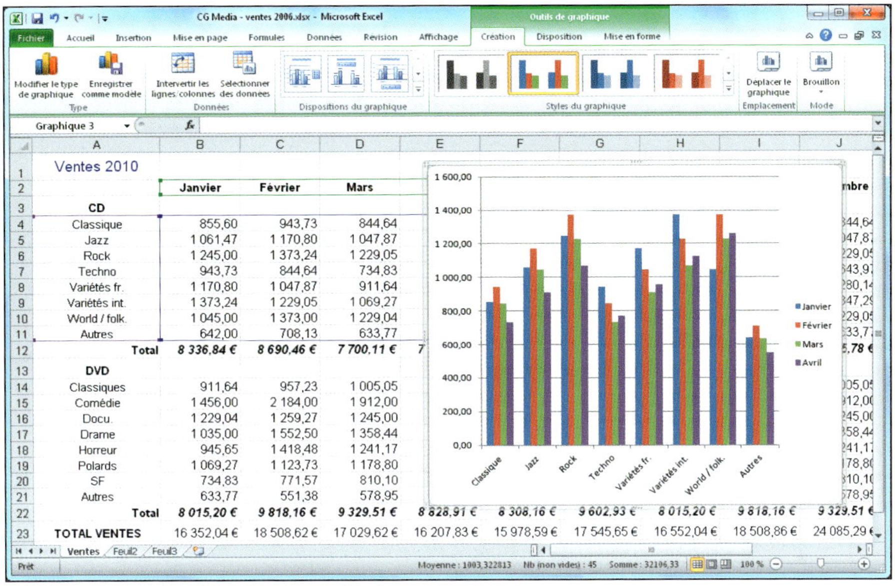

Figure 1.4 : Lorsque vous sélectionnez certains objets dans la feuille de calcul, Excel ajoute au Ruban des outils contextuels avec leurs propres onglets, groupes et boutons.

Lorsque vous désélectionnez l'objet, en général en cliquant dans la feuille à l'extérieur de celui-ci, l'outil contextuel pour celui-ci disparaît immédiatement du Ruban, qui ne laisse plus apparaître que les onglets habituels.

Sélectionner des commandes dans le Ruban

La méthode la plus facile pour sélectionner des commandes du Ruban (si vous êtes vraiment à l'aise avec votre clavier) consiste à appuyer sur la touche Alt, la relâcher, puis à taper la séquence de lettres définissant le raccourci clavier pour l'onglet et le bouton voulus.

Lorsque vous appuyez sur la touche Alt et la relâchez aussitôt, Excel affiche les touches de raccourci pour tous les onglets du Ruban. Lorsque vous appuyez alors sur la touche de raccourci d'un onglet, celui-ci apparaît, avec toutes les touches de raccourci des boutons de commande qu'il contient, comme le montre la Figure 1.5. Pour sélectionner un bouton de commande (ou ouvrir une boîte de dialogue), appuyez alors simplement sur les touches de raccourci correspondantes.

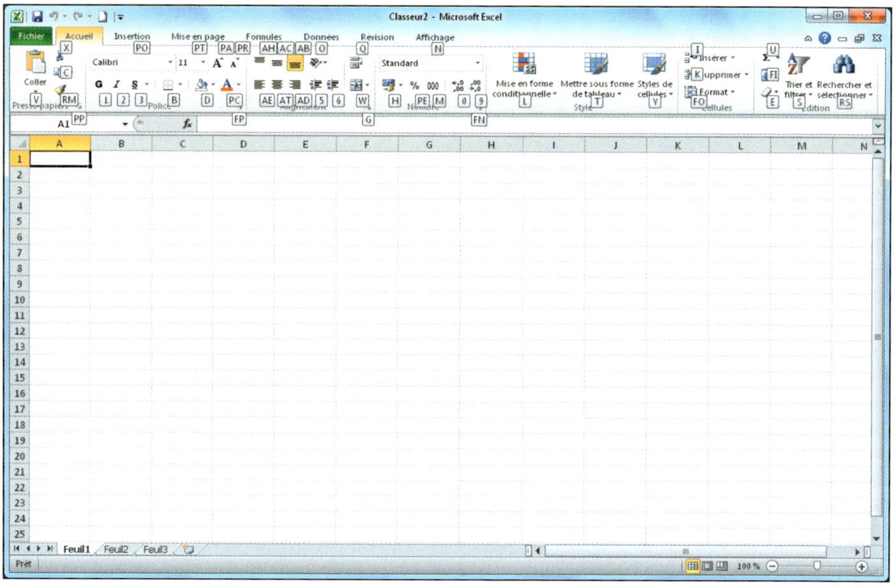

Figure 1.5 : Lorsque vous appuyez successivement sur Alt puis sur la touche de raccourci d'un onglet, Excel affiche les touches de raccourci de tous ses boutons de commande et boîtes de dialogue.

Se déplacer dans la feuille de calcul

Une feuille de calcul Excel contient bien trop de lignes et de colonnes pour que toutes soient affichées en même temps, quelles que soient la taille et la définition de votre écran (ne perdons pas de vue qu'il y a au total 17 179 869 184 cellules dans une feuille de calcul). Excel offre donc de nombreux moyens de déplacer le curseur de cellule dans la feuille de calcul pour atteindre celle que vous voulez modifier :

- Cliquer sur la cellule voulue (dans le cas où celle-ci se trouve dans la zone de la feuille de calcul affichée à l'écran).
- Cliquer dans la zone de nom de la Barre de formule, y entrer directement l'adresse de la cellule voulue et appuyer sur la touche Entrée.
- Appuyer sur F5 pour faire apparaître la boîte de dialogue Atteindre, entrer l'adresse de la cellule voulue dans le champ Référence, puis cliquer sur OK.
- Utiliser les barres de défilement horizontale et verticale, respectivement sur le bord inférieur et le bord droit de la fenêtre, pour faire apparaître à l'écran la zone de la feuille de calcul qui contient la cellule voulue, puis cliquer sur celle-ci pour la sélectionner.

N'OUBLIEZ PAS

Vous pouvez utiliser la touche Verr Maj (Verrouillage Majuscule) pour « verrouiller » la position du curseur de cellule dans la feuille de calcul, de manière à faire défiler à l'écran la feuille de calcul avec des touches comme PgSuiv et PgPréc sans changer la position du curseur de cellule (autrement dit, de manière que ces touches se comportent comme les barres de défilement).

Après avoir activé le Verrouillage Majuscule, lorsque vous faites défiler la feuille de calcul avec le clavier, Excel ne sélectionne pas une nouvelle cellule dans la zone affichée. La cellule sélectionnée reste la même, même si elle n'est plus visible à l'affichage. Pour « déverrouiller » le curseur de cellule en utilisant le clavier pour faire défiler la feuille de calcul, vous devez désactiver le Verrouillage Majuscule (soit en appuyant à nouveau sur la touche Verr Maj, soit en appuyant sur la touche Maj, selon le paramétrage de Windows).

Astuces pour les barres de défilement

Pour comprendre comment fonctionne le défilement dans Excel, représentez-vous cette énorme feuille de calcul comme un rouleau de papier enroulé sur une bobine à chaque extrémité. Pour faire apparaître une partie du rouleau qui se trouve cachée sur sa bobine du côté droit, vous rembobinez la bobine de gauche, jusqu'à ce que la partie voulue apparaisse sous vos yeux. Et pour faire apparaître une partie du rouleau qui se trouve cachée sur sa bobine du côté gauche, vous rembobinez la bobine de droite, jusqu'à ce que la partie voulue apparaisse sous vos yeux. C'est le même principe vers le haut et vers le bas.

Vous pouvez utiliser la barre de défilement horizontal qui se trouve sur le bord inférieur de la feuille de calcul pour faire défiler vos colonnes vers la droite ou vers la gauche, et la barre de défilement verticale qui se trouve sur le bord droit de la feuille de calcul pour faire défiler vos lignes vers le haut ou vers le bas. Pour faire défiler d'une colonne ou d'une ligne à la fois dans une direction, cliquez sur la flèche de défilement appropriée à l'une ou l'autre extrémité de la barre de défilement correspondante.

N'OUBLIEZ PAS

N'oubliez pas que vous pouvez redimensionner la barre de défilement horizontale pour la rendre plus longue ou plus courte en faisant glisser le bouton qui apparaît à son extrémité gauche. Gardez à l'esprit que l'espace restant à gauche de la barre de défilement horizontale permet de loger les onglets des feuilles de calcul que contient le classeur.

TRUC

Pour faire défiler très rapidement les lignes et colonnes de votre feuille de calcul, maintenez enfoncée la touche Maj et faites glisser le pointeur de la souris dans la direction appropriée dans la barre de défilement correspondante, jusqu'à ce que la ligne ou la colonne que vous voulez voir apparaisse à l'écran. Lorsque vous maintenez enfoncée la touche Maj, le bouton de défilement devient très petit dès que vous maintenez enfoncé le bouton de la souris après avoir placé le pointeur dessus. En même temps, une info-bulle apparaît, indiquant le numéro de la première ligne ou la lettre de la première colonne affichée.

Surfer sur les feuilles d'un classeur

Chaque nouveau classeur que vous créez dans Excel 2010 contient trois feuilles de calcul vierges, chacune avec ses 16 384 colonnes et 1 048 576 lignes (ce qui vous fait disposer de la bagatelle de 51 539 607 552 cellules vierges par feuille). Mais si vous avez besoin de feuilles supplémentaires dans votre classeur, il suffit de cliquer sur le bouton Insérer une feuille de calcul, juste après les onglets des feuilles de calcul existantes.

Dans le coin inférieur gauche de la fenêtre, les boutons de défilement d'une feuille de calcul à une autre sont suivis par les onglets des feuilles de classeur, puis par le bouton Insérer une feuille de calcul. Pour activer une feuille de calcul, c'est-à-dire pour la faire apparaître à l'affichage et pouvoir y travailler, il vous suffit de la sélectionner en cliquant sur son onglet. Excel met en évidence la feuille active en mettant son nom en gras dans l'onglet correspondant et en faisant apparaître celui-ci au-dessus des autres.

TRUC

N'oubliez pas que les raccourcis clavier Ctrl + PgSuiv et Ctrl + PgPréc vous permettent de passer respectivement à la feuille suivante et à la feuille précédente dans votre classeur.

Si votre classeur contient trop de feuilles de calcul pour que tous leurs onglets puissent être affichés en même temps en bas de la fenêtre, utilisez les boutons de défilement situés à gauche des onglets pour les faire défiler et faire apparaître ceux dont vous avez besoin, de manière que vous puissiez alors cliquer sur celui que vous voulez activer.

Montrer la Barre d'état

La Barre d'état occupe tout le bord inférieur de la fenêtre d'Excel et comporte les zones suivantes :

- **L'indicateur Mode Cellule** indique l'état du programme Excel (Prêt, Entrer, et ainsi de suite), ainsi que toutes les touches spéciales du clavier qui sont activées (Verr Maj, Verr Num et Défilement).
- **Les indicateurs Moyenne, Nombre et Somme** affichent la moyenne et la somme de tous les contenus numériques de l'ensemble des cellules sélectionnées, ainsi que le nombre de ces dernières.
- **Le Sélecteur d'affichage** vous permet de choisir entre trois modes d'affichage pour votre feuille de calcul : Normal (c'est l'affichage par défaut qui ne montre que les cellules avec les en-têtes de lignes et de colonnes) ; Mise en page (qui affiche les règles, les marges et les sauts

de page) ; et Sauts de page (qui vous permet de mettre au point la mise en page du document). Pour en savoir plus à ce sujet, reportez-vous au Chapitre 5.

- **Le Curseur de zoom** permet de zoomer en avant ou en arrière dans votre feuille de calcul, en le tirant vers la droite ou vers la gauche.

TRUC

L'indicateur Verr. Num. (qui n'est pas affiché dans la configuration par défaut) signale que vous pouvez utiliser le pavé numérique de votre clavier pour entrer des valeurs numériques dans la feuille de calcul.

Lancer et quitter Excel

Excel 2010 fonctionne sous le « vieux » Windows XP, et bien sûr avec Windows Vista et le nouveau Windows 7. Du fait des changements apportés au menu Démarrer dans Windows Vista, la procédure pour lancer Excel avec cette dernière version est un peu différente de celle de Windows XP.

Lancer Excel à partir du menu Démarrer

Vous pouvez utiliser le champ Rechercher qui se trouve en bas du menu Démarrer de Windows Vista pour identifier l'emplacement du programme Excel sur votre ordinateur et le lancer très rapidement :

1. **Cliquez sur le bouton Démarrer dans la Barre des tâches pour ouvrir le menu Démarrer.**

2. **Cliquez dans le champ Rechercher et tapez les deux lettres** ex **afin que Windows identifie l'emplacement du programme Excel 2010 sur votre ordinateur.**

3. **Cliquez sur l'option Microsoft Office Excel 2010 qui apparaît maintenant dans le volet de gauche du menu Démarrer.**

Vous pouvez aussi lancer Excel à partir du menu Démarrer, en cliquant sur Démarrer/Tous les programmes/Microsoft Office/Microsoft Office Excel 2010.

Lancer Excel à partir du menu Démarrer de Windows XP

Pour lancer Excel à partir du menu Démarrer de Windows XP, suivez simplement ces étapes :

1. **Cliquez sur Démarrer dans la Barre des tâches de Windows pour ouvrir le menu Démarrer.**
2. **Dans le menu Démarrer, sélectionnez Tous les programmes/Microsoft Office/Microsoft Office 2010.**

Créer sur le Bureau un raccourci vers Excel

Certains préfèrent disposer d'une icône de raccourci vers le programme Excel sur le Bureau de Windows, de manière à pouvoir lancer Excel en double-cliquant simplement sur cette icône. Pour créer une icône de raccourci vers le programme Excel sur le Bureau de Windows Vista, suivez ces étapes :

1. **Cliquez sur le bouton Démarrer puis mettez l'option Tous les programmes en surbrillance.**

   Windows XP déploie un sous-menu tandis que Windows Vista et Windows 7 affichent une nouvelle liste de programmes.

2. **Sous Windows XP, mettez l'option Microsoft Office en surbrillance. Sous Windows Vista et Windows 7, cliquez l'option Microsoft Office.**

   Windows XP déploie un sous-menu contenant tous les programmes d'Office 2010. Windows Vista et Windows 7 affichent la liste des programmes d'Office 2010.

3. **Cliquez du bouton droit sur l'option Microsoft Excel 2010.**
4. **Dans le menu contextuel, cliquez Envoyer vers/Bureau (créer un raccourci).**

   Un raccourci nommé Microsoft Excel 2010 apparaît sur le Bureau. Double-cliquer dessus démarre Excel.

Ajouter un raccourci vers Excel dans la Zone de lancement rapide

Si vous voulez pouvoir lancer Excel 2010 par un simple clic sur un bouton directement accessible, faites simplement glisser l'icône de votre raccourci vers Excel sur le Bureau – que ce soit sous Windows XP ou sous Windows Vista – pour le déposer dans la Zone de lancement rapide de la Barre des tâches. Lorsque vous faites glisser une icône jusqu'à cette zone de lancement rapide, une petite barre noire apparaît au-dessous de l'icône après laquelle sera placée celle que vous êtes en train de faire glisser si vous relâchez à cet instant le bouton de la souris. Une fois l'icône placée dans la Zone de lancement rapide, un simple clic sur celle-ci lance le programme correspondant.

Épingler l'icône d'Excel dans la Barre des tâches de Windows 7

Si votre ordinateur tourne sous Windows 7, vous pouvez placer en permanence l'icône Microsoft Excel 2010 dans la Barre des tâches, avec celles d'Internet Explorer, de Windows Explorer et du Lecteur Windows Media.

Il suffit pour cela de faire glisser jusque sur la Barre des tâches l'icône d'Excel que vous avez épinglée dans le menu Démarrer ou l'icône du raccourci (voir sections "Placer Excel dans le menu Démarrer" et "Créer sur le Bureau un raccourci vers Excel").

N'OUBLIEZ PAS

L'icône d'Excel reste en permanence dans la Barre des tâches. Cliquez dessus pour démarrer le programme.

Quitter Excel

Une fois votre travail terminé, vous êtes prêt à quitter Excel ; vous disposez pour cela de plusieurs méthodes :

- Cliquer sur l'onglet Fichier puis sur le bouton Quitter.
- Appuyer sur Alt + F + X ou sur Alt + F4.
- Cliquer sur le bouton Fermer (X) dans le coin supérieur droit de la fenêtre d'Excel.

Si vous essayez de quitter Excel après avoir travaillé dans un classeur mais sans avoir enregistré vos dernières modifications, le programme émet une alerte sonore et affiche une boîte d'alerte vous demandant si vous voulez enregistrer vos modifications. Pour les enregistrer avant de quitter Excel, cliquez sur le bouton Oui (pour en savoir plus sur l'enregistrement de vos documents, reportez-vous au Chapitre 2). Si vous ne voulez pas enregistrer vos dernières modifications, cliquez sur le bouton Non.

Chapitre 2

Créer une feuille de calcul à partir de zéro

Dans ce chapitre :

- Démarrer un nouveau classeur.
- Entrer des données de trois types possibles dans une feuille de calcul.
- Créer des formules simples.
- Corriger des entrées erronées.
- Utiliser la fonction de correction automatique.
- Faire le total de lignes ou de colonnes avec le bouton Somme automatique.

Maintenant que vous savez démarrer Excel 2010, le moment est venu de passer à l'action sans que cela tourne au cauchemar. Vous découvrirez dans ce chapitre comment entrer toutes sortes d'informations dans toutes ces petites cellules vierges décrites dans le chapitre précédent. Après avoir appris à entrer des données brutes dans la feuille de calcul, vous aborderez ce qui est sans doute la plus importante des leçons : l'enregistrement de toutes ces informations sur le disque afin que vous n'ayez plus à ressaisir tout ça !

La saisie des données

Voici la règle de base de toute saisie de données :

Pour entrer des données dans une feuille de calcul, il faut cliquer avec le pointeur dans la cellule qui doit les recevoir puis les taper.

Notez qu'avant de positionner le pointeur de cellule là où la saisie (ou entrée) doit avoir lieu, Excel doit être en mode Prêt ; ce mode est affiché en toutes lettres dans la barre d'état. Mais, dès que vous commencez à saisir des données, Excel passe en mode Entrer (ce mot remplace le mot Prêt, dans la barre d'état).

Si le mode Prêt n'est pas enclenché, appuyez sur la touche Echap.

Dès lors que vous commencez à saisir en mode Entrer, les caractères que vous tapez apparaissent à la fois dans la cellule de la feuille de calcul et dans la barre de formule, en haut de l'écran. Tout ce que vous tapez dans une cellule a un effet dans la barre de formule, à commencer par l'apparition des boutons Annuler, Entrer et Insérer une fonction, entre la Zone Nom et la barre de formule.

Au fur et à mesure que vous tapez, Excel affiche votre saisie à la fois dans la barre de formule et dans la cellule active de la feuille de calcul, comme l'illustre la Figure 2.1. Le point d'insertion n'est toutefois présent qu'après les caractères affichés dans la cellule.

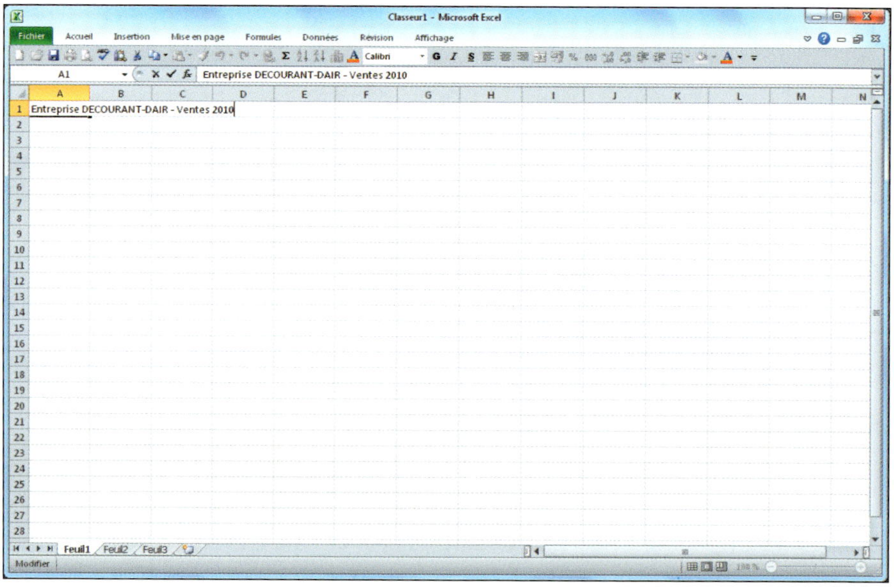

Figure 2.1 : Ce que vous tapez apparaît à la fois dans la cellule active et dans la barre de formule.

Après avoir effectué la saisie, vous devez faire en sorte qu'elle demeure dans la cellule. Pour ce faire, le logiciel doit quitter le mode Entrer et revenir au mode Prêt afin que vous puissiez déplacer le pointeur vers une autre cellule et y entrer éventuellement d'autres données.

Pour terminer la saisie et par là même passer du mode Entrer au mode Prêt, vous pouvez au choix cliquer sur le bouton Entrer (dans la barre de formule), appuyer sur la touche Entrée, ou encore appuyer sur l'une des touches fléchées (←, →, ↑ ou ↓) pour déplacer le pointeur vers une cellule voisine. Il est aussi possible d'appuyer sur la touche Tab ou Maj + Tab.

Bien que chacune de ces manipulations serve à valider la saisie des données dans une cellule, ce qui s'ensuit diffère quelque peu :

- Si vous cliquez sur le bouton Entrer, dans la barre de formule, la saisie est validée mais le pointeur de cellule reste en place.
- Si vous appuyez sur la touche Entrée, la saisie est validée mais le pointeur se place sur la cellule située juste en dessous.
- Si vous appuyez sur l'une des touches fléchées, la saisie est validée, après quoi le pointeur de cellule se place sur la cellule suivante, dans le sens de la flèche.
- Si vous appuyez sur la touche Tab, la saisie est validée, après quoi le pointeur se déplace vers la cellule immédiatement à droite (ce qui équivaut à appuyer sur la touche Flèche droite). L'appui sur Maj + Tab déplace le pointeur vers la cellule immédiatement à gauche (équivalent de la touche Flèche gauche).

Si, pendant la saisie – et aussi longtemps qu'elle n'a pas été validée –, vous vous rendez compte d'une erreur, vous pouvez purger et désactiver la barre de formule en cliquant sur le bouton Annuler (celui avec un X) ou en appuyant sur la touche Echap. Mais si vous ne repérez cette erreur qu'après la validation, vous devrez revenir à cette cellule pour la corriger ou supprimer l'entrée (nous verrons ces opérations dans le Chapitre 4) et refaire la saisie.

Tous les types sont les bienvenus

Pendant que vous entrez joyeusement des données dans le tableur, Excel analyse constamment à votre insu le type de ces données et les classe selon l'un des trois types qu'il connaît : du *texte,* une *valeur* ou une *formule.*

Si Excel découvre qu'il s'agit d'une formule, le logiciel la calcule aussitôt, puis affiche le résultat dans la cellule de la feuille de calcul (la formule elle-même reste cependant visible dans la barre de formule). Si la saisie n'a rien d'une formule, Excel détermine s'il s'agit d'un texte ou d'une valeur.

Les signes révélateurs d'un texte

Un *texte* n'est rien d'autre qu'une saisie qu'Excel ne reconnaît ni comme formule ni comme valeur. Autant dire que, en ce qui concerne les types de données, il s'agit carrément d'une catégorie fourre-tout. En pratique, la plupart des entrées de texte (appelées aussi *intitulés*) sont des combinaisons de lettres et de ponctuations, ou de lettres et de chiffres. Les textes servent principalement à créer des titres, des en-têtes ou des annotations.

Il est facile de savoir si une saisie a produit un texte, car ce type de données est automatiquement aligné contre le bord gauche de la cellule. Si le texte est plus long que la cellule, il déborde sur la ou les cellules à droite, *aussi longtemps que celles-ci sont vides* (voir Figure 2.2).

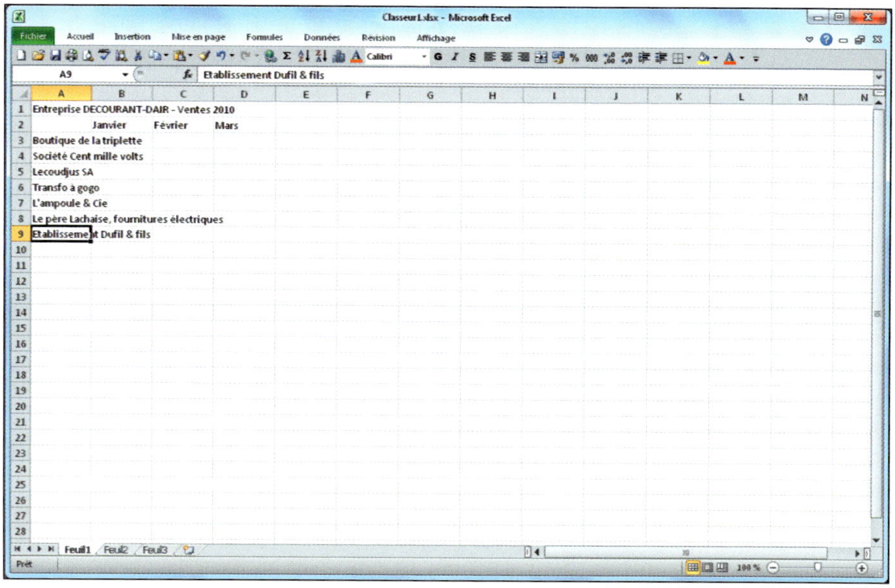

Figure 2.2 : Un texte long déborde à droite de la cellule, vers ses voisines vides.

Si par la suite vous entrez une information dans une cellule sur laquelle du texte a débordé, Excel tronque le texte, comme le montre la Figure 2.3. Ne vous inquiétez pas ; Excel n'a pas du tout coupé le texte, il a simplement évité de l'afficher pour libérer de la place pour les nouvelles données. Pour récupérer la partie masquée du texte, vous devrez élargir la colonne qui le contient (nous verrons comment dans le Chapitre 3).

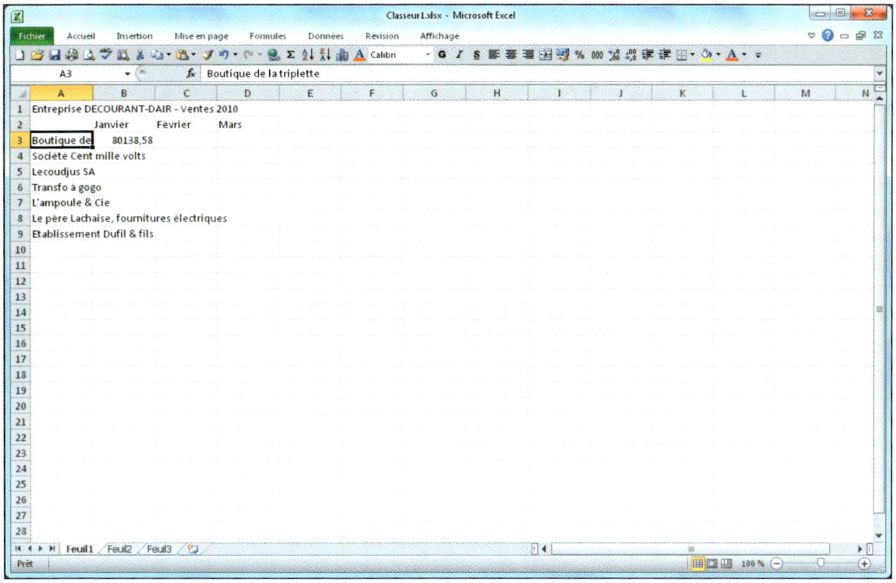

Figure 2.3 : Les données de la colonne B masquent partiellement les textes longs qui débordent.

Comment Excel évalue-t-il les valeurs ?

Les *valeurs* sont les blocs de construction de la plupart des formules que vous élaborerez dans Excel. Il en existe deux sortes : les chiffres qui représentent des quantités (14 unités en stock ou 140 000 euros…) et les chiffres qui représentent une date (le 19 décembre 2001) ou une heure (13:30).

Vous pouvez savoir si Excel a accepté une entrée comme valeur en observant comment il l'a alignée ; une valeur est toujours calée à droite. Si elle est trop grande pour tenir dans la cellule, Excel la convertit automatiquement en *notation scientifique*. Par exemple, la valeur 6E + 08 indique que 6 est suivi par 8 zéros, soit une valeur de 600 millions. Pour obtenir l'affichage d'un nombre scientifique en notation décimale, plus conventionnelle, il suffit d'élargir la cellule (nous verrons comment dans le Chapitre 3).

Fixer les décimales

Si vous devez entrer une série de chiffres qui doivent comporter un même nombre de décimales, activez la fonction Décimale fixe d'Excel. Elle s'avère vraiment commode lorsque vous devez saisir des centaines de valeurs financières ou comptables avec deux décimales pour les centimes.

Procédez comme suit pour spécifier le nombre de décimales à afficher pour les nombres que vous entrez :

1. **Cliquez sur Fichier/Options, ou appuyez sur Alt + FI, puis cliquez sur l'onglet Options avancées dans la boîte de dialogue Options Excel.**

   La boîte de dialogue Options Excel apparaît, avec l'onglet Options avancées au premier plan.

2. **Dans la section Options d'édition, cochez la case Décimale fixe.**

   Par défaut, Excel affiche deux chiffres après la virgule. Pour modifier ce paramètre, passez à l'Étape 3. Si vous voulez le conserver, passez à l'Étape 4.

3. **Tapez une nouvelle valeur dans le champ Place ou utilisez les boutons fléchés pour l'augmenter ou la réduire.**

   Par exemple, si vous voulez afficher trois décimales, mettre la valeur de Place à 3 donnera : 00,000.

4. **Cliquez sur OK ou appuyez sur Entrée.**

   Excel affiche la mention Décimale fixe dans la barre d'état pour bien indiquer que la fonction Décimale fixe est active.

Après avoir fixé les décimales, Excel ajoute automatiquement la virgule décimale à toutes les valeurs numériques que vous serez amené à entrer. Tout ce que vous avez à faire est de taper des chiffres et de les valider. Par exemple, pour entrer 100,99 dans une cellule lorsque la place de la décimale fixe est 2, vous taperez **10099** sans jamais taper la virgule. Dès que vous validez ces chiffres, Excel fait apparaître 100,99 dans la cellule.

Taper comme avec la bonne vieille calculatrice

Vous pouvez obtenir plus encore de la fonction Décimale fixe en sélectionnant la plage de cellules dans laquelle vous voulez entrer des chiffres et en appuyant ensuite sur la touche Verr Num afin de procéder aux saisies à partir du pavé numérique, comme avec une calculatrice.

En procédant ainsi, tout ce que vous avez à faire pour entrer des plages de données dans les cellules est de les taper et d'appuyer sur la touche Entrée (ou Enter) du pavé numérique. Excel insère la virgule au bon endroit puis décale le pointeur vers la prochaine cellule. Mieux, lorsque vous avez tapé la dernière valeur d'une colonne, appuyer sur Entrée déplace automatiquement le pointeur en haut de la prochaine colonne de la sélection.

Regardez les Figures 2.4 et 2.5 pour voir en quoi la méthode de la calculatrice peut vous être utile. Dans la Figure 2.4, la fonction Décimale fixe est active, avec 2 places décimales, et la plage de cellules allant de B3 à D9 est sélectionnée. Vous remarquez aussi que six entrées ont été faites dans les cellules B3 à B8 et une septième, 30834,63, est en cours de saisie dans la cellule B9. Pour procéder à cette entrée en mode Décimale fixe, il suffit de taper **3083463** à partir du pavé numérique.

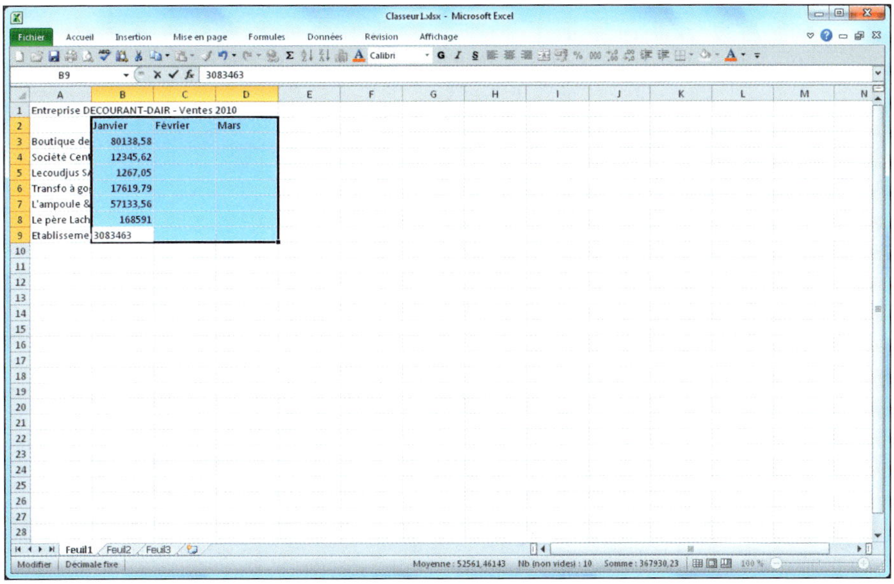

Figure 2.4 : Pour entrer la valeur 30834,63 dans la cellule B9, tapez *3083463* et appuyez sur la touche Entrée.

Dans la Figure 2.5, observez ce qui se passe juste après avoir appuyé sur Entrée (la touche habituelle ou celle du pavé numérique). Excel a non seulement placé la virgule dans la valeur de la cellule B9, mais il a aussi déplacé le pointeur vers la cellule C3, en haut de la colonne suivante.

La saisie des dates et des heures

Excel détermine si la valeur que vous venez d'entrer est une date ou une heure, ou bien du texte, selon le format utilisé. Si celui-ci correspond à l'un des formats de date ou d'heure d'Excel, le logiciel considère ces valeurs comme une date ou comme une heure. Autrement, si le format n'est pas reconnu, l'entrée est considérée comme du texte.

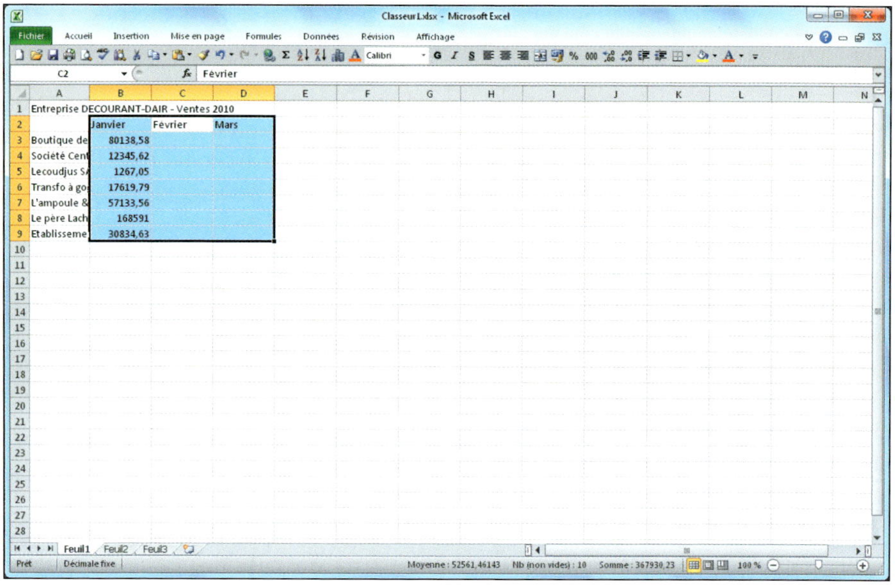

Figure 2.5 : La touche Entrée vient d'être pressée pour valider la valeur 30834,63 tapée dans la cellule B9. Le pointeur passe ensuite automatiquement à la cellule C3.

Excel reconnaît les formats d'heure suivants :

3	AM ou PM
3	A ou P (pour AM et PM)
3:21	
3:21:04	AM ou PM
15:21	
15:21:04	

(*NdT* : Les initiales AM et PM, utilisées dans les pays anglophones, sont respectivement celles des termes latins *ante meridiem,* « avant midi » et *post meridiem,* « après midi ». Elles sont utilisées pour différencier les heures dans un système horaire basé sur 12 heures.)

Excel reconnaît les formats de date suivants :

6 novembre 2010 ou 6 novembre 10

6/11/10 ou 6-11-10

6-nov-10, 6/nov/10 ou 6nov10

6/11, 6-nov, 6/nov ou 6nov

06nov ou 06-nov

Concocter ces fabuleuses formules !

Les formules sont les véritables chevaux de bataille d'Excel. Pour peu qu'une formule ait été correctement élaborée, elle renverra le résultat recherché dès sa validation. Par la suite, elle réagira en temps réel à toutes les modifications apportées aux cellules dont elle dépend.

Vous indiquez à Excel que vous tapez une formule – et non du texte ou une valeur – en commençant la saisie par le signe = (égal). Il précède toutes les formules, même les plus élémentaires comme SOMME ou MOYENNE (reportez-vous à la section « Placer une fonction dans une formule avec l'Assistant Fonction », plus loin dans ce chapitre, pour en savoir plus sur l'utilisation des fonctions d'Excel). D'autres formules simples se basent sur une série de valeurs ou de références de cellules contenant des valeurs. Ces dernières sont séparées par un ou plusieurs des opérateurs mathématiques suivants :

+	Addition
-	Soustraction
*	Multiplication
/	Division
^	Puissance

Par exemple, pour créer dans la cellule C2 une formule qui multiplie la valeur contenue dans la cellule B2, vous taperez la formule suivante : **=A2*B2**.

Procédez comme suit pour entrer cette formule :

1. **Sélectionnez la cellule C2.**
2. **Tapez l'intégralité de la formule :** =A2*B2**.**
3. **Appuyez sur la touche Entrée.**

Ou :

1. **Sélectionnez la cellule C2.**
2. **Tapez le signe** = **(égal).**
3. **Sélectionnez la cellule A2 en cliquant dedans ou avec les touches fléchées.**

Cette action place la cellule de référence A2 dans la formule, comme le montre la Figure 2.6.

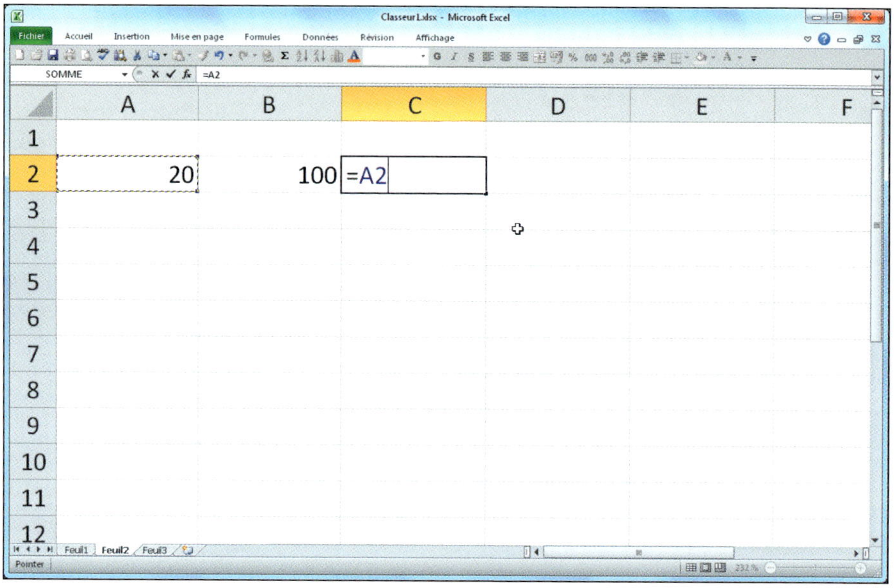

Figure 2.6 : Pour commencer à créer la formule, tapez le signe = puis sélectionnez la cellule A2.

4. **Tapez * (sur la plupart des claviers, ce caractère est à proximité de la touche Entrée).**

   L'astérisque est le signe de multiplication. Il se substitue au signe « × » appris à l'école.

5. **Sélectionnez la cellule B2 avec la souris ou au clavier.**

   Cette action insère le contenu de la cellule B2 dans la formule, comme le montre la Figure 2.7.

6. **Cliquez sur le bouton Entrer pour terminer la formule tout en laissant le pointeur sur la cellule C2.**

   Excel affiche le résultat du calcul dans la cellule C2 ; la formule apparaît dans la barre de formule (voir Figure 2.8).

Après avoir validé la formule =A2*B2 dans la cellule C2, Excel affiche le résultat selon les valeurs actuellement contenues dans les cellules A2 et B2. La grande force du tableur réside dans la possibilité de recalculer immédiatement et automatiquement la formule dès qu'une des cellules dépendant d'une formule est modifiée.

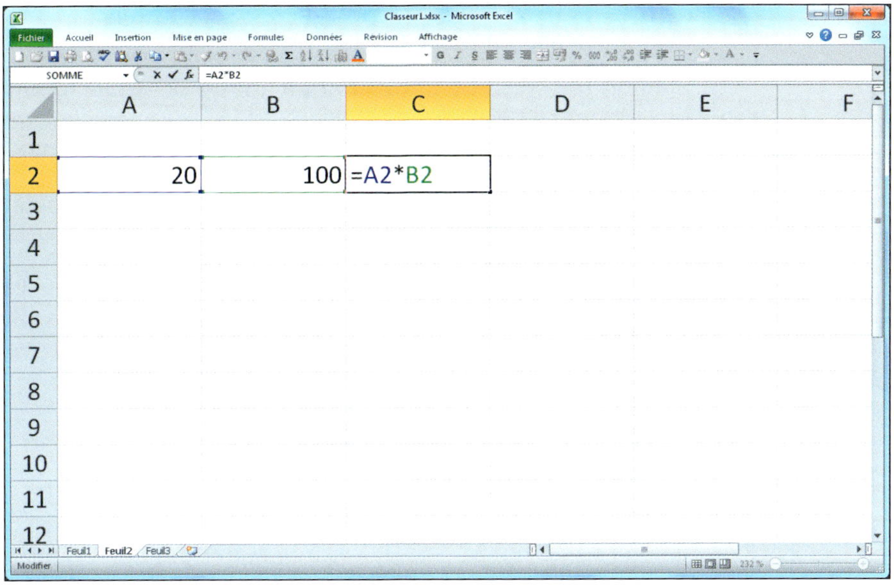

Figure 2.7 : Pour entrer la seconde partie de la formule, tapez * puis sélectionnez la cellule B2.

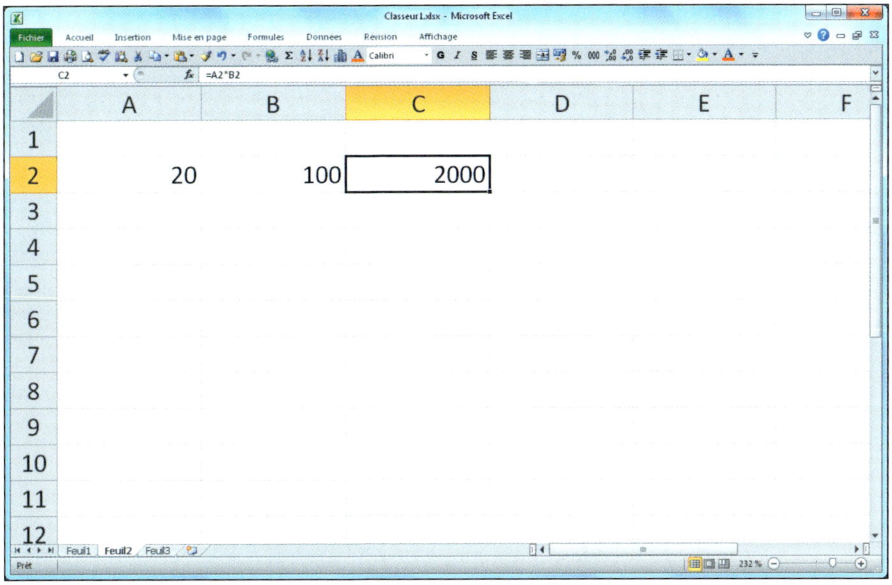

Figure 2.8 : Cliquez sur le bouton Entrer. Excel affiche le résultat dans la cellule C2 ; la formule apparaît dans la barre de formule.

Pour l'avoir, il suffit de pointer

Cette méthode de sélection des cellules à utiliser dans une formule, différente de la frappe de leurs références au clavier, est appelée *pointage*. Le pointage est non seulement plus rapide que la saisie des références, mais aussi plus sûr, car il élimine tout risque de faute de frappe. Or, la moindre erreur dans la lettre d'une colonne ou le numéro d'une ligne peut avoir des conséquences désastreuses.

N'OUBLIEZ PAS

Lorsque vous devez utiliser une cellule dans une formule, vous limiterez considérablement les risques d'erreur en cliquant dans cette cellule ou en amenant le pointeur dessus.

La priorité des opérations

De nombreuses formules que vous créerez effectueront plus d'une opération mathématique. Excel les exécute de la gauche vers la droite selon un ordre hiérarchique strict, qui est en fait l'ordre naturel des opérations arithmétiques. La multiplication et la division sont prioritaires sur l'addition et la soustraction, et de ce fait effectuées en premier, même si ces opérations ne figurent pas en tête dans la formule (lors d'une lecture de gauche à droite).

Étudions la série d'opérations de cette formule :

```
=A2 + B2*C2
```

Si la cellule A2 contient le nombre 5, la cellule B2 le nombre 10 et la cellule C2 le nombre 2, Excel évalue la formule de la manière suivante :

```
=5 + 10*2
```

Dans cette formule, Excel commence par multiplier 10 par 2, ce qui donne 20, puis il ajoute 5, ce qui donne 25.

Si vous tenez à ce qu'Excel effectue l'addition entre les valeurs des cellules A2 et B2 avant de procéder à la multiplication du résultat par la valeur de la cellule C2, vous devez mettre l'addition entre parenthèses, comme suit :

```
=(A2 + B2)*C2
```

La parenthèse indique à Excel que cette opération doit être effectuée avant la multiplication. Dans ce cas de figure où A2 contient 5, B2 contient 10 et C2 contient 2, Excel commence par additionner 5 et 10, ce qui donne 15, après quoi il multiplie ce résultat par 2 pour produire le résultat final 30.

Dans des formules plus alambiquées, vous devrez jongler avec beaucoup plus de parenthèses, en les imbriquant parfois, comme les célèbres poupées russes, pour imposer l'ordre dans lequel les calculs doivent être exécutés.

Lorsque des parenthèses sont imbriquées, Excel commence par calculer celle qui est le plus à l'intérieur. Voyons par exemple la formule :

```
=(A4 + (B4-C4))*D4
```

Excel soustrait d'abord la valeur de la cellule C4 de celle de la cellule B4, puis il ajoute la différence à la valeur de la cellule A4 et multiplie enfin le résultat par la valeur de D4.

Sans les deux paires de parenthèses imbriquées, livré à lui-même, Excel aurait d'abord multiplié la valeur de la cellule C4 par celle de la cellule D4, puis il aurait ajouté la valeur de la cellule A4 à celle de la cellule B4, et enfin effectué la soustraction.

Les erreurs de formule

Lorsque l'une de vos formules renvoie une valeur d'erreur, un signal d'alerte (sous la forme d'un point d'exclamation placé dans un losange) apparaît à gauche de la cellule lorsque le pointeur de cellule est situé sur celle-ci. Dans le coin supérieur gauche de la cellule, figure un petit triangle vert. Lorsque vous placez le pointeur de la souris sur ce signal d'alerte, Excel affiche une description sommaire de l'erreur de formule, ainsi qu'un bouton de liste déroulante. Lorsque vous cliquez dessus, un menu contextuel doté de plusieurs options apparaît. Pour obtenir de l'aide en ligne sur cette erreur de formule, notamment des suggestions pour la corriger, cliquez sur l'option Aide sur cette erreur.

Le pire avec les valeurs d'erreur est qu'elles peuvent se répercuter dans d'autres formules de la feuille de calcul. Si une formule retourne une valeur d'erreur dans une cellule et qu'une autre formule d'une autre cellule s'y réfère, cette deuxième formule retourne à son tour la même erreur, qui risque d'être reprise ailleurs et ainsi de suite.

Lorsqu'une valeur d'erreur apparaît dans une cellule, vous devez découvrir son origine puis modifier la formule. Le Tableau 2.1 recense quelques-unes des valeurs d'erreur que vous risquez de rencontrer et indique les causes les plus communes.

Tableau 2.1 : Les valeurs d'erreur susceptibles d'entacher des formules.

Ce qu'affiche la cellule	*Cause probable*
#DIV/0!	Se produit lorsqu'un élément de la formule doit être divisé par le contenu d'une cellule dont la valeur est 0 ou, ce qui est le plus souvent le cas, lorsque cette cellule est vide. En mathématique, la division par zéro est une aberration.

Ce qu'affiche la cellule	*Cause probable*
#NOM?	Se produit lorsque la formule se réfère à un *nom de plage* qui n'existe pas dans le classeur. Ce type d'erreur apparaît lorsque vous faites une faute de frappe en tapant le nom ou lorsque du texte utilisé dans une formule n'est pas placé entre guillemets, ce qui laisse croire à Excel qu'il s'agit d'un nom de plage.
#NUL!	Se produit le plus souvent lorsque vous insérez une espace, au lieu du point-virgule utilisé pour séparer les références de cellules utilisées comme arguments pour les fonctions.
#NOMBRE!	Se produit lorsque Excel rencontre dans la formule un problème avec un nombre comme un type d'argument erroné dans une fonction ou un calcul qui produit un nombre trop grand ou trop petit pour être représenté dans la feuille de calcul.
#REF!	Se produit lorsque Excel rencontre une référence de cellule non valide. C'est le cas lorsque vous supprimez une cellule utilisée par une formule ou, dans certains cas, quand vous collez des cellules par-dessus celle à laquelle se réfère la formule.
#VALEUR!	Se produit lorsque vous utilisez le mauvais type d'argument ou d'opérateur dans une fonction, ou lors de l'appel à une opération mathématique qui se réfère à des cellules contenant du texte.

Corriger les entrées erronées

Nous visons tous à la perfection, mais comme bien peu d'entre nous peuvent s'en prévaloir – en ce qui concerne Excel bien sûr –, nous finissons tous par nous planter plus ou moins. Quand il s'agit d'entrer de grandes quantités de données, la faute de frappe n'attend qu'un moment d'inattention pour s'immiscer dans le travail. Mais, dans notre quête de la feuille parfaite, nous ne sommes pas sans armes. Voici quelques recommandations. La première est de configurer Excel pour qu'il rectifie automatiquement certaines fautes de frappe grâce à la fonction de correction automatique. La seconde est de corriger manuellement les petites erreurs, soit au moment de la saisie, soit après validation.

La correction automatique

La correction automatique est une aubaine pour tous ceux d'entre nous qui ont tendance à répéter toujours les mêmes erreurs. Grâce à cette fonction, vous pouvez signaler vos fautes de frappe favorites à Excel et obtenir de lui qu'il les corrige aussitôt.

La première fois que vous installez Excel, la correction automatique est d'ores et déjà configurée pour corriger les deux premières lettres majuscules des textes que vous entrez (il met automatiquement la deuxième lettre en minuscule). Il met une majuscule aux noms des jours, ou remplace fort judicieusement un texte erroné par un autre, corrigé.

Vous pouvez à tout moment ajouter vos propres termes à la liste de mots à corriger. Ces textes de remplacement peuvent être de deux types : ceux qui corrigent des fautes de frappe que vous ne pouvez vous empêcher de faire, et des abréviations ou des acronymes que vous devez tout le temps taper en entier.

Pour déclarer un texte de remplacement :

1. **Cliquez sur Fichier/Options, puis sur l'onglet Vérification, dans la boîte de dialogue Options Excel, puis sur le bouton Options de correction automatique.**

   Excel ouvre la boîte de dialogue Correction automatique que montre la Figure 2.9.

2. **Dans l'onglet Correction automatique de la boîte de dialogue qui apparaît, entrez le texte ou l'abréviation dans le champ Remplacer.**

3. **Entrez la correction ou la forme complète correspondant à l'abréviation dans le champ Par.**

4. **Cliquez sur le bouton Ajouter ou appuyez sur la touche Entrée afin d'insérer la correction dans la liste.**

5. **Cliquez sur OK pour fermer la boîte de dialogue Correction automatique.**

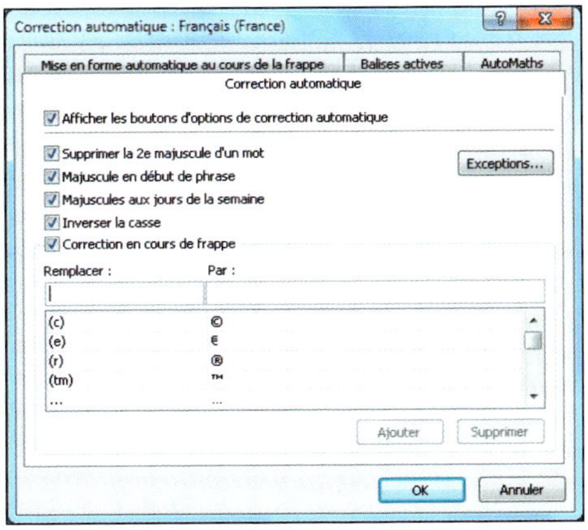

Figure 2.9 : Pour accélérer des saisies compliquées, placez une abréviation du terme ou un diminutif dans le champ Remplacer et le texte complet dans le champ Par.

Les règles de modification d'une cellule

En dépit de la correction automatique, des erreurs peuvent néanmoins se produire. Leur correction varie selon que vous les avez repérées au cours de la saisie ou après validation.

- Si vous avez repéré l'erreur avant d'avoir validé l'entrée, vous pouvez la corriger en appuyant sur la touche Ret.Arr. jusqu'à ce que vous ayez supprimé tous les caractères erronés de la cellule. Il ne vous reste plus ensuite qu'à retaper le reste de l'entrée.
- Si vous n'avez découvert l'erreur qu'après coup, vous avez le choix entre le remplacement de toute l'entrée ou la seule correction de l'erreur.
- Si le contenu de la cellule est facile à retaper, vous choisirez sans doute de le remplacer. Pour ce faire, positionnez le pointeur sur cette cellule, tapez la nouvelle entrée, puis validez-la en cliquant sur le bouton Entrer ou en appuyant sur la touche Entrée ou sur une flèche de direction.
- Si l'erreur est facile à corriger mais que l'entrée est longue, vous aurez sans doute intérêt à modifier le contenu de la cellule plutôt que tout retaper. Pour éditer l'entrée, double-cliquez dedans ou appuyez sur la touche de fonction F2.
- L'une et l'autre de ces actions activent la barre de formule qui affiche de nouveau les boutons Entrer et Annuler tandis que le point d'insertion réapparaît dans la cellule. Notez que, quand vous double-cliquez, le point d'insertion apparaît là où vous avez cliqué ; si vous appuyez sur F2, il apparaît après le dernier caractère de l'entrée.
- Remarquez aussi que, dans la barre d'état, l'indicateur de mode se met sur Modifier. Dans ce mode, vous pouvez utiliser la souris ou les touches fléchées pour déplacer le point d'insertion jusqu'à l'endroit à corriger.

Le Tableau 2.2 contient les touches du clavier que vous pouvez utiliser pour positionner le point d'insertion dans une entrée de cellule et supprimer les caractères indésirables. Pour insérer de nouveaux caractères au point d'insertion, il suffit de les taper. Pour supprimer des caractères au fur et à mesure que vous tapez les nouveaux, appuyez une seule fois sur la touche Insert pour passer du mode d'insertion normal au mode de remplacement, dans lequel les caractères tapés écrasent ceux qu'ils rencontrent. Pour revenir au mode d'insertion normal, appuyez de nouveau sur Insert. Lorsque les corrections auront été faites, vous devrez appuyer sur Entrée afin qu'Excel valide les modifications et les prenne en compte.

Tableau 2.2 : Les touches de modification du contenu d'une cellule.

Touche	*Action*
Suppr	Supprime le caractère à droite du point d'insertion.
Ret.Arr.	Supprime le caractère à gauche du point d'insertion.
→	Décale le point d'insertion d'un caractère vers la droite.
←	Décale le point d'insertion d'un caractère vers la gauche.
↑	Si le point d'insertion est la fin de l'entrée, il est déplacé à la position qu'il occupait précédemment.
Fin ou ↓	Place le point d'insertion après le dernier caractère de l'entrée.
Origine	Place le point d'insertion avant le premier caractère de l'entrée.
Ctrl + →	Place le point d'insertion devant le prochain mot de l'entrée.
Ctrl + ←	Place le point d'insertion devant le mot précédent de l'entrée.
Inser	Fait passer du mode Insertion au mode Écrasement et inversement.

Se débarrasser des corvées de saisie

Avant de conclure la question de la saisie des données, je me sens le devoir de vous présenter quelques moyens qui pourront vraiment vous aider à alléger la corvée que représente bien souvent la saisie des données. Il s'agit de la saisie semi-automatique et de la recopie automatique, mais aussi de la manière d'entrer des données dans un groupe de cellules préalablement sélectionné et de répéter la même entrée un certain nombre de fois dans un ensemble de cellules.

La saisie semi-automatique

La fonction de saisie semi-automatique d'Excel 2010 ne fera pas tout à votre place, mais elle vous aidera néanmoins à saisir vos données. Dans le but louable de vous décharger des tâches les plus ingrates, les programmeurs de Microsoft ont mis au point une intéressante fonction qui facilite vos saisies.

La *saisie semi-automatique* est une sorte de mémoire qui anticipe la frappe selon ce que vous avez commencé à taper. Elle n'entre en jeu que quand vous tapez du texte, mais pas avec les chiffres ou les formules. Lorsque vous entrez du texte, la saisie semi-automatique recherche si, ailleurs dans la colonne, du texte commençant par les mêmes lettres existe déjà. Si c'est le cas, elle complète aussitôt votre saisie, vous évitant ainsi d'avoir à taper le reste.

Supposons par exemple que j'ai tapé **Centre culinaire Pigeon vole** dans la cellule A3, puis que le pointeur a été déplacé vers la cellule A4. Dès l'appui sur la touche C – en majuscule ou en minuscule, cela n'a pas d'importance –, la saisie semi-automatique ajoute aussitôt le restant, soit *_entre culinaire Pigeon vole* juste après le C, comme le montre la Figure 2.10.

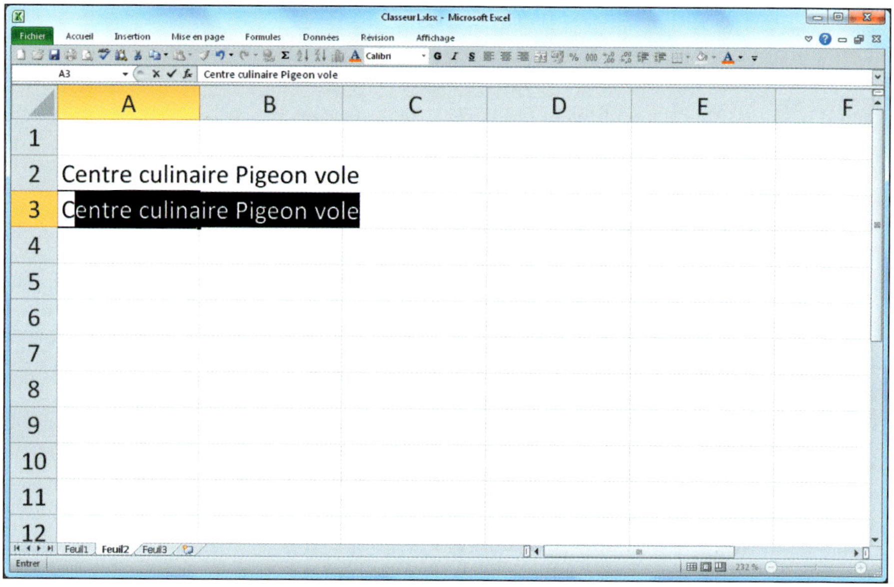

Figure 2.10 : La saisie semi-automatique complète une entrée selon une autre entrée déjà existante qui, dans la même colonne, commence par la ou les mêmes lettres.

La saisie semi-automatique est parfaite si les cellules A3 et A4 doivent contenir les mêmes entrées. Mais supposons que les entrées commencent par les mêmes lettres, mais qu'elles diffèrent ensuite. La saisie semi-automatique fonctionnera aussi longtemps que les lettres seront identiques – le mot *Centre* en l'occurrence – ; il suffit de continuer à taper. Dès que le texte diffère, comme dans *Centre Jack & Jill*, la saisie semi-automatique cesse dès la frappe du J, car elle n'a plus rien à vous proposer.

La recopie automatique

La fonction de recopie d'Excel, également appelée *recopie incrémentée*, facilite considérablement ces tâches répétitives. Tout ce que vous avez à faire est de taper la première valeur d'une série. Le plus souvent, la recopie automatique se fera un plaisir de remplir les cellules voisines en tirant une poignée de recopie vers la droite pour incrémenter sur une ligne, ou vers le bas pour incrémenter dans une colonne.

La poignée de recopie, qui a la forme d'une croix noire, n'apparaît que quand vous placez le pointeur de la souris sur le coin inférieur droit d'une cellule, ou de la dernière cellule si une plage a été sélectionnée. Gardez à l'esprit que, en faisant glisser une sélection de cellules avec le pointeur de souris en forme d'épaisse croix blanche, Excel se contente d'étendre la sélection aux cellules par-dessus lesquelles vous avez tiré le pointeur (voir Chapitre 3). Si vous faites glisser la sélection avec le pointeur en forme de flèche, Excel déplace la sélection (voir Chapitre 4).

Quand vous créez une série avec la poignée de recopie, vous ne pouvez tirer que dans une seule direction à la fois. Il vous est par exemple possible de remplir les cellules situées à droite ou à gauche sur la même ligne que la cellule initiale contenant les données à recopier, ou vers le haut ou le bas de la même colonne. Mais il est exclu d'opérer dans deux directions, par exemple vers la droite puis vers le bas, en tirant la poignée en diagonale.

Les Figures 2.11 et 2.12 montrent comment utiliser la fonction de recopie automatique pour entrer des mois de l'année sur une ligne, en commençant par janvier dans la cellule B2 et en finissant par juin en G2. Pour ce faire, tapez simplement **Janvier** dans la cellule B2, amenez le pointeur de la souris sur la poignée de recopie située sur le coin inférieur droit de la cellule, puis tirez-la jusque sur la cellule G2, comme le montre la Figure 2.11. Lorsque vous relâchez le bouton de la souris, Excel remplit les cellules avec les différents mois, de février à juin, comme l'illustre la Figure 2.12. Remarquez que les mois ainsi créés restent sélectionnés, ce qui vous laisse une possibilité de modifier la série ; si vous étiez allé trop loin, tirer la poignée de recopie vers la gauche aurait limité la recopie à celle voulue. Ou encore, si vous n'étiez pas allé assez loin, tirer la poignée aurait ajouté des mois.

Vous pouvez aussi utiliser les options du menu contextuel de la recopie automatique, ouvert en cliquant sur le bouton qui apparaît à proximité de la poignée de recopie, et choisir un autre type de recopie que celui proposé par défaut. Pour qu'Excel recopie le mot *janvier* dans chaque cellule, choisissez l'option Copier les cellules. Pour ne recopier que le format de la cellule d'origine (le gras ou l'italique par exemple, ainsi que les couleurs, les bordures, *etc.*), sélectionnez l'option Ne recopier que la mise en forme. Pour recopier les mois sans recopier la mise en forme de la cellule B2, choisissez l'option Recopier les valeurs sans la mise en forme.

Le Tableau 2.3, dans la section suivante, indique les valeurs initiales susceptibles d'être utilisées pour une recopie automatique et les résultats qu'elle produit.

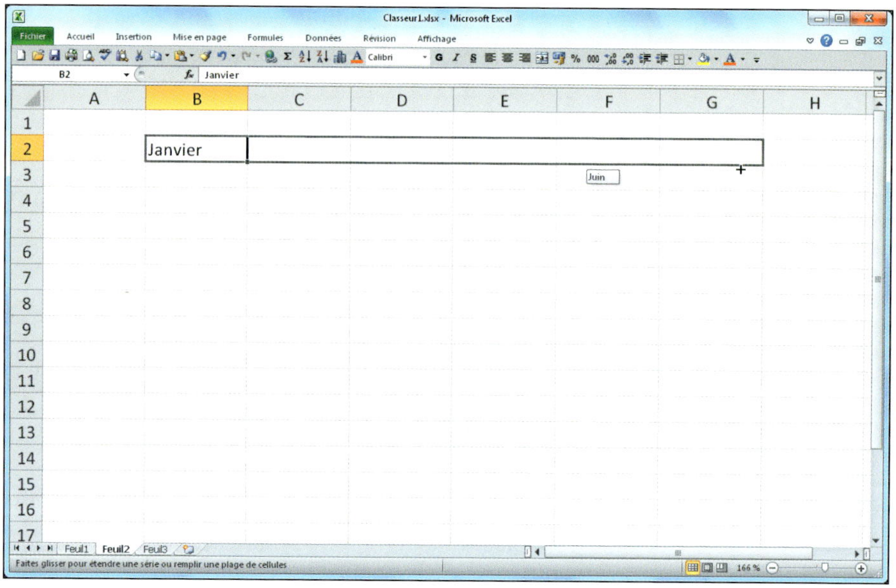

Figure 2.11 : Pour obtenir une série de mois, tapez *Janvier* dans une cellule, puis tirez la poignée de recopie pour créer automatiquement les autres mois.

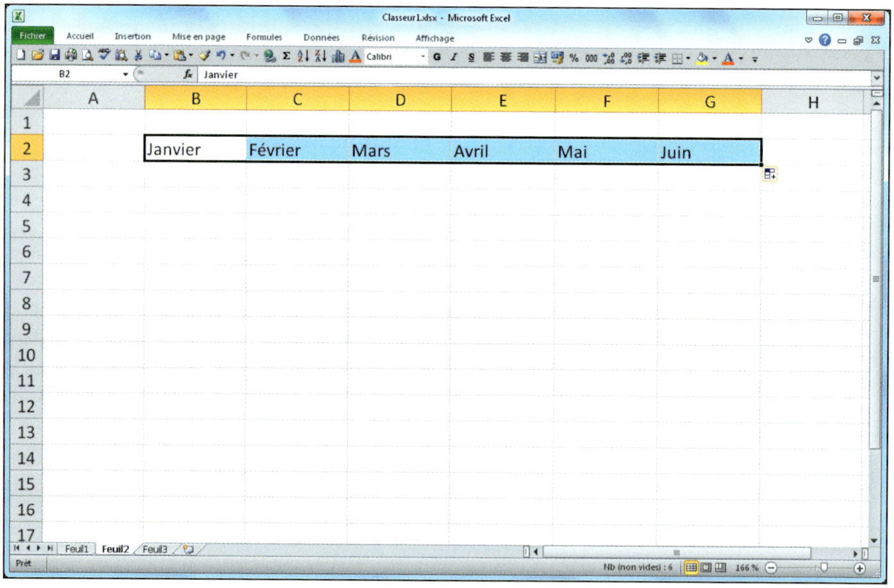

Figure 2.12 : Au moment où vous relâchez le bouton de la souris, Excel remplit les cellules avec les différents mois. Un bouton contextuel affiche un menu permettant de sélectionner un type de recopie.

Travailler avec des séries échelonnées

La recopie automatique utilise la valeur initiale sélectionnée (date, heure, jour, année…) pour produire une série. Toutes les séries énumérées dans le Tableau 2.3 varient de 1 (un jour, un mois, une unité…). Il est toutefois possible de faire en sorte que la recopie automatique s'effectue selon une autre valeur en entrant deux valeurs de départ dans des cellules voisines, qui quantifient la modification d'une valeur à une autre. Ces deux valeurs constitueront la sélection initiale que vous étendrez avec la poignée de recopie.

Par exemple, pour démarrer une série le lundi et entrer un jour sur deux dans une ligne, vous taperez **Samedi** dans une cellule et **Lundi** dans la cellule suivante. Après avoir sélectionné ces deux cellules, tirez la poignée de recopie vers la droite aussi loin que nécessaire. Lorsque vous relâchez le bouton de la souris, Excel remplit les cellules avec la série Mercredi, Vendredi, Dimanche, Mardi, et ainsi de suite.

Tableau 2.3 : Séries susceptibles d'être créées avec la recopie automatique.

Entrée initiale	*Série produite par la recopie automatique*
Juillet	Août, Septembre, Octobre…
Juil	Août, Sept, Oct, Nov…
Mardi	Mercredi, Jeudi, Vendredi…
Mar	Mer, Jeu, Ven, Sam…
01/04/2002	02/04/2002, 03/04/2002, 04/04/2002…
Janv-00	Févr-00, Mars-00, Avr-00…
15-Févr	16-Févr, 17-Févr, 18-Févr…
10:00 PM	11:00 PM, 12:00 PM, 1:00 AM
8:01	9:01, 10:01, 11:01, 12:01…
1er trim	2e trim, 3e trim, 4e trim…
Tr1	Tr2, Tr3, Tr4, Tr5, Tr6…
T3	T4, T1, T2, T3, T4, T1…
Produit 1	Produit 2, Produit 3, Produit 4…
1er produit	2e produit, 3e produit…

Copier avec la recopie automatique

Vous pouvez utiliser la recopie automatique pour copier un texte sur une plage de cellules, mais sans incrémentation. Pour ce faire, maintenez la touche Ctrl enfoncée tout en cliquant et en tirant la poignée de recopie. Un petit signe + apparaît près de la poignée, indiquant qu'une *copie* est en cours, et non une copie incrémentée. Vous pouvez vérifier que l'entrée dupliquée ne change pas en observant l'info-bulle dont le contenu reste identique à celui de la cellule d'origine. Si vous voulez néanmoins incrémenter la recopie, il suffit de cliquer sur le bouton contextuel et de choisir, dans le menu, l'option Incrémenter une série ; les éléments copiés sont aussitôt transformés en série d'éléments numérotés ou successifs.

Alors que maintenir la touche Ctrl enfoncée pendant la recopie automatique empêche l'incrémentation du texte, il en va tout autrement avec les valeurs numériques ! Supposons que vous avez entré le nombre **17** dans une cellule et tirez la poignée de recopie pour remplir les cellules voisines. Dans ce cas, Excel recopie le nombre 17 dans chacune des cellules. Mais si la touche Ctrl est enfoncée, la recopie est incrémentée et donne 18, 19, 20, et ainsi de suite. Si vous avez oublié ce détail et créé une série de nombres incrémentés, alors que vous vouliez simplement recopier le nombre à l'identique dans les cellules, corrigez la manipulation en cliquant sur le bouton contextuel et choisissez l'option Copier les cellules.

Les entrées de la plage

Si vous devez saisir un tableau de données dans un nouveau classeur, vous vous simplifierez le travail – et votre existence – en sélectionnant d'abord toutes les cellules vides qui devront contenir ces données avant même de procéder à leur entrée. Pour cela, placez le pointeur dans la première cellule de ce qui sera le tableau, puis sélectionnez toutes les cellules dans les colonnes et les lignes voisines (reportez-vous au Chapitre 3 pour apprendre à sélectionner des plages de cellules). Enfin, commencez à entrer la première donnée.

Quand vous sélectionnez une *plage* de cellules avant de commencer à entrer des informations, Excel restreint la saisie des données à cette plage de la façon suivante :

- Le logiciel avance automatiquement le pointeur de cellule à la prochaine cellule de la plage lorsque vous cliquez sur le bouton Entrer ou appuyez sur la touche Entrée pour valider une saisie.

- Dans une plage contenant plusieurs lignes et colonnes, Excel fait descendre le pointeur de cellule dans la colonne afin que vous puissiez procéder aux entrées ; lorsqu'il atteint la dernière cellule dans la partie sélectionnée de la colonne, Excel place le pointeur tout en haut de la prochaine colonne à droite. Si le tableau n'occupe qu'une ligne, le pointeur est décalé de gauche à droite.

- Lorsque vous finissez d'entrer des informations dans la dernière cellule de la plage sélectionnée, Excel positionne le pointeur de cellule sur la première cellule du tableau de données qui vient d'être terminé. Pour désélectionner la plage de cellules, cliquez sur l'une des cellules de la feuille de calcul, hors du tableau ou à l'intérieur, ou appuyez sur une touche fléchée.

Veillez à ne pas appuyer sur une touche fléchée pour valider la saisie dans l'une des cellules de la plage sélectionnée, au lieu de cliquer sur le bouton Entrer ou d'appuyer sur la touche Entrée. L'appui sur une touche fléchée désélectionne en effet la plage au moment où Excel déplace le pointeur de cellule. Utilisez l'une de ces méthodes pour déplacer le pointeur de cellule sans désélectionner la plage :

- Appuyez sur Entrée pour passer à la cellule inférieure puis, le moment venu, passer à la prochaine colonne. Appuyez sur Maj + Entrée pour reculer à la cellule précédente.
- Appuyez sur la touche Tab pour passer à la prochaine cellule de la colonne de droite et descendre ensuite dans la colonne. Appuyez sur Maj + Tab pour revenir à la cellule précédente.
- Appuyez sur Ctrl + . (point du pavé numérique) pour aller d'un coin de la plage à un autre.

Améliorer les formules

Précédemment dans ce chapitre, vous avez appris dans la section « Concocter ces fabuleuses formules ! » à créer des formules qui exécutent un certain nombre d'opérations mathématiques simples telles que l'addition, la soustraction, la multiplication et la division. Au lieu de créer des formules complexes à partir de zéro et/ou d'une combinaison plus ou moins compliquée de ces opérations, vous pouvez demander à une fonction d'Excel de se charger de cette tâche.

Une *fonction* est une formule prédéfinie qui exécute un certain type de calcul. Tout ce que vous avez à faire est de fournir les valeurs que cette fonction utilisera pour déterminer le résultat. En jargon de tableur, ces valeurs sont appelées *arguments de la fonction.* À l'instar des fonctions simples, vous pouvez entrer les arguments de la plupart des fonctions soit sous une forme numérique, comme **22** ou **-4,56**, soit, comme c'est souvent le cas, sous la forme d'une référence de cellule (**B10**) ou d'une plage de cellules (**C3:F3**).

Comme pour les formules que vous créez vous-même, chaque fonction doit commencer par le signe = (égal), afin qu'Excel sache que vous allez taper une fonction ou une formule et non du texte. Juste après le signe égal, vous entrez le nom de la fonction (en majuscules ou en minuscules) suivi des arguments indispensables pour que les calculs puissent être effectués. Tous les arguments d'une fonction sont toujours entre parenthèses.

Après avoir tapé le signe égal et commencé à taper les premières lettres du nom de la fonction que vous voulez utiliser, une liste déroulante vous proposant toutes les fonctions dont le nom commence par les lettres que vous venez de taper apparaît juste au-dessous de la cellule. Identifiez le nom de la fonction que vous voulez dans cette liste, double-cliquez dessus, et Excel achève de l'entrer pour vous dans la cellule et dans la Barre de formule, suivi de la parenthèse ouvrante (() qui précède les arguments de la fonction.

Excel affiche alors juste au-dessous de la cellule une info-bulle vous indiquant les arguments attendus par la fonction, et vous pouvez spécifier la cellule ou la plage de cellules que vous voulez utiliser comme premiers arguments, soit en la pointant avec la souris, soit en tapant ses références. Dans le cas d'une fonction à plusieurs arguments, vous pouvez cliquer sur les cellules successives ou parcourir la plage de cellules avec la souris (en maintenant enfoncé son bouton gauche), ou bien vous pouvez taper manuellement les arguments successifs, sans oublier de les séparer par un point-virgule (;).

Après avoir entré le dernier argument, tapez la parenthèse fermante ()) pour indiquer la fin de la liste des arguments. L'info-bulle contenant le nom de la fonction et la liste de ses arguments nécessaires disparaît. Cliquez ensuite sur le bouton Entrer ou appuyez sur Entrée ou sur une touche fléchée pour valider la fonction et obtenir d'Excel qu'il calcule le résultat.

Placer une fonction dans une formule avec l'Assistant Fonction

Bien qu'il soit possible d'entrer une fonction en la tapant directement dans une cellule, Excel met à votre disposition dans la Barre de formule un bouton Assistant Fonction, fort utile pour choisir n'importe laquelle des fonctions intégrées d'Excel. Quand vous cliquez sur ce bouton (après avoir sélectionné la cellule dans laquelle vous voulez insérer la fonction), Excel ouvre la boîte de dialogue Insérer une fonction (voir Figure 2.15) dans laquelle vous pouvez choisir l'une des fonctions prédéfinies. Après en avoir sélectionné une, Excel ouvre la boîte de dialogue Arguments de la fonction dans laquelle vous spécifiez les différents paramètres à utiliser. Le gros intérêt de cette boîte de dialogue se révèle lorsque vous rencontrez une fonction qui ne vous est pas familière ou est vraiment très complexe (certaines sont plutôt trapues). Vous obtiendrez une aide extrêmement détaillée sur les arguments requis en cliquant sur le lien hypertexte `Aide sur cette fonction`, dans le coin inférieur gauche de la boîte de dialogue.

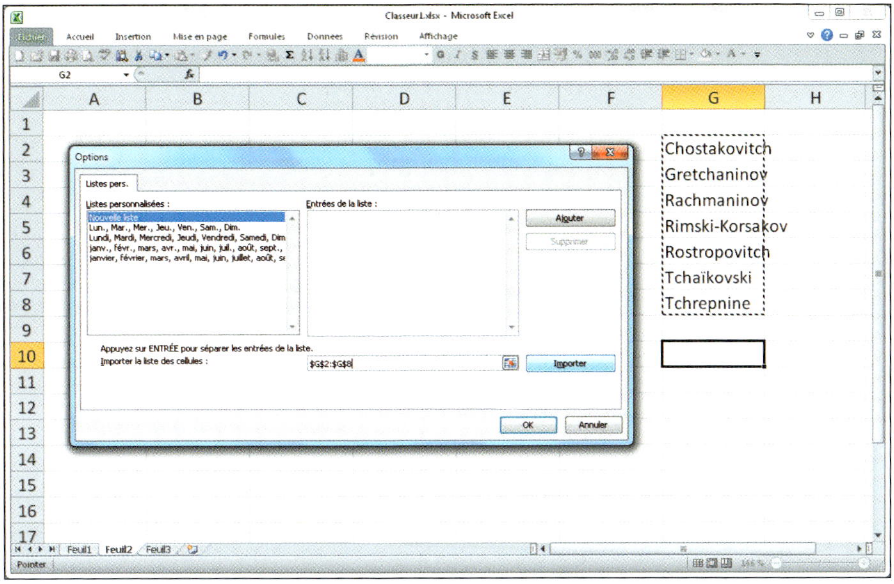

Figure 2.13 : Sélectionnez dans cette boîte de dialogue la fonction à utiliser dans une cellule.

La boîte de dialogue Insérer une fonction contient trois sections : Recherchez une fonction, Ou sélectionnez une catégorie et Sélectionnez une fonction. Lorsque vous ouvrez la boîte de dialogue, Excel sélectionne automatiquement, dans la liste déroulante des catégories de fonctions, la catégorie Les dernières utilisées. Ces fonctions communément utilisées sont listées dans la fenêtre Sélectionner une fonction.

Si la fonction que vous recherchez ne figure pas parmi les plus récemment utilisées, vous devrez la rechercher dans la catégorie appropriée en déroulant la liste Ou sélectionnez une catégorie. Si vous n'avez aucune idée de la catégorie où la chercher, tapez une description de ce que vous voulez en faire dans la fenêtre Recherchez une fonction, puis cliquez sur le bouton OK qui se trouve juste à droite (*NdT* : pas celui d'en bas qui ferme la boîte de dialogue) ou appuyez sur la touche Entrée. Par exemple, pour localiser la fonction qui totalise des valeurs, il suffit d'entrer le mot **total** dans la fenêtre Recherchez une fonction et de cliquer sur OK. Excel affiche ensuite une liste de fonctions effectuant des totaux. Vous pouvez les examiner chacune en cliquant tour à tour dessus. Quand vous sélectionnez une fonction dans cette liste, la boîte de dialogue Insérer une fonction en présente, en bas, tous les arguments suivis d'une description de ce qu'elle fait.

Après avoir localisé et sélectionné la fonction à utiliser, cliquez sur le bouton OK (tout en bas, à gauche d'Annuler) pour insérer la fonction dans la cellule courante et ouvrir la boîte de dialogue Arguments de la fonction. Elle affiche tous les arguments requis ainsi que ceux qui sont facultatifs. Supposons que vous choisissiez, dans la fenêtre Sélectionnez une fonction, la fonction SOMME (qui est sans aucun doute la plus utilisée), puis que vous cliquiez sur OK. Excel insère aussitôt dans la cellule courante :

```
=SOMME ( )
```

Cette fonction apparaît aussi dans la barre de formule, après le signe égal. La boîte de dialogue Arguments de la fonction s'ouvre, affichant les arguments de SOMME.

Pour sélectionner le premier argument de la boîte de dialogue, cliquez dans une cellule (ou sélectionnez une plage de cellules) en laissant le point d'insertion dans la zone de texte Nombre1 de la boîte de dialogue Arguments de la fonction. Excel affiche l'adresse de cellule (ou l'adresse de la plage) dans le champ Nombre1, tout en indiquant, en bas à droite de la zone SOMME, le total calculé. Cette même somme apparaît aussi en bas de la boîte de dialogue, en regard de la mention Résultat =.

Rappelez-vous qu'en sélectionnant des cellules, vous pouvez réduire la taille de cette boîte de dialogue afin qu'elle n'affiche que la ligne Nombre1 ; pour ce faire, cliquez sur le bouton Minimiser, à droite de la zone de texte Nombre1. Après avoir sélectionné les cellules à utiliser comme premier argument, vous pouvez de nouveau déployer la boîte de dialogue en cliquant sur le même bouton à droite du champ Nombre1. Au lieu de minimiser la boîte de dialogue, vous pouvez aussi la mettre momentanément de côté en cliquant dedans et en la faisant glisser ailleurs.

La somme automatique : l'essayer, c'est l'adopter

Je ne peux en finir avec cette intéressante discussion sur la saisie des fonctions sans mentionner le bouton Somme présent dans le groupe Édition de l'onglet Accueil du Ruban. C'est le bouton qui porte la lettre grecque sigma (Σ). Ce petit outil vaut son pesant d'or. Outre qu'il est capable de déterminer la somme, la moyenne, le compte, les valeurs maximale et minimale d'une liste, il sait également sélectionner une plage de cellules dans la colonne courante ou dans la ligne, l'utiliser comme argument et entrer automatiquement le résultat du calcul en tant qu'argument dans une fonction. Neuf fois sur dix, Excel sélectionne correctement la plage de cellules à utiliser ; dans le dixième cas, vous pouvez facilement corriger la sélection en tirant le pointeur de cellule par-dessus la plage à calculer.

Cliquez simplement sur le bouton Somme dans l'onglet Accueil du Ruban chaque fois que vous voulez insérer la fonction Somme dans la cellule sélectionnée. Si vous comptez utiliser ce bouton pour insérer une autre fonction comme MOYENNE, NOMBRE, MAX ou MIN, cliquez sur le triangle pointant vers le bas qui lui est associé et sélectionnez la fonction désirée dans le menu qui apparaît. Remarquez qu'en sélectionnant l'option Autres fonctions, Excel ouvre la boîte de dialogue Insérer une fonction, comme si vous aviez cliqué sur le bouton *fx*, dans la barre de formule.

Stocker les données en lieu sûr

Pour faciliter les sauvegardes, la barre d'outils Accès rapide d'Excel 2010 contient un bouton Enregistrer, reconnaissable à son icône en forme de disquette 3 »1/4. Vous n'avez même pas à cliquer sur l'onglet Fichier pour sélectionner la commande Enregistrer. Encore plus rapide, le raccourci clavier Ctrl + S finit par devenir une seconde nature. N'hésitez pas à l'utiliser, vous n'en abuserez jamais.

La boîte de dialogue Enregistrer sous de Windows Vista et Windows 7

Pour enregistrer un fichier pour la première fois sous Windows 7, cliquez sur le bouton en forme de disquette de la barre d'outils accès rapide, la boîte de dialogue Enregistrer sous s'affiche.

Pour sélectionner un nouveau dossier pour y enregistrer le classeur, suivez ces étapes :

1. **Dans le volet de navigation, cliquez sur le nom d'un dossier dans la section Favoris, Bibliothèques, Ordinateur ou Réseau, selon l'emplacement où vous désirez stocker le fichier de classeur Excel.**

2. **Déployez des sous-dossiers en cliquant sur le bouton triangulaire à gauche du dossier en cours.**

3. **Si vous voulez que le classeur soit enregistré dans un nouveau sous-dossier du dossier ouvert dans la boîte de dialogue Enregistrer sous, cliquez sur le bouton Nouveau dossier, dans la barre d'outils de la boîte de dialogue, puis remplacez le nom par défaut par celui que vous voulez lui donner, et appuyez sur Entrée.**

4. **Cliquez sur le bouton Enregistrer pour enregistrer le fichier dans le dossier sélectionné.**

TRUC

Lorsque le contenu de la boîte de dialogue Enregistrer sous est développé, vous pouvez ajouter un titre, un sujet et des balises au fichier de votre nouveau classeur en cliquant sur les liens Ajouter un titre, Spécifier le sujet et Ajouter une balise. Vous pourrez alors utiliser tous ces éléments d'information pour rechercher ce fichier, s'il vous arrive d'en avoir besoin un jour (pour en savoir plus sur la recherche de fichiers, reportez-vous au Chapitre 4).

La boîte de dialogue Enregistrer sous de Windows XP

La version Windows XP de la boîte de dialogue Enregistrer sous contient une série de gros boutons, qui apparaissent dans un volet qui occupe toute sa partie gauche : Mes documents récents, Bureau, Mes documents, Poste de travail et Favoris réseau. Utilisez ce bouton pour vous rapprocher rapidement du dossier dans lequel vous voulez enregistrer le fichier de votre classeur :

- Cliquez sur le bouton Mes documents récents pour enregistrer un classeur dans le dossier Récents. Ce dossier se trouve, dans Windows XP, dans le chemin C:\Documents and Settings*Utilisateur*\Mes documents récents (*Utilisateur* étant naturellement remplacé par le nom de l'utilisateur concerné).
- Cliquez sur le bouton Bureau pour enregistrer le dossier directement sur le Bureau de Windows.
- Cliquez sur le bouton Mes documents pour enregistrer vos classeurs dans ce dossier.
- Cliquez sur le bouton Poste de travail pour enregistrer le classeur sur un des disques de votre ordinateur, ou dans votre propre dossier ou dans un dossier partagé de votre disque dur.
- Cliquez sur le bouton Favoris réseau pour enregistrer le classeur dans un des dossiers du réseau de votre entreprise.

Deuxième partie

L'art et la manière de modifier un classeur

« Ah ! La barbe ! Ton graphique en aubergine est tout aussi incompréhensible que ton graphique en pomme de terre ou ton graphique en noix de coco. Tu ne pourrais pas faire un camembert, comme tout le monde ? »

Dans cette partie...

La vie en entreprise serait moins stressante si, au moment même où vous finissez un travail, il n'y avait pas quelqu'un pour tout remettre en question. Changer d'avis tout le temps risque de froisser des gens. Or, la triste vérité avec Excel 2010 est que vous n'avez jamais fini de modifier les données que vous avez eues tant de mal à entrer.

Dans cette partie, nous éditerons et modifierons une feuille de calcul de trois manières : en mettant les données brutes en forme, en réorganisant les données mises en forme et/ou en les supprimant dans certains cas, enfin en imprimant les données mises en forme. Croyez-moi, quand vous saurez comment modifier vos données et les mettre en forme, vous aurez bien avancé dans la connaissance d'Excel 2010.

Chapitre 3

On enjolive tout

Dans ce chapitre :

- Sélectionner les cellules à mettre en forme.
- Mettre en forme un tableau de données avec le bouton Mettre sous forme de tableau.
- Appliquer des formats de nombres à des cellules contenant des valeurs.
- Régler la largeur des colonnes et la hauteur des lignes d'une feuille de calcul.
- Masquer des colonnes et des lignes.
- Mettre en forme une plage de cellules en utilisant l'onglet Accueil du Ruban.

Sachez dès à présent qu'entrer des données dans une cellule et mettre ces données en forme sont deux choses très différentes. C'est pourquoi, quand vous entrez de nouvelles données dans une cellule, elles adoptent la mise en forme qui a été définie pour cette cellule. Ce qui vous permet de mettre en forme des cellules vides dans lesquelles vous entrerez ultérieurement des données qui seront à ce moment automatiquement mises en forme.

Choisir un groupe de cellules sélectionnées

Une *sélection de cellules* (ou *plage de cellules*) est un ensemble de cellules contiguës susceptibles d'être mises en forme ou modifiées. La petite sélection de cellule, dans une feuille de calcul, se limite à une seule cellule : la cellule dite *active.* Une seule cellule entourée par le curseur de cellule est une sélection d'une cellule. La sélection de cellules la plus vaste comprend toutes les cellules de la feuille de calcul. La plupart des sélections que vous aurez à effectuer se situent dans un moyen terme ; elles concerneront quelques cellules adjacentes disposées en colonne(s) et/ou en rangée(s).

Excel met en évidence une sélection de cellules dans la feuille de calcul en mettant en surbrillance les cellules sélectionnées, à l'exception de la cellule active qui conserve sa couleur normale. La Figure 3.1 montre diverses sélections de cellules de différentes tailles et formes.

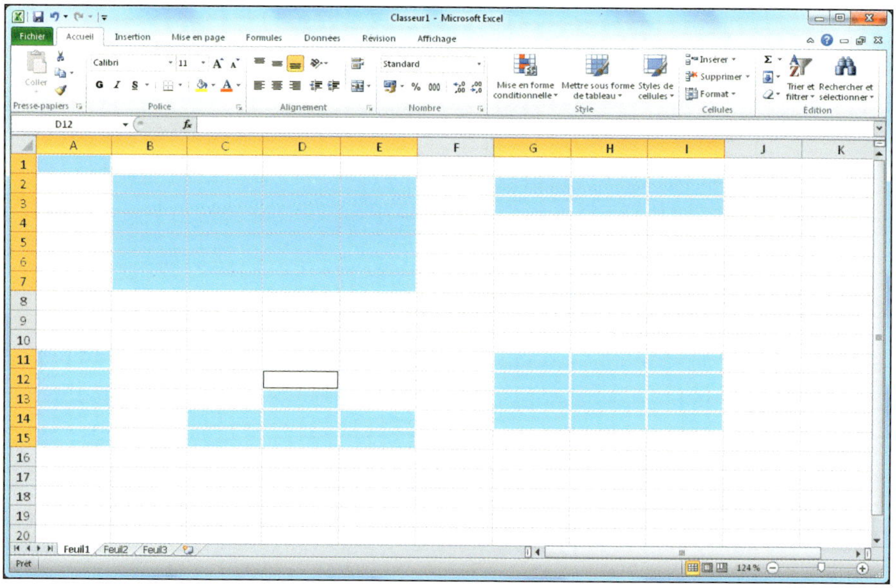

Figure 3.1 : Différentes sélections de diverses tailles et formes.

Les sélections par pointer-cliquer

La souris est l'outil naturel pour sélectionner des plages de cellules : amenez le pointeur de souris (l'épaisse croix blanche) au-dessus de la première cellule, cliquez, puis, bouton de la souris enfoncé, tirez dans la direction où vous désirez étendre la sélection.

- Pour étendre la sélection de cellules vers les colonnes à droite, tirez la souris vers la droite, ce qui met les cellules concernées en surbrillance.
- Pour étendre la sélection vers le bas, tirez vers le bas.
- Pour étendre la sélection à la fois vers le bas et vers la droite, tirez la souris en diagonale vers la cellule située dans le coin inférieur droit de la plage que vous définissez.

Les sélections avec Maj

Pour accélérer la sélection des cellules, vous pouvez utiliser la bonne vieille méthode Maj + clic, qui s'effectue de la façon suivante :

1. **Cliquez sur la première cellule de la sélection.**

   La cellule est sélectionnée.

2. **Déplacez le pointeur de la souris vers la dernière cellule de la sélection.**

   Elle est au coin opposé de la première cellule. Ne cliquez pas encore.

3. **La touche Maj enfoncée, cliquez dans la dernière cellule.**

   Lors de ce second clic, Excel sélectionne dans les lignes et dans les colonnes toutes les cellules situées entre la première et la dernière cellule.

Avec la souris, la touche Maj agit comme *touche d'extension* entre le premier objet sélectionné et le second (reportez-vous à la section « Étendre une sélection », plus loin dans ce chapitre). L'utilisation de la touche Maj permet de sélectionner la première et la dernière cellule, ainsi que toutes les cellules qui se trouvent entre elles, ou de sélectionner tous les noms de documents dans la liste d'une boîte de dialogue.

Les sélections de cellules non adjacentes

Pour sélectionner des cellules ou des plages non adjacentes, sélectionnez une cellule ou une plage de cellules. Ensuite, touche Ctrl enfoncée, sélectionnez la deuxième cellule ou plage de cellules. Aussi longtemps que la touche Ctrl est enfoncée, Excel ne désélectionne aucune cellule pendant que vous en sélectionnez d'autres.

La touche Ctrl fonctionne avec la souris en tant que *touche d'addition* d'objets (reportez-vous à la section « Les sélections de cellules non adjacentes au clavier », plus loin dans ce chapitre). La touche Ctrl permet d'ajouter des cellules à une sélection ou de sélectionner des noms épars dans la liste d'une boîte de dialogue, sans risque de désélection intempestive.

Les sélections de grande envergure

Vous pouvez sélectionner toutes les cellules d'une ligne ou d'une colonne, voire toutes les cellules d'une feuille de calcul, en appliquant les techniques suivantes :

- Pour sélectionner toutes les cellules d'une colonne, cliquez dans la lettre qui l'identifie, en haut de la feuille de calcul.
- Pour sélectionner toutes les lignes d'une colonne, cliquez dans son numéro, à gauche de la feuille de calcul.
- Pour sélectionner plusieurs lignes ou colonnes à la fois, tirez dans les en-têtes de lignes ou de colonnes.
- Pour sélectionner des lignes et/ou des colonnes qui ne sont pas contiguës, maintenez la touche Ctrl enfoncée tout en cliquant et/ou en tirant dans les en-têtes des lignes et des colonnes à placer dans la sélection.
- Pour sélectionner la totalité des cellules d'une feuille de calcul, appuyez sur Ctrl + A ou cliquez sur le bouton de sélection globale. Il se trouve au point de rencontre des en-têtes de lignes et de colonnes, dans le coin supérieur gauche de la feuille de calcul.

Sélectionner des données d'un tableau avec la sélection automatique

Excel propose une méthode de sélection extrêmement rapide, appelée « sélection automatique », pour sélectionner toutes les cellules d'un tableau d'un seul tenant. Procédez comme suit pour utiliser la sélection automatique :

1. **Cliquez dans la première cellule du tableau afin de la sélectionner.**

   Cette cellule se trouve en haut à gauche du tableau.

2. **Maintenez la touche Maj enfoncée tout en double-cliquant, avec le pointeur en forme de flèche, sur le bord droit ou inférieur de la cellule (voir Figure 3.2).**

   Double-cliquer sur le *bas* de la cellule, touche Maj enfoncée, étend automatiquement la sélection jusqu'à la dernière cellule en bas de la première colonne, comme le montre la Figure 3.3. Si vous double-cliquez ensuite sur le bord *droit* de la cellule, la sélection est étendue jusqu'à la dernière colonne à droite de la ligne courante.

3a. **Si vous avez d'abord sélectionné une colonne, double-cliquez sur le bord droit de la sélection, touche Maj enfoncée (voir Figure 3.3).**

   Vous sélectionnez ainsi les autres colonnes du tableau, comme l'illustre la Figure 3.4.

3b. **Si vous avez d'abord sélectionné une ligne, double-cliquez sur le bord inférieur de la sélection, touche Maj enfoncée.**

   Vous sélectionnez ainsi toutes les lignes restantes du tableau.

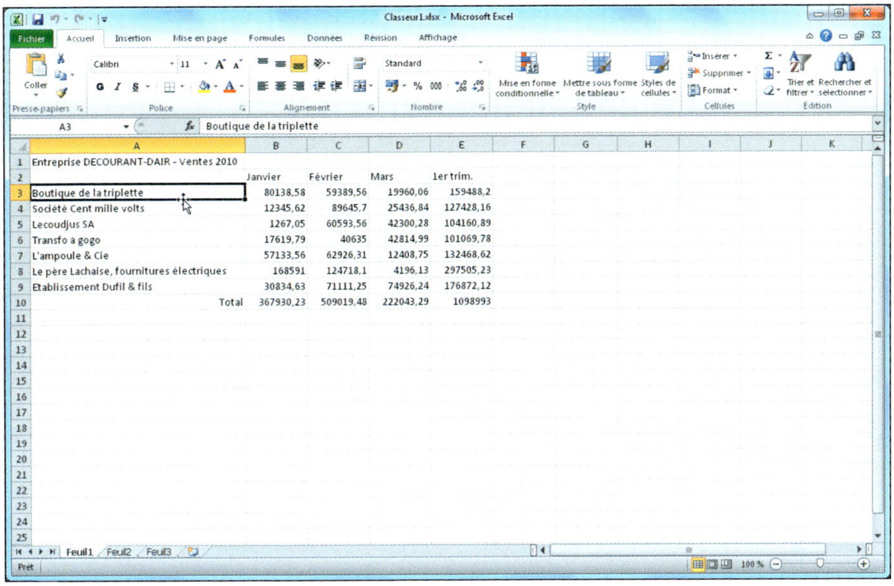

Figure 3.2 : Placez le pointeur de la souris sur le bord droit ou inférieur de la première cellule du tableau.

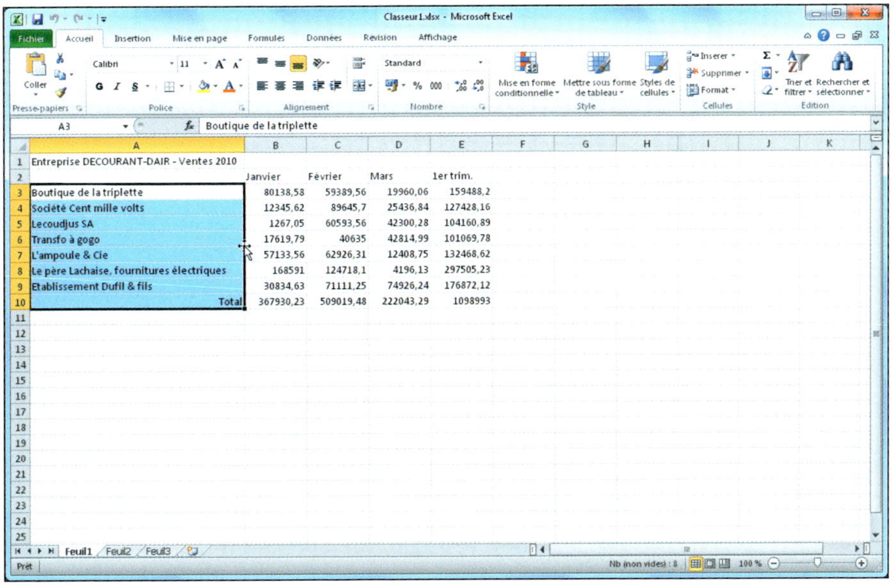

Figure 3.3 : En double-cliquant sur le bord inférieur de la première cellule, touche Maj enfoncée, vous avez étendu la sélection vers le bas.

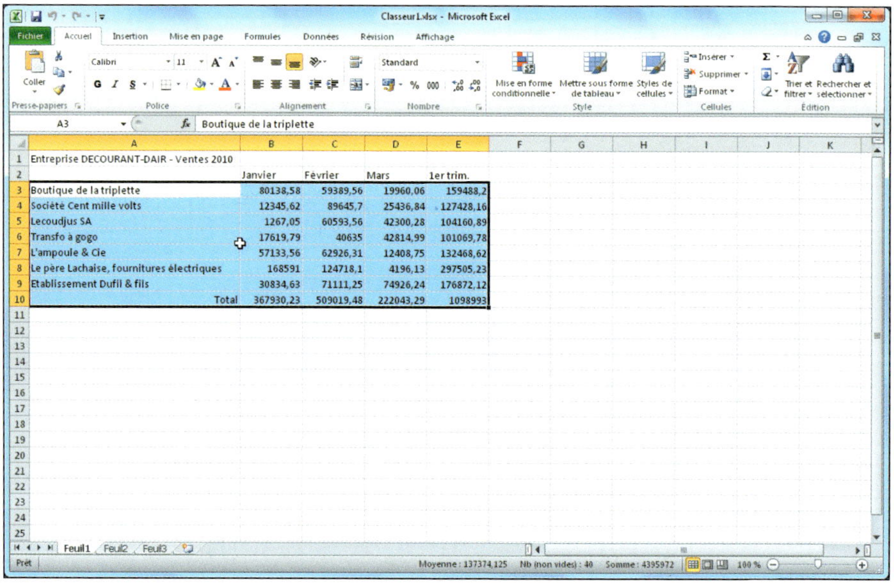

Figure 3.4 : En double-cliquant sur le bord droit de la sélection, touche Maj enfoncée, la sélection s'étend vers les colonnes de droite du tableau.

Les sélections au clavier

Si vous n'aimez pas travailler à la souris, vous pouvez sélectionner des cellules au clavier. À l'instar de la méthode Maj + clic, les techniques de sélection au clavier utilisent les touches fléchées conjointement avec la touche Maj. Les touches de déplacement du curseur de cellule ont été mentionnées dans le Chapitre 1.

Commencez par placer le curseur dans la première cellule de la sélection puis, touche Maj enfoncée, appuyez sur les touches fléchées appropriées (←, →, ↑, ↓ ou PagePréc et PageSuiv). Ce faisant, Excel ancre la sélection à la cellule courante puis l'étend dans la direction choisie, mettant les cellules sélectionnées en surbrillance au fur et à mesure que vous appuyez sur les touches fléchées.

TRUC

En sélectionnant de la sorte, vous pouvez modifier l'étendue de la plage de cellules aussi longtemps que vous n'avez pas relâché la touche Maj. Dès qu'elle est relâchée, toute action sur une touche fléchée désélectionne aussitôt la plage, réduisant la sélection à la cellule indiquée par le curseur de cellule.

Étendre une sélection

Si maintenir la touche Maj enfoncée tout en déplaçant le curseur vous semble peu commode, vous pouvez mettre Excel en mode Extension en appuyant brièvement sur la touche de fonction F8 avant d'appuyer sur une touche fléchée. Excel affiche alors l'indicateur `Étendre la sélection` dans la Barre d'état. Quand vous appuyez sur les touches fléchées alors que ce mode est actif, Excel sélectionne les cellules comme si la touche Maj était enfoncée.

Après avoir mis les cellules désirées en surbrillance, appuyez de nouveau sur F8 pour désactiver le mode Extension. L'indicateur `Étendre la sélection` disparaît de la Barre d'état, et vous pouvez de nouveau utiliser les touches fléchées pour déplacer le curseur sans sélectionner des cellules.

La sélection automatique au clavier

L'équivalent au clavier de la sélection automatique avec la souris que nous venons de voir (section « Sélectionner des données d'un tableau avec la sélection automatique », plus haut dans ce chapitre) combine l'utilisation de la touche F8 ou de la touche Maj avec Ctrl + touche fléchée ou Fin + touche fléchée pour faire passer le curseur de cellule d'un bloc à un autre tout en sélectionnant toutes les cellules qui se trouvent sur son chemin.

Procédez comme suit pour sélectionner la totalité d'un tableau de données avec la sélection automatique au clavier :

1. **Placez le curseur de cellule dans la première cellule.**

   Elle se trouve en haut à gauche du tableau.

2. **Appuyez une seule fois sur F8 (ou maintenez la touche Maj enfoncée) puis sur les touches Ctrl + Flèche droite (ou Fin + Flèche droite) pour étendre la sélection aux colonnes de droite.**

3. **Ensuite, appuyez sur Ctrl + Flèche bas (ou Fin + Flèche bas) pour étendre la sélection aux lignes d'en bas.**

Les sélections de cellules non adjacentes au clavier

La sélection de plusieurs plages est un peu plus compliquée au clavier qu'avec la souris, car vous devez passer de l'ancrage du curseur de cellule au déplacement du curseur pour sélectionner la plage, puis à la libération du curseur afin de pouvoir le positionner au début d'une autre plage. Pour libérer le curseur de cellule afin de le positionner ailleurs, appuyez sur Maj + F8. Vous passez ainsi en mode Ajouter à la sélection, qui permet de passer à une autre plage sans sélectionner d'autres cellules. Quand ce mode est actif, l'indicateur Ajouter à la sélection est affiché dans la Barre d'état, montrant ainsi que le curseur de cellule est libre.

Appliquez ces étapes générales pour sélectionner plusieurs plages de cellules au clavier :

1. **Placez le curseur dans la première cellule de la première plage à sélectionner.**
2. **Appuyez sur F8 pour enclencher le mode Étendre la sélection.**

   Utilisez les touches fléchées pour sélectionner la première plage de cellules (au lieu d'appuyer sur F8, vous pouvez aussi maintenir enfoncée la touche Maj).
3. **Appuyez sur Maj + F8 pour passer en mode Ajouter à la sélection.**

   L'indicateur Ajouter à la sélection apparaît dans la Barre d'état.
4. **Amenez le curseur de cellule à la première plage non adjacente que vous désirez sélectionner.**
5. **Appuyez de nouveau sur F8 pour revenir au mode Étendre la sélection, puis déplacez le curseur de cellule afin de sélectionner une nouvelle plage.**
6. **Si d'autres plages non adjacentes doivent être définies, répétez les Étapes 3, 4 et 5 jusqu'à ce que vous ayez sélectionné toutes les plages à utiliser.**

La sélection de cellules avec Atteindre

Si vous devez sélectionner une très vaste plage de cellules, qu'il serait long et fastidieux de sélectionner au clavier, utilisez la fonction Atteindre :

1. **Placez le curseur de cellule dans la première cellule de la plage, puis appuyez sur F8 pour ancrer le curseur de cellule et enclencher le mode Étendre la sélection.**
2. **Appuyez sur la touche F5 ou sur Ctrl + T pour ouvrir la boîte de dialogue Atteindre. Dans le champ Référence de cette boîte de dialogue, entrez l'adresse de la dernière cellule de la plage à sélectionner (celle du coin opposé à la première cellule) et cliquez sur OK ou appuyez sur Entrée.**

Comme Excel est en mode Étendre la sélection lorsque vous utilisez Atteindre pour aller à une autre cellule, il ne se contente pas d'envoyer le curseur de cellule à l'adresse spécifiée, mais sélectionne aussi toutes les cellules intermédiaires. Après avoir sélectionné une plage de cellules avec Atteindre, n'oubliez pas d'appuyer de nouveau sur F8 pour sortir du mode

Étendre la sélection, et empêcher Excel de continuer à sélectionner d'autres cellules dès que vous allez déplacer le curseur de cellule.

La galerie Mettre sous forme de tableau

Voici maintenant une technique de mise en forme qui ne nécessite aucune sélection préalable de cellules. En fait, l'outil Mettre sous forme de tableau est si automatique qu'il suffit pour l'utiliser que le curseur de cellule se trouve n'importe où dans le tableau à mettre en forme avant de cliquer sur le bouton Mettre sous forme de tableau dans le groupe Style de l'onglet Accueil du Ruban. Lorsque vous cliquez sur ce bouton, la galerie des styles de tableau apparaît, chaque style s'affichant sous forme de miniature, celles-ci étant réparties en trois sections : Clair, Moyen et Foncé.

Aussitôt que vous cliquez sur la miniature correspondant au style de votre choix, Excel fait apparaître la boîte de dialogue Mettre sous forme de tableau (Figure 3.5), vous proposant la plage de cellules à laquelle il doit appliquer le style concerné (en marquant le périmètre correspondant dans la feuille de calcul).

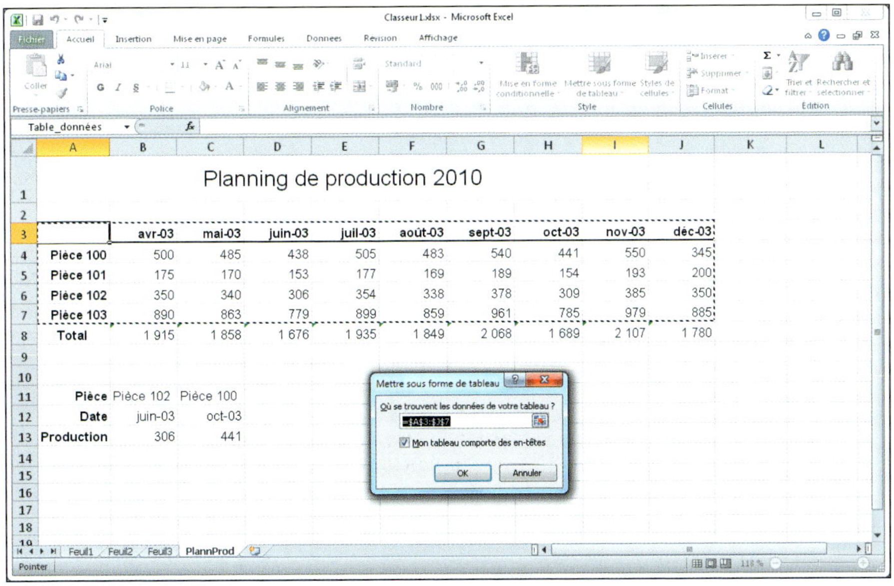

Figure 3.5 : Excel indique l'étendue de cellules à laquelle appliquer le style que vous venez de sélectionner dans la galerie des styles de tableau.

Cette boîte de dialogue contient un champ intitulé « Où se trouvent les données de votre tableau ? » dans laquelle apparaît la plage que vous propose Excel, automatiquement identifiée par lui (et marquée par un contour clignotant dans la feuille de calcul) à partir de la cellule que vous aviez initialement sélectionnée. Elle contient également une case Mon tableau comporte des en-têtes, que vous pouvez cocher pour indiquer à Excel que la première ligne de la plage spécifiée est une ligne d'en-têtes, qui sera donc mise en forme comme telle selon le style sélectionné.

Si Excel n'a pas identifié correctement la plage de cellules à mettre en forme, il suffit de la sélectionner directement dans la feuille de calcul en faisant glisser dessus le pointeur de la souris. La plage correspondante est automatiquement mise à jour dans la boîte de dialogue Mettre sous forme de tableau (qui est par la même occasion devenue Créer un tableau). N'oubliez pas de cocher (ou de décocher) la case Mon tableau comporte des en-têtes si la première ligne de la plage sélectionnée est une ligne d'en-têtes que vous voulez mettre en forme comme telle (ce qui comporte un bouton de tri et de filtrage pour chaque en-tête de colonne).

La galerie des styles de tableau est inactive si vous avez sélectionné une plage de cellules non adjacentes (elle apparaît lorsque vous cliquez sur le bouton Mettre sous forme de tableau, mais il ne se passe rien lorsque vous cliquez sur une miniature).

Lorsque vous cliquez sur OK dans la boîte de dialogue Mettre sous forme de tableau, Excel applique à la plage de cellules spécifiée la mise en forme que vous avez sélectionnée dans la galerie, et les Outils de table – rien à voir avec les cuillères et les fourchettes – apparaissent dans un onglet Création, à l'extrémité du Ruban (Figure 3.6).

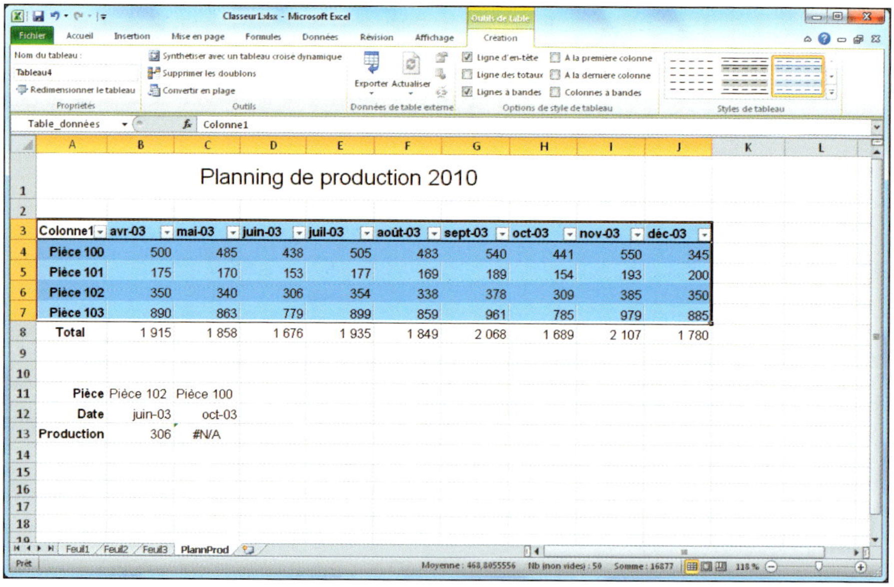

Figure 3.6 : Après avoir appliqué le style de tableau à la galerie, l'onglet Création apparaît sous Outils de table.

TRUC

L'onglet Création contient une palette de Styles rapides permettant de visualiser instantanément l'effet d'une mise en forme sur votre tableau avant même de la lui appliquer. Cliquez sur le bouton Styles rapides (à l'extrémité droite de l'onglet Création), et déplacez simplement le pointeur de la souris au-dessus des miniatures de la palette. Le tableau prend instantanément la mise en forme de la miniature que survole le pointeur. Si nécessaire, faites défiler la feuille de calcul de manière à ce que la palette ne masque pas votre tableau.

En plus de vous permettre de sélectionner facilement une nouvelle mise en forme pour votre tableau, l'onglet Création contient un groupe Options de styles de table, vous proposant un certain nombre de cases à cocher pour personnaliser encore plus la mise en forme que vous avez choisie :

- **Ligne d'en-têtes :** Pour activer et désactiver la mise en forme de la ligne d'en-têtes du tableau, comportant notamment pour chaque en-tête un bouton donnant accès à un menu de tri et de filtrage.
- **Ligne des totaux :** Quand cette option est activée, Excel ajoute au bas du tableau une ligne supplémentaire faisant le total de chaque colonne. Lorsque vous cliquez sur une cellule de cette ligne des totaux, un bouton apparaît à droite de celle-ci, vous donnant accès à un menu dans lequel vous pouvez choisir une autre fonction que la somme (Moyenne, Max, Min, Écart type…) à appliquer aux valeurs de la colonne correspondante.
- **À la première colonne :** Quand cette option est activée, Excel affiche une mise en forme spéciale pour la première colonne du tableau.
- **À la dernière colonne :** Quand cette option est activée, Excel affiche une mise en forme spéciale pour la dernière colonne du tableau.
- **Bandes de lignes :** Excel affiche une mise en forme différente pour les lignes paires et impaires du tableau.
- **Bandes de colonnes :** Excel affiche une mise en forme différente pour les colonnes paires et impaires du tableau.

Mettre des cellules en forme avec l'onglet Accueil

Certains tableaux nécessitent une mise en forme plus légère que celles proposées par la galerie des styles de tableau. Vous pouvez par exemple vouloir simplement mettre en gras les en-têtes de colonnes et souligner la ligne des totaux en bas du tableau (en appliquant simplement une bordure inférieure à cette ligne).

Les boutons de mise en forme qui apparaissent dans les groupes Police, Alignement et Nombre de l'onglet Accueil vous permettent de réaliser de telles mises en forme. Les Figures 3.7, 3.8 et 3.9 montrent les différents groupes de mise en forme. Le Tableau 3.1 décrit l'utilisation de chacun d'eux.

Figure 3.7 : Le groupe Police, sous l'onglet Accueil, contient les outils permettant de modifier l'apparence du texte dans une plage de cellules.

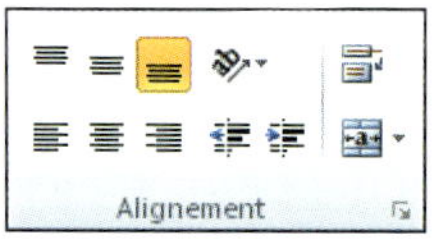

Figure 3.8 : Le groupe Alignement, sous l'onglet Accueil, contient les outils permettant de modifier l'emplacement du texte dans une plage de cellules.

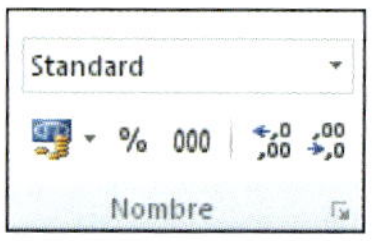

Figure 3.9 : Le groupe Nombre, sous l'onglet Accueil, contient les outils permettant de modifier la présentation des chiffres dans une plage de cellules.

Tableau 3.1 : Les boutons de commande de mise en forme dans les groupes Police, Alignement et Nombre de l'onglet Accueil.

Groupe	*Bouton*	*Fonction*
Police		
	Police	Affiche un menu déroulant permettant de sélectionner une nouvelle police pour la cellule sélectionnée.
	Taille de police	Affiche une liste déroulante de tailles de police parmi lesquelles vous pouvez choisir celle que vous voulez appliquer aux cellules sélectionnées. Vous pouvez aussi entrer manuellement la taille voulue dans ce champ.
	Augmenter la taille de police	Applique à toute la sélection (de caractères ou de cellules) la plus petite taille de la police de la sélection augmentée d'un point.

Groupe	*Bouton*	*Fonction*
	Réduire la taille de police	Applique à toute la sélection (de caractères ou de cellules) la plus petite taille de la police de la sélection diminuée d'un point.
	Gras	Met en gras les caractères ou les cellules sélectionnées.
	Italique	Met en italique les caractères ou les cellules sélectionnées.
	Souligner	Souligne les caractères ou les cellules sélectionnées.
	Bordures	Affiche le menu Bordures, qui vous donne le choix entre toutes les possibilités de bordures.
	Couleur de remplissage	Affiche une palette dans laquelle vous pouvez sélectionner une couleur de remplissage pour les cellules sélectionnées.
	Couleur de police	Affiche une palette dans laquelle vous pouvez sélectionner une couleur de police pour la sélection (de caractères ou de cellules).
Alignement		
	Aligner à gauche	Aligne sur le bord gauche de la cellule le contenu de toutes les cellules sélectionnées.
	Centrer	Centre horizontalement dans la cellule le contenu de toutes les cellules sélectionnées.
	Aligner à droite	Aligne sur le bord droit de la cellule le contenu de toutes les cellules sélectionnées.
	Augmenter le retrait	Augmente d'une tabulation pour toutes les cellules sélectionnées l'espace entre le bord gauche de la cellule et son contenu.
	Diminuer le retrait	Réduit d'une tabulation pour toutes les cellules sélectionnées l'espace entre le bord gauche de la cellule et son contenu.
	Aligner en haut	Aligne sur le bord supérieur de la cellule le contenu de toutes les cellules sélectionnées.
	Aligner au centre	Centre verticalement dans la cellule le contenu de toutes les cellules sélectionnées.

Groupe	Bouton	Fonction
	Aligner en bas	Aligne sur le bord inférieur de la cellule le contenu de toutes les cellules sélectionnées.
	Orientation	Affiche un menu permettant de sélectionner différentes orientations angulaires du contenu des cellules sélectionnées.
	Renvoyer à la ligne automatiquement	Renvoie automatiquement à la ligne dans les cellules sélectionnées le texte qui est trop long pour tenir dans la largeur de la colonne, sur autant de lignes que nécessaire.
	Fusionner et centrer	Fusionne les cellules sélectionnées pour en faire une seule cellule, en ne retenant que le contenu de la première cellule de la sélection qui est centrée horizontalement. Ce bouton permet également d'afficher un menu (en cliquant sur le triangle pointant vers le bas qui l'accompagne) vous permettant de choisir entre plusieurs manières de fusionner des cellules, ou d'annuler la fusion pour revenir à la disposition initiale.
Nombre		
	Format de nombre	Affiche le format de nombre appliqué à la cellule active de la sélection. Cliquez sur le triangle pointant vers le bas pour afficher un menu pour sélectionner parmi tous les formats de nombre d'Excel celui que vous voulez appliquer aux cellules sélectionnées (vous pouvez aussi afficher la boîte de dialogue Format de cellule en sélectionnant Autres dans ce menu).
	Monétaire	Applique aux cellules sélectionnées le format Monétaire, qui comporte le séparateur de milliers, l'affichage de deux chiffres après la virgule et le symbole de l'euro ( ). La boîte de dialogue Format de cellule vous permet de personnaliser ces paramètres.
	Pourcentage	Applique aux cellules sélectionnées le format Pourcentage, qui multiplie par 100 la valeur entrée dans la cellule et y ajouter le symbole %, sans afficher de décimales.
	Séparateur de milliers	Affiche le contenu des cellules sélectionnées en utilisant le séparateur de milliers.

Groupe	Bouton	Fonction
	Ajouter une décimale	Affiche le contenu des cellules sélectionnées avec un chiffre de plus après la virgule.
	Réduire les décimales	Affiche le contenu des cellules sélectionnées avec un chiffre de moins après la virgule.

N'OUBLIEZ PAS

À propos des raccourcis clavier, n'oubliez pas : Ctrl + G active et désactive l'attribut Gras pour la sélection (caractères ou cellules), Ctrl + I fait la même chose pour l'attribut Italique, et Ctrl + U pour l'attribut Souligné.

Mettre en forme des cellules à la source avec la mini-barre d'outils

L'application d'une mise en forme à une sélection de cellule est même encore plus facile dans Excel 2010 grâce à une petite barre d'outils que l'on appelle plus familièrement, mais très sérieusement, la *mini-barre.*

Pour afficher la mini-barre, sélectionnez les cellules à mettre en forme (si vous sélectionnez des caractères dans une cellule, vous aurez une mini-barre plus petite, ne contenant que les outils de mise en forme de caractères), et cliquez du bouton droit dans la sélection. Le menu contextuel apparaît, et juste au-dessus ou au-dessous de celui-ci, la mini-barre, comme le montre la Figure 3.10.

Comme vous le voyez dans cette figure, la mini-barre contient la plupart des boutons du groupe Police de l'onglet Accueil (à l'exception du bouton Souligné). Vous y trouvez aussi le bouton Fusionner et centrer du groupe Alignement (voyez la section « Modifier l'alignement », plus loin dans ce chapitre), et les boutons Monétaire, Pourcentage, Séparateur de milliers, Ajouter une décimale et Réduire les décimales du groupe Nombre (voyez la section « Connaître les formats de nombre », plus loin dans ce chapitre). Cliquez simplement sur ces boutons pour appliquer les mises en forme correspondantes aux cellules sélectionnées.

La mini-barre contient également le bouton Reproduire la mise en forme du groupe Presse-papiers de l'onglet Accueil, ce qui vous permet de copier facilement la mise en forme de la cellule active pour l'appliquer à d'autres cellules.

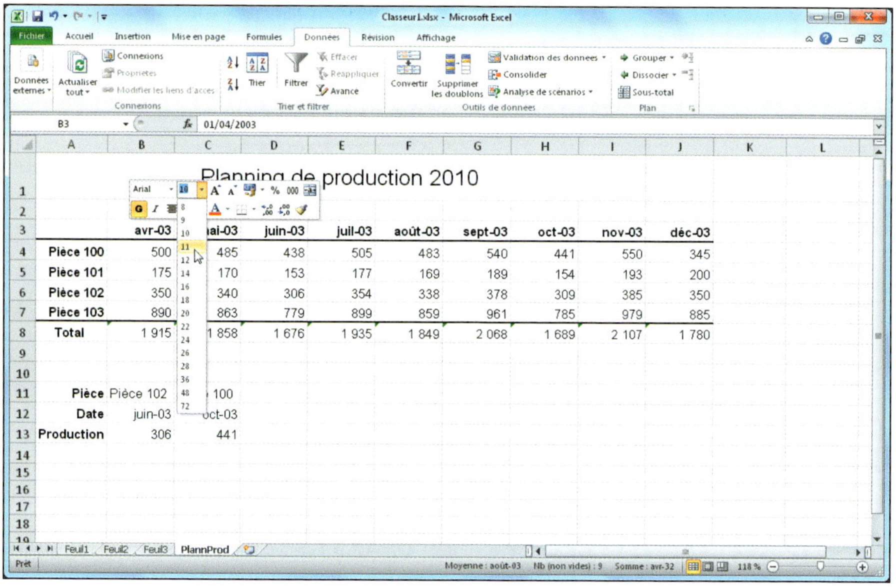

Figure 3.10 : Utilisez les boutons de la mini-barre pour modifier la mise en forme des cellules sélectionnées.

La boîte de dialogue Format de cellule

Bien que les boutons des groupes Police, Alignement et Nombre de l'onglet Accueil vous donnent un accès immédiat aux commandes de mise en forme les plus utilisées, ils sont loin de représenter toutes les commandes de mise en forme d'Excel.

Pour accéder à toutes les commandes de mise en forme dont dispose Excel, vous devez ouvrir la boîte de dialogue Format de cellule, de l'une des trois manières suivantes :

- En cliquant sur l'option Autres, tout en bas du menu déroulant associé au bouton Format de nombre du groupe Nombre de l'onglet Accueil.
- En cliquant sur le bouton de lancement de boîte de dialogue dans le coin inférieur droit du même groupe Nombre.
- En appuyant sur Ctrl + Maj + 1 (le 1 du clavier principal, pas celui du pavé numérique).

La boîte de dialogue Format de cellule contient six onglets : Nombre, Alignement, Police, Bordure, Remplissage et Protection. Je vais vous montrer comment les utiliser.

Le raccourci clavier qui ouvre la boîte de dialogue Format de cellule, Ctrl + Maj + 1 (le 1 du clavier principal, pas celui du pavé numérique), est bien utile à connaître.

Connaître les formats de nombre

Ainsi que nous l'avons expliqué dans le Chapitre 2, la saisie des valeurs dans la feuille de calcul définit le type de la mise en forme. Voici quelques exemples :

- Lorsque vous saisissez au clavier un chiffre suivi d'un symbole monétaire reconnu par Windows (par défaut : l'euro et le dollar), Excel applique le format Monétaire.
- Si vous entrez une valeur représentant un pourcentage sous la forme d'un entier suivi du signe %, Excel applique automatiquement le format Pourcentage.
- Si vous entrez une date (les dates sont aussi des valeurs) en respectant l'un des formats intégrés, comme 11/06/02 ou 11-juin-02, le logiciel affecte un format de nombre Date et lui attribue une valeur interne spéciale qui est la représentation de cette date.

Bien qu'il soit possible de mettre les valeurs en forme de cette manière au cours de la saisie, ce qui est nécessaire pour les dates, vous n'êtes pas obligé de procéder de la sorte. Vous pouvez à tout moment affecter un format de nombre à un groupe de valeurs avant ou après les avoir entrées. À vrai dire, formater les nombres après les avoir saisis est souvent le moyen le plus efficace, car la procédure s'effectue en deux étapes seulement :

1. **Sélection des valeurs nécessitant une mise en forme.**
2. **Sélection du format de nombre à appliquer, soit en utilisant les boutons de mise en forme de l'onglet Accueil, soit en utilisant l'onglet Nombre de la boîte de dialogue Format de cellule.**

Même si vous êtes vraiment très doué pour la frappe et préférez entrer directement les valeurs sous leur forme définitive, vous devrez néanmoins recourir aux formats de nombre pour faire en sorte que les valeurs calculées par les formules correspondent à d'autres valeurs que vous aurez entrées, et ce parce qu'Excel applique un format de nombre Standard – celui que la boîte de dialogue Format de cellule définit comme « n'ayant pas de format de nombre spécifique » – à toutes les cellules qu'il calcule ainsi qu'à toutes les entrées qui ne correspondent pas à l'un de ses formats de nombre. Le plus gros problème du format de nombre Standard est qu'il a la désagréable habitude de supprimer tous les zéros qui précèdent un nombre, et aussi ceux qui suivent les décimales, d'où l'impossibilité de les aligner parfaitement dans les colonnes, selon la virgule décimale.

Ce triste comportement est visible Figure 3.11, qui représente un tableau de résultats commerciaux sans qu'aucune valeur n'ait été mise en forme. Remarquez comme les chiffres se calent maladroitement contre le bord droit selon le nombre de décimales, sans aucun alignement sur la virgule décimale. Cette mauvaise présentation est causée par le format de nombre Standard d'Excel. Le seul moyen d'y remédier est de choisir un format de nombre plus rationnel.

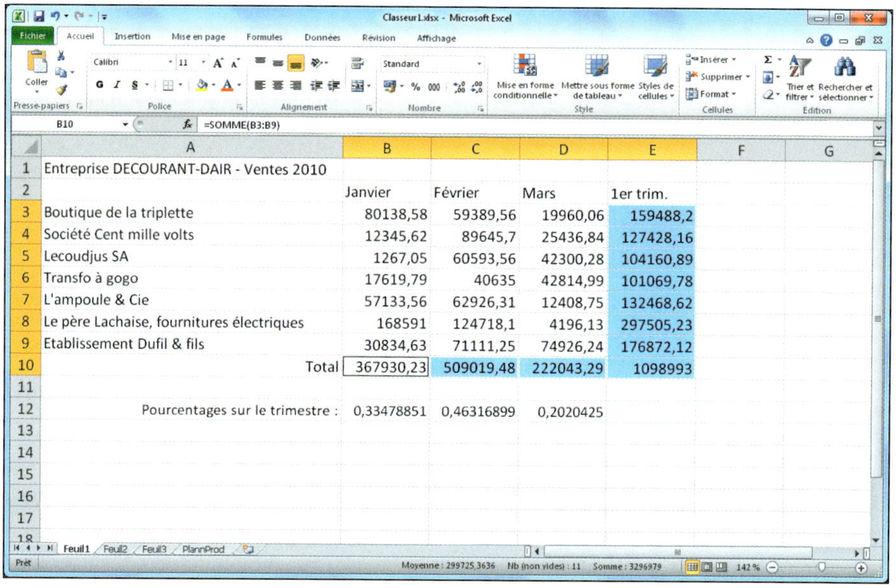

Figure 3.11 : Les nombres comportant des décimales ne s'alignent pas correctement lorsque le format de nombre Standard est utilisé.

Appliquer un style Monétaire

Du fait de la nature financière de la plupart des feuilles de calcul, vous serez sans doute amené à utiliser le format Monétaire plus souvent qu'un autre. C'est une mise en forme très facile à appliquer, puisqu'il vous suffit pour cela de cliquer sur le bouton Monétaire dans l'onglet Accueil du Ruban.

N'oubliez pas que le format Monétaire ajoute le symbole de l'euro (€), affiche la valeur avec deux décimales et utilise le séparateur de milliers. De plus, si vous saisissez une valeur entre parenthèses, elle sera considérée comme négative et affichée avec un signe moins (–).

Comme le montre la Figure 3.12, seules les cellules qui ont été sélectionnées (plages E3:E10 et B10:D10) ont reçu le format Monétaire. Il a été appliqué en cliquant sur le bouton Monétaire du groupe Nombre de l'onglet Accueil (son icône montre un billet de banque et des pièces).

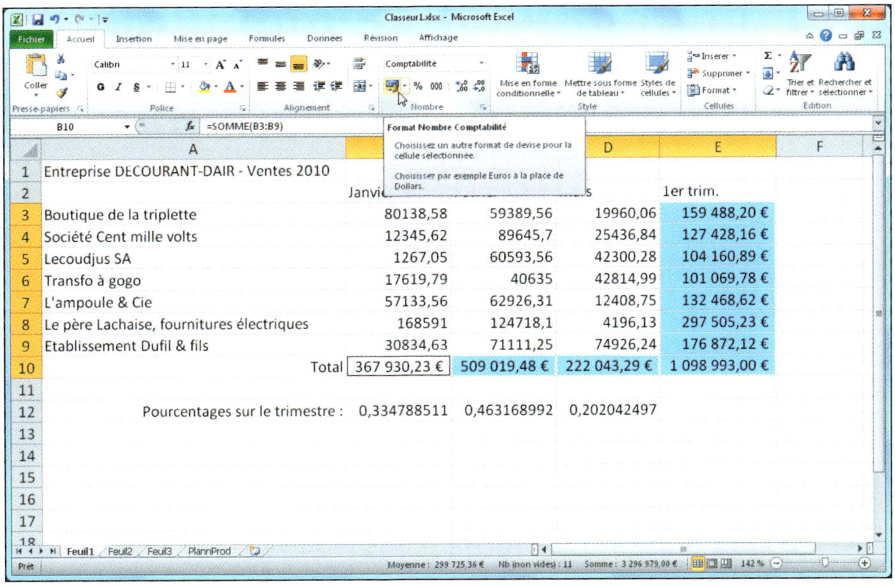

Figure 3.12 : Les totaux ont été présentés en euro en cliquant sur le bouton Monétaire de l'onglet Accueil.

TRUC

Bien qu'il soit possible de mettre toutes les valeurs du tableau en format Monétaire, il en résulterait une surabondance de signes euro. Je ne l'ai donc fait apparaître que dans les totaux mensuels et trimestriels.

Présenter les cellules avec le style Séparateur de milliers

Le format Séparateur de milliers est une excellente alternative au format Monétaire, car, comme ce dernier, il permet de séparer les milliers, les millions, les milliards, *etc.*

Ce format règle aussi le nombre de décimales et la représentation des nombres négatifs. Mais il n'affiche aucun symbole monétaire. Observez Figure 3.13 comment le bouton d'activation du format Séparateur de milliers, présent dans l'onglet Accueil du Ruban, a affiché les nombres sélectionnés.

Le format Séparateur de milliers convient très bien pour des résultats commerciaux comme ceux de la Figure 3.13. C'est ce format que j'ai appliqué aux cellules contenant les ventes mensuelles. Pour cela, j'ai sélectionné les cellules de la plage B3:D9, et j'ai cliqué sur le bouton Séparateur de milliers (000) dans le groupe Nombre de l'onglet Accueil.

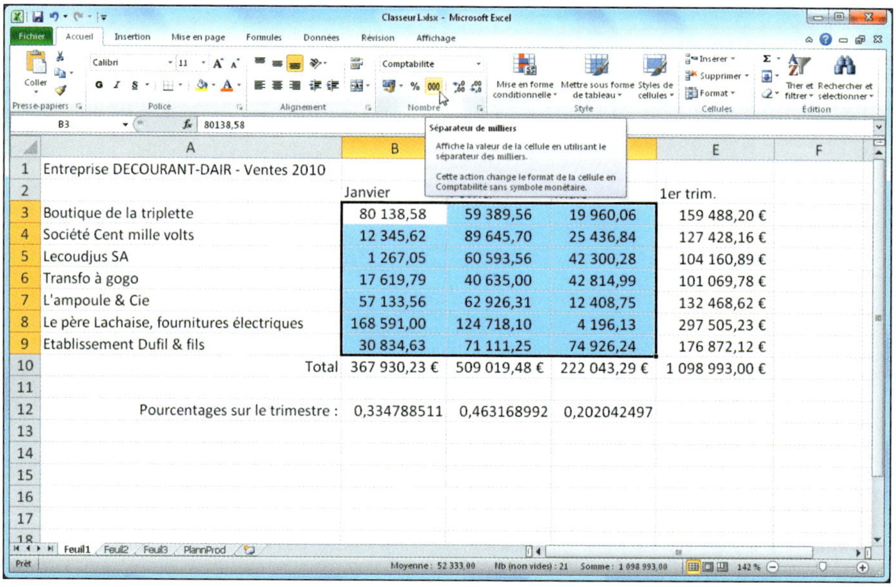

Figure 3.13 : Les chiffres des ventes viennent d'être mis en forme avec le bouton Séparateur de milliers.

Remarquez Figure 3.13 comment le format Séparateur de milliers gère les décimales ; les chiffres sont désormais parfaitement alignés sur la virgule décimale, et surtout par rapport à la virgule qui se trouve dans les totaux mis en forme avec le format Monétaire. Ils ont même été légèrement décalés vers la gauche pour parfaire l'alignement.

Le format Pourcentage

De nombreuses feuilles de calcul contiennent des pourcentages (taux d'intérêt, de croissance, d'inflation, *etc.*). Pour entrer un pourcentage dans une cellule, commencez par cliquer dessus pour la sélectionner, cliquez sur le bouton Style de pourcentage dans le groupe Nombre de l'onglet Accueil, entrez directement le pourcentage voulu s'il est supérieur à 1 (par exemple, entrez **12** pour 12 %), et appuyez sur Entrée. Si vous avez entré par exemple **12** ou **54**, vous voyez apparaître 12 % ou 54 % dans la cellule. Pour entrer un pourcentage inférieur à 1 %, vous devez entrer la valeur numérique correspondante (par exemple, .005 pour 0,5 %). Dans ce cas, vous verrez apparaître 1 % dans la cellule, car le format Pourcentage n'affiche que les valeurs entières. Ce qui n'empêche pas, naturellement, de voir apparaître dans la Barre de formule la valeur exacte que vous avez entrée, sous forme de pourcentage (dans l'exemple précédent, 0,5 %).

En revanche, si vous appliquez le format Pourcentage à une cellule après y avoir entré une valeur, celle-ci est multipliée par 100 pour être convertie en pourcentage (si vous appliquez le format Pourcentage à une cellule qui contient la valeur 12, vous voyez apparaître 1 200 % dans la cellule).

Pour entrer une série de pourcentages dans une feuille de calcul, le plus commode est donc d'utiliser la première méthode : sélectionner la plage de cellules, cliquer sur le bouton Style de pourcentage pour lui appliquer le format Pourcentage, et entrer directement les pourcentages.

La Figure 3.14 montre la situation inverse ou des valeurs calculées par une formule ont été converties en pourcentages par l'application aux cellules correspondantes du format pourcentage. C'est ce que vous pouvez voir dans la ligne 12 de cette feuille de calcul, qui montre le ratio, calculé par une formule, du total des ventes par mois par rapport au total des ventes du trimestre (cellule E10). Dans la Figure 3.14, ces valeurs ont été converties en pourcentage par application aux cellules correspondantes du format Pourcentage, après y avoir entré les formules.

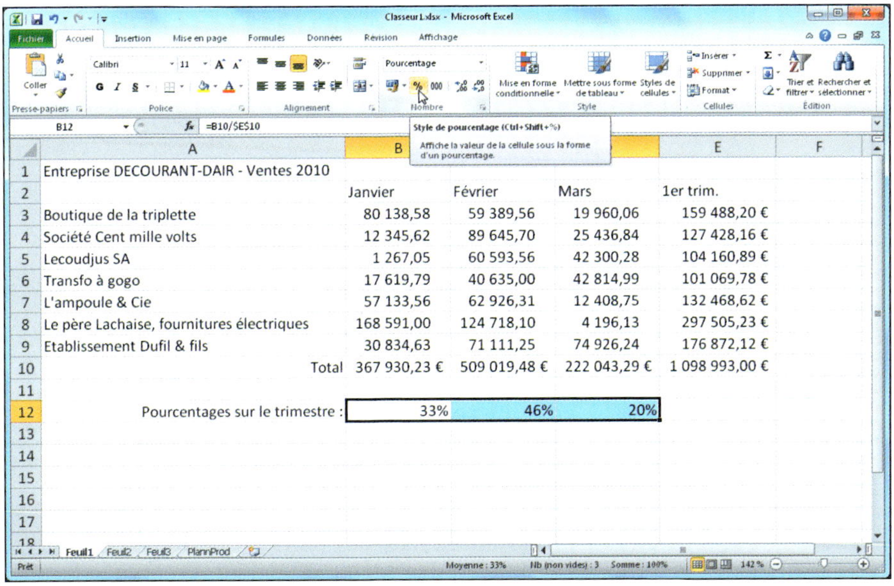

Figure 3.14 : Les pourcentages ont été mis en forme avec le format Pourcentage.

Définir les décimales

Il est possible d'augmenter et de réduire le nombre des décimales d'un nombre ayant reçu un format Monétaire, Séparateur de milliers ou Pourcentage en cliquant tout simplement sur les boutons Ajouter une décimale et Réduire les décimales. Ces deux commandes se trouvent dans le groupe Nombre de l'onglet Accueil.

Chaque fois que vous cliquez sur le bouton Ajouter une décimale (celui avec une flèche pointée vers la gauche), Excel place une autre décimale après la virgule. Dans la Figure 3.15, deux décimales ont été ainsi ajoutées aux pourcentages de la plage B12:D12. Remarquez que le bouton Pourcentage ne définit jamais de décimales ; vous les obtenez avec le bouton Ajouter une décimale.

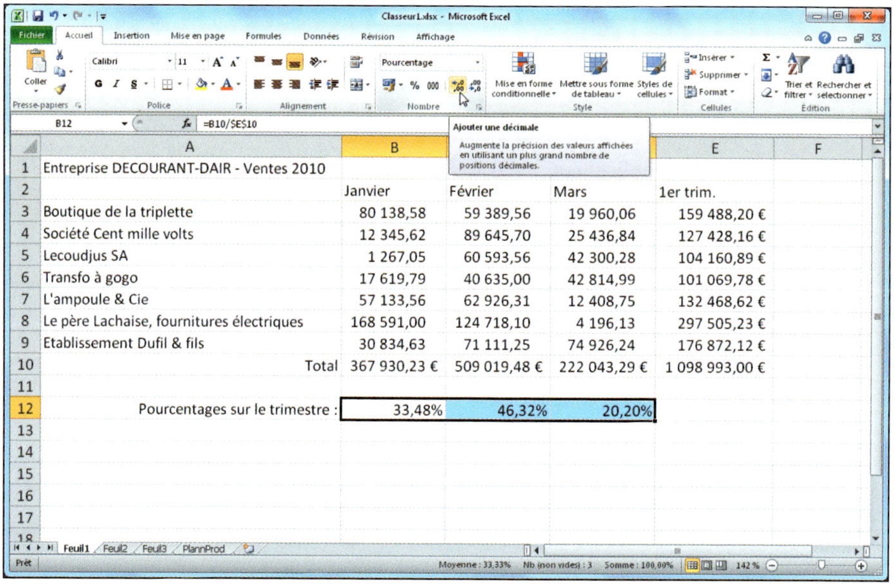

	A	B	C	D	E
1	Entreprise DECOURANT-DAIR - Ventes 2010				
2		Janvier	Février	Mars	1er trim.
3	Boutique de la triplette	80 138,58	59 389,56	19 960,06	159 488,20 €
4	Société Cent mille volts	12 345,62	89 645,70	25 436,84	127 428,16 €
5	Lecoudjus SA	1 267,05	60 593,56	42 300,28	104 160,89 €
6	Transfo à gogo	17 619,79	40 635,00	42 814,99	101 069,78 €
7	L'ampoule & Cie	57 133,56	62 926,31	12 408,75	132 468,62 €
8	Le père Lachaise, fournitures électriques	168 591,00	124 718,10	4 196,13	297 505,23 €
9	Etablissement Dufil & fils	30 834,63	71 111,25	74 926,24	176 872,12 €
10	Total	367 930,23 €	509 019,48 €	222 043,29 €	1 098 993,00 €
11					
12	Pourcentages sur le trimestre :	33,48%	46,32%	20,20%	

Figure 3.15 : Deux décimales ont été ajoutées aux pourcentages des ventes.

Les valeurs qui se cachent sous une mise en forme

Ne vous laissez pas induire en erreur par les formats qui enjolivent la présentation des cellules d'une feuille de calcul. Comme le ferait tout bon illusionniste, un format peut changer l'apparence d'une valeur comme par magie, mais en réalité le chiffre brut que vous avez entré reste immuable. Supposons qu'une formule retourne la valeur suivante :

```
25,6456
```

Supposons maintenant que vous mettiez en forme la cellule qui contient ce chiffre avec l'outil Monétaire. La valeur est affichée sous la forme :

```
25,65 Ð
```

Ce changement peut vous inciter à penser qu'Excel a arrondi la deuxième décimale à la valeur supérieure. En réalité, le logiciel n'a arrondi que l'*affichage* de la valeur ; la cellule contient toujours la valeur 25,6456. Si vous utilisez le contenu de cette cellule dans une formule, rappelez-vous qu'Excel utilise toujours la valeur véritable pour ses calculs, celle qui est stockée dans la mémoire et non celle qui apparaît à l'écran sous une forme ou sous une autre.

Comment ferez-vous pour que la valeur mise en forme soit la même que la valeur utilisée pour le calcul ? Excel peut satisfaire à votre demande en une seule étape. Sachez qu'il s'agit d'une opération irréversible. Il est en effet possible d'utiliser pour le calcul les valeurs affichées, mais avec une mise en forme particulière, en cochant une seule case. Mais vous ne pourrez pas revenir aux valeurs précédentes en la désactivant.

Puisque vous insistez pour connaître ce truc, voici comment il faut procéder :

1. **Assurez-vous que toutes les cellules de la feuille de calcul ont été mises en forme avec le nombre de décimales que vous désirez.**

   Cette étape doit être accomplie avant de convertir l'affichage de la précision des valeurs dans la feuille de calcul.

2. **Cliquez sur Fichier/Options/Options avancées.**

3. **Dans la section Lors du calcul de ce classeur, cochez la case Définir le calcul avec la précision au format affiché.**

   Excel affiche une boîte d'alerte vous disant La précision pour ces données sera définitivement perdue.

4. **Cliquez sur OK ou appuyez sur Entrée pour confirmer.**

Dates et heures dans les calculs

Dans le Chapitre 2, j'ai indiqué qu'il était très simple de créer des formules qui calculent le temps écoulé entre deux dates ou deux heures. Le hic est qu'Excel affiche automatiquement le résultat du calcul au format date ou heure. Par exemple, si vous entrez 15-8-04 dans la cellule B4, 15/4/04 dans la cellule C4 et, dans la cellule E4, la formule suivante permettant de trouver le nombre de jours écoulés entre les deux dates :

```
=B4-C4
```

Excel renvoie le résultat de 122 déguisé en 01/05/1900 dans la cellule E4. Pour remettre en forme ce résultat, vous devez affecter le format Nombre à la cellule E4 (ouvrez le menu du bouton Format de nombre dans le groupe

Nombre de l'onglet Accueil, et sélectionnez Nombre). La valeur 122 remplace alors 01/05/1900, indiquant que 122 jours se sont écoulés entre les deux dates.

Il en va de même avec les formules calculant le temps écoulé entre deux heures. Vous devez modifier le format de la cellule abritant le résultat. Prenons un exemple : vous saisissez 8:00 AM dans la cellule C8, 4:00 PM dans la cellule D8 et, dans la cellule E8, la formule suivante permettant de calculer le nombre d'heures écoulées entre ces deux instants :

```
=D8-C8
```

Il vous faut là aussi transformer au format Standard le résultat de la cellule E8, qui apparaît automatiquement sous la forme 8:00 AM. Une fois converti, le résultat est de 0,333333333 à la place de 8:00 AM, soit sa fraction sur une période de 24 heures. Pour obtenir le nombre d'heures correspondant, il suffit de multiplier 0,333333333 par 24, ce qui donne 8.

Un coup d'œil sur les différents formats de nombre

Excel prend en charge d'autres formats que Monétaire, Séparateur de milliers et Pourcentage. Pour les utiliser, sélectionnez la cellule ou la plage à mettre en forme, puis cliquez dedans avec le bouton droit de la souris. Dans le menu contextuel qui apparaît, sélectionnez l'option Format de cellule (ou appuyez sur Ctrl + Maj + 1 [le 1 du clavier principal]). Dans les deux cas, la boîte de dialogue Format de cellule apparaît.

Dans la boîte de dialogue Format de cellule, cliquez sur l'onglet Nombre puis sélectionnez le format désiré dans la liste Catégorie. Certains, comme Date, Heure, Fraction et Spécial, proposent un choix encore plus étendu de formats. D'autres, comme Nombre et Monétaire, possèdent leur propre boîte permettant de paramétrer la mise en forme. Chaque fois que vous sélectionnez un format, Excel affiche dans la zone Exemple la présentation de la première cellule de la plage sélectionnée. Si cet aperçu vous convient, cliquez sur OK ou appuyez sur Entrée pour appliquer la mise en forme choisie aux cellules sélectionnées.

La catégorie Spécial de la boîte de dialogue Format de cellule, onglet Nombre, contient des mises en forme très particulières. Les formats que voici vous intéresseront certainement :

- **Sécurité sociale.** Divise automatiquement les treize chiffres du numéro INSEE mentionnant le sexe, l'année de naissance, le mois, le lieu ainsi que les deux codes à trois chiffres. Exemple : 1 68 05 75 123 456.

- **Code postal.** Conserve les zéros qui précèdent un nombre (important pour entrer des codes postaux comme 04120 ou 07000).
- **Numéro de téléphone.** Sépare les dix chiffres des numéros de téléphone français deux par deux, en plaçant une espace entre chaque groupe (exemple : 01 40 21 46 20). D'autres options mettent en forme les numéros de téléphone belges, canadiens, luxembourgeois, marocains et suisses.

Régler les colonnes

Si Excel 2010 ne se charge pas lui-même de régler la largeur des colonnes, vous n'aurez aucune difficulté à le faire par vous-même. Le moyen le plus simple de les ajuster consiste à appliquer la largeur la plus appropriée grâce à la commande Ajustement automatique. Elle demande à Excel de réduire ou d'augmenter la largeur des colonnes selon le contenu le plus long qui s'y trouve.

Procédez comme suit pour appliquer un ajustement automatique aux colonnes :

1. **Placez le pointeur de la souris sur la bordure grise de droite de l'en-tête de la colonne, tout en haut de la feuille de calcul.**

   Le pointeur de la souris se transforme en double flèche pointant vers la gauche et vers la droite.

2. **Double-cliquez.**

   Excel ajuste automatiquement la largeur de la colonne selon la donnée la plus longue qui s'y trouve.

L'ajustement automatique peut être appliqué à plusieurs colonnes à la fois. Il suffit de sélectionner toutes les colonnes à régler (si elles sont adjacentes, cliquez et tirez dans leur en-tête ; sinon, touche Ctrl enfoncée, cliquez dans les différents en-têtes). Après avoir sélectionné les colonnes, double-cliquez sur n'importe quelle bordure de droite d'un en-tête.

L'ajustement automatique ne produit pas toujours le résultat escompté : un titre très long qui déborde sur les autres cellules, à droite, est exagérément élargi.

TRUC

Si l'ajustement automatique ne vous convient pas, au lieu de double-cliquer, tirez la bordure de droite de l'en-tête jusqu'à ce que vous ayez obtenu la largeur désirée. Cette méthode manuelle est parfaite pour régler plusieurs colonnes à la fois. La largeur de celle que vous ajustez sera répercutée sur toutes celles qui sont sélectionnées.

Vous pouvez aussi fixer la largeur des colonnes à partir du menu affiché par le bouton Format du groupe Cellules de l'onglet Accueil. La section de ce menu concernant la largeur de colonne contient les trois options suivantes :

- **Largeur :** Fait apparaître la boîte de dialogue Largeur de colonne, dans laquelle vous pouvez spécifier le nombre de caractères à afficher dans la colonne. Cliquez sur OK après avoir entré la valeur voulue.
- **Ajustement automatique :** Ajuste automatiquement la largeur de la colonne ou des colonnes de la sélection pour que le contenu le plus long y tienne en entier.
- **Largeur standard :** Fait apparaître la boîte de dialogue Largeur standard, dans laquelle vous pouvez spécifier la largeur standard des colonnes, en nombre de caractères. Cliquez sur OK après avoir entré la valeur voulue.

Ajuster les lignes

Le réglage de la hauteur des lignes est comparable à celui de la largeur des colonnes, à ce détail près que vous serez moins souvent amené à ajuster des lignes que des colonnes. Excel modifie en effet automatiquement la hauteur de ligne selon les entrées, notamment lors d'un changement de taille de police ou d'un retour à la ligne à l'intérieur d'une cellule. Ces cas seront évoqués dans la section « Modifier l'alignement », plus loin dans ce chapitre. La plupart des modifications de hauteur de ligne sont effectuées pour augmenter l'espace réservé au titre d'un tableau sans ajouter des lignes vides (nous y reviendrons dans la section « De haut en bas », plus loin dans ce chapitre).

Pour augmenter la hauteur d'une ligne, tirez le bas de l'en-tête de ligne jusqu'à ce que vous ayez obtenu la hauteur désirée, puis relâchez le bouton de la souris. Pour réduire la hauteur d'une ligne, inversez la manipulation en faisant remonter le bas de l'en-tête. Pour appliquer un ajustement automatique, double-cliquez sur la bordure inférieure de l'en-tête.

Comme pour les colonnes, vous pouvez aussi ajuster la hauteur des lignes sélectionnées en utilisant ce même menu du bouton Format du groupe Cellules de l'onglet Accueil :

- **Hauteur :** Fait apparaître la boîte de dialogue Hauteur de ligne, dans laquelle vous pouvez spécifier la hauteur de ligne (en points). Cliquez sur OK après avoir entré la valeur voulue.
- **Ajustement automatique :** Ajuste automatiquement la hauteur de la ligne ou des lignes de la sélection pour que le contenu le plus long y soit entièrement affiché.

On la voit, on ne la voit plus !

Un détail amusant concernant les lignes et les colonnes : il est possible de les réduire à tel point qu'elles semblent avoir disparu de la feuille de calcul ! Ce comportement est très pratique pour masquer des données. Supposons qu'une feuille de calcul contienne la liste des employés et leur salaire ; vous avez besoin de ces chiffres pour calculer un budget, mais vous ne tenez pas à ce que ces données sensibles apparaissent dans le rapport imprimé. Au lieu de perdre du temps à déplacer la colonne des salaires hors de la zone à imprimer, il suffit de masquer la colonne au moment de l'impression.

Masquer et afficher des colonnes

Bien qu'il soit possible de masquer des lignes et des colonnes manuellement, Excel propose une méthode autrement plus rapide et efficace, par l'option Masquer & afficher du menu du bouton Format du groupe Cellules de l'onglet Accueil. Supposons que vous deviez masquer la colonne B d'une feuille de calcul parce qu'elle contient des informations sensibles ou sans rapport avec le sujet. Pour masquer cette colonne, suivez ces étapes :

1. **Cliquez sur une cellule quelconque de la colonne B pour la sélectionner.**

2. **Cliquez sur le bouton Format du groupe Cellules de l'onglet Accueil pour faire apparaître son menu.**

3. **Dans ce menu, sélectionnez Masquer & afficher/Masquer les colonnes.**

La colonne *s'évanouit !* Toutes les informations de la colonne B disparaissent de la feuille de calcul. Remarquez notamment la succession des lettres des en-têtes de colonnes : A, C, D, E… Il manque la lettre B.

TRUC

Vous obtiendriez le même résultat en cliquant dans l'en-tête de la colonne avec le bouton droit de la souris et en choisissant, dans le menu contextuel, l'option Masquer.

Supposons maintenant que vous ayez imprimé la feuille de calcul et qu'il vous faut modifier une des entrées de la colonne B. Procédez comme suit pour réafficher la colonne :

1. **Placez le pointeur de la souris sur l'en-tête de la colonne A, puis tirez-le vers la droite pour sélectionner les colonnes A et C.**

   En tirant de A à C, vous incluez la colonne B dans la sélection. Ne cliquez surtout pas sur A *et* C, touche Ctrl enfoncée, car vous omettriez la colonne B.

2. **Cliquez sur le bouton Format du groupe Cellules de l'onglet Accueil pour faire apparaître son menu.**

3. Dans ce menu, sélectionnez Masquer & afficher/Afficher les colonnes.

Excel fait réapparaître la colonne B ; les trois colonnes A, B et C sont sélectionnées. Pour les désélectionner, cliquez sur n'importe quelle cellule de la feuille de calcul.

TRUC

Il est aussi possible de réafficher la colonne B en sélectionnant les colonnes A à C, en cliquant sur l'une d'elles avec le bouton droit de la souris et en choisissant la commande Afficher dans le menu contextuel.

Masquer et afficher des lignes

La procédure est exactement la même pour masquer et afficher des lignes que pour masquer et afficher des colonnes, à la seule différence qu'après avoir sélectionné les lignes voulues, il suffit de sélectionner Masquer & afficher/Masquer les lignes (au lieu de Masquer les colonnes) et Masquer & afficher/Afficher les lignes (au lieu de Afficher des colonnes) dans le menu affiché par le bouton Format de l'onglet Accueil.

N'OUBLIEZ PAS

N'oubliez pas que vous pouvez aussi cliquer du bouton droit sur la ligne ou les lignes sélectionnées pour sélectionner Masquer ou Afficher dans le menu contextuel qui apparaît.

Du côté de la police

Quand vous ouvrez une nouvelle feuille de calcul, Excel assigne une même police à la même taille à toutes les entrées auxquelles vous procédez. Excel 2010 utilise la police Calibri de 11 points (en typographie, le corps d'une police, c'est-à-dire sa taille, est exprimée en points). Bien que cette police convienne parfaitement pour la saisie, vous serez tenté d'en choisir d'autres pour agrémenter les titres et les en-têtes d'un tableau.

TRUC

Si vous ne tenez pas à conserver la police standard utilisée par Excel, vous pouvez en spécifier une autre dans l'onglet Général de la boîte de dialogue Options Excel (Fichier/Options). Dans la section Lors de la création de classeurs, sélectionnez la police que vous voulez utiliser par défaut en la choisissant dans la liste déroulante Utiliser cette police. Sélectionnez également si nécessaire la taille que vous voulez utiliser par défaut dans la liste déroulante Taille de la police (vous pouvez aussi l'entrer manuellement).

La plupart des choix concernant la police peuvent être effectués directement depuis le groupe Police de l'onglet Accueil, ce qui évite d'avoir à afficher la boîte de dialogue Format de cellule.

- Pour appliquer une nouvelle police à une cellule ou à une plage, cliquez sur le bouton fléché du champ Police, dans le groupe Police de l'onglet

Accueil. Sélectionnez ensuite le nom de la police à utiliser. Remarquez qu'Excel affiche le nom de chaque police avec sa typographie réelle, ce qui facilite le choix.

- Pour modifier la taille de la police, cliquez sur le bouton fléché du champ Taille de police, dans le groupe Police de l'onglet Accueil, et sélectionnez une nouvelle taille dans la liste.

Vous pouvez aussi appliquer du **gras**, de l'*italique*, un soulignement ou ~~barrer~~ des données. Le groupe Police de l'onglet Accueil contient les boutons permettant d'appliquer ou de supprimer les trois premiers styles ; remarquez que ces boutons reçoivent un fond orange (au lieu du bleu habituel) chaque fois que vous sélectionnez une cellule dont le contenu a reçu l'attribut correspondant. Lorsque vous cliquez sur l'un de ces boutons afin de supprimer le style dans la cellule sélectionnée, il reçoit à nouveau le fond bleu qui indique que la cellule sélectionnée n'a plus l'attribut correspondant.

Vous procéderez probablement à la plupart des modifications de police à partir de l'onglet Accueil du Ruban, mais il vous sera parfois plus commode de les faire sous l'onglet Police de la boîte de dialogue Format de cellule.

Comme le montre la Figure 3.16, l'onglet Police de la boîte de dialogue Format de cellule réunit tous les paramètres de police, y compris les styles (gras, italique...), les effets (barré, exposant et indice) et les couleurs. Si vous devez effectuer plusieurs modifications de police dans une sélection, travailler avec cet onglet Police sera beaucoup plus rapide et rationnel. La boîte de dialogue contient d'ailleurs une fenêtre d'aperçu qui montre l'effet – à l'écran du moins – des différents paramètres.

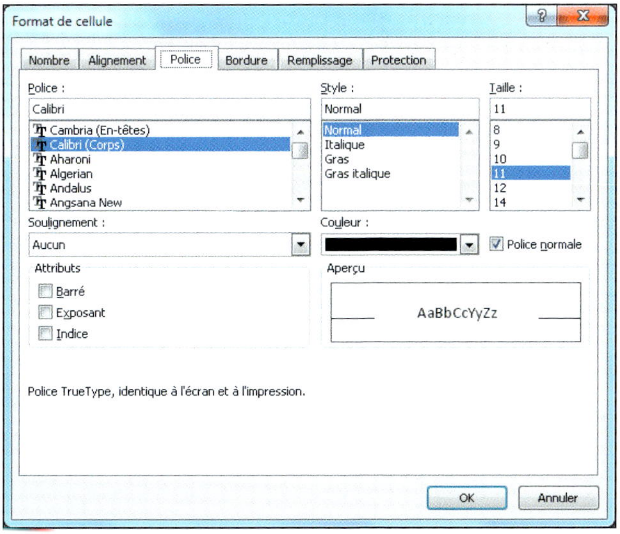

Figure 3.16 : L'onglet Police de la boîte de dialogue Format de cellule permet d'appliquer plusieurs modifications à la fois.

Pour changer la couleur de police dans des cellules sélectionnées, cliquez sur le triangle pointant vers le bas du bouton Couleur de police dans le groupe Police de l'onglet Accueil, et sélectionnez la couleur que vous voulez appliquer au texte des cellules dans la palette qui apparaît. N'oubliez pas que, selon le principe des Styles rapides, il vous suffit de placer le pointeur sur une couleur dans la palette pour voir le texte des cellules sélectionnées prendre la couleur correspondante. Pour appliquer effectivement la couleur choisie, cliquez dessus.

Modifier l'alignement

Lorsque vous commencez à saisir des entrées, leur alignement dans les cellules dépend de leur type. Tous les textes sont alignés à gauche et toutes les valeurs à droite. Vous pouvez cependant modifier cette disposition à votre guise.

Le groupe Alignement de l'onglet Accueil contient trois outils d'alignement : Aligné à gauche, Au centre et Aligné à droite. Ils disposent le contenu de la cellule ou d'une plage exactement comme vous le désirez. À droite de ces boutons d'alignement, se trouve le bouton Fusionner et centrer.

Ce bouton mérite d'être connu, car il sert à centrer instantanément un titre sur toute la largeur d'un tableau. Les Figures 3.17 et 3.18 montrent comment l'utiliser. Dans la Figure 3.17, remarquez que le titre « Entreprise DECOURANT-DAIR - Ventes 2010 » se trouve dans la cellule A1. Comme ce texte est assez long, il déborde sur les cellules à droite (B1 et C1). Pour centrer ce titre dans le tableau, qui s'étend des colonnes A à E, sélectionnez la plage de cellules A1:E1 puis, dans le groupe Alignement de l'onglet Accueil, cliquez sur le bouton Fusionner et centrer.

Observez le résultat dans la Figure 3.18 : dans la ligne 1, les cellules des colonnes A à E ont été fusionnées en une seule cellule, et le titre a été parfaitement centré dans cette « supercellule » qui s'étend d'un côté à l'autre du tableau.

Si vous devez de nouveau scinder une cellule fusionnée en cellules distinctes, sélectionnez-la, puis cliquez tout simplement à nouveau sur le bouton Fusionner et centrer dans le groupe Alignement de l'onglet Accueil.

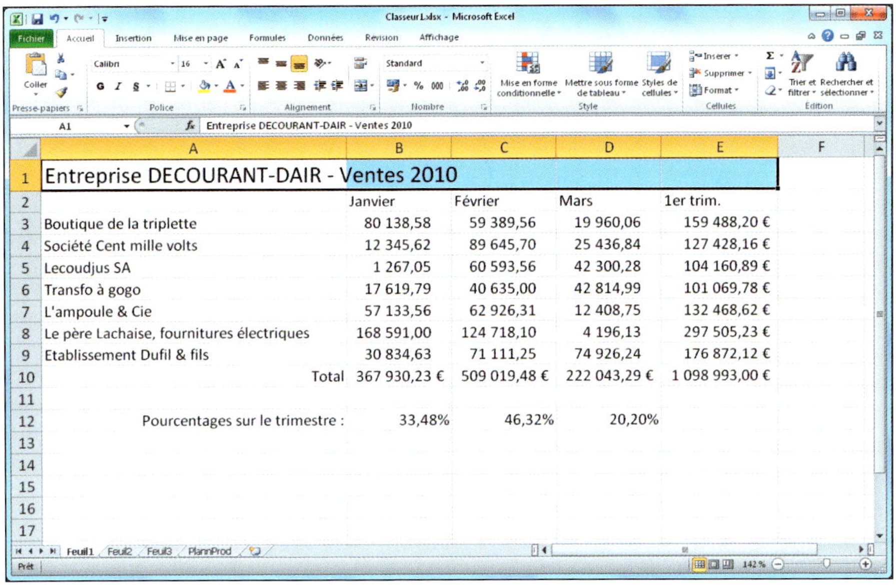

Figure 3.17 : Un titre dans la feuille de calcul, avant Fusionner et centrer.

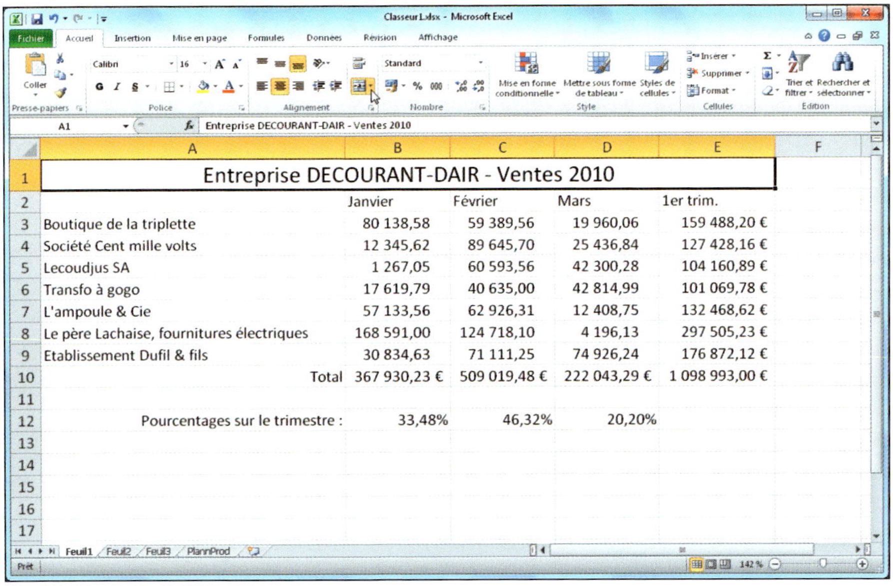

Figure 3.18 : La feuille de calcul après le centrage du titre sur les colonnes A à E.

Les retraits

Excel permet de mettre des entrées en retrait dans les cellules. Pour ce faire, cliquez sur le bouton Augmenter le retrait, dans le groupe Alignement de l'onglet Accueil. Ce bouton est reconnaissable à l'icône montrant une flèche repoussant quelques lignes vers la droite. Chaque fois que vous cliquez dessus, Excel met les entrées de la sélection courante en retrait d'un caractère (en police standard). Si vous voulez savoir ce que c'est qu'une police standard et comment la modifier, reportez-vous à la section « Du côté de la police », plus haut dans ce chapitre.

Un retrait peut être supprimé en cliquant sur le bouton Réduire le retrait ; il se trouve immédiatement à gauche du bouton Augmenter le retrait. Vous pouvez aussi modifier le nombre de caractères du décalage effectué avec le bouton Augmenter le retrait ; pour ce faire, ouvrez la boîte de dialogue Format de cellule (Ctrl + Maj + 1 [le 1 du clavier principal, pas celui du pavé numérique]), sélectionnez l'onglet Alignement, puis entrez une valeur dans le champ Retrait, soit en la tapant, soit en actionnant le bouton rotatif.

De haut en bas

L'alignement à gauche, centré ou à droite concerne le positionnement de l'entrée par rapport aux bords gauche et droit de la cellule, c'est-à-dire horizontalement. Vous pouvez aussi aligner le texte par rapport aux bords haut et bas de la cellule, soit verticalement. Par défaut, toutes les entrées sont placées en bas de la cellule, mais il est possible de les centrer verticalement ou de les placer contre le bord supérieur des cellules.

Pour modifier l'alignement vertical dans une plage de cellules sélectionnées, ouvrez la boîte de dialogue Format de cellule (Ctrl + Maj + 1 [le 1 du clavier principal, pas celui du pavé numérique]), puis cliquez sur l'onglet Alignement ; enfin, sélectionnez Haut, Centré, Bas, Justifié ou Distribué dans la liste déroulante Vertical.

La Figure 3.19 montre, dans la feuille des ventes de la société Decourant-Dair, le titre du tableau après qu'il a été centré verticalement (ce texte avait été centré horizontalement sur plusieurs colonnes avec la commande Fusionner et centrer ; la hauteur de la ligne 1, qui est par défaut de 15 points, a été augmentée à 36 points).

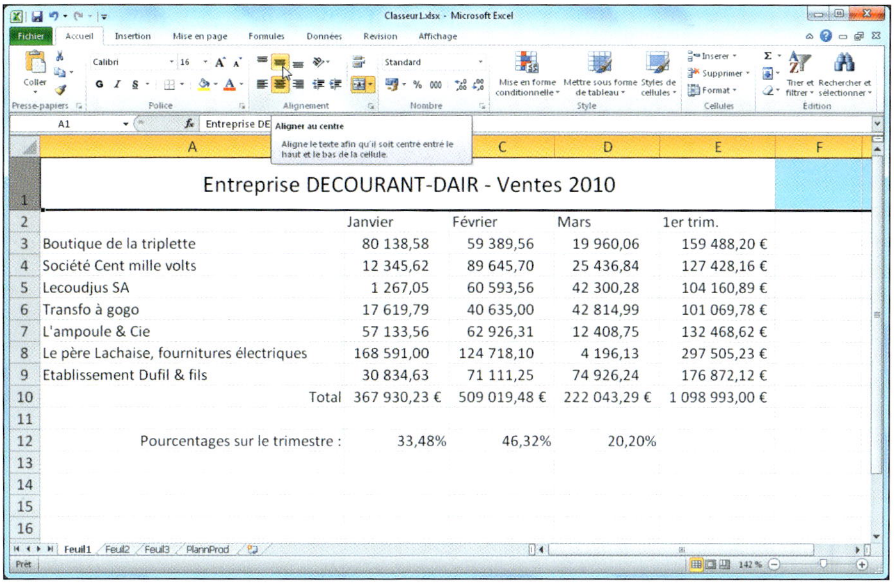

Figure 3.19 : La feuille de calcul après le centrage vertical du titre du tableau.

Gérer le renvoi à la ligne

Dans les tableaux, le placement des titres dans les colonnes a toujours posé un problème ; il fallait souvent les abréger pour éviter d'avoir à élargir les colonnes pour les faire tenir dedans. Dans Excel, ce problème peut être évité grâce à la fonction de renvoi à la ligne. La Figure 3.20 montre une nouvelle feuille de calcul dans laquelle les noms des partenaires de la société Decourant-Dair ont été mis en forme avec l'option Renvoyer à la ligne automatiquement, afin qu'ils tiennent chacun dans sa cellule.

Pour obtenir la présentation de la Figure 3.18, sélectionnez les cellules contenant les titres (de B2 à H2), puis cliquez sur le bouton Renvoyer à la ligne automatiquement dans le groupe Alignement de l'onglet Accueil.

Le renvoi à la ligne empêche les textes longs de déborder sur les cellules voisines. Pour recevoir les lignes supplémentaires, le logiciel augmente automatiquement la hauteur de ligne.

Quand vous sélectionnez l'option Renvoyer à la ligne automatiquement, Excel continue à utiliser les alignements vertical et horizontal que vous avez spécifiés pour la cellule. Notez que vous pouvez utiliser n'importe quelle option d'alignement de l'onglet Alignement de la boîte de dialogue Format de cellule : Gauche (avec ou sans retrait), Centré, Droit (avec ou sans retrait), Justifié ou Centré sur plusieurs colonnes. Vous ne pouvez toutefois pas utiliser l'option Recopié. Présente dans la liste déroulante Horizontal, l'option Recopié sert à répéter une entrée sur toute la largeur de la cellule.

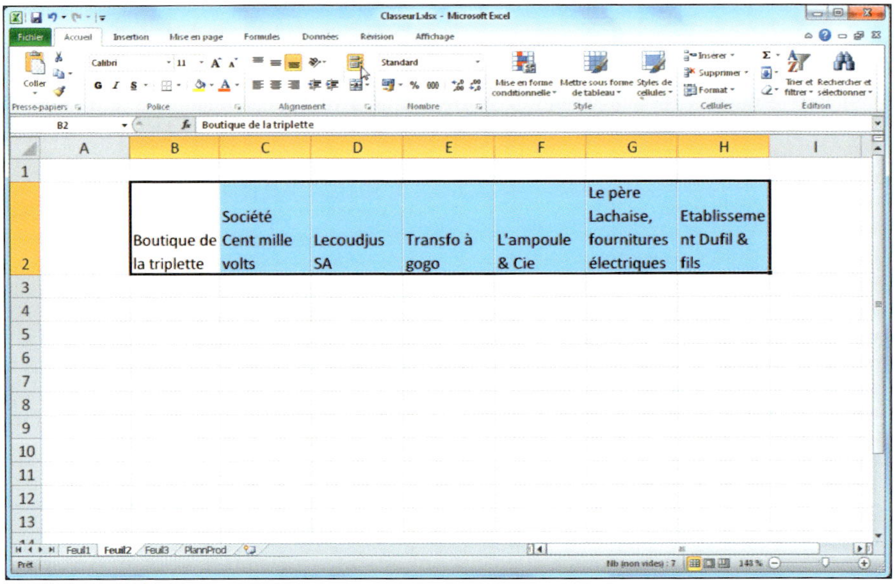

Figure 3.20 : Une nouvelle feuille de calcul dans laquelle les titres ont été mis en forme avec l'option Renvoyer à la ligne automatiquement.

Pour obtenir un renvoi à la ligne justifié sur les bords gauche et droit de la cellule, sélectionnez l'option Justifié dans la liste déroulante Horizontal de l'onglet Alignement de la boîte de dialogue Format de cellule.

TRUC

Un long texte peut être séparé en plusieurs lignes en plaçant le point d'insertion dedans, dans la cellule ou dans la Barre de formule, et en appuyant sur les touches Alt + Entrée. Excel agrandit la ligne contenue dans la cellule, ainsi que la Barre de formule, puis commence une nouvelle ligne. Dès que vous appuyez sur Entrée pour valider la saisie ou la modification, Excel effectue automatiquement le renvoi à la ligne selon la largeur de la colonne et l'emplacement du point d'insertion.

Incliner les données

Au lieu de définir un renvoi à la ligne pour les textes saisis dans les cellules, vous préférerez peut-être modifier leur orientation en les inclinant dans un sens ou dans un autre. Dans la Figure 3.21, le changement de direction des titres a donné un effet plus intéressant qu'un simple renvoi à la ligne.

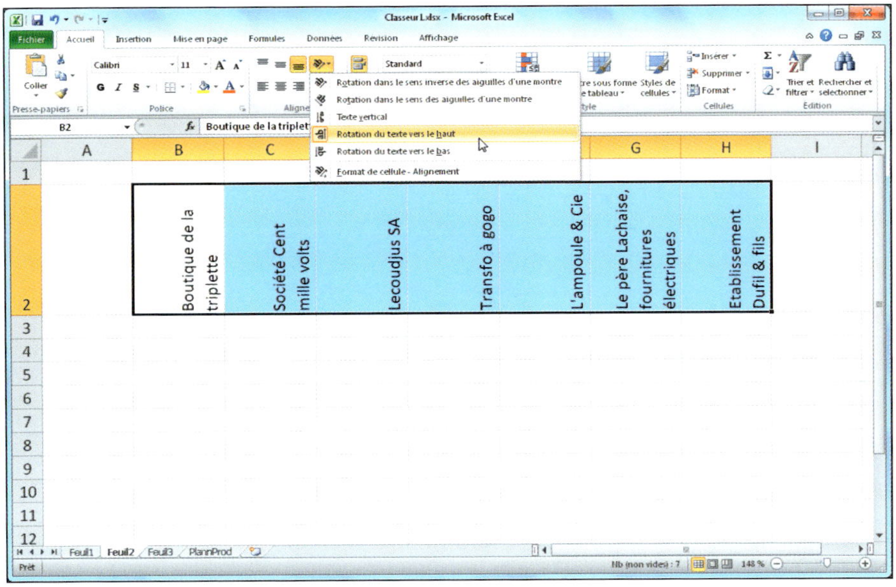

Figure 3.21 : Les titres ont été inclinés à 90° dans le sens inverse des aiguilles d'une montre.

Cet exemple montre une rotation à 90° vers le haut (dans le sens inverse des aiguilles d'une montre). Remarquez que cette opération a entraîné un ajustement de la largeur des colonnes.

Pour pivoter le contenu des cellules, sélectionnez d'abord la plage B2:H2, puis cliquez sur le triangle pointant vers le bas du bouton Orientation (dans le groupe Alignement de l'onglet Accueil). Dans le menu qui apparaît, sélectionnez Rotation du texte vers le haut.

La Figure 3.22 montre maintenant les mêmes titres orientés à 45°. Pour obtenir ce résultat, sélectionnez cette fois Rotation dans le sens inverse des aiguilles d'une montre dans ce même menu du bouton Orientation (après avoir sélectionné la même plage B2:H2, naturellement).

Un texte peut être incliné à d'autres valeurs que 45 ou 90 degrés. Après avoir sélectionné le texte à faire pivoter, sélectionnez Format de cellule – Alignement dans le menu du bouton Orientation du groupe Alignement de l'onglet Accueil pour ouvrir la boîte de dialogue Format de cellule avec l'onglet Alignement au premier plan, et utilisez la section Orientation de cet onglet pour spécifier l'angle voulu.

Pour cela, cliquez à l'endroit voulu dans le demi-cercle ou entrez directement l'angle voulu en degrés (avec un signe moins pour une rotation dans le sens des aiguilles d'une montre) dans le champ qui se trouve au-dessous.

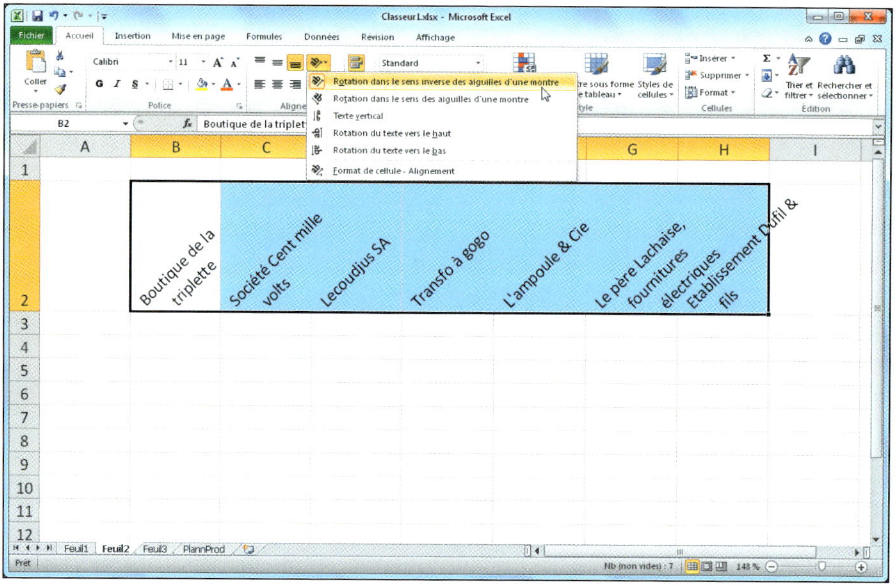

Figure 3.22 : Les titres ont été inclinés à 45° vers le haut.

N'OUBLIEZ PAS

Vous pouvez définir n'importe quelle inclinaison, de 90° vers le haut à 90° vers le bas, soit en tapant la valeur exacte dans le champ Degrés, soit en actionnant l'aiguille du cadran.

TRUC

Pour placer le texte verticalement de telle manière que les lettres soient empilées les unes sur les autres, cliquez sur le rectangle montrant le mot « Texte » ainsi disposé, à gauche du cadran.

Ajuster

Pour éviter qu'Excel élargisse les colonnes pour y faire tenir les entrées (pour afficher l'intégralité d'un tableau de données à l'écran ou l'imprimer sur une seule feuille), utilisez la commande Ajuster.

Cliquez sur l'onglet Alignement de la boîte de dialogue Format de cellule (Ctrl + Maj + 1 [le 1 du clavier principal, pas celui du pavé numérique]), et cochez la case Ajuster. Excel réduit la taille de la police dans les cellules sélectionnées, ce qui lui évite d'avoir à modifier la largeur des colonnes. Sachez cependant que vous risquez de vous retrouver avec des textes illisibles. Notez aussi qu'il est impossible d'appliquer simultanément les options Renvoyer à la ligne automatiquement et Ajuster ; la sélection de l'une désélectionne aussitôt l'autre.

Boîtes à bordures

Le quadrillage que vous apercevez dans une feuille de calcul sert simplement à mieux visualiser les lignes et les colonnes dans lesquelles vous travaillez. Vous pouvez choisir de l'imprimer avec vos données ou non (en cochant la case Imprimer du groupe Options de la feuille de calcul dans l'onglet Mise en page du Ruban).

Vous pouvez mettre en évidence certaines parties de la feuille de calcul ou d'un tableau à l'aide de bordures ou en appliquant un effet d'ombrage aux cellules. Ne confondez pas les *bordures* que vous définissez vous-même avec le *quadrillage* correspondant aux lignes et aux colonnes de la feuille de calcul. Les bordures sont toujours imprimées, indépendamment du fait que vous décidiez ou non d'imprimer le quadrillage.

TRUC

Pour mieux voir les bordures que vous ajoutez à des cellules, supprimez l'affichage du quadrillage. Pour cela, ôtez la coche de la case Quadrillage du groupe Options de la feuille de calcul dans l'onglet Mise en page du Ruban.

Pour ajouter des bordures à une sélection de cellules, cliquez sur le triangle pointant vers le bas du bouton Toutes les bordures du groupe Police de l'onglet Accueil, et sélectionnez dans le menu qui apparaît (Figure 3.23) le type de bordures que vous voulez appliquer à votre sélection.

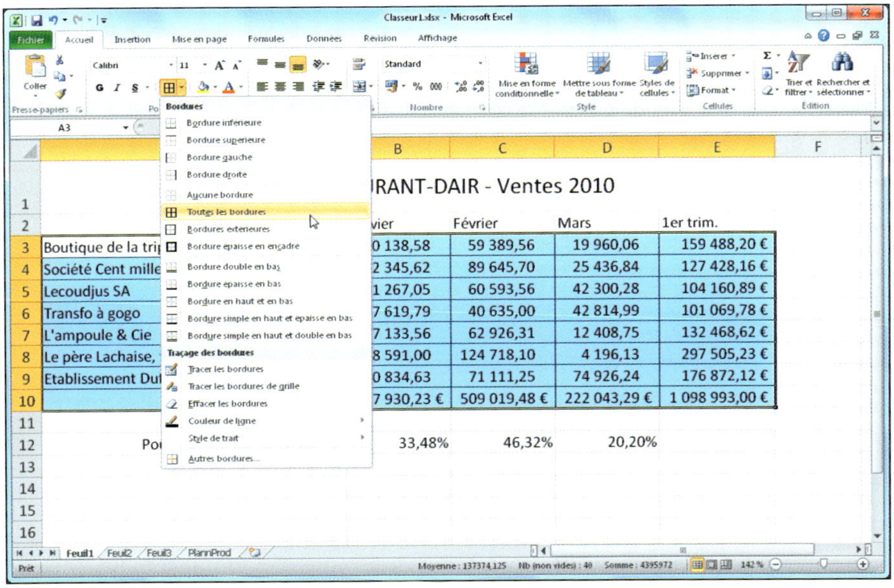

Figure 3.23 : Dans le menu du bouton Toutes les bordures, sélectionnez le type de bordures à appliquer à la sélection.

Rappelez-vous ces préceptes lorsque vous définissez des bordures :

- Pour que les bordures ne soient tracées qu'autour de la sélection, sélectionnez Bordures extérieures ou Bordure épaisse en encadré dans le menu du bouton Toutes les bordures.
- Pour que les bordures apparaissent autour de chacune des cellules de la plage sélectionnée, choisissez Toutes les bordures dans ce menu.

Pour changer le type de trait, l'épaisseur ou la couleur de la bordure que vous appliquez à une sélection de cellules, vous devez ouvrir la boîte de dialogue Format de cellule et cliquer sur son onglet Bordure (sélectionnez Autres bordures dans le menu du bouton Toutes les bordures ou appuyez sur Ctrl + Maj + 1 [le 1 du clavier principal, pas celui du pavé numérique]) et cliquez sur l'onglet Bordure dans la boîte de dialogue Format de cellule qui apparaît).

Pour changer le type de trait, sélectionnez celui qui vous convient dans la section Ligne de cet onglet. Pour changer la couleur, cliquez sur le bouton Couleur dans cette section Ligne, et sélectionnez la couleur qui vous convient dans la palette qui apparaît. Pour définir les contours de la bordure, utilisez les boutons de la section Présélection et de la section Bordure (qui vous montre aussi le résultat de ce que vous sélectionnez). Pour appliquer à la sélection ce que vous venez de choisir, cliquez sur OK.

Pour vous débarrasser d'une bordure, vous devez sélectionner les cellules correspondantes, et sélectionner Aucune bordure dans le menu du bouton Toutes les bordures du groupe Police de l'onglet Accueil.

Des couleurs de remplissage, des motifs et des dégradés

Vous pouvez aussi mettre en évidence des zones de votre feuille de calcul en appliquant une couleur de remplissage, un motif ou un dégradé aux cellules correspondantes.

Si vous avez une imprimante en noir et blanc, vous allez restreindre vos choix à des nuances de gris légères dans la palette de couleurs, sinon le contenu des cellules sera pratiquement illisible une fois imprimé.

Pour appliquer une nouvelle couleur de remplissage à une sélection de cellules, vous pouvez cliquer sur le triangle pointant vers le bas du bouton Couleur de remplissage du groupe Police de l'onglet Accueil, et sélectionner la couleur voulue dans la palette qui apparaît. Selon le principe des Styles rapides, cette palette vous permet de voir l'effet sur les cellules sélectionnées lorsque vous placez simplement le pointeur de la souris sur une couleur avant de la sélectionner.

Pour appliquer un nouveau motif à une sélection de cellules, vous devez ouvrir la boîte de dialogue Format de cellule (Ctrl + Maj + 1 [le 1 du clavier principal, pas celui du pavé numérique]) et cliquer sur l'onglet Remplissage (Figure 3.24). Dans cet onglet, cliquez sur le bouton Motif pour faire apparaître la palette des motifs et faites votre sélection dans celle-ci. Pour appliquer une couleur au motif sélectionné, cliquez sur le bouton Couleur (juste au-dessus du bouton Motif) et sélectionnez la couleur voulue dans la palette qui apparaît. Pour appliquer aux cellules sélectionnées le motif ainsi défini, cliquez sur OK.

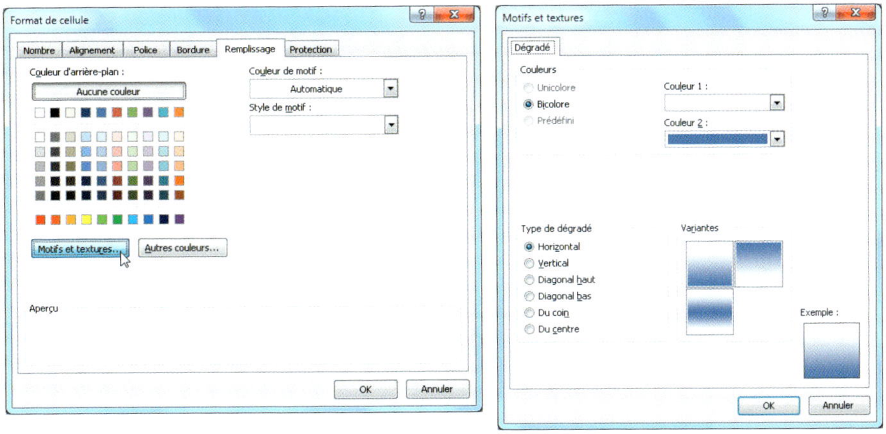

Figure 3.24 : Sélectionnez une couleur de remplissage et un motif dans la boîte de dialogue Format de cellule.

Si vous voulez ajouter un dégradé de couleurs dans une direction ou une autre aux cellules sélectionnées, cliquez sur le bouton Motifs et textures dans l'onglet Remplissage de la boîte de dialogue Format de cellule. La nouvelle boîte de dialogue qui apparaît (à droite dans la Figure 3.24) contient un seul onglet Dégradé, contenant plusieurs options pour définir ce dégradé.

Après avoir spécifié la première et la deuxième couleur et l'orientation du dégradé, vérifiez que le résultat vous convient dans l'exemple affiché dans le coin inférieur droit de cette boîte de dialogue, et cliquez sur OK pour revenir à la boîte de dialogue Format de cellule. Le dégradé que vous venez de définir y apparaît maintenant dans la section Aperçu. Pour voir le résultat sur votre sélection, il vous faut maintenant l'appliquer en cliquant sur le bouton OK.

Chapitre 4

Procéder à des modifications

Dans ce chapitre :

- Ouvrir un classeur en vue de le modifier.
- Annuler vos bourdes.
- Déplacer et copier par glisser-déposer.
- Copier des formules.
- Déplacer et copier par Couper, Copier et Coller.
- Supprimer des entrées dans des cellules.
- Supprimer et insérer des lignes et des colonnes.

Dans ce chapitre, vous découvrirez comment appliquer ces modifications en toute sérénité dans un classeur. La copie et le déplacement des données ainsi que l'insertion et la suppression des lignes et des colonnes sont des tâches faciles à maîtriser. Ce qui est un peu plus ardu à comprendre, c'est l'effet de ces actions sur la feuille de calcul. Mais ne vous en faites pas ! Si un changement compromet votre travail, vous pourrez toujours recourir à la fonction d'annulation pour revenir en arrière et vous retrouver en terrain plus familier.

S'ouvrir aux changements

Avant de commettre l'irréparable – je veux dire d'effectuer des modifications… –, vous devez bien sûr ouvrir Excel. Pour ouvrir un classeur, vous avez le choix entre cliquer sur Fichier/Ouvrir, appuyer sur Alt + FV ou utiliser les raccourcis clavier des versions précédentes d'Excel Ctrl + O ou Ctrl + F12.

La boîte de dialogue Ouvrir

Si vous utilisez Excel 2010 sous Windows 7, une boîte de dialogue Ouvrir, très semblable à celle que montre la Figure 4.1, apparaît. Elle est divisée en deux volets : le volet de navigation à gauche, dans lequel vous pouvez sélectionner un nouveau dossier, et le volet principal à droite, affichant tous les sous-dossiers du dossier sélectionné dans le volet de gauche, ainsi que tous les fichiers qu'il contient susceptibles d'être ouverts par Excel.

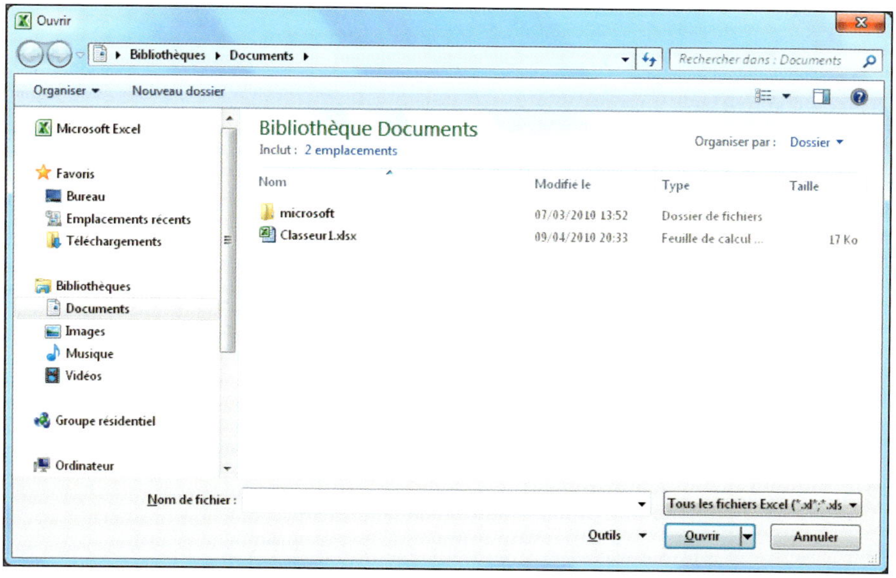

Figure 4.1 : Utiliser la boîte de dialogue Ouvrir pour naviguer jusqu'à un classeur pour l'ouvrir.

Le dossier qui est affiché lorsque la boîte de dialogue Ouvrir apparaît est soit celui qui est spécifié comme Emplacement d'enregistrement par défaut dans l'onglet Enregistrement de la boîte de dialogue Options Excel, soit le dernier que vous avez ouvert dans Excel en utilisant cette boîte de dialogue.

Pour ouvrir un classeur qui se trouve dans un autre dossier, cliquez sur le lien correspondant dans la section Liens favoris du volet de navigation, ou cliquez sur le triangle pointant vers le bas à droite de Dossiers, et cliquez sur le dossier voulu dans la liste qui apparaît.

Si vous ouvrez un nouveau dossier pour lequel aucun fichier n'apparaît dans le volet de droite (alors que vous savez qu'il n'est pas vide), cela signifie simplement qu'il ne contient aucun fichier d'un type qu'Excel est capable d'ouvrir directement (classeurs, modèles et macros). Pour afficher tous les fichiers du dossier, qu'Excel puisse ou non les ouvrir directement (c'est-à-dire sans aucune conversion), cliquez sur le bouton indiquant les types de fichiers affichés, et sélectionnez Tous les fichiers dans la liste déroulante qui apparaît.

Lorsque l'icône du classeur que vous voulez ouvrir apparaît dans la boîte de dialogue Ouvrir, vous pouvez ouvrir ce classeur en cliquant sur son icône puis en cliquant sur le bouton Ouvrir, ou tout simplement en double-cliquant sur son icône.

La boîte de dialogue Ouvrir d'Excel 2010 sous Windows XP

La boîte de dialogue Ouvrir d'Excel 2010 sous Windows XP est un peu différente de celle de Windows 7 et Vista. Elle est divisée en deux sections : un volet contenant des icônes d'emplacement à gauche, et à droite un volet affichant une liste de dossiers et de fichiers. Si le dossier ouvert n'est pas celui qui contient le classeur que vous voulez ouvrir, vous devez commencer par naviguer jusqu'au bon dossier. À partir de l'emplacement Poste de travail, vous pouvez accéder à tous les dossiers de vos disques durs en double-cliquant simplement successivement sur chacun des dossiers qui constituent le chemin d'accès à celui que vous voulez ouvrir (pour ouvrir un dossier, vous pouvez aussi cliquer dessus et cliquer sur le bouton Ouvrir). Vous pouvez aussi remonter dans l'arborescence des dossiers en cliquant sur le bouton Dossier parent dans la barre d'outils de la boîte de dialogue Ouvrir.

Si le classeur que vous voulez ouvrir se trouve sur un autre disque dur local de votre ordinateur, cliquez sur le bouton Dossier parent jusqu'à voir apparaître l'icône du lecteur C: dans le volet de droite. Double-cliquer sur l'icône du disque dur approprié dans cette liste et continuer à naviguer ainsi jusqu'au dossier dans lequel se trouve votre classeur.

Ouvrir les classeurs récemment modifiés

Si le classeur que vous désirez ouvrir a été récemment créé ou modifié, vous pouvez vous dispenser d'accéder à la boîte de dialogue Ouvrir. Cliquez sur le Fichier et choisissez Récent (ou appuyez sur Alt + FR) puis cliquez sur le nom du classeur à ouvrir.

TRUC

Quand vous accédez à la liste des classeurs récemment ouverts en appuyant sur Alt + FR, Excel 2010 affiche un raccourci clavier pour chacun des classeurs de la liste.

Excel garde en mémoire la liste des 20 derniers fichiers de classeur que vous avez ouverts et les affiche à droite. Vous pouvez ouvrir un classeur en cliquant dessus, ou en appuyant sur la touche numérotée ou sur le raccourci clavier qui lui est attribué.

TRUC

Procédez comme suit pour modifier le nombre de fichiers récemment ouverts :

1. **Cliquez sur Fichier/Options /Options avancées, ou appuyez sur Alt + FIA, pour accéder à la boîte de dialogue Options avancées pour travailler avec Excel.**

2. **Dans la section Afficher, entrez la valeur de votre choix dans le champ Afficher ce nombre de documents récents (vous pouvez aussi utiliser les flèches qui se trouvent dans ce champ pour changer la valeur).**

3. **Cliquez sur OK ou appuyez sur la touche Entrée pour fermer la boîte de dialogue Options Excel.**

N'OUBLIEZ PAS

Si vous ne voulez voir apparaître aucun document récent dans le menu Fichier, entrez simplement 0 dans ce champ.

TRUC

En bas de la liste Classeurs récents, dans la fenêtre Backstage, cochez la case Accéder rapidement à ce nombre de classeurs récents (4, par défaut). Les noms des quatre classeurs les plus récents figureront dans le menu Fichiers. Vous pourrez ainsi en ouvrir un directement depuis le menu Fichiers, sans être obligé de parcourir l'option Récent.

Si vous avez oublié où se trouve un fichier

Le seul problème que vous puissiez rencontrer quand vous tentez de charger un fichier avec la boîte de dialogue Ouvrir est de savoir où se trouve ce fichier. Tout est parfait aussi longtemps que le nom du fichier apparaît parmi ceux listés dans la fenêtre de la boîte de dialogue ; mais que faire si le fichier est invisible et semble se cacher dans les mystérieuses profondeurs de l'arborescence des dossiers ?

Lorsque vous utilisez Excel 2010 sous Windows 7 ou Vista, ce nouveau système d'exploitation ajoute un champ de recherche dans la boîte de dialogue Ouvrir (Figure 4.2), permettant ainsi de rechercher des classeurs depuis cette boîte de dialogue.

Pour rechercher un classeur de cette façon, cliquez dans le champ de recherche dans le coin supérieur droit de la boîte de dialogue Ouvrir, et entrez des caractères qui se trouvent dans le nom du classeur ou dans le classeur lui-même.

Au fur et à mesure que Vista trouve des fichiers correspondant à vos critères de recherche, les noms de ceux-ci (classeurs Excel, mais aussi modèles et macros) apparaissent dans la boîte de dialogue Ouvrir. Aussitôt que le classeur que vous recherchez apparaît, vous pouvez l'ouvrir en double-cliquant sur son icône, ou en cliquant dessus puis sur le bouton Ouvrir.

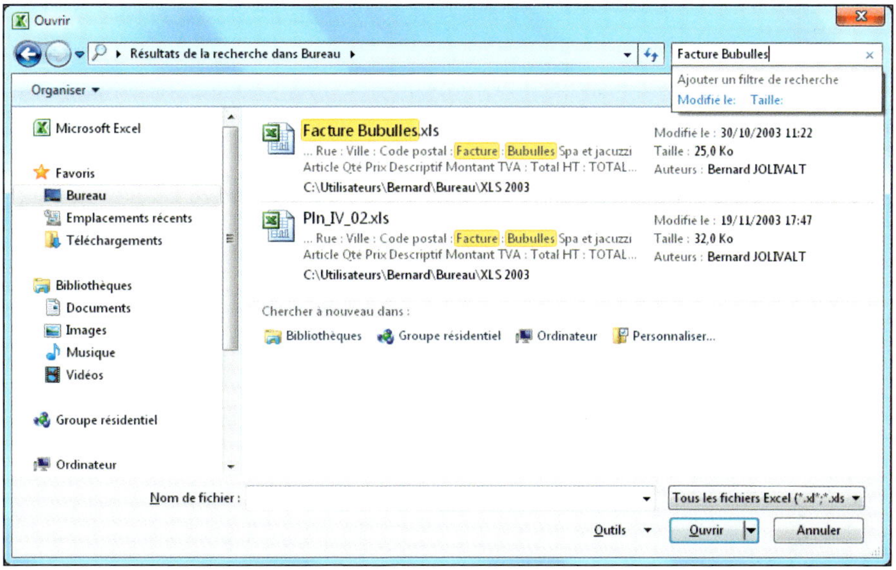

Figure 4.2 : Utilisez le champ de recherche dans la boîte de dialogue Ouvrir pour rechercher rapidement des classeurs Excel dans votre ordinateur.

N'OUBLIEZ PAS

Sous Windows XP, la boîte de dialogue d'Excel 2010 ne contient pas de champ de recherche. Vous devrez utiliser la fonction de recherche du système d'exploitation, accessible depuis le menu Démarrer, pour trouver un fichier égaré.

Encore plus sur les annulations

Avant de vous lancer dans la réalisation d'une feuille de calcul, vous devez connaître la fonction d'annulation et savoir comment elle peut rétablir la situation si jamais vous vous êtes fourvoyé. Le bouton Annuler de la barre d'outils Accès rapide est une commande à facettes multiples. Quand vous supprimez par exemple le contenu d'une cellule ou d'une plage avec la commande Effacer du même menu, l'info-bulle du bouton Annuler devient Annuler Effacer (Ctrl + Z). Si vous déplacez une entrée avec les commandes Couper et Coller, l'info-bulle du bouton Annuler devient Annuler Coller.

En dehors du bouton Annuler dans la barre d'outils Accès rapide, vous pouvez utiliser le raccourci clavier Ctrl + Z qui fait exactement la même chose.

TRUC

Le bouton Annuler de la barre d'outils Accès rapide réagit à toutes les actions que vous entreprenez. Si vous vous rendez compte après coup qu'il fallait annuler – c'est-à-dire après avoir appliqué d'autres commandes entre-temps –, vous devrez déployer le menu déroulant qui lui est associé (en cliquant sur le triangle pointant vers le bas qui l'accompagne), pour y sélectionner l'action à annuler. Cette action ainsi que toutes celles qui ont suivi (et qui apparaissent au-dessus dans le menu) sont annulées.

Rétablir et Répéter

Après avoir appliqué la commande Annuler, Excel rend la commande Rétablir (ou Répéter selon la commande que vous avez appliquée juste avant) accessible. Si vous supprimez une entrée en appuyant sur la touche Suppr, et cliquez ensuite sur le bouton Annuler dans la barre d'outils Accès rapide (ou appuyez sur Ctrl + Z, ce qui revient au même), l'info-bulle suivante apparaît au-dessous du bouton Répéter lorsque vous placez dessus le pointeur de la souris :

```
Répéter Effacer     Ctrl + Y
```

Quand vous appliquez la commande Répéter, Excel refait ce que vous venez d'annuler. Autrement dit, Excel revient en arrière d'une action, comme si elle n'avait pas été exécutée.

Que faire s'il est impossible d'annuler ?

C'est souvent quand vous estimez qu'il serait prudent de rétablir le classeur le plus important que vous vous apercevez avec horreur que la commande Annuler ne fonctionne pas tout le temps. Bien qu'il soit néanmoins possible d'annuler la dernière suppression de cellule erronée, un déplacement ou une recopie inconséquente, vous ne pourrez pas revenir sur un enregistrement de fichier. D'où l'intérêt de la commande Enregistrer sous, qui permet de conserver un exemplaire du classeur tel qu'il était au moment de l'ouverture ou du dernier enregistrement.

Excel ne signale malheureusement jamais qu'il est sur le point d'entreprendre une action sur laquelle il ne pourra pas revenir, ou alors trop tard. Après avoir commis l'irréparable, vous placez le pointeur de la souris sur le bouton Annuler en croyant pouvoir annuler ce que vous venez de faire, et vous lisez : `Impossible d'annuler` (d'ailleurs, le bouton Annuler apparaît en grisé dans la barre d'outils Accès rapide pour indiquer que cette commande n'est pas accessible).

La seule exception à cette règle est quand le logiciel vous prévient (et vous avez intérêt à en tenir compte). Lorsque vous choisissez une commande qui peut normalement être annulée, sauf dans les circonstances présentes, à cause d'un manque de mémoire vive, par exemple, ou parce que l'annulation affecterait trop profondément la feuille de calcul, Excel le sait et affiche une boîte d'alerte qui signale le manque de mémoire et demande s'il faut quand même exécuter la commande. Si vous cliquez sur le bouton Oui, sachez que la commande sera appliquée sans aucune chance de revenir en arrière ; si vous découvrez par la suite que la ligne supprimée contient une formule essentielle, dont vous ne connaissez plus la teneur, vous ne pourrez pas recourir à la commande Annuler pour rattraper votre bourde. Dans ce cas, la seule chance de vous en tirer est de fermer le fichier (Fichier/Fermer) *mais SANS enregistrer vos modifications*.

Le bon vieux glisser-déposer

L'une des premières techniques de modification que vous vous devez de connaître est le *glisser-déposer*. Comme le suggère son nom, il s'agit d'une manipulation effectuée à la souris qui consiste à choisir une cellule ou une plage sélectionnée et à faire glisser cette sélection ailleurs dans la feuille de calcul. Bien que le glisser-déposer serve essentiellement à déplacer des entrées simples, vous pouvez l'utiliser pour déplacer des plages entières.

Procédez comme suit pour déplacer une cellule ou une plage de cellules :

1. **Sélectionnez une cellule ou une plage de cellules.**

2. **Placez le pointeur de souris sur un bord de la ou des cellules sélectionnées.**

   La transformation du pointeur en flèche à quatre pointes indique que vous pouvez commencer à faire glisser la cellule ou la plage.

3. **Faites glisser la cellule ou la plage sélectionnée jusqu'à sa destination.**

   Faites glisser la sélection en déplaçant la souris, bouton gauche enfoncé.

   Pendant le déplacement, vous faites en réalité glisser le contour des cellules, ce qui vous permet d'avoir une idée de l'emplacement qu'elles occuperont. C'est uniquement au moment où vous relâchez le bouton de la souris que le déplacement du contenu des cellules se produit effectivement.

   Faites glisser le contour jusqu'à sa destination exacte (l'info-bulle qui accompagne le pointeur indique la plage de cellules de destination).

4. **Relâchez le bouton de la souris.**

   Les données figurant dans la ou les cellules apparaissent aussitôt à leur nouvel emplacement.

Les Figures 4.3 et 4.4 montrent un déplacement de cellules. Dans la première, la plage A10:E10 (elle contient les totaux du trimestre) a été sélectionnée afin d'être déplacée vers la ligne 13, et libérer ainsi de la place pour les chiffres des ventes de deux nouveaux produits qui n'avaient pas été pris en compte lors de la création de ce classeur (par quelqu'un qui n'était pas très au courant). Dans la Figure 4.4, les chiffres des ventes ont été déplacés.

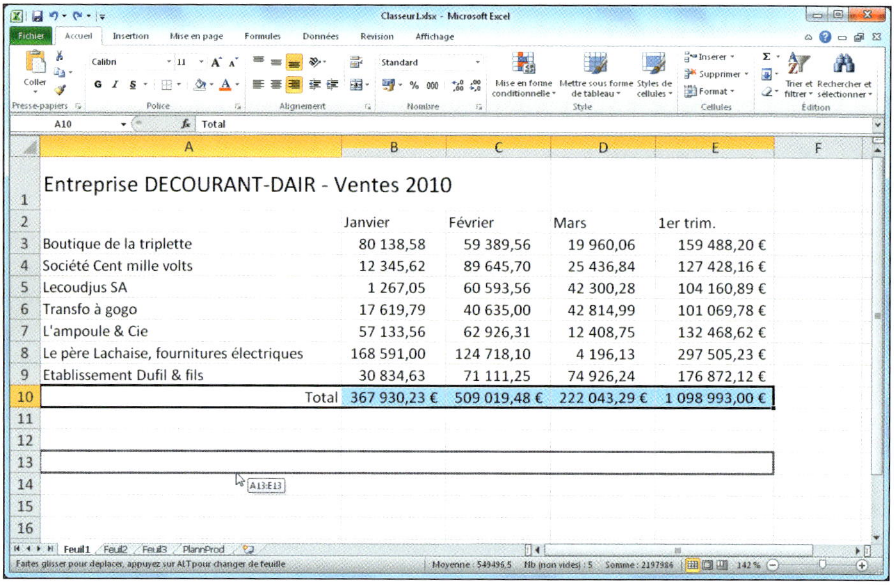

Figure 4.3 : Une plage sélectionnée est en cours de déplacement.

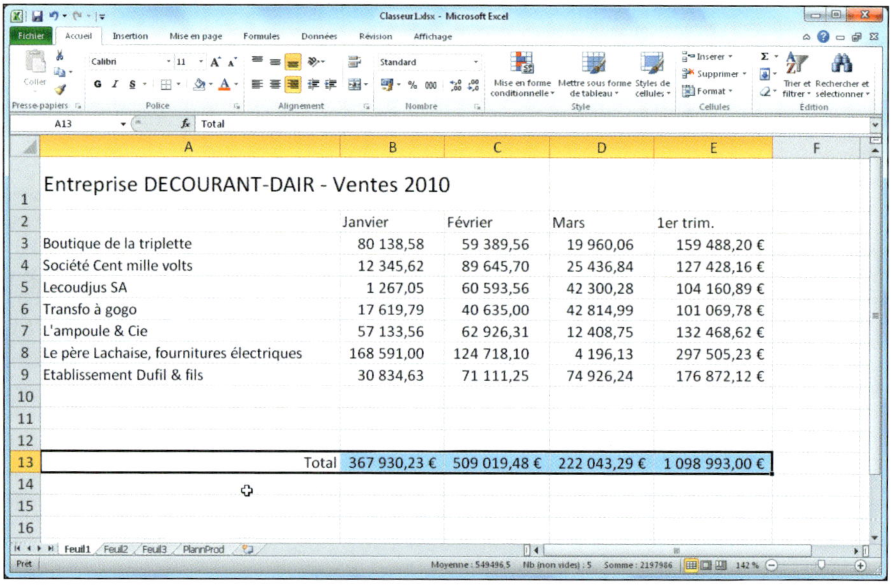

Figure 4.4 : La plage sélectionnée vient d'être déposée à son nouvel emplacement.

Notez que les arguments de la fonction SOMME, dans les cellules B13 à E13, ne tiennent pas compte de la modification lorsque vous vous contentez de déplacer celles-ci : ils couvrent toujours les lignes 3 à 9. Toutefois, aussitôt que vous commencez à entrer des valeurs dans les cellules B9 à D9 et B10 à D10, Excel 2010 met à jour automatiquement les arguments de la fonction SOMME dans les cellules B13 à E13. Ainsi, par exemple, la formule SOMME(B3:B9) de la cellule B12 devient comme par magie SOMME(B3:B12).

La copie par glisser-déposer

Comment copier une ligne de cellules au lieu de simplement les déplacer ? Supposons que vous deviez commencer, dans la feuille de calcul, un nouveau tableau dans les lignes situées plus bas. Il vous faudra copier la ligne de cellules contenant les titres mis en forme en procédant ainsi :

1. **Sélectionnez la ligne de cellules.**

   Dans les Figures 4.3 et 4.4, c'est la plage de cellules A1:E2.

2. **La touche Ctrl enfoncée, amenez le pointeur de la souris au bord de la sélection.**

   Le pointeur se transforme en flèche blanche accompagnée, en haut à droite, d'un petit signe plus (+). Il indique que le glisser-déposer effectuera une *copie* et non un déplacement.

3. **Tirez la sélection par sa bordure, jusqu'à l'emplacement où elle doit être copiée, puis relâchez le bouton de la souris.**

   Pendant que vous faites glisser la sélection, une info-bulle indique les références de la plage que survole le pointeur.

Si, lors d'un glisser-déposer pour déplacer ou copier des cellules, vous positionnez le contour de la sélection de telle manière qu'il chevauche des cellules contenant des données, Excel affiche une boîte d'alerte avec la question suivante : « Voulez-vous remplacer le contenu des cellules de destination ? »

Pour éviter le remplacement des données existantes et renoncer au glisser-déposer, cliquez sur le bouton Annuler. Mais si vous avez l'intention de remplacer les données existantes par les nouvelles, cliquez sur OK.

Insérer par glisser-déposer

À l'instar des redoutables Klingons de *Star Trek*, les feuilles de calcul d'Excel ne font jamais de prisonniers. Dès que vous amenez une entrée sur une cellule occupée, cette entrée supplante sans vergogne celle qui s'y trouvait.

Pour insérer la ligne en cours de déplacement parmi d'autres lignes qui contiennent des données sans supprimer les données existantes, maintenez la touche Maj enfoncée pendant le glisser-déposer. Si vous copiez, vous devrez faire preuve de dextérité en maintenant à la fois les touches Ctrl et Maj enfoncées.

Lorsque la touche Maj est enfoncée, le contour de la sélection que vous aviez manipulé jusqu'à présent est remplacé par une barre d'insertion qui se déplace entre les lignes et/ou les colonnes. Elle matérialise l'emplacement où se fera l'insertion si, à ce moment, vous relâchez le bouton de la souris. Dans ce cas, Excel insère une ligne ou une colonne et déplace les cellules existantes vers des cellules vides.

TRUC

J'ai pourtant maintenu la touche Maj enfoncée comme vous l'aviez dit…

L'insertion par glisser-déposer est l'une des fonctions les plus délicates à réussir. Parfois, vous faites exactement ce qu'il faut et vous voyez néanmoins apparaître la boîte d'alerte qui vous prévient qu'Excel s'apprête à remplacer des données existantes au lieu de les décaler. Si cela se produit, cliquez sur le bouton Annuler. Il est fort heureusement possible d'insérer des données avec les commandes Couper et Coller (reportez-vous à la section « Faire de la place avec la commande Insérer », plus loin dans ce chapitre), sans avoir à se soucier du comportement de la barre d'insertion.

La recopie automatique des formules

La copie par glisser-déposer, en maintenant la touche Ctrl enfoncée, est utile lorsqu'il faut recopier une série de cellules adjacentes ailleurs dans la feuille de calcul. Mais très souvent vous aurez à ne recopier qu'une seule formule dans plusieurs cellules voisines qui doivent exécuter le même type de calcul, comme totaliser des chiffres dans des colonnes. Ce type de copie de formule, très courant, ne peut pas être fait par un glisser-déposer. Il faut recourir à la recopie automatique, décrite dans le Chapitre 2, ou aux commandes Copier et Coller (reportez-vous à la section « Le couper-coller numérique », plus loin dans ce chapitre).

Nous verrons ici comment utiliser la recopie automatique pour copier une formule dans une plage de cellules. La Figure 4.5 montre la feuille de calcul de l'entreprise Decourant-Dair, avec tous les produits, mais cette fois sans les totaux mensuels à la ligne 10.

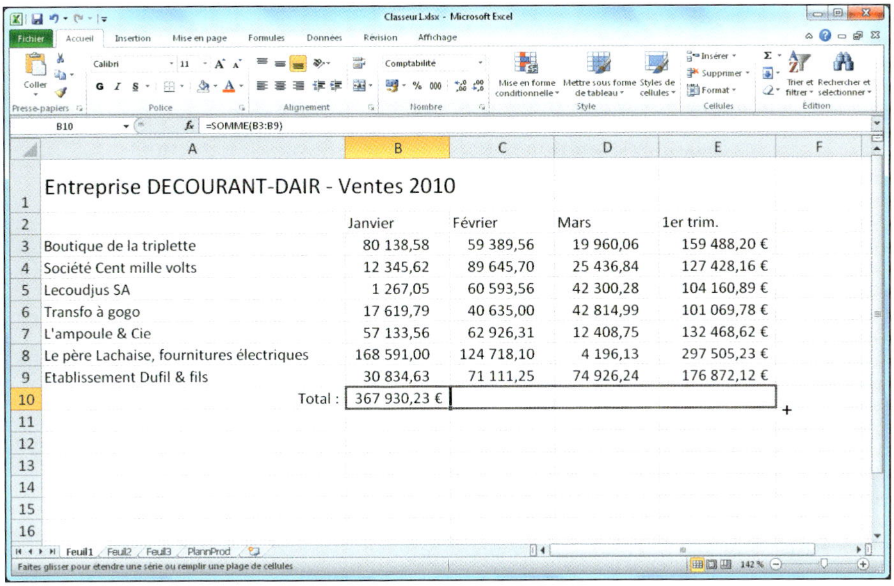

Figure 4.5 : Copie d'une formule dans une même ligne grâce à la recopie automatique.

La Figure 4.6 montre la feuille de calcul après avoir fait glisser la poignée de recopie sur la plage de cellules C10:E10 à partir de la cellule B10 (qui contient la formule à copier).

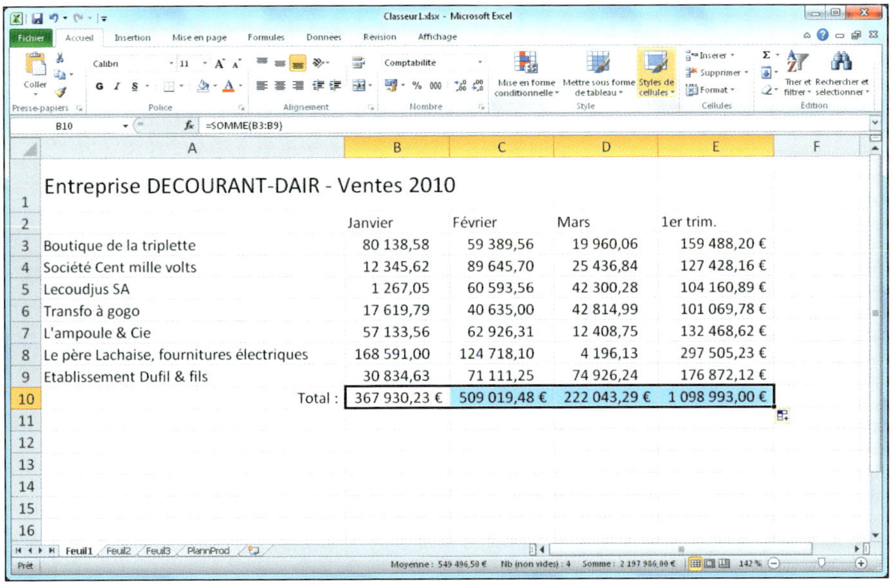

Figure 4.6 : La feuille de calcul après la recopie de la formule totalisant les mois.

Absolument relatif et inversement

Référez-vous à la Figure 4.6 pour voir la feuille de calcul après la recopie de la formule d'une cellule dans la plage C10:E10. La cellule B10 est active. Remarquez comment Excel gère la recopie des formules. La formule d'origine, dans la cellule B10, est :

```
=SOMME(B3:B9)
```

Lorsque cette formule est recopiée dans la cellule voisine, C12, Excel la modifie légèrement à cet emplacement :

```
=SOMME(C3:C9)
```

Excel a en effet rectifié la référence de colonne, qui est passée de B à C, car la recopie s'est faite de la gauche vers la droite.

Quand vous copiez une formule dans une plage qui s'étend vers le bas sur plusieurs lignes, Excel modifie les numéros de lignes en conséquence, au lieu des lettres de colonnes, selon l'emplacement de chaque recopie. La cellule E3 de la feuille de calcul des ventes de l'entreprise Decourant-Dair contient la formule suivante :

```
=SOMME(B3:D3)
```

Quand vous recopiez cette formule vers le bas, dans la cellule E4, Excel la modifie de la manière suivante :

```
=SOMME(B4:D4)
```

Excel ajuste la référence de ligne afin qu'elle corresponde à la nouvelle position dans la ligne 4. Comme cette modification de la formule a été effectuée selon la direction de la recopie, les références de cellules sont appelées *références de cellules relatives.*

Certaines choses sont absolues

Toutes les formules que vous créez contiennent naturellement des références de cellule absolues, à moins que vous en décidiez autrement. Du fait que la plupart des recopies de cellule nécessitent une correction de leurs références, vous aurez rarement à revenir sur cet arrangement. Cependant, de temps en temps, vous serez confronté à une exception.

L'une des exceptions les plus communes se produit lorsque vous désirez comparer une plage de valeurs différentes avec une seule valeur. Ce cas de figure se présente classiquement lorsque vous voulez calculer le pourcentage de plusieurs parties par rapport au total. Par exemple, dans la feuille de calcul de l'entreprise Decourant-Dair, vous rencontrez cette situation en créant et recopiant une formule qui détermine chaque pourcentage mensuel, dans la plage B14:D14, par rapport au total trimestriel de la cellule E10.

Supposons que vous vouliez entrer ces formules dans la rangée 14 de la feuille de calcul, en commençant par la cellule B14. La formule qui, dans cette cellule, calcule le pourcentage des ventes de janvier par rapport au trimestre est sans détour :

```
=B10/E10
```

Cette formule divise le total des ventes de janvier, dans la cellule B10, par le total trimestriel de la cellule E10 (on ne saurait faire plus simple…). Mais regardez ce qui se passerait si vous tiriez la poignée de recopie d'une cellule vers la droite pour recopier la formule dans la cellule C14 :

```
=C10/F10
```

L'ajustement de la première référence de cellule, qui passe de B10 à C10, est bien celui que nous attendions. Mais l'ajustement de la deuxième partie des références de cellule, qui passe de E10 à F10, est désastreux. Non seulement vous n'obtenez pas, dans la cellule C10, le calcul du pourcentage des ventes de février, mais vous vous retrouvez en prime avec l'horrible erreur `#DIV/0!` dans la cellule C14.

Pour éviter qu'Excel n'ajuste inconsidérément une référence de cellule lors d'une recopie, vous devez convertir la référence. De relative, elle doit devenir absolue. Pour cela, appuyez sur la touche de fonction F4 juste après avoir entré la référence de la cellule. Excel signale qu'une référence de cellule est absolue en plaçant, devant la lettre de la colonne et le numéro de la ligne, le signe dollar ($). Regardez par exemple la Figure 4.7 : la cellule B14 contient la formule correcte pour effectuer la recopie dans la plage C14:D14, soit :

```
=B10/$E$10
```

Examinez la feuille de calcul après que cette formule a été répétée dans la plage C14:D14 avec la poignée de recopie et la cellule C14 sélectionnée (Figure 4.8). Remarquez la formule suivante dans la barre de formule :

```
=C10/$E$10
```

Parce que E10 a été modifiée en $E$10 dans la formule originale, toutes les recopies conservent cette même référence de cellule, qui est immuable.

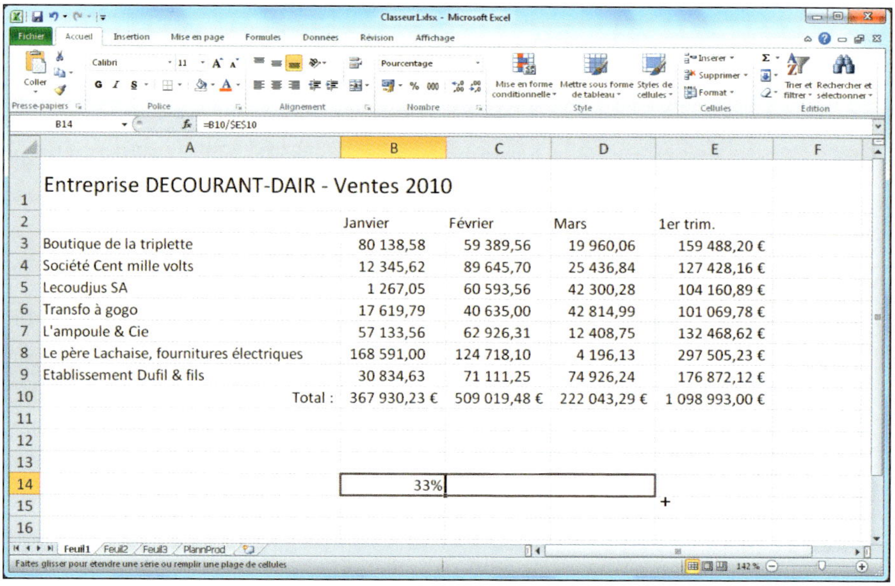

Figure 4.7 : Recopie d'une formule avec une référence de cellule absolue.

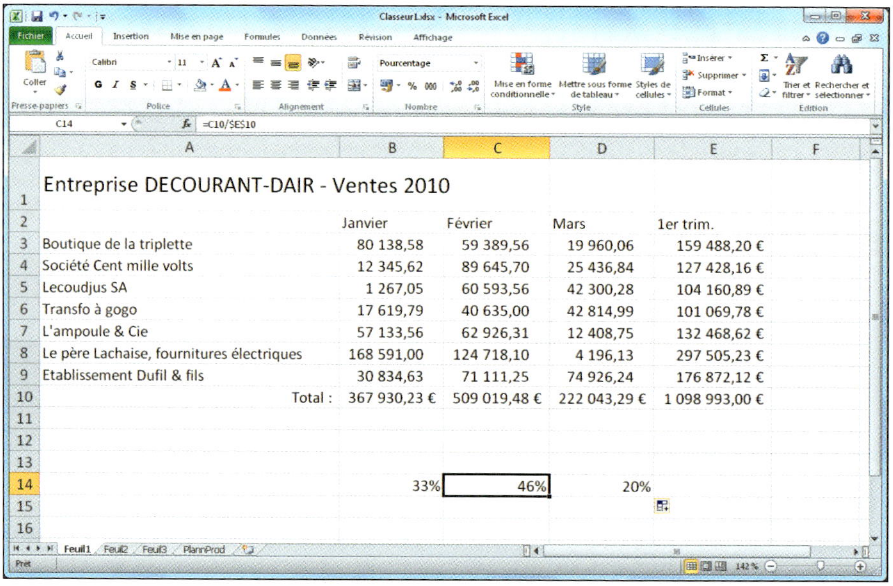

Figure 4.8 : La feuille de calcul après la recopie d'une formule contenant une référence de cellule absolue.

TRUC

Si vous avez commis une bourde en recopiant une formule dans laquelle une ou plusieurs références de cellules auraient dû être absolues et non relatives, modifiez la formule d'origine de la manière suivante :

1. **Double-cliquez sur la cellule contenant la formule, puis cliquez dans la barre de formule ou appuyez sur la touche de fonction F2 pour la modifier.**
2. **Placez le point d'insertion dans la référence à convertir en référence absolue.**
3. **Appuyez sur la touche F4.**
4. **Lorsque la modification est terminée, cliquez sur le bouton Entrer, dans la barre de formule, puis recopiez la formule corrigée dans les cellules erronées grâce à la poignée de recopie.**

Le couper-coller numérique

Au lieu d'utiliser le glisser-déposer ou la recopie automatique, vous pouvez recourir aux bonnes vieilles commandes Couper, Copier et Coller pour déplacer ou recopier des informations dans une feuille de calcul. Ces commandes utilisent le Presse-papiers comme relais pour les informations que vous avez coupées ou collées ; elles y restent en attendant d'être collées quelque part. Ce procédé permet non seulement de déplacer ou copier des données dans n'importe quelle feuille de calcul ouverte dans Excel, mais aussi dans d'autres logiciels tournant sous Windows, comme Word par exemple.

Procédez comme suit pour déplacer une cellule ou une plage avec les commandes Couper et Coller :

1. **Sélectionnez les cellules à déplacer.**
2. **Cliquez sur le bouton Couper (les ciseaux) dans le groupe Presse-papiers de l'onglet Accueil.**

   Vous pouvez aussi utiliser le raccourci clavier Ctrl + X.

   Quel que soit votre choix, Excel entoure la ou les cellules avec un *rectangle de sélection* qui se présente sous la forme d'une ligne dont le pointillé est animé. Le message suivant apparaît dans la Barre d'état :

   ```
   Sélectionnez une destination et appuyez sur ENTRÉE ou cliquez sur Coller.
   ```

3. **Déplacez le curseur de cellule ou sélectionnez la cellule en haut à gauche de la nouvelle plage dans laquelle vous désirez déplacer les données.**

4. Appuyez sur Entrée pour terminer le déplacement.

Vous pouvez aussi cliquer sur le bouton Coller dans le groupe Presse-papiers de l'onglet Accueil, ou utiliser le raccourci clavier Ctrl + V.

Remarquez qu'en indiquant la plage de destination vous n'avez pas à sélectionner un agencement de cellules vides correspondant, dans sa forme, à la sélection que vous déplacez. Du moment que vous indiquez à Excel où se trouve la cellule située en haut à gauche de la plage de destination, il saura se débrouiller pour le reste.

La copie d'une sélection de cellule(s) avec les commandes Copier et Coller s'effectue de la même manière qu'avec les commandes Couper et Coller. Après avoir sélectionné la plage à copier, vous bénéficiez même d'un plus grand choix pour le stockage des données dans le Presse-papiers. Au lieu de cliquer sur le bouton Copier dans le groupe Presse-papiers de l'onglet Accueil, ou de sélectionner Copier dans le menu contextuel de la cellule, vous pouvez utiliser le raccourci clavier Ctrl + C.

Ça colle pour vous

L'avantage de la copie des données dans le Presse-papiers avec les commandes Copier et Coller est que les informations ainsi mises de côté peuvent être collées à plusieurs reprises. Assurez-vous simplement, après avoir appuyé sur Entrée pour terminer la première opération de copie, de cliquer sur le bouton Coller dans le groupe Presse-papiers de l'onglet Accueil ou de choisir la commande Coller (dans le menu contextuel), ou d'appuyer sur Ctrl + V.

Quand vous utilisez la commande Coller, Excel copie la sélection dans la plage que vous lui avez indiquée sans supprimer le rectangle de sélection qui court autour de la sélection originale. Il indique ainsi que vous pouvez continuer à choisir d'autres plages de destination, que ce soit dans le même document ou dans un autre.

Après avoir sélectionné la première cellule de l'autre plage dans laquelle vous désirez coller la sélection, choisissez de nouveau la commande Coller. Vous pouvez continuer de la sorte en collant la sélection à volonté. Après avoir effectué la dernière copie, appuyez sur la touche Entrée au lieu de choisir la commande Coller. Si vous avez oublié d'appuyer sur Entrée et choisi Coller, éliminez le rectangle de sélection en appuyant sur la touche Echap.

Les options de collage

Juste après avoir cliqué sur le bouton Coller, dans le groupe Presse-papiers de l'onglet Accueil (ou avoir appuyé sur Ctrl + V), pour coller des données que vous avez copiées – et non coupées – dans le Presse-papiers, Excel affiche à l'extrémité de la plage collée un bouton Options de collage doté de son propre menu déroulant. Quand vous cliquez sur ce bouton ou si appuyez sur la touche Ctrl, une palette semblable à celle de la figure 4.9 apparaît. Elle contient trois groupes d'options : Coller, Coller des valeurs, Autres options de collage.

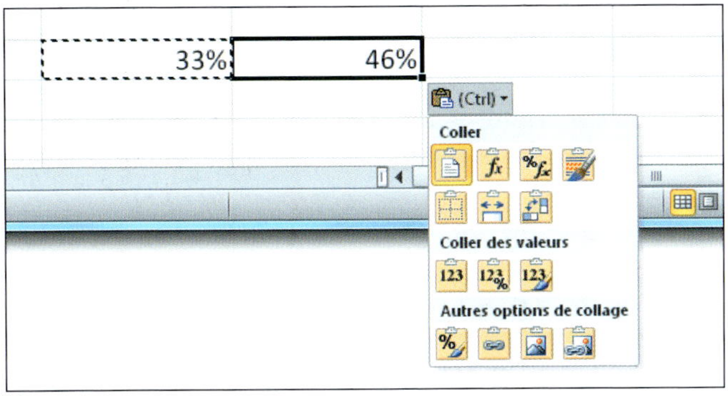

Figure 4.9 : Cliquer sur le bouton des options de collage ou appuyer sur Ctrl déploie une palette donnant accès à de nombreuses options de collage.

Les options de la palette sont les suivantes :

- **Coller (L) :** Colle tout dans les cellules sélectionnées (formules, mise en forme, *etc.*)
- **Formules (U) :** Colle tous les textes, nombres et formules dans les cellules sélectionnées, sans la mise en forme.
- **Formules et format de nombre (O) :** Colle les mises en forme de nombre affectées aux valeurs copiées, ainsi que les formules.
- **Conserver la mise en forme source (C) :** Copie la mise en forme des cellules originales et la colle dans les cellules de destination (ainsi que les entrées copiées).
- **Aucune bordure (B) :** Colle tout dans les cellules sélectionnées mais sans copier de bordures.
- **Conserver les largeurs de colonnes sources (O) :** La largeur des colonnes dans la plage de destination est mise à la largeur des colonnes de la plage source lors de la copie.

- **Transposer (T) :** Change l'orientation des entrées collées. Par exemple, si les données se trouvent dans une seule colonne, elles seront copiées dans une seule ligne.
- **Valeurs (V) :** Ne colle que le résultat produit par chacune des formules de la plage source.
- **Valeurs et formats de nombre (A) :** Ne colle que les résultats calculés de toutes formules ainsi que les mises en forme affectées aux étiquettes, valeurs et formules. Cela signifie que toutes les étiquettes et valeurs dans les cellules de destination reçoivent la même mise en forme que celles de la plage source, bien que les formules originales soient perdues et que seules les valeurs calculées (les résultats des formules) sont conservées.
- **Valeurs et formats source (E) :** Colle les résultats calculés de toutes les formules ainsi que les mises en forme des cellules source.
- **Mise en forme (R) :** Excel ne colle que les mises en forme, et non les entrées.
- **Coller avec liaison (N) :** Crée des liens de formule dans la plage de destination afin que toute modification effectuée dans la plage source soit immédiatement répercutée dans les cellules correspondantes, à destination.
- **Image (I) :** Ne colle que les images présentes dans la sélection de cellules copiées.
- **Image liée (I) :** Colle un lien vers les images, dans la sélection de cellules copiées.

N'OUBLIEZ PAS

Les options de la palette Options de collage sont contextuelles. Elles dépendent directement du type de cellules préalablement copiées dans le Presse-papiers Office. Il est de plus possible d'accéder à cette même palette d'options de collage en cliquant sur le menu déroulant situé juste sous le bouton Coller, dans le ruban, au lieu de cliquer sur le bouton apparaissant en bas à droite de la plage de cellules collées, dans la feuille de calcul, ou d'appuyer sur la touche Ctrl.

Coller à partir du volet Presse-papiers Office

Le Presse-papiers d'Office est capable de stocker de nombreux éléments coupés ou copiés provenant de tout programme fonctionnant sous Windows, pas seulement Excel. Cela signifie que vous pouvez continuer à coller des cellules du Presse-papiers vers un classeur, même si vous en avez fini avec un déplacement ou une copie, et ce si vous avez appuyé sur la touche Entrée au lieu d'utiliser la commande Coller.

Pour ouvrir le volet Presse-papiers Office, cliquez sur le bouton lanceur de boîte de dialogue, dans le coin inférieur droit du groupe Presse-papiers de l'onglet Accueil. Le volet Presse-papiers Office apparaît dans la partie gauche de la fenêtre d'Excel, comme le montre la Figure 4.10.

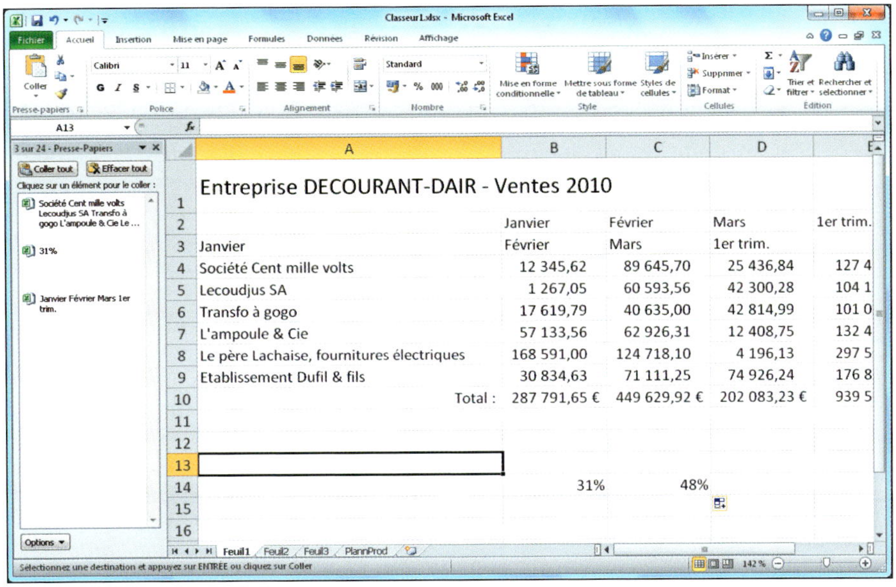

Figure 4.10 : Le volet Presse-papiers Office apparaît dans la partie gauche de la fenêtre d'Excel.

Pour coller un élément du Presse-papiers dans une autre feuille de calcul que celle d'où provenaient les données, cliquez sur l'élément présent dans le volet afin de le coller à l'emplacement du curseur de cellule.

Remarquez qu'il est possible de coller tous les éléments stockés dans le Presse-papiers dans la feuille de calcul courante en cliquant sur le bouton Coller tout, en haut du volet Presse-papiers Office. Pour vider le volet de tous les éléments qui s'y trouvent, cliquez sur le bouton Effacer tout. Pour ne supprimer qu'un élément en particulier du Presse-papiers, placez le pointeur de la souris sur cet élément dans le volet Presse-papiers Office jusqu'à ce qu'un bouton de menu contextuel apparaisse. Cliquez ensuite sur ce bouton et, dans le menu, choisissez l'option Supprimer.

TRUC

Pour faire apparaître automatiquement le volet Presse-papiers Office après avoir utilisé deux fois la commande Couper ou la commande Coller, sélectionnez Afficher le Presse-papiers Office automatiquement dans le menu Options du Presse-papiers. Pour faire apparaître le Presse-papiers Office lorsque vous appuyez deux fois de suite sur Ctrl + C (en pratique, maintenez enfoncée la touche Ctrl tout en appuyant deux fois de suite sur la touche C), sélectionnez dans ce même menu l'option Afficher le Presse-papiers Office lorsque Ctrl + C est utilisé deux fois. Pour fermer le Presse-papiers Office, cliquez sur son bouton de fermeture, dans son coin supérieur droit.

Qu'est-ce qu'il a de spécial, ce coller ?

Normalement, à moins que vous n'alliez farfouiller dans les options de collage décrites précédemment dans ce chapitre, Excel copie toutes les informations dans la plage de cellules sélectionnée, c'est-à-dire les valeurs, textes, formules et mises en forme. Si vous le désirez, utilisez la commande Collage spécial pour spécifier que seules les entrées doivent être copiées (sans mise en forme) ou que seule la mise en forme doit être copiée (sans les entrées).

Pour coller des éléments particuliers d'une sélection de cellules tout en ne tenant pas compte d'autres éléments, cliquez sur le triangle pointant vers le bas qui apparaît dans la partie inférieure du bouton Coller du groupe Presse-papiers de l'onglet Accueil, puis sélectionnez Collage spécial dans le menu qui s'affiche. La boîte de dialogue Collage spécial apparaît (Figure 4.11), dans laquelle vous pouvez sélectionner ce que vous voulez coller en cliquant sur le bouton radio correspondant :

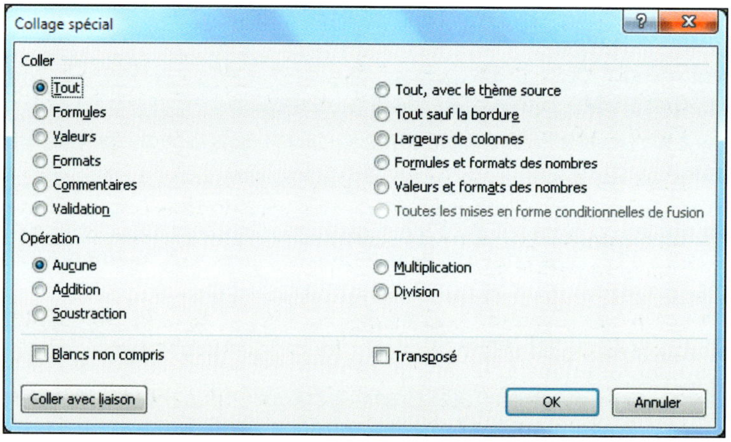

Figure 4.11 : Les options de collage spécial permettent de coller sélectivement tel ou tel élément des cellules sélectionnées.

- **Tout.** Excel choisit cette option pour coller toutes les informations (notamment les formules, mises en forme…) dans la sélection de cellules.
- **Formules.** Tous les textes, nombres et formules de la sélection courante sont collés, mais sans leur mise en forme.
- **Valeurs.** Convertit toutes les formules de la sélection courante aux valeurs qu'elles ont calculées.

- **Formats.** Ne colle que les mises en forme de la sélection de cellules courante, sans se préoccuper des entrées.
- **Commentaires.** Ne colle que les notes que vous avez attachées aux cellules (des sortes de Post-it électroniques).
- **Validation.** Ne colle que les règles de validation de données dans la plage de cellules que vous avez configurée avec la commande Validation de données. Cette commande permet de définir une valeur ou une plage de valeurs autorisée pour une cellule ou un ensemble de cellules.
- **Tout, avec le thème source.** Colle tout le contenu de la cellule qui a été copiée, y compris le style de cellule avec lequel celle-ci est mise en forme.
- **Tout sauf la bordure.** Colle toutes les informations de la sélection hormis les éventuelles bordures.
- **Largeurs de colonnes.** Applique la largeur des colonnes des cellules copiées aux cellules de la plage de destination.
- **Formules et formats des nombres.** Reproduit les formats de nombre appliqués aux nombres et aux formules.
- **Valeurs et formats des nombres.** Convertit les formats aux valeurs qu'ils ont produites et recopie les formats de nombre affectés aux valeurs copiées.
- **Aucune.** Normalement, Excel active ce bouton, indiquant qu'aucune opération ne sera appliquée entre les données que vous avez coupées ou copiées dans le Presse-papiers et celles qui seront collées dans la plage de cellules.
- **Addition :** Ajoute les données copiées dans le Presse-papiers aux entrées figurant dans les cellules de destination.
- **Soustraction :** Retranche les données copiées dans le Presse-papiers de celles des cellules de destination.
- **Multiplication :** Multiplie les données copiées dans le Presse-papiers avec les entrées des cellules de destination.
- **Division :** Divise les données copiées dans le Presse-papiers par les entrées des cellules de destination.
- **Blancs non compris :** Cochez cette case afin qu'Excel ne copie aucune cellule vide. De cette manière, une cellule vide ne pourra pas se substituer à une cellule contenant des données.

- **Transposé :** Lorsque cette case est cochée, Excel change l'orientation des cellules collées. Cette option est précieuse lorsque les données d'origine sont par exemple disposées sur une seule ligne, et que vous préférez les disposer sur une colonne.

À propos des suppressions

Une étude d'Excel ne saurait être complète sans apprendre à se débarrasser des données que contiennent les cellules. Il existe deux sortes de suppression dans une feuille de calcul :

- **Vider une cellule :** La cellule est simplement vidée de son contenu, sans être véritablement supprimée, ce qui peut affecter la mise en place des cellules environnantes.
- **Supprimer une cellule :** La suppression élimine tout ce qui constitue une cellule, y compris son contenu et sa mise en forme. Lorsque vous supprimez une cellule, Excel doit déplacer les cellules environnantes afin de combler le vide provoqué par la disparition.

Vider une cellule

Pour se débarrasser uniquement du contenu d'une sélection de cellules sans supprimer les cellules elles-mêmes, sélectionnez une plage et appuyez sur la touche Suppr.

Si vous voulez être plus précis, cliquez sur le bouton Effacer (il représente une gomme) dans le groupe Édition de l'onglet Accueil, et sélectionnez l'une des commandes suivantes dans le menu qui apparaît :

- **Effacer tout :** Toutes les entrées de la sélection sont supprimées, ainsi que toutes les mises en forme et les commentaires.
- **Effacer les formats :** Seules les mises en forme sont supprimées dans la sélection.
- **Effacer le contenu :** Efface uniquement le contenu de la sélection (texte ou valeur), exactement comme la touche Suppr.
- **Effacer les commentaires :** Seuls les commentaires sont supprimés dans la sélection.
- **Effacer les liens hypertextes :** Supprime tous les liens hypertextes actifs dans la plage sélectionnée, mais conserve le texte auquel ils étaient liés.

Virez-moi toutes ces cellules

Pour supprimer une sélection de cellules au lieu de seulement les vider de leur contenu, cliquez sur le triangle pointant vers le bas du bouton Supprimer du groupe Cellules de l'onglet Accueil, et sélectionnez Supprimer les cellules dans le menu qui apparaît. La boîte de dialogue Supprimer s'affiche, vous proposant différentes possibilités pour remplacer les cellules que vous allez supprimer :

- **Décaler les cellules vers la gauche :** C'est l'option par défaut. Les cellules situées à droite de celles qui ont été supprimées sont déplacées vers la gauche pour combler le vide produit.
- **Décaler les cellules vers le haut :** Les cellules situées sous celles qui ont été supprimées sont déplacées vers le haut.
- **Ligne entière :** Toutes les lignes de la sélection courante sont supprimées.
- **Colonne entière :** Toutes les colonnes de la sélection courante sont supprimées.

TRUC

Si vous savez que vous voulez déplacer les cellules restantes vers la gauche en supprimant les cellules de la sélection, vous pouvez cliquer simplement sur le bouton Supprimer du groupe Cellules de l'onglet Accueil. L'effet est exactement le même que sélectionner la première des trois options ci-dessus dans la boîte de dialogue Supprimer.

Si vous savez à l'avance que vous voudrez supprimer des lignes ou des colonnes entières de la feuille de calcul, vous pouvez les sélectionner en cliquant dans les en-têtes, puis en cliquant du bouton droit dans la sélection et en sélectionnant Supprimer dans le menu qui apparaît.

N'OUBLIEZ PAS

Pour supprimer des lignes ou des colonnes entières, il n'est pas nécessaire de sélectionner les lignes ou les colonnes elles-mêmes. Il suffit que des cellules leur appartenant soient sélectionnées. Après avoir sélectionné des cellules appartenant aux colonnes ou aux lignes à supprimer, cliquez sur le triangle pointant vers le bas du bouton Supprimer du groupe Cellules de l'onglet Accueil, et sélectionnez Supprimer des colonnes du tableau ou Supprimer des lignes du tableau dans le menu qui apparaît.

ATTENTION

La suppression de lignes ou de colonnes entières est risquée, à moins que vous soyez certain qu'elles ne contiennent pas de valeurs à conserver. Rappelez-vous qu'en supprimant par exemple toute la ligne A, vous supprimez en réalité *toutes les informations de cette ligne dans les colonnes A à XFD*, alors que vous ne voyez que quelques-unes de ces colonnes. De même, si vous supprimez une colonne entière, vous supprimez *toutes les informations de cette colonne contenues dans les lignes 1 à 1 048 576.*

Faire de la place avec la commande Insérer

Pour ces cas inévitables où vous devrez glisser de nouvelles entrées dans une région déjà bien remplie de la feuille de calcul, vous aurez intérêt à insérer les nouvelles cellules plutôt que de vous lancer dans les délicats déplacements et réorganisations de plusieurs plages de cellules. Pour insérer une nouvelle ligne, sélectionnez les cellules – dont beaucoup sont d'ores et déjà occupées – près desquelles les nouvelles cellules doivent être placées, puis cliquez sur le triangle pointant vers le bas dans le bouton Insérer du groupe Cellules de l'onglet Accueil, et sélectionnez Insérer des cellules dans le menu qui apparaît. La boîte de dialogue Insertion de cellules s'affiche, vous proposant les options suivantes :

- **Décaler les cellules vers la droite :** Quand vous cliquez sur le bouton OK ou appuyez sur la touche Entrée, les cellules existantes sont décalées vers la droite afin de libérer de la place pour les cellules qui seront créées.
- **Décaler les cellules vers le bas :** C'est l'option par défaut. Elle demande à Excel de décaler les cellules vers le bas au moment où vous cliquez sur le bouton OK ou appuyez sur la touche Entrée.
- **Ligne entière** et **Colonne entière :** Insertion de lignes ou de colonnes entières. Il est inséré autant de lignes ou de colonnes qu'il y a de lignes ou de colonnes sélectionnées au moment de cliquer sur le bouton OK ou d'appuyer sur la touche Entrée.

TRUC

Si vous savez que vous voulez déplacer les cellules existantes vers la droite pour faire de la place aux nouvelles cellules insérées, vous pouvez cliquer simplement sur le bouton Insérer du groupe Cellules de l'onglet Accueil. Il en résulte exactement le même effet que de sélectionner la première des trois options ci-dessus dans la boîte de dialogue Insertion de cellules.

Chapitre 5

Imprimer le chef-d'œuvre

Dans ce chapitre :

- Prévisualiser les pages avant l'impression.
- Imprimer rapidement à partir de la barre d'outils Accès rapide.
- Imprimer toutes les feuilles de calcul d'un classeur.
- N'imprimer que certaines cellules d'une feuille de calcul.
- Modifier l'orientation des pages.
- Imprimer la totalité d'une feuille de calcul sur une seule page.
- Modifier les marges d'un rapport.

Pour la plupart des gens, l'impression est la finalité d'une feuille de calcul (on est loin de la notion du « bureau sans papier » que promettait la bureautique). Toutes les saisies, mises en forme, vérifications de formules, bref, toutes les opérations que vous effectuez avec un tableur ne sont que des préparations à l'impression des informations.

Dans ce chapitre, vous découvrirez combien il est facile d'imprimer des rapports avec Excel 2010, grâce au nouveau panneau Imprimer, de la fenêtre Backstage, de l'Aperçu d'impression et du fort commode onglet Mise en page du ruban. Quelques règles simples vous permettront d'obtenir une présentation irréprochable des documents, dès la première fois que vous les envoyez à l'imprimante (et pas la deuxième ou la troisième).

Un coup d'œil à la page en mode Mise en page

Le nouveau mode d'affichage Mise en page d'Excel 2010 procure une visibilité immédiate sur la mise en page d'une feuille de calcul. Pour activer ce mode d'affichage, cliquez simplement sur le bouton Mise en page dans la Barre d'état (c'est l'icône du milieu parmi les trois qui se trouvent juste à gauche de la glissière du zoom). Vous pouvez aussi cliquer, dans le Ruban, sur le bouton Mise en page, sous l'onglet Affichage. Lorsque vous passez en mode Mise en page, comme le montre la Figure 5.1, Excel affiche une règle horizontale et une règle verticale, respectivement au-dessus et à gauche des lettres de colonne et des numéros de ligne. Dans la zone d'affichage de la feuille de calcul, vous voyez également apparaître les marges de la page, telles qu'elles seront sur le papier, avec les en-têtes et les pieds de page si vous en avez défini, et naturellement les sauts de page. Vous pouvez utiliser le zoom pour voir apparaître plusieurs pages à la fois sur votre écran.

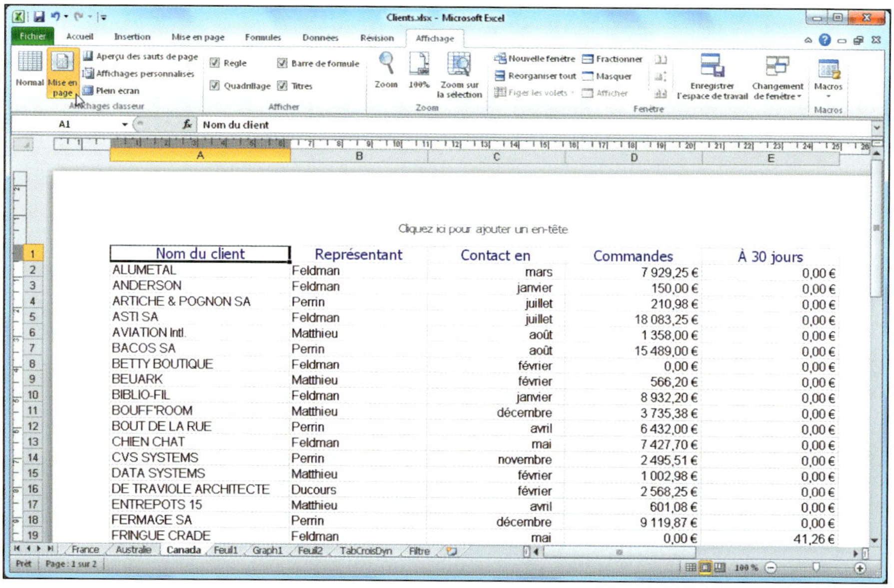

Figure 5.1 : Affichage d'une feuille de calcul en mode Mise en page.

TRUC

Pour voir combien de pages sont nécessaires pour imprimer votre feuille de calcul, tirez le curseur de zoom vers la gauche, dans la Barre d'état, jusqu'au moment où toutes les données de la feuille apparaissent à l'écran et tiennent dans la même feuille.

Excel affiche les règles en utilisant l'unité par défaut, c'est-à-dire les centimètres. Pour changer l'unité, ouvrez la boîte de dialogue Options Excel sur l'onglet Options avancées (Fichier/Options Excel/Options avancées) et sélectionnez l'unité de votre choix dans la liste déroulante Unités de la règle de la section Afficher.

Vous êtes libre de masquer ou d'afficher les règles dans le mode Mise en page. Pour cela, cliquez sur le bouton Afficher/Masquer dans l'onglet Affichage du Ruban, et cliquez sur la case Règle pour en ôter ou y mettre la coche.

Vérifier et imprimer à partir du panneau Imprimer

Pour ne pas gâcher inutilement du papier, imprimez la feuille de calcul directement à partir du panneau Imprimer de l'affichage Backstage en cliquant sur Fichier/Imprimer ou en appuyant sur Ctrl + P ou sur Ctrl + F2. Comme le révèle la Figure 5.2, le panneau Imprimer montre d'un seul coup d'œil tous les paramètres d'impression ainsi qu'un aperçu des pages.

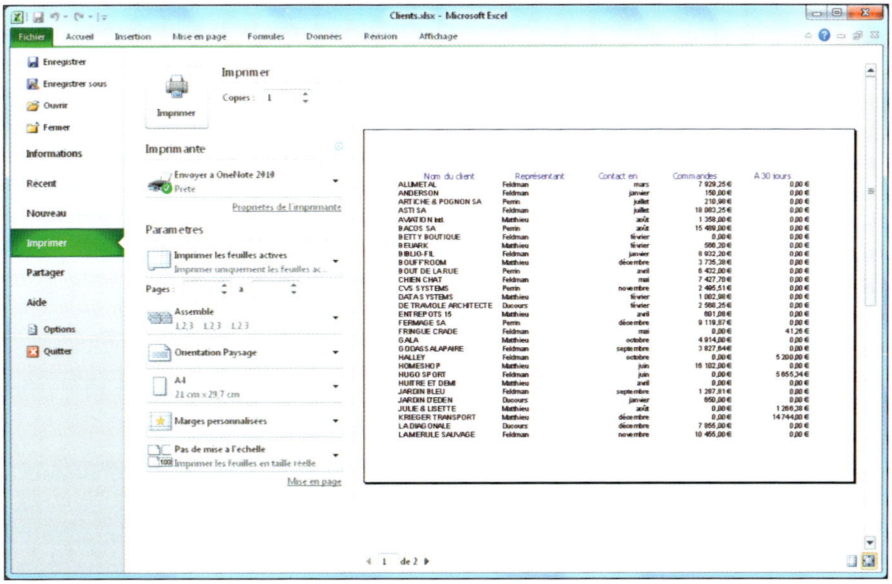

Figure 5.2 : Le panneau Imprimer de l'affichage Backstage montre les paramètres d'affichage ainsi qu'un aperçu de la sortie imprimante.

Vous pouvez utiliser la fonction d'aperçu avant l'impression du panneau Imprimer pour imprimer une feuille de calcul, une partie de feuille de calcul ou le classeur tout entier. Vous devrez gérer les sauts de pages lorsque le document à imprimer ne tient pas sur une seule feuille de papier. L'aperçu montre exactement comment les données seront réparties sur la ou les feuilles au moment de l'impression. Au besoin, vous pouvez retourner dans la feuille de calcul afin d'y effectuer des changements à partir de l'onglet Mise en page du ruban (*NdT* : Ou en réglant directement la largeur des colonnes dans la feuille de calcul), avant d'envoyer le document vers l'imprimante.

Le contenu d'une page est à peine lisible dans le panneau Imprimer. Pour agrandir l'aperçu à la taille réelle afin de vérifier des données, cliquez sur le bouton Zoom sur la page, en bas à droite du panneau Impression. La Figure 5.3 montre la première page d'une feuille de calcul agrandie après avoir cliqué sur le bouton Zoom sur la page.

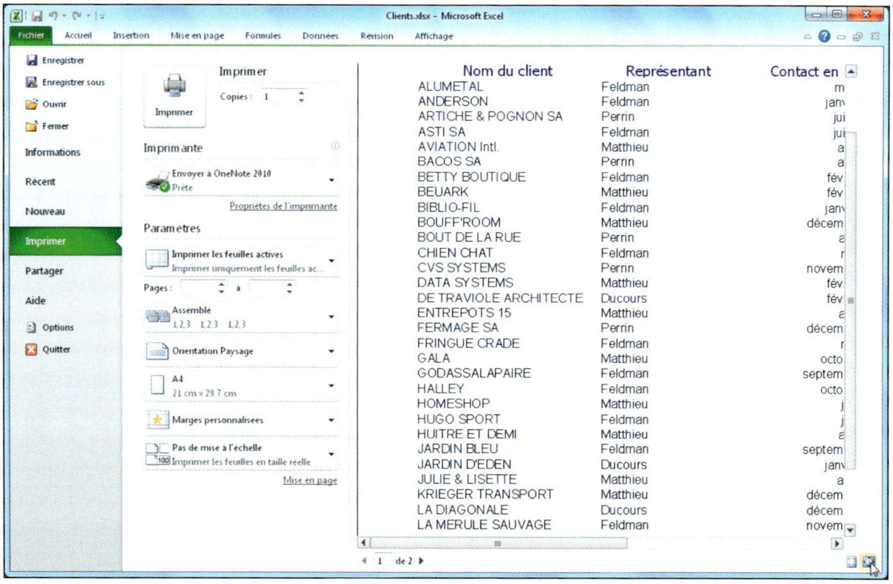

Figure 5.3 : L'agrandissement d'une page de la feuille de calcul.

Après avoir agrandi l'aperçu, actionnez les barres de défilement pour accéder à ses diverses parties. Pour revenir à l'affichage de la feuille de calcul toute entière, cliquez de nouveau sur le bouton Zoom sur la page.

Le nombre de pages à imprimer est indiqué en bas à gauche de l'aperçu. Si le document compte plusieurs pages, cliquez sur les boutons fléchés de part et d'autre du compteur pour les parcourir.

TRUC

Cliquez sur le bouton Afficher les marges, à gauche du bouton Zoom sur la page, pour voir comment les données occuperont la feuille de papier. Les marges sont réglables en plaçant le pointeur de la souris dessus ; lorsqu'il se transforme en poignée, cliquez et tirez pour les régler. Nous y reviendrons à la section « Soigner les marges », plus loin dans ce chapitre.

Après avoir vérifié le document, vous configurerez les paramètres suivants :

- Le bouton **Imprimer** et le champ **Copies :** Cliquez dessus pour imprimer la feuille de calcul en autant d'exemplaires qu'indiqué dans le champ Copies.
- Le menu **Imprimante :** Il sert à sélectionner une imprimante ou un fax. Excel affiche toujours, dans ce menu, le nom de l'imprimante par défaut définie dans Windows.
- Les menus **Paramètres :** Le premier de ces menus sert à définir ce qu'il faut imprimer. Vous avez le choix entre Imprimer les feuilles actives (préalablement sélectionnées), Imprimer le classeur entier ou Imprimer la sélection. Sous le menu, vous pouvez indiquer les numéros des pages à imprimer, de la première du lot à la dernière.

  Les autres menus permettent d'imprimer recto verso (si l'imprimante est capable de gérer cette fonction), d'imprimer les pages assemblées, lorsque plusieurs exemplaires sont tirés, ou non assemblées (toutes les pages 1, puis toutes les pages 2 et ainsi de suite). Le menu Orientation permet d'imprimer la page dans le sens normal, en hauteur (Portrait) ou en largeur (Paysage).

Imprimer la feuille de calcul

Tant que vous utilisez les paramètres d'impression par défaut d'Excel pour imprimer votre feuille de calcul, l'impression dans Excel 2010 sera pour vous un jeu d'enfant. Pour commencer, ajoutez le bouton Impression rapide dans la barre d'outils Accès rapide : cliquez sur le triangle pointant vers le bas à l'extrémité droite de celle-ci, et sélectionnez Impression rapide dans le menu qui apparaît.

Une fois que le bouton Impression rapide apparaît dans la barre d'outils Accès rapide, vous pouvez cliquer dessus pour imprimer directement la feuille de calcul affichée, y compris les images et les graphiques (mais sans les commentaires que vous avez pu ajouter aux cellules), sans passer par la boîte de dialogue Imprimer.

La zone d'impression

Excel comporte une fonctionnalité spéciale appelée Zone d'impression. Pour l'utiliser, commencez par sélectionner une plage de cellules dans la feuille de calcul. Ensuite, dans le Ruban, cliquez sur l'onglet Mise en page puis, dans le groupe Mise en page, cliquez sur le bouton Zone d'impression et choisissez Définir. Cela fait, Excel imprimera cette sélection chaque fois que vous imprimez la feuille de calcul, soit en cliquant sur le bouton Impression rapide, si vous l'avez ajouté à la barre d'outils Accès rapide, soit en cliquant sur Fichier/Imprimer ou en utilisant le raccourci Ctrl + P.

Après avoir défini la zone d'impression, cette plage de cellules est la seule qui puisse être imprimée, quelle que soit par ailleurs la configuration définie dans les menus Paramètres du panneau Imprimer. Et cela jusqu'à ce que vous choisissiez l'option Annuler dans le menu Mise en page/Zone d'impression.

Vous pouvez aussi définir et annuler une zone d'impression dans l'onglet Feuille de la boîte de dialogue Mise en page (pour ouvrir cette boîte de dialogue, cliquez sur le lanceur de boîte de dialogue du groupe Mise en page de l'onglet Mise en page, dans le coin inférieur droit de ce groupe). Pour cela, cliquez dans le champ Zone d'impression dans l'onglet Feuille de cette boîte de dialogue, et sélectionnez dans la feuille de calcul la plage ou les plages de cellules que vous voulez définir comme zone d'impression. N'oubliez pas que vous pouvez cliquer sur le bouton qui se trouve à l'extrémité droite de ce champ pour minimiser la boîte de dialogue Mise en page et sélectionner plus facilement les cellules voulues (cliquez à nouveau sur ce même bouton pour faire réapparaître la boîte de dialogue en entier). Pour annuler une zone d'impression, ou simplement retirer une ou plusieurs plages de cellules d'une zone impression, dans la boîte de dialogue Mise en page, sélectionnez les plages voulues dans le champ Zone d'impression et appuyez sur la touche Suppr.

Quand vous cliquez sur le bouton Impression rapide, Excel envoie directement la tâche d'impression correspondante dans la file d'attente de l'imprimante par défaut, qui est en quelque sorte le messager qui envoie les tâches d'impression à l'imprimante. Excel affiche alors (très fugitivement, à moins que vous ayez vraiment un très gros fichier) une boîte de dialogue Impression pour vous informer de la progression de l'envoi de cette tâche d'impression à la file d'attente de l'imprimante (en affichant un message du genre *Impression de la page 2/3 « Nom du fichier » en cours sur Nom de l'imprimante*). Une fois que cette boîte de dialogue a disparu, c'est-à-dire dans la plupart des cas avant que vous ayez eu le temps de lire ce message, vous pouvez vous remettre au travail dans Excel.

Au cas où vous voudriez annuler l'impression, la boîte de dialogue Impression contient un bouton Annuler. Si vous êtes aussi rapide que Lucky Luke, cliquez sur ce bouton. Dans le cas contraire, vous devez faire comme tout le monde, c'est-à-dire ouvrir la boîte de dialogue de l'imprimante pour y annuler la tâche d'impression :

1. **Cliquez du bouton droit sur l'icône d'imprimante qui apparaît dans la Zone de notification de la Barre des tâches de Windows (juste à gauche de l'affichage de l'heure) lorsqu'une tâche d'impression se trouve dans la file d'attente, et sélectionnez le nom de l'imprimante utilisée pour l'impression de votre document dans le menu qui apparaît.**

   La boîte de dialogue des tâches d'impression en cours pour cette imprimante apparaît.

2. **Cliquez du bouton droit sur l'icône de l'imprimante et, dans le menu déroulant, choisissez Ouvrir toutes les imprimantes actives.**

   Cela ouvre la boîte de dialogue de l'imprimante, avec les tâches d'impression dans la file d'attente (sous l'en-tête Nom du document).

3. **Sélectionnez la tâche d'impression à annuler.**

4. **Choisissez Document/Annuler (ou équivalent) dans le menu qui apparaît, puis cliquez sur Oui pour confirmer.**

5. **Attendez que la tâche d'impression disparaisse de la liste, puis cliquez sur le bouton de fermeture de la boîte de dialogue et revenez à Excel.**

Mettre en page la feuille de calcul

La seule chose un peu compliquée dans l'impression d'une feuille de calcul est la détermination de la disposition des pages. Heureusement, les boutons de commande du groupe Mise en page de l'onglet Mise en page du Ruban vous offrent un contrôle presque total de la disposition de vos pages.

Les trois groupes de boutons de l'onglet Mise en page vous permettent de définir la disposition de vos pages exactement comme vous le voulez : le groupe Mise en page, le groupe Mise à l'échelle et le groupe Options de la feuille de calcul, que nous allons décrire dans les sections qui suivent.

TRUC

Pour visualiser l'effet des modifications que vous apportez aux paramètres de mise en page, cliquez sur le bouton Mise en page de la Barre d'état pour afficher la feuille de calcul en mode Mise en page. Vous pourrez ainsi vous rendre compte immédiatement de l'effet produit par votre utilisation des boutons de l'onglet Mise en page.

Utiliser les boutons du groupe Mise en page

Le groupe Mise en page de l'onglet Mise en page contient des boutons importants :

- **Marges :** Ce bouton permet de sélectionner l'une des trois configurations de marges prédéfinies, ainsi que d'ouvrir la boîte de dialogue Mise en page avec l'onglet Marges au premier plan pour définir des marges personnalisées.
- **Orientation :** Ce bouton permet de basculer entre le mode Portrait et le mode Paysage pour définir les pages de documents dans la feuille de calcul.
- **Taille :** Ce bouton permet de sélectionner l'une des tailles de papier prédéfinies, ainsi que de faire apparaître la boîte de dialogue Mise en page avec l'onglet Pages au premier plan pour spécifier une taille de papier personnalisée et d'autres paramètres de page.
- **Zone d'impression :** Ce bouton permet de définir et d'annuler une zone d'impression (voyez à ce sujet l'encadré « La zone d'impression », précédemment dans ce chapitre).
- **Sauts de page :** Ce bouton permet d'insérer ou de supprimer des sauts de page.
- **Arrière-plan :** Ce bouton ouvre la boîte de dialogue Feuille d'arrière-plan, dans laquelle vous pouvez sélectionner le fichier graphique d'une image ou d'une photo qui sera utilisée comme arrière-plan pour toutes les feuilles de calcul du classeur (notez que ce bouton devient Supprimer l'arrière-plan lorsqu'une image d'arrière-plan a déjà été sélectionnée).
- **Imprimer les titres :** Ce bouton ouvre la boîte de dialogue Mise en page avec l'onglet Feuille au premier plan, dans lequel vous pouvez définir des lignes de la feuille de calcul comme devant être imprimées en haut de chaque page, et des colonnes comme devant être imprimées à gauche de chaque page, en tant que titres pour le rapport.

Soigner les marges

Quand vous créez un nouveau classeur, Excel lui applique les paramètres de marge par défaut, c'est-à-dire les marges Normales dans le menu affiché par le bouton Marges de l'onglet Mise en page (Haut et Bas : 1,91 cm ; Gauche et Droite : 1,78 cm ; En-tête et Pied de page : à 0,76 cm du bord de la page).

En dehors des paramètres de marges Normales, Excel vous permet de sélectionner directement deux autres configurations de marges standard à partir du menu du bouton Marges de l'onglet Mise en page :

- **Larges** (Haut et Bas : 2,54 cm ; Gauche et Droite : 2,54 cm ; En-tête et Pied de page : à 1,27 cm du bord de la page).
- **Étroites** (Haut et Bas : 1,91 cm ; Gauche et Droite : 0,64 cm ; En-tête et Pied de page : à 0,76 cm du bord de la page).

Il vous arrivera souvent d'avoir un rapport qui occupe juste un peu plus que la surface d'une page à l'impression, de telle sorte qu'une ou deux colonnes ou un petit nombre de lignes se retrouvent sur une autre page. Avec un peu de chance, il vous suffira de sélectionner les marges standard Étroites pour que l'ensemble tienne sur une seule page.

Si ça ne suffit pas, vous pouvez essayer de définir des marges personnalisées, que ce soit dans l'onglet Marges de la boîte de dialogue Mise en page ou en faisant glisser avec la souris les repères des marges dans l'affichage Aperçu avant impression. Pour faire tenir plus de colonnes sur une page, réduisez les marges droite et gauche. Pour faire tenir plus de lignes, réduisez les marges du haut et du bas.

Pour ouvrir la boîte de dialogue Mise en page avec l'onglet Marges au premier plan (Figure 5.4), cliquez sur la commande Marges personnalisées, tout en bas du menu du bouton Marges de l'onglet Mise en page, et entrez les paramètres voulus dans les champs correspondants (vous pouvez aussi utiliser les boutons qui se trouvent dans ces champs pour augmenter ou réduire la valeur).

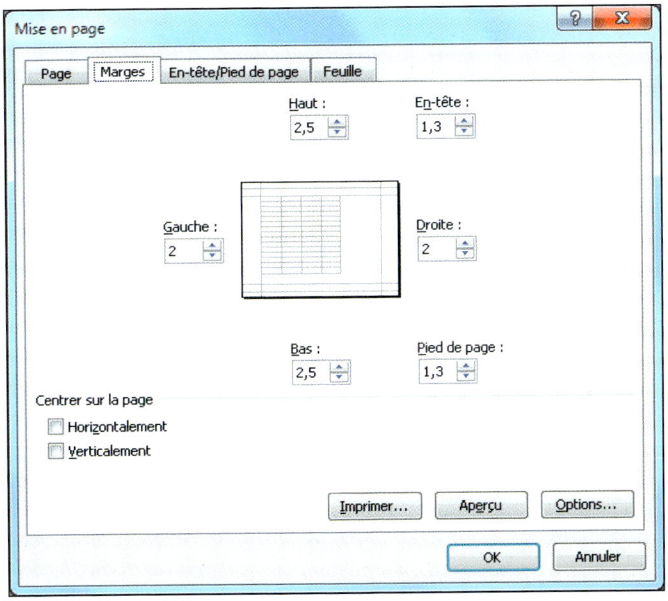

Figure 5.4 : Utilisez l'onglet Marges de la boîte de dialogue Mise en page pour définir des marges personnalisées.

TRUC

Pour que les données de la page soient automatiquement centrées sur la page à l'impression, cochez la case Horizontalement, ou la case Verticalement, dans la section Centrer sur la page de cet onglet, ou les deux. Les données seront alors centrées à l'impression entre les marges spécifiées.

Lorsque vous cochez la case Afficher les marges dans l'onglet Aperçu avant impression de l'affichage Aperçu avant impression pour pouvoir ajuster manuellement les marges, les repères des colonnes apparaissent également, ce qui vous permet d'ajuster également la largeur des colonnes (ce que montre la Figure 5.5). Pour modifier une marge, placez le pointeur de la souris sur le repère correspondant (le pointeur prend la forme d'une flèche à double pointe), et faites-le glisser dans la direction voulue. Lorsque vous relâchez le bouton de la souris, Excel affiche la page avec la nouvelle marge que vous venez de définir. Selon que vous réduisez ou que vous augmentez une marge, la page peut gagner ou perdre des lignes ou des colonnes. Utilisez la même méthode pour ajuster la largeur des colonnes : faites glisser les repères correspondants.

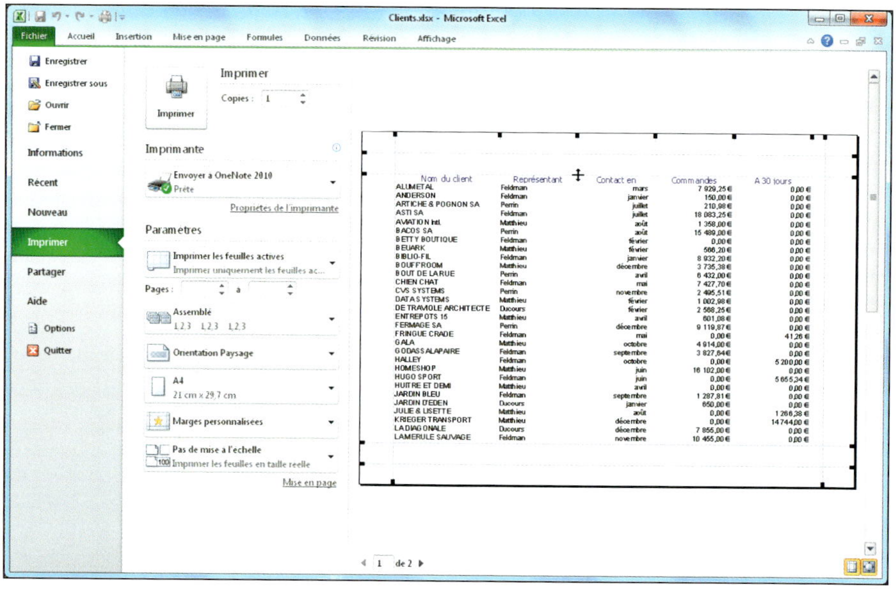

Figure 5.5 : Après avoir coché la case Afficher les marges, faites glisser les repères pour régler les marges.

Portrait ou paysage ?

Le menu du bouton Orientation du groupe Mise en page de l'onglet Mise en page contient les deux options suivantes :

- **Portrait :** C'est l'option par défaut, qui correspond à l'usage habituel d'une feuille de papier. La page est plus haute que large.
- **Paysage :** C'est l'inverse, quand on fait tourner la page de 90 degrés. La page est plus large que haute.

Comme il est courant qu'un tableau soit assez large et comme les tableaux sont l'usage principal des feuilles de calcul, l'orientation Paysage, qui permet de faire tenir un plus grand nombre de colonnes sur la feuille, vous sera souvent plus pratique que l'orientation Portrait pour imprimer vos feuilles de calcul.

Dans la Figure 5.6, vous pouvez voir une liste en mode Paysage affichée en mode Mise en page. Excel peut faire tenir davantage de colonnes sur la page en mode Paysage qu'en mode Portrait. Mais comme il y a corrélativement moins de lignes sur une page, celles-ci s'étendent sur un plus grand nombre de pages qu'en mode Portrait.

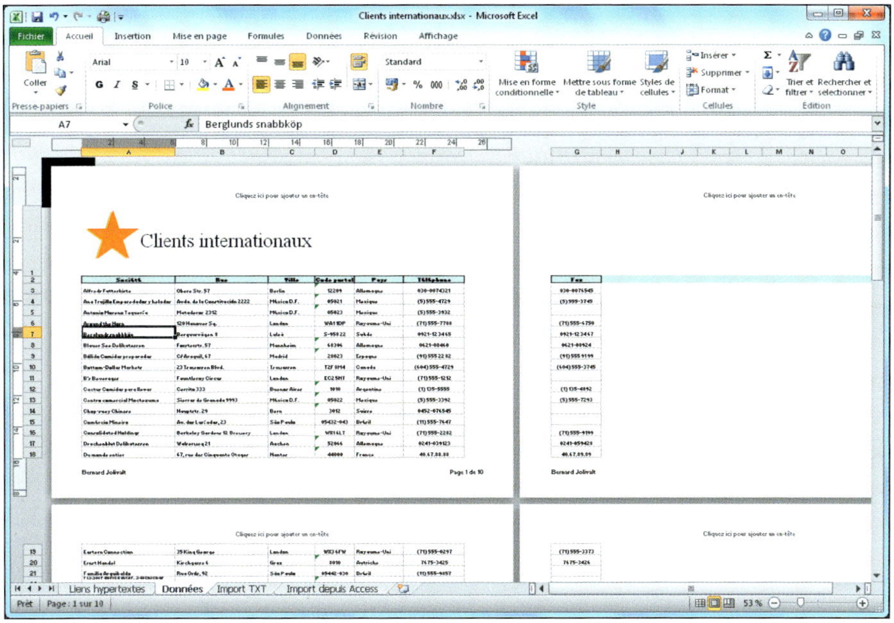

Figure 5.6 : Une liste en mode Paysage affichée en mode Mise en page.

Définir les titres à imprimer

La fonction Imprimer les titres d'Excel vous permet de répéter sur chaque page d'un rapport l'impression de certaines lignes et/ou de certaines colonnes, ce qui est particulièrement utile pour les lignes et colonnes d'en-tête d'un tableau qui s'étend sur plusieurs pages.

Ne confondez pas les titres à imprimer avec l'en-tête et le pied de page d'un rapport. Bien que les uns comme les autres soient imprimés sur toutes les pages, l'en-tête et le pied de page sont imprimés respectivement dans la marge supérieure et la marge inférieure de la page, alors que les titres à imprimer le sont dans le corps du rapport.

Pour définir des lignes et des colonnes comme titres à imprimer pour un rapport, suivez ces étapes :

1. **Dans l'onglet Mise en page du Ruban, cliquez sur le bouton Imprimer les titres.**

   La boîte de dialogue Mise en page apparaît, avec l'onglet Feuille au premier plan (Figure 5.7).

   Pour définir des lignes comme titres à imprimer, allez à l'Étape 2a. Pour définir des colonnes comme titres à imprimer, allez à l'Étape 2b.

2a. **Cliquez sur le bouton qui se trouve à l'extrémité droite du champ Lignes à répéter en haut pour minimiser la boîte de dialogue Mise en page ; sélectionnez avec la souris dans la feuille de calcul les lignes que vous voulez voir se répéter en haut de chaque page dans le rapport imprimé, puis cliquez à nouveau sur le bouton du champ Lignes à répéter en haut pour rétablir la boîte de dialogue Mise en page.**

   Dans l'exemple de la Figure 5.7, j'ai cliqué sur le bouton de minimisation à droite du champ Lignes à répéter en haut pour minimiser la boîte de dialogue Mise en page, et j'ai sélectionné les lignes 1 et 2 dans la feuille de calcul. Excel a donc affiché l'indication $1:$2 dans le champ Lignes à répéter en haut.

   Remarquez qu'Excel met en évidence les lignes des titres à répéter en haut en plaçant un trait en pointillé animé entre ces titres et les autres informations du rapport.

2b. **Cliquez sur le bouton qui se trouve à l'extrémité droite du champ Colonnes à répéter à gauche pour minimiser la boîte de dialogue Mise en page ; sélectionnez avec la souris dans la feuille de calcul les colonnes que vous voulez voir se répéter à gauche de chaque page dans le rapport imprimé (Figure 5.7), puis cliquez à nouveau sur le bouton du champ Colonnes à répéter à gauche pour rétablir la boîte de dialogue Mise en page.**

   Remarquez qu'Excel met en évidence les colonnes des titres à répéter à gauche en plaçant un trait en pointillé animé entre ces titres et les autres informations du rapport.

3. **Cliquez sur OK ou appuyez sur Entrée pour fermer la boîte de dialogue Mise en page.**

   Les traits en pointillé indiquant les limites des lignes et des colonnes à répéter disparaissent de la feuille de calcul.

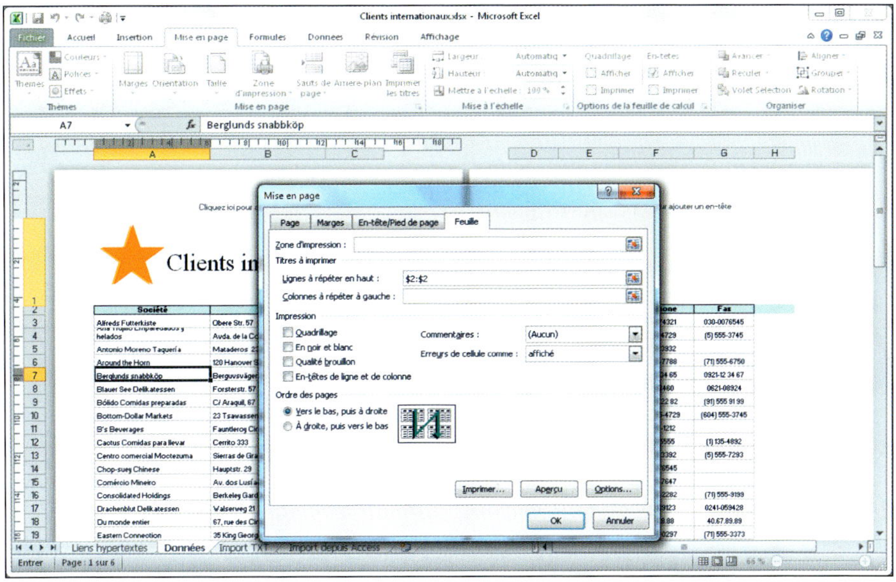

Figure 5.7 : La ligne d'en-tête est à présent répétée en haut de chaque page imprimée.

N'OUBLIEZ PAS

Pour désactiver les titres à imprimer d'un rapport lorsque vous n'en avez plus besoin, ouvrez la boîte de dialogue Mise en page avec l'onglet Feuille au premier plan, supprimez le contenu des champs Lignes à répéter en haut et Colonnes à répéter à gauche, puis cliquez sur OK ou appuyez sur Entrée.

Utiliser les boutons du groupe Mise à l'échelle

Si votre imprimante offre des options de mise à l'échelle, vous allez en découvrir la commodité. Il est en effet possible de faire tenir une feuille de calcul sur une seule page en sélectionnant 1 page dans les listes déroulantes Largeur et Hauteur du groupe Mise à l'échelle de l'onglet Mise en page. Lorsque ces options sont sélectionnées, Excel ajuste automatiquement l'échelle de la zone à imprimer pour que l'ensemble tienne sur une page à l'impression.

Après avoir sélectionné ces options, si vous vous apercevez en affichant l'Aperçu avant impression que le résultat est trop petit pour être lisible, cliquez sur le bouton Mise en page dans l'onglet Aperçu avant impression pour faire apparaître la boîte de dialogue Mise en page avec l'onglet Page au premier plan, dans lequel l'option Ajuster vous permet de modifier le nombre de pages en largeur et en hauteur auquel Excel doit ajuster la taille de votre document à l'impression. Utilisez pour cela les deux champs de l'option Ajuster.

Plutôt que d'essayer de tout faire tenir sur une page, voyez comment se présente votre feuille de calcul si vous la faites tenir sur deux pages en largeur. Essayez ceci : sélectionnez 2 pages dans la liste déroulante du bouton Largeur du groupe Mise à l'échelle de l'onglet Mise en page, et conservez 1 page dans la liste déroulante du bouton Hauteur. Vous pouvez aussi faire l'inverse en voyant comment se présente votre feuille de calcul si vous la faites tenir sur deux pages en hauteur : sélectionnez 2 pages dans la liste déroulante du bouton Hauteur, et conservez 1 page dans la liste déroulante du bouton Largeur.

Après avoir essayé les options d'ajustement en largeur et en hauteur, vous conclurez peut-être que vous ne voulez pas de mise à l'échelle pour l'impression. Pour l'annuler, sélectionnez simplement Automatique dans les deux listes déroulantes Largeur et Hauteur du groupe Mise à l'échelle de l'onglet Mise en page. Vous voyez alors que le champ du bouton Mettre à l'échelle (juste au-dessous des deux précédents) est à nouveau disponible et affiche 100 %.

Les cases Imprimer dans le groupe Options de la feuille de calcul

Le groupe Options de la feuille de calcul contient deux cases très utiles, toutes deux nommées Imprimer (aucune des deux n'étant cochée par défaut) : la première dans la colonne Quadrillage, la seconde dans la colonne Titres.

- Pour imprimer votre rapport avec le quadrillage des lignes et des colonnes, cochez la case Imprimer dans la colonne Quadrillage.
- Pour imprimer votre rapport avec les numéros de lignes et les lettres de colonnes sur toutes ses pages, cochez la case Imprimer dans la colonne Titres.

Si vous voulez que votre rapport imprimé soit aussi proche que possible de la manière dont il se présente à l'écran, cochez ces deux cases. Ces options sont particulièrement utiles lorsque vous avez besoin d'identifier les références des cellules sur la version imprimée (par exemple, pour les mettre à jour plus facilement dans la feuille).

Troisième partie

S'organiser et rester organisé

« C'est ce que je craignais la "Référence circulaire non résolue" lui a été fatal ! »

Dans cette partie...

Dans cette partie, vous apprendrez à vous y retrouver dans les données que vous avez entrées dans vos classeurs. Non seulement vous découvrirez dans le Chapitre 6 comment suivre l'évolution des informations contenues dans une feuille de calcul, mais encore, dans le Chapitre 7, vous apprendrez à créer des graphiques.

Chapitre 6

Maintenir l'ordre dans la feuille de calcul

Dans ce chapitre :

- Zoomer en avant et en arrière.
- Fractionner la fenêtre d'un classeur en deux ou quatre volets.
- Figer les lignes ou les colonnes des titres.
- Attacher un commentaire à une cellule.
- Nommer des cellules.
- Rechercher et remplacer des données.

Chaque feuille de calcul d'Excel offre énormément de place pour vos informations, et par défaut chaque classeur ouvre trois feuilles. Mais, comme un écran ne peut en montrer qu'une petite partie, la maintenance de ces informations n'est pas une mince affaire.

Dans ce chapitre, vous découvrirez quelques techniques efficaces pour garantir la maintenance de vos informations. Vous apprendrez comment attirer l'attention sur une partie d'une feuille de calcul en zoomant dedans, ou comment diviser la fenêtre d'un document en plusieurs volets montrant simultanément diverses parties d'une même feuille, et aussi comment afficher en permanence certaines lignes et colonnes.

Coup de zoom sur les cellules

Bon… Qu'allez-vous faire si votre directeur traîne les pieds pour vous offrir l'écran 22 pouces qui vous éviterait d'user vos yeux sur de minuscules caractères à peine lisibles et de faire défiler la feuille à tout bout de champ parce que trop peu de cellules sont visibles ? Vous utiliserez le curseur de zoom, toujours disponible dans la Barre d'état. Il suffit de le tirer vers la gauche pour réduire et voir plus de cellules, et le tirer vers la droite pour agrandir ce que vous voyez.

La Figure 6.1 montre l'agrandissement d'une feuille de calcul à 200 %, soit le double de l'affichage normal. Pour appliquer ce rapport d'agrandissement à une feuille, faites glisser vers la droite le curseur de zoom jusqu'à ce que l'indicateur numérique affiche 200 % (juste à gauche du curseur). Vous pouvez aussi cliquer sur le bouton Zoom dans l'onglet Affichage, et sélectionner 200 % dans la boîte de dialogue Zoom qui apparaît. Une chose est sûre, c'est que vous n'aurez pas à mettre de lunettes pour lire le contenu des cellules ! Le seul problème avec un tel agrandissement est que vous ne voyez plus beaucoup de cellules à l'écran.

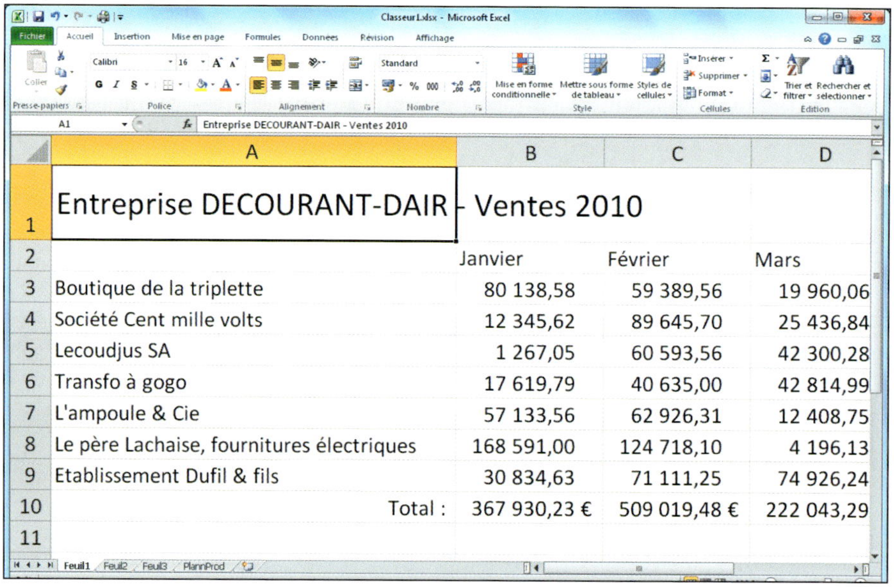

Figure 6.1 : Zoom à 200 % dans une feuille de calcul.

La Figure 6.2 montre la même feuille de calcul mais avec une réduction à 50 %, soit la moitié de la taille normale. Pour obtenir cette valeur de zoom, faites glisser vers la gauche le curseur de zoom jusqu'à ce que l'indicateur numérique affiche 50 %.

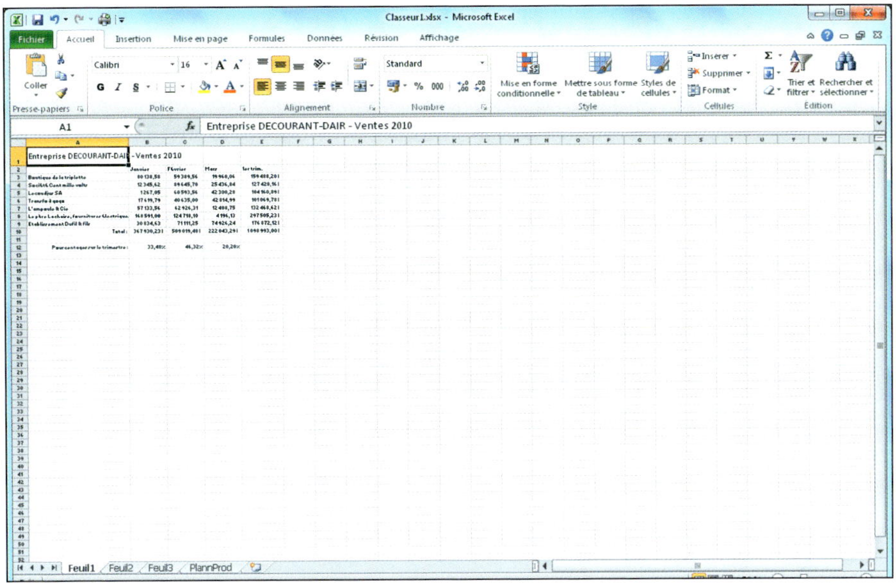

Figure 6.2 : La même feuille de calcul avec le zoom à 50 %.

Avec une réduction à 40 %, la seule chose qui est sûre, c'est que plus rien n'est lisible ! Remarquez que cet affichage permet néanmoins de bénéficier d'une vue très élargie sur la feuille de calcul.

La boîte de dialogue Zoom (Affichage/Zoom) offre le choix de cinq facteurs d'agrandissement (200, 100 [l'affichage normal], 75, 50 et 25 %). Si ces valeurs ne vous conviennent pas, vous avez deux autres possibilités :

- Pour utiliser des facteurs d'agrandissement plus élevés ou plus réduits que ceux proposés (par exemple 400 % ou 10 %), ou intermédiaires (par exemple 150 % ou 85 %), sélectionnez le bouton Personnalisé dans la boîte de dialogue Zoom, entrez le pourcentage voulu dans le champ qui accompagne cette option, et cliquez sur OK ou appuyez sur Entrée.
- Si vous ne savez pas quel pourcentage il faut appliquer pour cadrer une plage de cellules donnée, sélectionnez cette plage et cliquez sur le bouton Zoom sur la sélection dans l'onglet Affichage. Excel adapte automatiquement le facteur d'agrandissement pour afficher les cellules sélectionnées dans tout l'espace disponible de la fenêtre.

Pour revenir rapidement au taux d'agrandissement normal (100 %), cliquez exactement sur le petit trait vertical qui indique le centre de l'espace de déplacement du curseur de zoom dans la Barre d'état.

Fractionner une fenêtre

Bien que le zoom facilite l'accès aux données dispersées dans une feuille de calcul, il ne permet en rien d'afficher deux endroits éloignés d'une feuille afin d'en comparer le contenu (du moins pas avec un rapport d'affichage normal). Pour contourner ce problème, vous pouvez diviser la fenêtre d'un document en deux volets distincts et faire défiler librement la feuille dans chacun d'eux.

Il est facile de fractionner une fenêtre. Regardez la Figure 6.3 qui montre des résultats après que la fenêtre a été fractionnée horizontalement en deux volets. Celui du bas commence à la ligne 38, car j'en ai fait défiler le contenu vers le haut pour qu'il affiche les résultats de l'année. Chaque volet possède sa propre barre de défilement vertical, ce qui permet de les manipuler indépendamment l'un de l'autre.

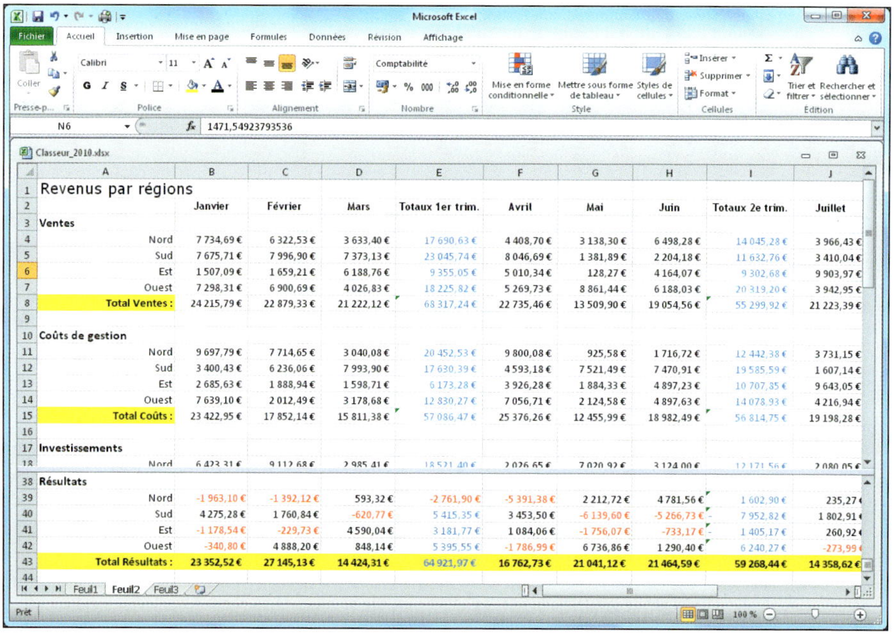

Figure 6.3 : Avec le fractionnement, deux volets peuvent afficher simultanément deux portions éloignées du même document.

Pour fractionner une feuille de calcul en deux volets supérieur et inférieur, vous devez faire glisser le *curseur de fractionnement* (situé juste au-dessus de la barre de défilement verticale), pour obtenir deux volets de la taille que vous voulez. Suivez ces étapes :

1. **Cliquez sur le curseur de fractionnement horizontal et maintenez enfoncé le bouton de la souris.**

   Le pointeur de la souris se transforme en une double barre à deux flèches, semblable à celle utilisée pour réafficher des lignes masquées.

2. **Faites glisser vers le bas jusqu'à ce que la barre de fractionnement se trouve à l'emplacement voulu.**

   Une barre de fractionnement grise se déplace. Elle montre l'endroit où se produira le fractionnement.

3. **Relâchez le bouton de la souris.**

   Excel divise la fenêtre en deux volets superposés, séparés par la barre de fractionnement. Une barre de défilement est ajoutée au nouveau volet.

Il est aussi possible de fractionner la fenêtre du document en deux volets gauche et droite en procédant ainsi :

1. **Cliquez sur le curseur de fractionnement situé à droite de la barre de défilement horizontale.**

2. **Faites-le glisser vers la gauche ou vers la droite jusqu'à l'endroit où vous voulez placer le fractionnement.**

3. **Relâchez le bouton de la souris.**

   Excel divise la fenêtre et ajoute une barre de défilement horizontale au nouveau volet.

Ne confondez pas le curseur de fractionnement, qui se trouve à droite de la barre de défilement horizontale, avec le curseur d'onglet qui, lui, se trouve à gauche de la barre. Ce dernier sert à découvrir un plus grand nombre d'onglets, lorsque tous ne peuvent être affichés.

TRUC

Notez qu'il est possible de supprimer le volet supplémentaire d'une fenêtre de classeur, en double-cliquant n'importe où sur la barre de fractionnement plutôt que de la ramener à son emplacement initial.

Au lieu de faire glisser les curseurs de fractionnement, vous pouvez cliquer sur le bouton Fractionner dans le groupe Fenêtre de l'onglet Affichage (il se trouve juste à droite du bouton Nouvelle Fenêtre). Excel utilise la position du curseur de cellule pour déterminer l'endroit où placer les barres de fractionnement. La barre de fractionnement verticale est placée sur le bord gauche du curseur de cellule, et la barre de fractionnement horizontale sur son bord supérieur.

N'OUBLIEZ PAS

Pour fractionner une fenêtre uniquement en deux volets horizontaux (séparés par une barre de fractionnement horizontale), procédez ainsi : placez le curseur de cellule dans la première colonne de la feuille, sur la cellule dont le bord supérieur correspond à l'endroit où vous voulez placer la barre de fractionnement. Si vous voulez fractionner votre fenêtre uniquement en deux volets verticaux (séparés par une barre de fractionnement verticale), procédez ainsi : placez le curseur de cellule dans la première ligne de la feuille, sur la cellule dont le bord gauche correspond à l'endroit où vous voulez placer la barre de fractionnement.

Quand vous placez le curseur de cellule sur une quelconque cellule et que vous cliquez sur le bouton Fractionner, sous l'onglet Affichage, Excel divise la fenêtre en quatre volets, avec la barre de fractionnement verticale touchant le bord gauche de la cellule sélectionnée, et la barre de fractionnement horizontale touchant le bord supérieur de celle-ci. C'est ce que montre la Figure 6.4 : j'ai sélectionné la cellule B9 et cliqué sur le bouton Fractionner dans l'onglet Affichage. Les barres de fractionnement sont donc respectivement entre les lignes 9 et 10 et entre les colonnes A et B.

TRUC

Lorsque le curseur de cellule est en A1, le bouton Fractionner de l'onglet Affichage divise la fenêtre en quatre volets égaux, quel que soit le rapport du zoom.

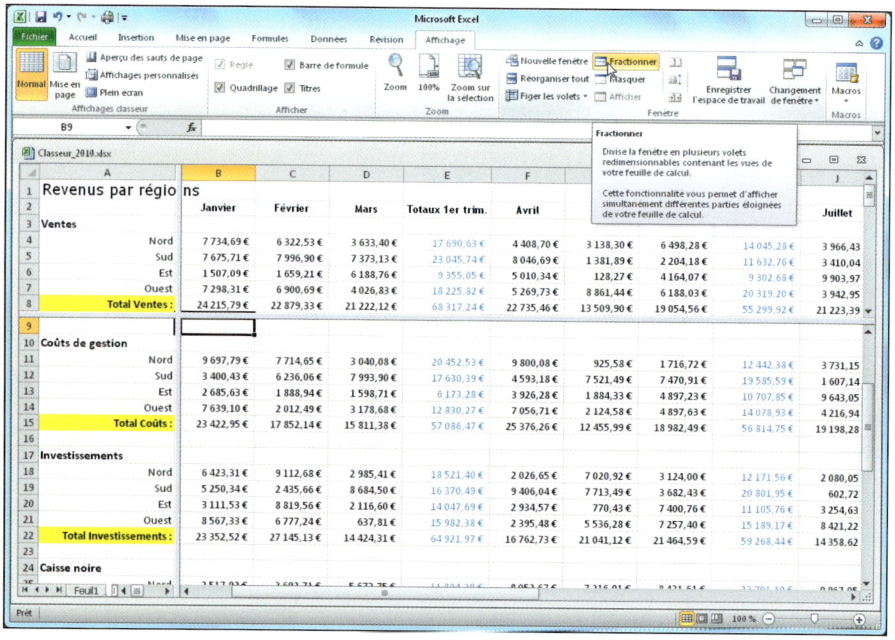

Figure 6.4 : Fractionnement d'une fenêtre de classeur en quatre volets après avoir placé le curseur de cellule dans la cellule B14.

Lorsque la fenêtre est fractionnée, il suffit de cliquer sur n'importe quelle cellule à l'intérieur d'un des volets pour que celui-ci soit le volet actif. Pour faire disparaître le fractionnement d'une fenêtre fractionnée, cliquez simplement sur le bouton Fractionner dans l'onglet Affichage.

Figer les volets

Les volets sont parfaits pour visualiser simultanément plusieurs parties éloignées d'une feuille de calcul. Mais ils peuvent aussi servir à figer des titres, en haut de la feuille ou à gauche, de sorte que les données peuvent défiler tandis que les titres restent en place. Les volets figés sont particulièrement utiles pour les tableaux dont les données s'étendent loin au-delà des lignes et des colonnes affichées à l'écran.

La Figure 6.5 montre un tel tableau. La feuille de calcul contenant les résultats contient trop de lignes et de colonnes pour les afficher toutes à la fois, à moins de zoomer à un rapport prohibitivement faible. À titre indicatif, cette feuille de calcul comporte 43 lignes, et sa dernière colonne est la colonne Q.

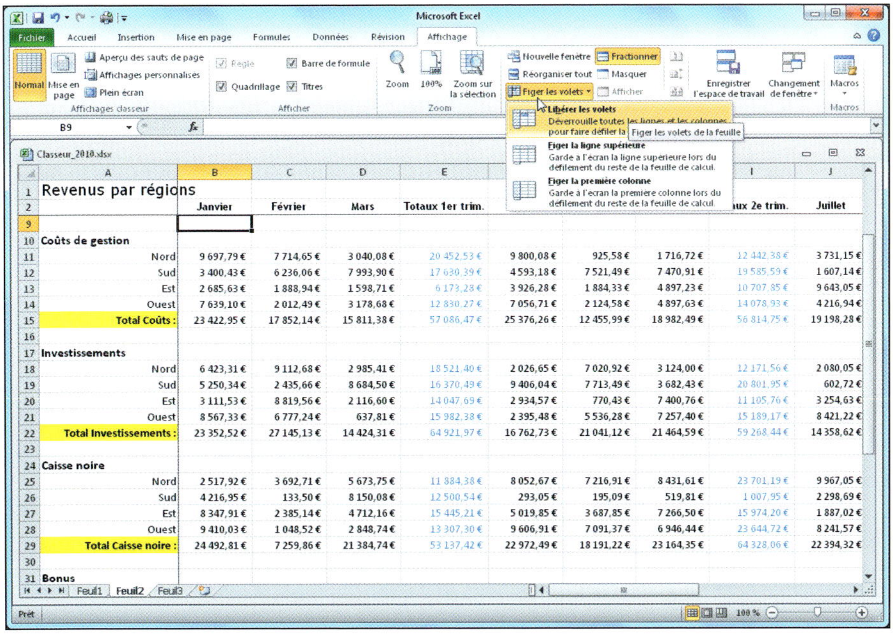

Figure 6.5 : Les volets figés immobilisent les deux premières lignes et les deux premières colonnes, qui contiennent les en-têtes des colonnes et des lignes.

En divisant la fenêtre du document en deux volets entre les lignes 2 et 3 et en les figeant ensuite, les deux premières lignes restent toujours visibles, permettant d'identifier facilement le contenu des différentes colonnes lors d'un défilement de la liste vers le bas. Si vous fractionnez les colonnes à droite de la colonne B, l'année et les noms des produits, qui constituent les en-têtes de ligne restent visibles à l'écran, même si vous faites défiler le tableau vers la gauche.

La Figure 6.5 montre le résultat de ce fractionnement après avoir figé les volets. Procédez comme suit pour figer des volets (après avoir fractionné la fenêtre en quatre volets) :

1. **Sélectionnez la cellule qui se trouve juste au-dessous et à droite du point d'intersection des barres de fractionnement que vous voulez créer, et cliquez sur le bouton Fractionner dans l'onglet Affichage.**

2. **Dans le groupe Fenêtre de l'onglet Affichage, cliquez sur le bouton Figer les volets, et sélectionnez Figer les volets, dans le menu qui apparaît.**

Quand Excel fige les volets, les barres de fractionnement se transforment en traits fins.

Voyez dans la Figure 6.6 ce qui se produit lors d'un défilement vers le bas de la feuille de calcul, lorsque les volets sont figés. Dans cet exemple, j'ai fait défiler le contenu du tableau vers le bas et vers la droite.

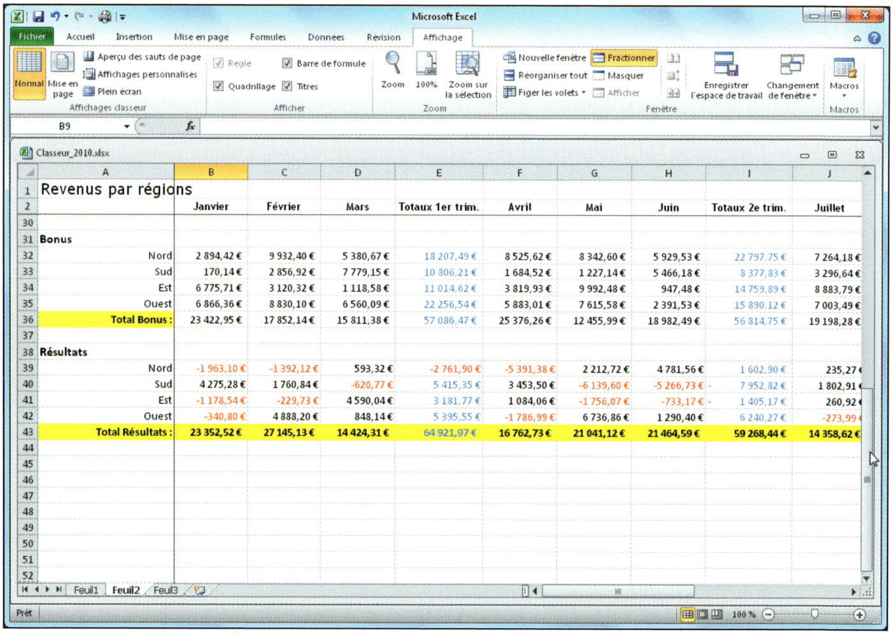

Figure 6.6 : Quand les volets sont figés, les en-têtes de ligne restent parfaitement cohérents avec le contenu du tableau lorsqu'on le fait défiler verticalement.

Voyez dans la Figure 6.7 ce qui se passe lorsque le défilement de la feuille de calcul s'effectue vers la gauche. Comme les volets sont figés, les deux premières colonnes n'ont pas bougé, ce qui permet d'avoir toujours les en-têtes de ligne à l'affichage.

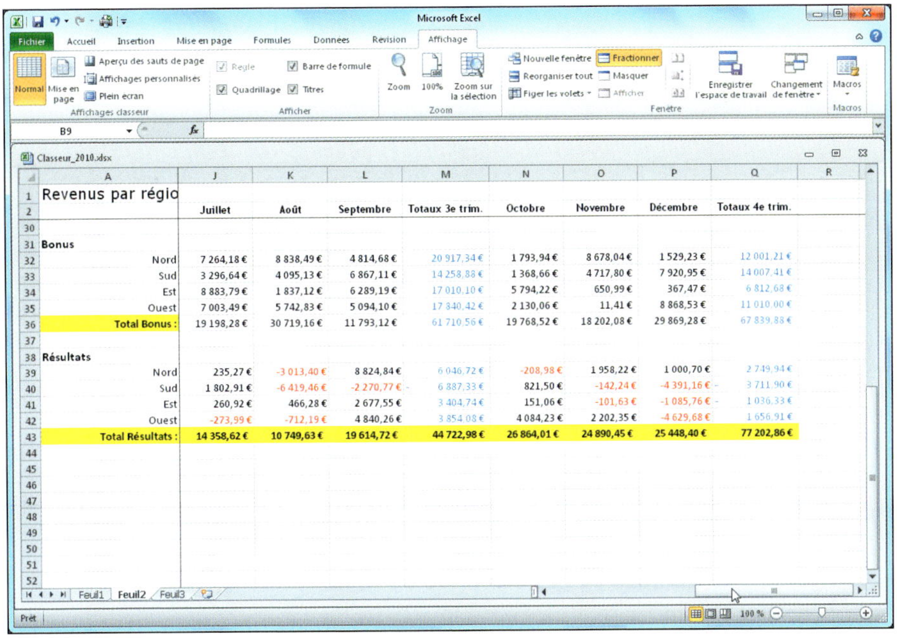

Figure 6.7 : Quand les volets sont figés, les en-têtes de colonne restent parfaitement cohérents avec le contenu du tableau lorsqu'on le fait défiler horizontalement.

TRUC

Pour figer uniquement la première ligne ou la première colonne de la feuille de calcul, quel que soit l'emplacement du curseur de cellule dans la feuille de calcul, cliquez sur Figer les volets dans l'onglet Affichage, et sélectionnez Figer la ligne supérieure ou Figer la première colonne dans le menu qui apparaît.

Pour que les volets d'une feuille de calcul ne soient plus figés, cliquez sur Figer les volets dans l'onglet Affichage, et sélectionnez Libérer les volets dans le menu qui apparaît. Les traits fins sont remplacés par d'épaisses barres, indiquant que les volets ne sont plus figés.

Les notes électroniques

Dans Excel, des commentaires peuvent être ajoutés à des cellules. Les *commentaires* sont des sortes de petites notes qui ressemblent aux Post-it autocollants. Elles permettent d'insérer des pense-bêtes pour rappeler, par exemple, que telle ou telle valeur n'est qu'une estimation, ou qu'il faut vérifier une valeur avant d'imprimer la feuille, voire une date d'anniversaire dont l'oubli ne serait pas du tout apprécié.

TRUC

En plus de rappeler une tâche à effectuer, un commentaire peut être utilisé comme repère visuel pour signaler un emplacement dans une vaste feuille de calcul, et le retrouver facilement la prochaine fois que vous l'ouvrirez.

Ajouter un commentaire à une cellule

Procédez comme suit pour ajouter un commentaire à une cellule :

1. **Sélectionnez la cellule qui doit recevoir le commentaire.**

2. **Dans le groupe Commentaires de l'onglet Révision, cliquez sur le bouton Nouveau commentaire.**

   Une nouvelle zone de texte apparaît, semblable à celle visible Figure 6.8. Elle contient le nom de l'utilisateur de l'onglet Standard de la boîte de dialogue Options Excel. La barre d'insertion clignote au début de la ligne qui suit le nom.

3. **Tapez le texte du commentaire.**

4. **Cliquez hors de la zone de texte.**

   Excel signale que la cellule comporte un commentaire en plaçant un petit triangle rouge dans le coin supérieur droit.

5. **Pour afficher un commentaire, il suffit de placer le pointeur en forme d'épaisse croix blanche au-dessus de la cellule correspondante.**

Réviser les commentaires

Lorsqu'un classeur contient un grand nombre de commentaires, vous ne voudrez sans doute pas promener le pointeur de la souris au-dessus de chacun d'eux pour les lire tour à tour. Il est beaucoup plus commode de cliquer sur le bouton Afficher tous les commentaires dans le groupe Commentaires de l'onglet Révision (Figure 6.9). Excel affiche alors tous les commentaires des cellules visibles dans la fenêtre (et continue à afficher les autres commentaires si vous faites défiler le contenu de la fenêtre, ou même si vous sélectionnez une autre feuille du classeur).

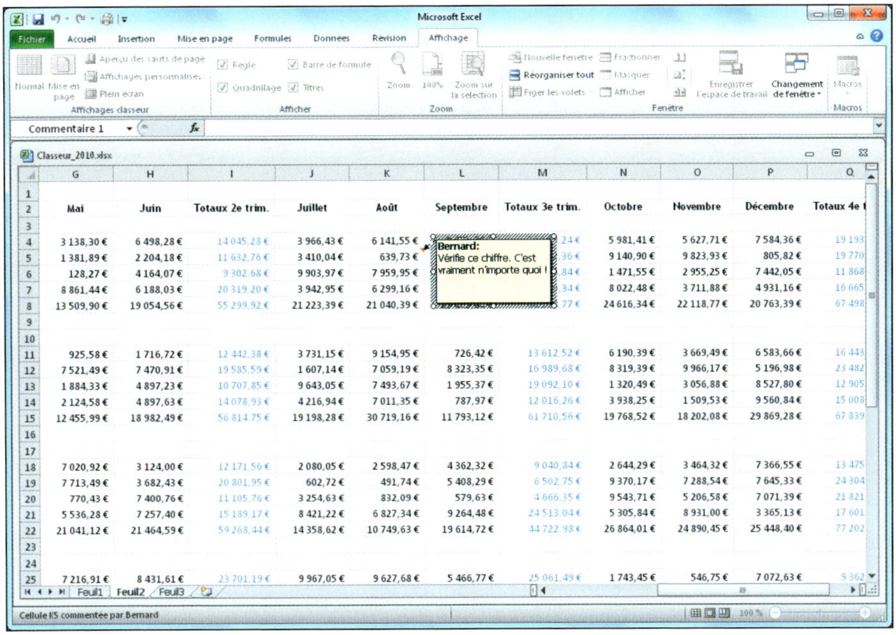

Figure 6.8 : Ajout d'un commentaire à une cellule.

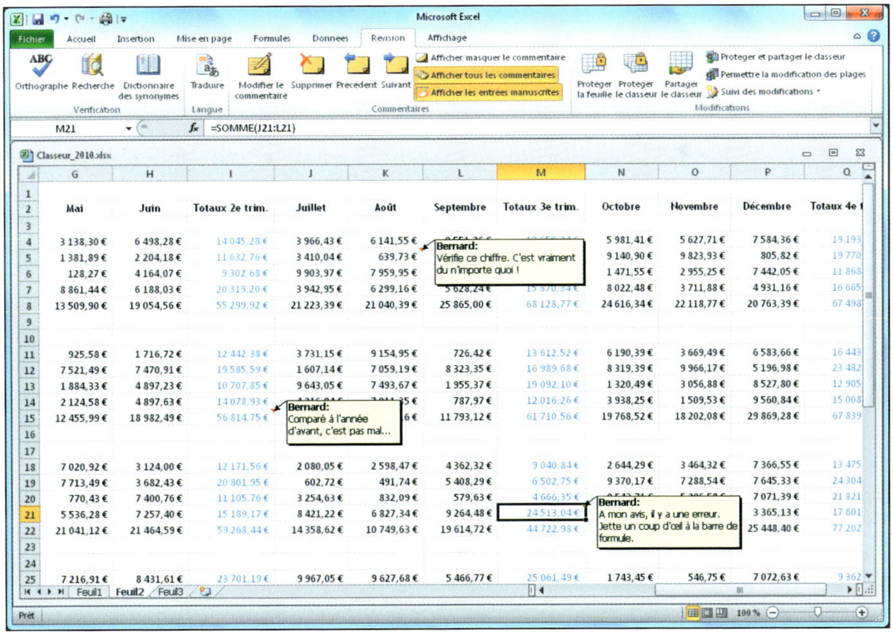

Figure 6.9 : Le bouton Afficher tous les commentaires montre tous les commentaires des cellules visibles dans la fenêtre.

Lorsque c'est l'onglet Révision du Ruban qui est au premier plan, il est possible de passer d'un commentaire à un autre en cliquant sur les boutons Suivant et Précédent dans le groupe Commentaires de cet onglet. Dès que vous atteignez le dernier commentaire d'un classeur, une boîte d'alerte demande s'il faut poursuivre la révision des commentaires depuis le début (ce que vous pouvez accepter en cliquant sur OK). Lorsque vous avez affiché tous les commentaires, il vous suffit pour les masquer après les avoir tous révisés de cliquer à nouveau sur le bouton Afficher tous les commentaires.

Modifier les commentaires

Pour modifier un commentaire, vous devez commencer par l'afficher et y placer le curseur d'insertion. Pour l'afficher, vous disposez des différents moyens que nous venons de voir (le plus simple étant de cliquer sur la cellule correspondante, puis sur le bouton Afficher/masquer le commentaire dans l'onglet Révision), après quoi il vous suffit de cliquer dedans pour y placer le curseur d'insertion. Mais il existe un moyen plus simple : cliquez du bouton droit sur la cellule du commentaire, et sélectionnez Modifier le commentaire dans le menu qui apparaît.

Pour modifier l'emplacement d'un commentaire par rapport à sa cellule, commencez par afficher le commentaire par l'un des moyens que nous avons vus plus haut, puis amenez le pointeur de la souris sur l'une des bordures hachurées. Lorsqu'il se transforme en flèche à quatre pointes, vous pouvez faire glisser le commentaire ailleurs dans la feuille de calcul. Au moment où vous relâchez le bouton de la souris, Excel redessine la flèche qui relie le coin supérieur gauche du commentaire à la cellule.

Pour modifier les dimensions de la zone de texte du commentaire, placez le pointeur de la souris sur l'une des poignées de redimensionnement (ce sont les petits ronds blancs que vous voyez tout autour de la zone de commentaire) de manière qu'il prenne la forme d'une flèche à double pointe, et tirez-la dans la direction appropriée, vers l'extérieur du commentaire pour augmenter sa surface, vers l'intérieur pour la réduire. Dès que vous relâchez le bouton de la souris, Excel redessine la zone de texte du commentaire à la taille ainsi définie. Les retours à la ligne du texte qui s'y trouve sont pris en charge par Excel.

Pour changer la police du texte d'un commentaire, commencez par afficher celui-ci par l'un des moyens décrits plus haut, et sélectionnez le texte dont vous voulez changer la police. Cliquez ensuite du bouton droit sur le commentaire, et sélectionnez Format de commentaire dans le menu qui apparaît (vous pouvez aussi appuyer sur Ctrl + Maj + 1 ; le 1 du clavier principal, comme pour ouvrir la boîte de dialogue Format de cellule). La boîte de dialogue Format de commentaire (qui n'est qu'une variante de la boîte de dialogue Format de cellule) apparaît, comportant l'unique onglet Police. Vous pouvez y sélectionner non seulement la police et sa taille pour le texte sélectionné dans le commentaire, mais aussi tous les attributs de mise en forme que vous pouvez appliquer au contenu d'une cellule.

Pour supprimer un commentaire, sélectionnez la cellule qui le contient et cliquez sur le bouton Effacer le commentaire dans le groupe Commentaires de l'onglet Révision. Excel supprime le commentaire ainsi que l'indicateur rouge dans le coin de la cellule.

Vous pouvez aussi supprimer tous les commentaires : cliquez sur le bouton Effacer (la gomme) du groupe Édition de l'onglet Accueil, et sélectionnez Effacer les commentaires dans le menu qui apparaît.

Les cellules nommées

En attribuant des noms évocateurs aux cellules et aux plages, vous faciliterez considérablement l'accès aux informations importantes de la feuille de calcul. Plutôt que d'essayer d'associer des informations à des coordonnées abstraites, vous leur donnerez un nom. En nommant une plage, vous nommerez du même coup une sélection de cellules que vous pourrez imprimer ou importer dans d'autres logiciels Office comme Word ou Access. En outre, ce qui est très commode, vous pourrez utiliser les noms de cellules avec la commande Atteindre.

Ah ! Si j'avais un nom...

Lorsque vous attribuez un nom à des cellules ou à des plages, vous devez respecter les règles suivantes :

- **Les noms de plages de cellules doivent commencer par une lettre, jamais par un chiffre.**

  Par exemple, au lieu de 01Profits, utilisez Profits01.

- **Un nom ne peut pas contenir d'espaces.**

  Au lieu de l'espace, utilisez le caractère de soulignement (celui de la touche 8 du clavier alphanumérique, en minuscule) pour séparer des mots. Exemple : au lieu de Profit 01, utilisez Profit_01 (*NdT* : les caractères accentués et la cédille sont utilisables).

- **Des coordonnées de cellule ne peuvent jamais être utilisées comme noms.**

  Une cellule ne peut pas être nommée T1, car cette formulation est celle d'une référence de cellule valide. Utilisez plutôt T1_ventes, par exemple.

Pour nommer une cellule ou une plage de cellules, suivez ces étapes :

1. **Sélectionnez la cellule ou la plage à nommer.**
2. **Cliquez sur l'adresse de la cellule courante qui apparaît dans la Zone Nom, à l'extrémité gauche de la Barre de formule.**

   Excel sélectionne l'adresse de la cellule dans la Zone Nom.

3. **Tapez le nom que vous voulez donner à la cellule ou à la plage sélectionnée.**

   Veillez à bien respecter les règles de nom que nous venons de stipuler.

4. **Appuyez sur Entrée.**

Pour sélectionner une cellule ou une plage nommée, cliquez sur son nom dans la liste déroulante de la Zone Nom (pour faire apparaître cette liste, cliquez sur le triangle pointant vers le bas à l'extrémité droite de la Zone Nom).

Notez que vous pouvez aussi, dans l'onglet Accueil, cliquer sur le bouton Rechercher et sélectionner, sélectionner Atteindre dans le menu qui apparaît, activer la plage de cellules nommée que vous voulez atteindre dans la boîte de dialogue Atteindre (Figure 6.10), et enfin cliquer sur OK. Pour faire apparaître la boîte de dialogue Atteindre, vous pouvez aussi appuyer sur la touche F5.

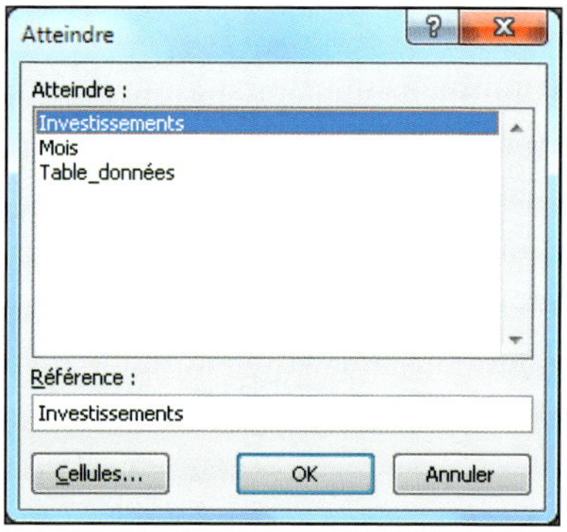

Figure 6.10 : Sélection d'une cellule ou d'une plage de la feuille de calcul.

Nommez cette formule !

Les noms de cellules sont non seulement commodes pour identifier et localiser des cellules et des plages dans une feuille de calcul, mais ils sont aussi très utiles pour manipuler des formules. Supposons que la cellule K3 contienne une formule simple qui calcule ce qui vous est dû en multipliant vos heures de travail pour un client (dans la cellule I3) par votre rémunération horaire (dans la cellule J3). Vous taperez normalement cette formule dans la cellule K3 sous la forme :

```
=I3*J3
```

Mais si vous attribuez le nom *Heures* à la cellule I3 et le nom *Tarif_horaire* à la cellule J3, la formule se présentera dans la cellule K3 sous la forme :

```
=Heures*Tarif_horaire
```

Il va de soi que pour tout le monde cette formulation est bien plus compréhensible que =I3*J3.

Pour entrer une formule contenant des noms de cellules plutôt que des références de cellules, vous procéderez comme suit :

1. **Nommez les cellules comme nous venons de l'indiquer.**

   Pour cet exemple, vous nommerez la cellule I3 **Heures** et la cellule J3 **Tarif_horaire**.

2. **Placez le curseur de cellule sur la cellule qui recevra la formule.**

   Il s'agit en l'occurrence de la cellule K3.

3. **Tapez le signe = (égal) pour indiquer à Excel que ce qui suit est une formule.**

4. **Sélectionnez la première cellule à laquelle la formule se réfère en cliquant dessus (ou en déplaçant le curseur de cellule jusqu'à son emplacement).**

   Dans cet exemple, vous sélectionnez Heures en sélectionnant la cellule I3.

5. **Tapez l'opérateur arithmétique à utiliser dans la formule.**

   Il s'agit ici de l'opérateur de multiplication * (astérisque). Reportez-vous au Chapitre 2 pour connaître les autres opérateurs arithmétiques d'Excel.

6. **Sélectionnez la deuxième cellule à laquelle la formule se réfère. Procédez comme à l'Étape 4.**

   Il s'agit de la cellule Tarif_horaire, soit la cellule J3.

7. **Cliquez sur le bouton Entrer dans la Barre de formule ou appuyez sur la touche Entrée pour terminer la formule.**

   Excel affiche la formule de la cellule K3, soit =Heures*Tarif_horaire.

Les constantes nommées

Certaines formules utilisent des valeurs constantes (par exemple une taxe au taux de 5,5 % ou un rabais de 10 %). Si vous ne voulez pas les entrer dans des cellules afin de les utiliser ensuite dans des formules, vous pouvez créer des plages de noms contenant ces valeurs, que vous utiliserez dans vos formules.

Par exemple, pour créer une constante nommée *Taux_TVA* de 5,5 %, vous procéderez ainsi :

1. **Dans le groupe Noms définis de l'onglet Formules du Ruban, cliquez sur le bouton Définir un nom.**

2. **Dans la boîte de dialogue Nouveau nom qui apparaît, tapez le nom (**Taux_TVA**, dans notre exemple) dans le champ Noms.**

3. **Si vous voulez que cette constante nommée soit définie uniquement pour une feuille du classeur et non pour le classeur entier, sélectionnez le nom de la feuille dans la liste déroulante Zone.**

   Par défaut, c'est l'option Classeur qui est sélectionnée dans cette liste, ce qui signifie que cette constante nommée pourra être utilisée dans toutes les feuilles du classeur. Ce n'est que dans le cas particulier où vous voulez au contraire qu'elle ne soit utilisable que dans une feuille et pas dans les autres que vous devez vous préoccuper de la sélectionner ici.

4. **Cliquez dans le champ Fait référence à. Remplacez l'adresse qui s'y trouve par la valeur 5,5 % (avec ou sans espace, Excel comprend).**

5. **Cliquez sur OK pour fermer la boîte de dialogue Nouveau nom.**

Après avoir assigné une constante à un nom en utilisant cette méthode, vous pouvez l'utiliser dans les formules que vous créez dans la feuille de calcul en adoptant l'une de ces deux procédures :

- Taper dans la formule le nom auquel vous avez assigné la constante à la place de la valeur requise.

- Insérer le nom dans la formule en cliquant, dans l'onglet Formules, sur le bouton Utiliser dans la formule et en sélectionnant le nom de la constante voulue dans la liste qui apparaît.

TRUC

Quand vous copiez une formule qui utilise un nom contenant une constante, la valeur reste inchangée dans toutes les recopies de la formule obtenues avec la poignée de recopie automatique. Autrement dit, dans une formule, le nom se comporte comme une adresse de cellule absolue (reportez-vous au Chapitre 4 pour en savoir plus sur les recopies de formules).

Qui cherche trouve

Si vous n'arrivez vraiment pas à localiser une information spécifique, vous pouvez demander à la fonction Rechercher d'Excel de la trouver pour vous. Dans l'onglet Accueil, cliquez sur le bouton Rechercher et sélectionner, et sélectionnez Rechercher dans le menu qui apparaît.

Dans le champ Rechercher (de l'onglet Rechercher) de la boîte de dialogue Rechercher et remplacer qui apparaît, entrez le texte ou la valeur que vous recherchez, et cliquez sur le bouton Suivant ou appuyez sur Entrée pour lancer la recherche. Si vous voulez spécifier des critères de recherche supplémentaires, cliquez sur le bouton Options dans cette boîte de dialogue pour faire apparaître les options correspondantes (comme le montre la Figure 6.11).

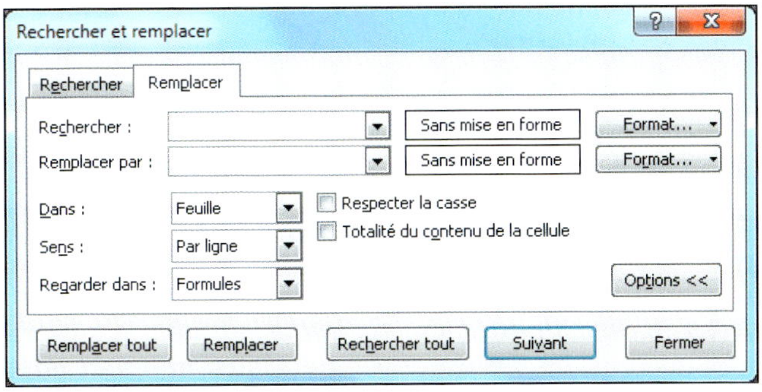

Figure 6.11 : Utiliser les commandes de la boîte de dialogue Rechercher et remplacer pour localiser une entrée.

Lorsque vous recherchez une entrée de texte avec la fonction Rechercher et remplacer, demandez-vous toujours si ce texte ou ce chiffre est seul dans sa cellule ou s'il est une partie d'un terme ou d'une valeur. Par exemple, si vous lancez une recherche sur les caractères **CA** et n'avez pas coché la case Totalité du contenu de la cellule (voir Figure 6.11), Excel trouvera les occurrences de CA dans « Canada », « sarbacane », « canettes », « décalé » et ainsi de suite.

Si vous cochez la case Totalité du contenu de la cellule, Excel ne retournera que les occurrences où le mot CA est seul dans la cellule.

Lorsque vous effectuez une recherche sur du texte, vous pouvez spécifier si Excel doit différencier ou non les majuscules et les minuscules. Par défaut, Excel ne tient pas compte de la casse des caractères. Pour qu'il fasse la différence, vous devez cocher la case Respecter la casse (visible après avoir cliqué sur le bouton Options de la boîte de dialogue Rechercher et remplacer).

Si les textes ou les valeurs recherchés ont reçu une mise en forme particulière, vous pouvez demander à Excel d'en tenir compte.

Procédez comme suit pour qu'Excel recherche une mise en forme particulière dans la feuille de calcul :

1. **Cliquez sur le bouton déroulant à droite du bouton Format, dans la boîte de dialogue Rechercher et remplacer, et choisissez l'option Choisir le format à partir de la cellule.**

   La boîte de dialogue Rechercher et remplacer disparaît temporairement. Excel ajoute une pipette au pointeur de souris normal.

2. **Cliquez avec le pointeur dans la cellule contenant la mise en forme à respecter.**

   La boîte de dialogue Rechercher et remplacer réapparaît après avoir prélevé la mise en forme.

Procédez comme suit pour sélectionner la mise en forme à respecter en utilisant la boîte de dialogue Rechercher le format (qui est identique à la boîte de dialogue Format de la cellule) :

1. **Cliquez sur le bouton Format ou cliquez sur le bouton de son menu déroulant et choisissez l'option Format.**

2. **Dans la boîte de dialogue Rechercher le format qui apparaît, sélectionnez dans les différents onglets les options de mise en forme à respecter (elles sont décrites dans le Chapitre 3), puis cliquez sur OK.**

Quand vous utilisez l'une de ces deux méthodes de recherche d'une mise en forme, le bouton Sans mise en forme, situé entre la zone de texte Rechercher et le bouton Format, se transforme en aperçu (ce mot y figure au centre) qui montre toutes les options de mise en forme prélevées dans une cellule ou définies dans la boîte de dialogue Rechercher le format.

Si vous recherchez des valeurs dans la feuille de calcul, faites bien attention aux différences entre les formules et les valeurs. Par exemple, si une cellule contient la valeur 3 582 € et si vous tapez **3582** dans le champ Rechercher suivi de l'appui sur Entrée, Excel affiche une boîte d'alerte contenant le message suivant :

```
Microsoft Office Excel ne trouve pas les données que vous recherchez.
```

Un examen attentif révélera sans aucune doute que la valeur qui apparaît dans la cellule est en réalité calculée par une formule telle que :

```
=I24*J24
```

En fait, le nombre 3582 ne figure nulle part en tant que tel. Pour qu'Excel puisse localiser n'importe quel type de valeur 3582 dans la feuille de calcul, vous devez remplacer l'option Formules, dans la liste déroulante du champ Regarder dans, par l'option Valeurs.

Pour restreindre la recherche uniquement à du texte ou à des valeurs contenues dans des commentaires, choisissez l'option Commentaires dans la liste déroulante Regarder dans.

Si vous ne connaissez pas l'orthographe exacte d'un mot ou la valeur précise que vous recherchez, vous pouvez recourir aux *caractères de substitution* ; ils remplacent un ou plusieurs caractères. Utilisez le point d'interrogation (?) à la place d'un seul caractère inconnu, et l'astérisque (*) à la place d'un ou plusieurs caractères inconnus. Supposons que vous ayez entré ce qui suit dans le champ Rechercher, avec l'option Regarder dans Valeurs :

```
7*4
```

Dans cette formulation, qui n'est pas une multiplication (le signe = est absent), l'astérisque compte pour n'importe quel chiffre, qu'il y en ait un seul ou plusieurs. De ce fait, Excel s'arrête à toutes les cellules contenant des valeurs comme *74 704* (l'astérisque se substitue au zéro), *7 5234* (l'astérisque se substitue à la chaîne de caractères 523), et trouve même une occurrence comme *67856 Strasbourg cedex 04*.

Si vous effectuez une recherche dans laquelle l'astérisque est l'opérateur de multiplication et non un caractère de substitution, faites précéder la recherche par un tilde (~), comme ci-dessous :

```
~*4
```

Cet arrangement permet de trouver dans la feuille de calcul toutes les formules comportant une multiplication par quatre.

L'entrée qui suit recherche toutes les occurrences de *Jan, Janvier.* (*NdT* : le point d'interrogation est un caractère de substitution qui remplace un seul caractère, à cet emplacement précis, et non plusieurs caractères comme le fait l'astérisque.)

```
J?n*
```

N'OUBLIEZ PAS

Normalement, Excel n'effectue la recherche que dans la feuille de calcul courante. Pour qu'elle s'effectue dans toutes les feuilles du classeur, vous devez sélectionner l'option Classeur (dans la liste déroulante Dans).

Quand Excel a trouvé une occurrence du texte ou de la valeur dans une cellule, il sélectionne cette cellule tout en laissant la boîte de dialogue Rechercher et remplacer visible à l'écran (vous pouvez la déplacer si elle occulte les cellules qui vous intéressent). Pour rechercher la prochaine occurrence du texte ou de la valeur, cliquez sur le bouton Suivant ou appuyez sur Entrée.

Par défaut, Excel effectue la recherche dans la feuille de calcul ligne par ligne. Pour que la recherche se fasse par colonne, sélectionnez Par colonne dans la liste déroulante Sens. Pour inverser la direction de la recherche et revenir à une occurrence précédente des caractères recherchés, maintenez enfoncée la touche Maj tout en cliquant sur le bouton Suivant.

Nul n'est irremplaçable

Si vous effectuez une recherche pour remplacer une entrée par une autre, vous pouvez automatiser cette opération grâce à l'onglet Remplacer de la boîte de dialogue Rechercher et remplacer. Si, dans l'onglet Accueil, vous sélectionnez Remplacer au lieu de Rechercher dans le menu du bouton Rechercher et sélectionner, ou si vous appuyez sur Ctrl + H, Excel ouvre la boîte de dialogue Rechercher et remplacer directement sous l'onglet Remplacer. Tapez le texte ou la valeur à remplacer dans le champ Rechercher, puis entrez le texte ou la valeur à lui substituer dans le champ Remplacer par.

Quand vous entrez un texte de remplacement, tapez-le exactement tel qu'il doit apparaître dans la cellule. Autrement dit, si vous voulez remplacer toutes les occurrences de *Jan* par *Janvier*, tapez dans la zone de texte Remplacer par :

```
Janvier
```

Veillez à bien mettre le J en majuscule dans le champ Remplacer par. En revanche, comme la recherche de texte ne tient pas compte des majuscules et des minuscules (à condition de n'avoir pas coché la case Respecter la casse, qui n'apparaît qu'après avoir cliqué sur le bouton Options pour déployer les commandes supplémentaires de la boîte de dialogue), vous pouvez très bien entrer ceci dans le champ Rechercher :

```
jan
```

Après avoir spécifié ce qu'il faut remplacer et par quoi, comme dans la Figure 6.12, vous pouvez demander à Excel d'effectuer les remplacements au cas par cas ou globalement. Pour procéder à tous les remplacements en une seule opération, cliquez sur le bouton Remplacer tout.

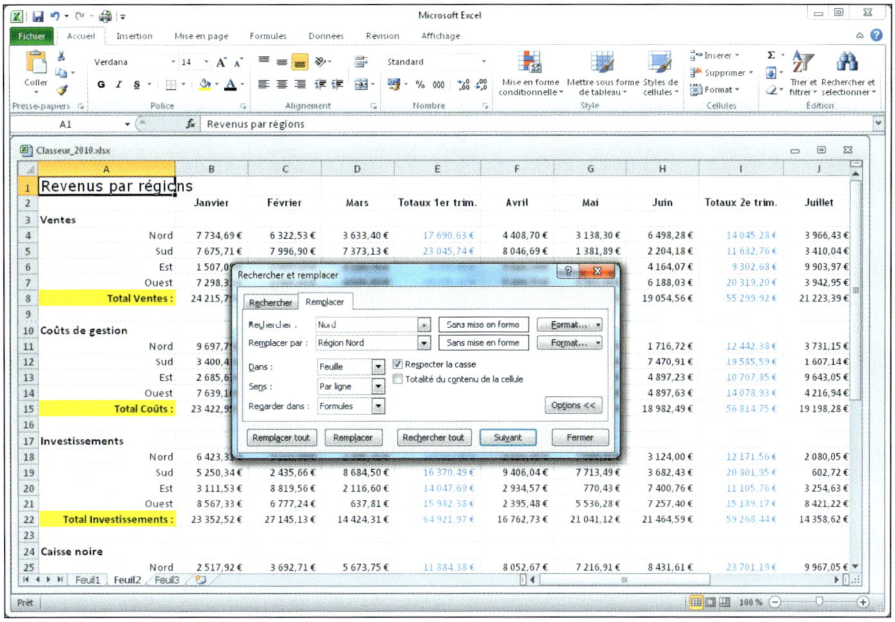

Figure 6.12 : Les options de l'onglet Remplacer servent à substituer des textes ou des valeurs.

Soyez très prudent quand vous effectuez un rechercher/remplacer global, car lancée inconsidérément, cette commande peut engendrer une énorme pagaille en remplaçant des parties de titres, de formules ou d'autres éléments que vous n'aviez pas du tout l'intention de modifier. Cela dit, respectez toujours cette règle d'or :

> N'entreprenez jamais un rechercher/remplacer sur une feuille sans l'avoir préalablement enregistrée.

Avant de commencer, assurez-vous aussi que la case Totalité du contenu de la cellule est cochée (elle n'est visible qu'après avoir cliqué sur le bouton Options). Si elle n'était pas cochée alors que vous comptez remplacer le contenu entier des cellules, et non une partie, vous risqueriez de vous retrouver avec bon nombre de remplacements indésirables.

Si vous avez néanmoins fait une fausse manœuvre et semé la pagaille, cliquez sur le bouton Annuler dans la barre d'outils Accès rapide ou appuyez sur Ctrl + Z.

Pour voir chaque occurrence avant de la remplacer, cliquez sur le bouton Suivant ou appuyez sur Entrée. Excel sélectionne la prochaine cellule dont le contenu correspond à ce qui a été entré dans la zone de texte Rechercher ; pour procéder au remplacement, cliquez sur le bouton Remplacer. Pour sauter l'occurrence, cliquez sur le bouton Suivant afin de poursuivre la recherche. Lorsque les opérations sont terminées, cliquez sur le bouton Fermer pour quitter la boîte de dialogue Rechercher et remplacer.

Vos recherches n'ont plus de limites

Excel 2010 permet d'afficher le volet Office Rechercher qui vous servira à chercher des informations en ligne dans des ouvrages de référence, des dictionnaires de synonymes ou des sites de recherche. Il vous faut bien entendu disposer d'un accès Internet.

Pour ouvrir le volet Rechercher (voir Figure 6.13), cliquez sur le bouton Recherche dans le groupe Vérification de l'onglet Révision. La première fois que vous ouvrez le volet Rechercher, il ne contient que le strict minimum dans la liste déroulante des références de recherche (juste au-dessous du champ Rechercher). Pour commencer, cliquez sur le lien Options de recherche, tout en bas du volet Rechercher, pour faire apparaître la boîte de dialogue Options de recherche, dans laquelle vous pourrez sélectionner les ouvrages de référence et les sites de recherche que vous voulez pouvoir utiliser.

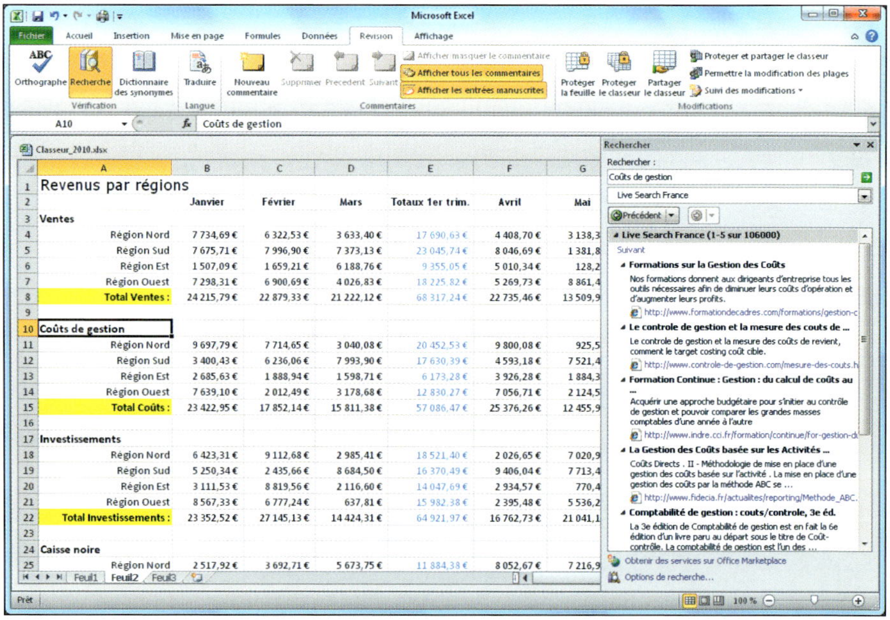

Figure 6.13 : Rechercher des informations en ligne.

Ensuite, saisissez le mot ou la phrase recherchée dans la zone de texte Rechercher, située en haut, puis choisissez dans la liste déroulante juste en dessous les sources de références que vous souhaitez voir consultées. Voici le choix dont vous disposez la première fois que vous ouvrez le volet Office Rechercher :

- **Tous les ouvrages de référence**, pour rechercher le mot ou la phrase dans tous les ouvrages de référence en ligne : dictionnaire des synonymes ; par défaut, plusieurs langues sont proposées (Français, Allemand, Anglais, Arabe, Espagnol, Néerlandais) ; dictionnaire Encarta et outil de traduction.
- **Tous les sites de recherche :** Factiva iWorks, HighBeam Research, Live Search France.
- **Tous les sites juridiques et d'information d'entreprise :** cours de la Bourse sur MSN, Money France.

Pour lancer la recherche en ligne, cliquez sur le bouton Démarrer la recherche, à droite de la zone de texte Rechercher. Excel vous connecte aux ressources sélectionnées et affiche les résultats au-dessous. La Figure 6.13 montre les résultats d'une recherche effectuée sur Internet avec Live Search France lorsque le pointeur se trouve dans la cellule contenant le texte « Coûts de gestion ». Le volet donne les résultats vers cette recherche sur le Web.

TRUC

La liste des services de recherche peu être modifiée en cliquant sur le lien Options de recherche situé tout en bas du volet Office Rechercher. Excel ouvre alors la boîte de dialogue Options de recherche dans laquelle vous pouvez ajouter ou retirer des ouvrages de référence ou des sites.

Chapitre 7

L'art subtil des graphiques

Dans ce chapitre :

- Créer des graphiques bien présentés en quelques clics.
- Personnaliser un graphique à l'aide des outils d'Excel 2010.
- Représenter les données visuellement par des graphiques sparklines.
- Ajouter une zone de texte et des flèches à un graphique.

Comme le disait Confucius, « une image vaut mille mots » (ou, dans notre cas, mille chiffres). Dans un tableur, les graphiques augmentent non seulement l'intérêt pour des chiffres dont la lecture serait autrement fort ennuyeuse, mais ils mettent aussi en évidence des anomalies qui passeraient inaperçues si l'on ne regardait que des séries de valeurs. La création de graphiques est si facile dans Excel 2010 que vous pourrez aisément en essayer plusieurs et choisir celui qui illustre le plus efficacement vos données (en d'autres termes, l'image qui raconte le mieux votre histoire singulière).

Créer des graphiques d'aspect professionnel

Quelques mots encore sur les graphiques avant de découvrir comment les réaliser dans Excel. Vous vous rappelez les efforts méritoires que faisait votre professeur de mathématiques pour vous apprendre à tracer des graphes en traçant des valeurs sur les axes *x* et *y* d'une feuille de papier millimétré ? Évidemment, vous aviez l'esprit ailleurs à ce moment-là. De toute façon, vous vous demandiez bien en quoi ces graphiques pourraient vous être utiles plus tard, dans votre vie professionnelle.

Eh bien, nous y voilà ! Il est vrai qu'Excel automatise la quasi-totalité du processus de création des graphiques. Mais vous ne pouvez vous dispenser de savoir ce qui différencie un axe *x* d'un axe *y*, ne serait-ce qu'au cas où Excel n'orienterait pas le graphique comme prévu. Afin de rafraîchir votre mémoire et de faire plaisir à votre vieux prof de maths, sachez que l'axe *x* est horizontal, et usuellement situé en bas du graphique, alors que l'axe *y* est vertical et ordinairement situé à gauche du graphique.

Dans la plupart des graphiques basés sur ces deux axes, Excel place les catégories le long de l'axe *x*, en bas du tracé, et leurs valeurs relatives le long de l'axe *y*, à gauche. L'axe *x* est parfois appelé *axe de temps*, car il est souvent utilisé pour indiquer des durées comme les mois, les trimestres, les années, *etc.*

Encore un point à ne pas oublier : les valeurs de la feuille de calcul qui sont représentées dans un graphique sont liées à celui-ci de façon dynamique. Autrement dit, toute modification apportée à l'une de ces valeurs sera immédiatement répercutée dans le graphique.

Créer un nouveau graphique

Excel simplifie autant que faire se peut le processus de création d'un nouveau graphique dans une feuille de calcul :

1. **Cliquez sur une des cellules de la table de données à représenter graphiquement. Si vous voulez ne prendre en compte qu'une partie de la table, sélectionnez uniquement la plage de données qui vous intéresse (sans oublier les en-têtes).**

   Si vous constatez qu'Excel sélectionne trop (ou trop peu) de données dans la table, vous pourrez toujours par la suite utiliser le bouton Sélectionner des données sous l'onglet Création (nous y reviendrons plus loin dans ce chapitre). Corrigez alors la plage à représenter dans la boîte de dialogue Sélectionner la source de données.

2. **Dans l'onglet Insertion du Ruban, cliquez dans le groupe Graphiques sur le bouton qui correspond au type de diagramme que vous voulez réaliser : Colonne, Ligne, Secteurs, Barres, Aires, Nuages de points ou Autres graphiques (Stock, Surface, Anneaux, Bulles ou encore Radar).**

   Excel va afficher une liste déroulante dans laquelle des vignettes illustrent chaque style disponible pour le type de graphique sélectionné.

3. **Cliquez sur la vignette du style de graphique désiré.**

   Vous avez le choix entre des graphiques 3D, cylindriques, coniques, pyramidaux, surfaciques, en anneaux, à bulles ou radar, pour n'en nommer que quelques-uns.

Dès que vous cliquez sur l'une des vignettes proposées dans la galerie de styles, Excel crée un diagramme flottant (ou incorporé) sur la même feuille de calcul que les données qu'il représente graphiquement.

La Figure 7.1 montre un très classique histogramme en deux dimensions. Je l'ai obtenu en suivant la procédure qui vient d'être indiquée. Comme mon but est de représenter graphiquement les ventes du premier trimestre de l'année 2010 (sans les totaux), j'ai d'abord sélectionné la plage A2:D9. J'ai ensuite cliqué sur Insertion, puis sur le bouton Colonne, et enfin sur Histogramme groupé (le premier choix de la palette).

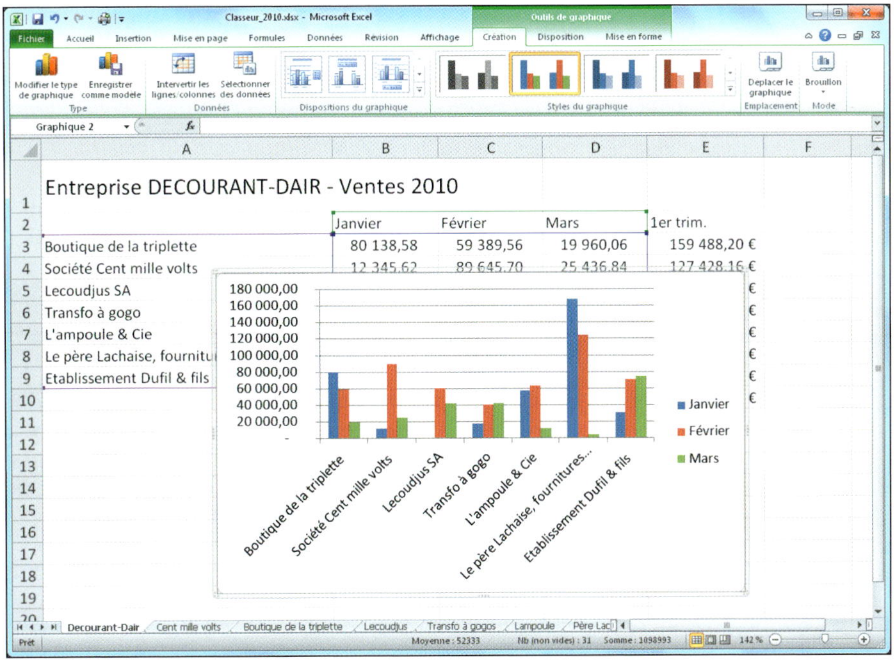

Figure 7.1 : Un histogramme incorporé vient d'être créé dans la feuille de calcul.

TRUC

Graphiques instantanés

Si vous n'avez pas le temps de parcourir les boutons du Ruban, contentez-vous de placer le curseur dans une cellule de la table de données, ou de sélectionner la bonne plage. Appuyez ensuite sur F11. Excel créera directement un graphique dans une feuille (Graph1) placée tout au début du classeur. Par défaut, il lui attribuera le même type et le même style que sur la Figure 7.1. Vous pourrez ensuite personnaliser le résultat à votre convenance (voyez la suite de ce chapitre).

Déplacer et redimensionner un graphique incorporé dans une feuille

Un graphique venant tout juste d'être créé peut facilement être déplacé ou redimensionné, car il est encore sélectionné. Vous pouvez savoir si un objet – diagramme ou autre graphisme – est sélectionné, grâce au cadre doté de *poignées* (des carrés aux coins et au milieu des côtés de l'objet) qui l'entoure.

Le graphique sélectionné (il l'est dès sa création), vous pouvez voir en haut de la fenêtre un onglet intitulé Outils de graphique. Il comprend trois sous-onglets : Création, Disposition et Mise en forme. Vous remarquerez également que les valeurs sources des éléments du graphique sont signalées dans la feuille de calcul par un ensemble de cadres colorés comportant de petits carrés dans leurs coins.

Lorsqu'un graphique incorporé est actif, vous pouvez facilement le déplacer ou le redimensionner :

- Pour déplacer le graphique, placez le pointeur de la souris quelque part au-dessus du fond (là où apparaît une croix) et faites glisser l'objet vers un nouvel emplacement.
- Pour redimensionner le graphique (par exemple parce qu'il semble déformé), placez le pointeur de la souris au-dessus de l'une de ses poignées (il doit alors afficher une flèche à deux têtes). Cliquez et faites glisser afin d'agrandir ou rétrécir le graphique. Le résultat dépend bien sûr de la poignée active et du sens de votre mouvement.

TRUC

Appuyer en même temps sur la touche Majuscule préserve les proportions du graphique. En appuyant sur la touche Ctrl, le changement d'échelle s'effectue autour du centre du graphique. Avec la touche Alt, vous le forcez à s'ajuster aux cellules environnantes. Ces trois touches sont utilisables simultanément.

Le graphique en place et dimensionné, il suffit de cliquer sur une cellule de la feuille pour désélectionner. L'onglet contextuel Outils de graphique disparaît aussitôt du Ruban.

N'OUBLIEZ PAS

Pour sélectionner de nouveau un graphique, cliquez n'importe où dessus. L'onglet contextuel Outils de graphique et toutes ses options réapparaît.

Déplacer un graphique incorporé vers sa propre feuille

Par défaut, Excel incorpore un nouveau graphique sur la même feuille que les données représentées (à moins d'appuyer sur la touche F11). Mais il est souvent plus facile de travailler avec un graphique autonome, c'est-à-dire placé dans sa propre feuille. Voyons comment obtenir ce résultat :

1. **Cliquez sur le bouton Déplacer le graphique, à droite de l'onglet Création des outils graphiques. La boîte de dialogue Déplacer le graphique apparaît.**

   Si le Ruban n'affiche pas la bonne série de commandes, cliquez quelque part sur le fond du graphique pour le sélectionner et faire apparaître les onglets correspondants.

2. **Cliquez sur l'option Nouvelle feuille de la boîte de dialogue Déplacer le graphique.**

3. **(Facultatif) Changez dans le champ Nouvelle feuille le nom générique (Graph2) en un intitulé plus évocateur.**

4. **Cliquez sur OK pour refermer la boîte de dialogue et afficher le graphique dans sa propre feuille.**

TRUC

Après avoir personnalisé un graphique placé dans une feuille spécifique, vous pouvez décider de le renvoyer vers la série de données qu'il représente. Dans ce cas, cliquez de nouveau sur le bouton Déplacer le graphique. Activez cette fois l'option Objet dans. Sélectionnez alors le nom de la feuille de destination dans la liste déroulante associée. Validez.

Personnaliser le type et le style du graphique

Les boutons de l'onglet Création (sous l'onglet contextuel Outils de graphique) peuvent être utilisés pour personnaliser l'aspect de votre nouveau graphique. Cet onglet contient plusieurs groupes de commandes :

- **Type :** La commande Modifier le type de graphique affiche une boîte de dialogue qui propose tous les types disponibles sous Excel. Le bouton Enregistrer comme modèle permet de sauvegarder dans un fichier tous les paramètres définissant le style du graphique. De cette manière, vous aurez par la suite la possibilité de reproduire directement l'aspect que vous avez donné à un graphique afin par exemple d'uniformiser vos présentations.

- **Données :** Le bouton Intervertir les lignes/colonnes échange immédiatement les données utilisées dans le graphique pour représenter respectivement les séries (légendes) et les catégories (axe *x*). Avec la commande Sélectionner les données, vous pouvez non seulement redéfinir totalement les séries et les catégories, mais aussi les intervertir ou encore spécifier une autre plage de données.

- **Dispositions du graphique :** Cliquez sur le bouton Disposition rapide pour afficher une galerie de mises en forme prédéfinies pour le type de graphique actuel. Cliquez simplement sur une vignette pour appliquer aussitôt cette mise en forme.

- **Styles du graphique :** Ce groupe affiche une liste de styles de présentation pour le type de graphique actif. Vous disposez sur la droite de la galerie de deux flèches de défilement, ainsi que d'un bouton Autres qui donne accès à l'ensemble des styles. Comme d'habitude, il suffit de cliquer sur une vignette pour appliquer immédiatement les réglages auxquels elle est associée.

- **Emplacement :** Cliquez sur ce bouton Déplacer le graphique pour le placer dans une nouvelle feuille de graphique ou dans une autre feuille de calcul.

- **Mode :** Cliquez sur le bouton Brouillon puis sélectionnez l'option Mode brouillon ou Mode normal, selon la qualité d'impression que vous désirez appliquer au graphique.

N'OUBLIEZ PAS

Ni la disposition rapide ni les styles n'utilisent la fonction d'aperçu rapide (sans doute pour cause de charge de travail trop lourde). Vous devrez donc cliquer sur une vignette pour juger du résultat, et, le cas échéant, sur le bouton Annuler si la modification ne vous convient pas.

Pour le graphique de la Figure 7.2, j'ai choisi dans la palette Dispositions du graphique la vignette Mise en forme 9, puis la vignette Style 42 dans la galerie Styles du graphique. La première ajoute notamment des titres génériques au graphique, tandis que la seconde produit un effet de relief sur fond noir.

Personnaliser les éléments du graphique avec l'onglet Disposition

Les boutons de commandes de l'onglet Disposition (dans les outils du graphique) simplifient la personnalisation des éléments qui constituent votre graphique. Vous pouvez notamment :

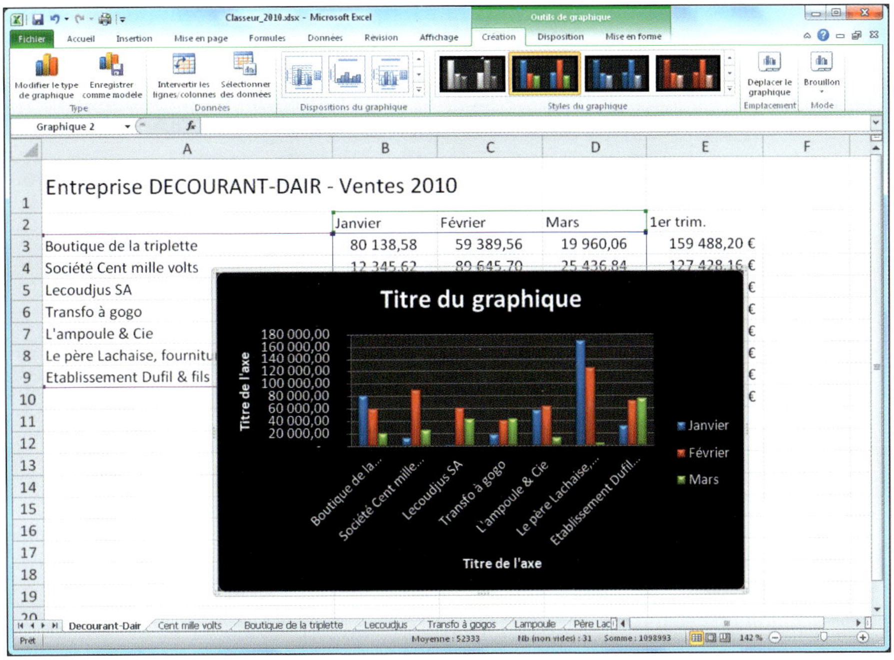

Figure 7.2 : Un histogramme après la personnalisation de la disposition et du style.

- Repositionner des objets individuels, y compris la légende et les axes x et y, de même que les étiquettes de données. Il est aussi possible d'inclure ces données sous forme de tableau dans le graphique lui-même.
- Ajouter, supprimer et déplacer les divers titres, dont ceux qui sont associés aux axes.
- Modifier l'affichage de l'arrière-plan, y compris la zone de traçage pour les représentations 2D (c'est-à-dire la représentation graphique proprement dite) ou encore les parois, le plancher et la vue pour les graphiques en 3D.

Pour éditer un élément particulier à partir de l'onglet Disposition, cliquez sur le bouton voulu, puis sur l'option à appliquer dans le ou les menus déroulants correspondants. Si aucune des options prédéfinies ne vous convient, servez-vous du bouton Autres options de la liste déroulante afin d'ouvrir une boîte de dialogue qui vous donne accès à tous les réglages possibles de l'objet actif. Cette boîte de dialogue propose une série d'options parmi lesquelles vous trouverez Remplissage, Couleur de la bordure, Styles de bordure, Ombre, Format 3D ou encore Alignement.

Supposons par exemple que le style de graphique que vous avez choisi ne comporte pas de titre. Vous souhaitez en ajouter un (ou encore personnaliser voire déplacer un titre existant). Votre diagramme étant actif, il suffit de cliquer sur le bouton Titre du graphique de l'onglet Disposition pour afficher les options suivantes :

- **Aucun :** Supprimer le titre courant dans le graphique.
- **Titre de graphique superposé centré :** Ajoute ou repositionne le titre de manière qu'il apparaisse en haut et au centre de la zone de traçage.
- **Au-dessus du graphique :** Ajoute ou repositionne le titre de manière qu'il soit centré au-dessus de la zone de traçage.
- **Autres options de titre :** Ouvre la boîte de dialogue Mettre en forme le titre du graphique. Vous pouvez alors personnaliser l'apparence du titre à l'aide des options Remplissage, Couleur de la bordure, Styles de bordure, Ombre, Format 3D et Alignement.

TRUC

Le groupe Propriétés, à droite du Ruban Disposition, contient uniquement un champ contenant le nom qu'Excel attribue par défaut à un graphique (Graphique 1, Graphique 2, et ainsi de suite). Vous pouvez le remplacer par un nom plus descriptif. Si la feuille ou le classeur contient plusieurs graphiques, des noms explicites faciliteront aussi bien leur identification que leur sélection.

Ajouter des étiquettes aux séries de données

Les étiquettes de données affichent les valeurs des données tracées dans le graphique (sur notre exemple, il s'agirait des chiffres de vente). Pour ajouter ces valeurs au graphique actif, cliquez sur le bouton Étiquettes de données du groupe Étiquettes. Choisissez ensuite l'une de ces options dans le menu déroulant :

- **Aucun :** Supprime l'affichage des étiquettes de données.
- **Centrer :** Place les étiquettes au centre de chaque *point* de donnée.
- **Bord intérieur :** Place les étiquettes près de l'extrémité de chaque point de donnée et à l'intérieur de celui-ci.
- **Intérieur base :** Place les étiquettes en bas de chaque point de donnée.
- **Bord extérieur :** Place les étiquettes près de l'extrémité de chaque point de donnée, et à l'extérieur de celui-ci.
- **Autres options d'étiquettes de données :** Ouvre la boîte de dialogue Format des étiquettes de données. Vous pouvez alors personnaliser totalement l'apparence des étiquettes en vous servant des options Nombre, Remplissage, Couleur de la bordure, Styles de bordure, Ombre, Format 3D et Alignement.

N'OUBLIEZ PAS

Les étiquettes sont commodes pour afficher des valeurs absolues, et non pas simplement relatives, dans un graphique. Elles risquent cependant d'être envahissantes. Dans ce cas, passez-vous des étiquettes en choisissant, dans le menu, l'option Aucun.

Ajouter une table de données

À la place d'étiquettes qui risquent de surcharger le graphique, il peut être intéressant d'insérer en bas de celui-ci une table qui montre la valeur de toutes les données que vous tracez. Pour obtenir ce résultat, il suffit de cliquer sur le bouton Table de données et d'appliquer une des options proposées par Excel :

- **Afficher la table de données :** Demande à Excel de dessiner la table de données en bas du graphique.
- **Afficher la table de données avec les symboles de légendes :** Comme ci-dessus, mais en ajoutant à gauche du nom des séries un petit carré (le même que dans la légende) rappelant la couleur utilisée dans le graphique.
- **Autres options d'étiquettes de données :** Ouvre la boîte de dialogue Format de table de données. Vous pouvez alors personnaliser totalement l'apparence de la table en vous servant des options Remplissage, Couleur de la bordure, Styles de bordure, Ombre, Format 3D et Alignement.

La Figure 7.3 montre le graphique après insertion d'une table de données. Remarquez la présence des symboles de légendes.

Modifier les titres d'un graphique

Lorsque Excel ajoute des titres à un nouveau graphique, il leur donne un nom générique comme Titre du graphique ou Titre de l'axe (aussi bien pour les abscisses que pour les ordonnées). Pour remplacer ces intitulés peu parlants, cliquez à l'intérieur du graphique sur le titre voulu. Vous pouvez également, à partir de l'onglet contextuel Outils de graphique, choisir l'onglet Mise en forme, puis sélectionner dans la liste déroulante qui se trouve à la gauche du Ruban (dans le groupe Sélection active) l'un des objets Titre du graphique, Titre de l'axe horizontal (Catégorie) ou encore Titre de l'axe vertical (Valeur). Comme pour tout autre élément, Excel vous signale qu'un titre est sélectionné en l'entourant d'un cadre pourvu de poignées de redimensionnement.

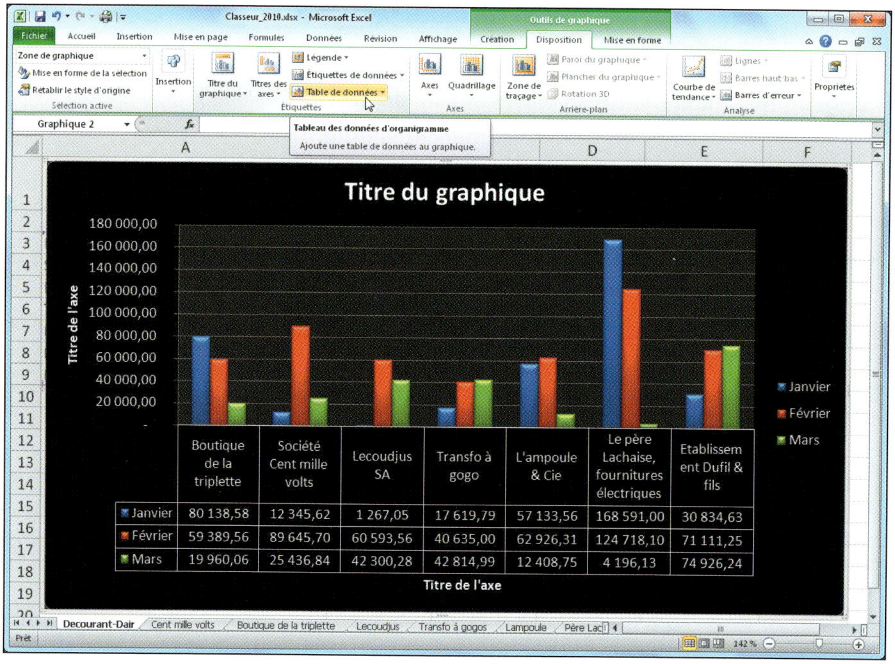

Figure 7.3 : Histogramme incorporé dans une feuille, avec table de données et symboles de légendes.

Une fois le titre activé, vous n'avez plus qu'à cliquer dedans et à l'éditer comme vous le feriez pour une cellule quelconque. Il est aussi possible de remplacer totalement le texte en faisant un triple clic. Pour insérer une nouvelle ligne dans le titre, cliquez simplement à l'endroit où le saut doit intervenir, puis appuyez sur la touche Entrée.

N'OUBLIEZ PAS

Le titre modifié, cliquez n'importe où sur le graphique pour annuler la sélection (ou sur la feuille de calcul si vous voulez revenir à vos données).

Formater les éléments du graphique à partir de l'onglet Mise en forme

L'onglet Mise en forme des outils de graphique contient de nombreux boutons de commandes destinés à faciliter le formatage des éléments sélectionnés.

Excel propose plusieurs méthodes pour sélectionner des éléments individuels dans le graphique :

- Cliquez directement sur un objet (l'info-bulle qui apparaît à côté du pointeur de la souris vous renseigne sur sa nature).
- Sélectionnez le nom de l'objet dans la liste déroulante qui se trouve en haut du groupe Sélection active, à gauche du Ruban.

TRUC

Une fois un objet activé, vous pouvez passer à l'élément précédent ou suivant du graphique en appuyant sur les touches Haut et Bas (groupe d'éléments suivant/précédent) ou bien sur Gauche et Droite (élément précédent/suivant à l'intérieur d'un groupe).

N'OUBLIEZ PAS

Vous reconnaissez l'élément sélectionné à la présence des poignées qui l'entourent. De plus, son nom apparaît dans la liste qui se trouve en haut et à gauche du Ruban, sous l'onglet Mise en forme.

Une fois un élément du graphique activé, vous disposez de diverses options de mise en forme. Vous pouvez ainsi :

- Sélectionner le bouton de commande approprié dans le groupe Styles de formes, ou encore cliquer dans le groupe Sélection active sur le bouton Mise en forme de la sélection. Cette méthode ouvre la boîte de dialogue Mise en forme associée au type de l'objet. Elle regroupe tous les réglages possibles. Choisissez vos options de mise en forme et validez.
- Déplacer l'élément dans le graphique en plaçant le pointeur de la souris dans le cadre correspondant. Lorsque l'icône à quatre branches apparaît, cliquez et faites glisser vers la destination voulue. Certains objets peuvent aussi être redimensionnés ou réorientés en faisant glisser leurs poignées.
- Effacer l'élément courant en appuyant sur la touche Suppr.

N'OUBLIEZ PAS

Tous les objets du graphique possèdent un menu contextuel. Si vous savez ce que vous voulez faire à l'instant où vous activez un élément, servez-vous du bouton droit de la souris pour, à la fois, sélectionner l'objet et ouvrir son menu contextuel. En procédant ainsi, vous gagnez donc un clic (c'est peu de chose, mais cela peut compter à la fin d'une rude journée de travail).

Formater les titres

Utilisez l'aperçu dynamique pour juger de l'impact dans le graphique de telle police, ou de telle taille de caractères, avant d'appliquer une mise en forme. Activez l'onglet Accueil, et servez-vous des listes Police ou Taille de police et placez le pointeur de la souris au-dessus d'une proposition (cela fonctionne également avec la couleur du texte ou du fond).

Pour personnaliser davantage vos titres, recourrez aux boutons de commandes de l'onglet Mise en forme (sous Outils du graphique). Pour mettre globalement en forme le champ de texte qui contient le titre, cliquez sur l'un des boutons suivants dans le groupe Styles de formes :

- **Style de forme :** Vous trouvez ici une galerie de vignettes qui propose des styles prédéfinis s'appliquant à la fois au texte et à son cadre.
- **Remplissage de forme :** Permet de choisir dans une liste déroulante une nouvelle couleur pour le cadre du titre.
- **Contour de forme :** Choisissez ici une nouvelle couleur pour le contour du cadre de texte.
- **Effets sur la forme :** Cette liste permet d'appliquer un effet au cadre du titre (Ombre, Réflexion, Lumière, Bordure arrondie, et ainsi de suite).

Pour ne mettre en forme que le texte, vous disposez des boutons du groupe Styles WordArt :

- **Styles rapides :** Les vignettes de cette liste déroulante décorent le texte à partir d'un modèle WordArt prédéfini.
- **Remplissage du texte :** Affiche une liste de couleurs et de motifs de remplissage qui s'appliqueront à l'intérieur des caractères du texte WordArt.
- **Contour du texte :** Affiche une liste de couleurs et de styles de trait qui s'appliqueront au contour des caractères du texte WordArt.
- **Effets du texte :** Choisissez dans cette liste un effet (ombrage, réflexion ou encore lumière) qui finira de donner à votre titre un aspect dynamique et professionnel.

Pour appliquer la mise en forme des titres de la Figure 7.4, j'ai choisi, dans la palette Remplissage de forme, l'option suivante : Noir, Texte 1, plus clair 15 %. Puis j'ai appliqué le style WordArt suivant : Remplissage, Bleu, Accentuation 1, ombre intérieure.

Formater l'axe des catégories (x) et l'axe des valeurs (y)

Lorsqu'il doit représenter un grand nombre de données, Excel fait un minimum d'efforts pour mettre en forme les valeurs qui apparaissent sur l'axe *y* (ou sur l'axe *x* pour certains types de graphiques comme les histogrammes empilés 3D ou les nuages de points).

Si la présentation par défaut des axes ne vous convient pas, vous pouvez facilement l'adapter à vos souhaits :

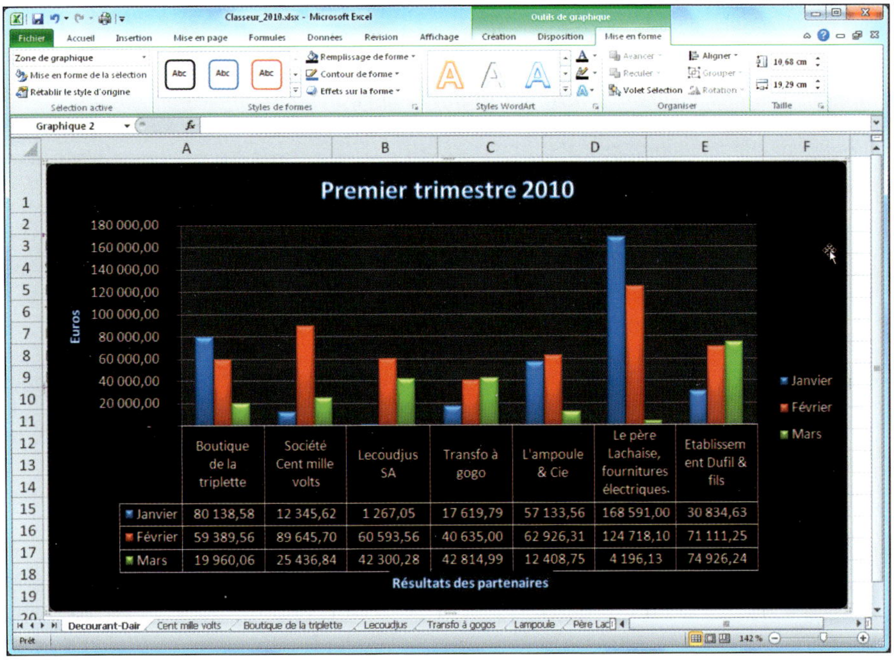

Figure 7.4 : L'histogramme après la mise en forme des titres.

1. **Cliquez sur l'axe *x* (ou sur l'axe *y*). Vous pouvez également vous servir de la liste déroulante située en haut et à gauche du groupe Sélection active de l'onglet Mise en forme (dans les Outils du graphique). Choisissez alors l'une des options Axe Horizontal (Catégories) ou Axe Vertical (Valeurs).**

   Excel active l'objet choisi et fait apparaître ses poignées de sélection.

2. **Toujours dans le groupe Sélection active, cliquez maintenant sur le bouton Mise en forme de la sélection.**

   Excel ouvre la boîte de dialogue Mettre en forme le titre de l'axe. Elle contient les options suivantes : Options d'axe, Nombre, Remplissage, Couleur du trait, Style de trait, Ombre, Format 3D, Alignement.

3. **Pour modifier l'échelle d'un axe, l'apparence de ses graduations et son mode d'intersection avec l'autre axe, définissez les réglages voulus dans la rubrique Options d'axe (c'est elle qui apparaît lors de l'ouverture de la boîte de dialogue).**

   Vous disposez ici de nombreux choix permettant de fixer la plage des valeurs, d'inverser le sens de celles-ci, d'appliquer une échelle logarithmique, d'afficher des unités (par centaines, milliers, millions, *etc.*) et de diviser les valeurs par ces unités, de repositionner les graduations sur l'axe, ou encore de modifier le point d'intersection entre l'axe des abscisses (catégories) et l'axe des ordonnées (valeurs).

4. **L'onglet Nombre permet de définir le style d'affichage des valeurs numériques sur l'ensemble de l'axe. Il suffit de sélectionner une catégorie dans la liste de gauche, puis de préciser les options associées à ce format.**

   Par exemple, pour afficher les nombres avec une espace entre les milliers et sans partie décimale, choisissez la catégorie Nombre, cochez la case Utiliser le séparateur de milliers, et entrez **0** dans le champ Décimales.

5. **Pour changer la disposition et l'orientation des étiquettes sur l'axe sélectionné, activez l'onglet Alignement, puis indiquez la mise en forme voulue à l'aide des listes Alignement vertical et Orientation du texte.**

6. **Cliquez sur Fermer pour quitter la boîte de dialogue.**

Les autres options de la boîte de dialogue concernent l'aspect des étiquettes. Elles sont identiques à ce qu'Excel propose pour les titres.

Pour personnaliser la police ou d'autres attributs de texte pour l'axe actif, vous disposez comme d'habitude des boutons de l'onglet Accueil.

Quand vous appliquez de nouvelles options pour l'axe sélectionné, Excel montre sur le graphique ce qu'elles vont donner. Cependant, les modifications ne deviendront définitives qu'après avoir cliqué sur le bouton Fermer.

Plus loin avec les graphiques

Les diagrammes ne sont pas les seuls objets graphiques susceptibles d'être ajoutés à une feuille de calcul. Excel permet d'utiliser d'autres objets visuels, comme des zones de texte, des cliparts, des images importées, qu'il s'agisse de photographies numériques, de documents numérisés ou encore de sources chargées directement depuis l'Internet.

En plus de ces éléments, Excel 2010 autorise également la création de titres WordArt décoratifs de formes extrêmement variées, ainsi que des diagrammes organisationnels appelés SmartArt.

Des mini-graphiques avec les sparklines

Excel 2010 contient un nouveau type d'information graphique appelé sparkline, qui représente les tendances ou les variations d'un ensemble de données. Les sparklines sont de minuscules graphiques dont la taille est approximativement celle du texte qui les entoure. Dans Excel 2010, ils sont de la taille des cellules de la feuille de calcul auxquelles ils se rapportent, et ils peuvent être de l'un de ces types :

- **Courbe :** Elle représente la valeur relative des données sélectionnées dans la feuille de calcul.
- **Colonne :** Les données sélectionnées dans la feuille de calcul sont représentées par un petit histogramme.
- **Conclusions/Pertes :** Les données sélectionnées dans la feuille de calcul apparaissent sur un graphique dans lequel les gains sont représentés par des colonnes positives bleues, et les pertes par des colonnes négatives rouges.

Voici comment ajouter des sparklines aux cellules d'une feuille de calcul :

1. **Dans la feuille de calcul, sélectionnez les données à représenter par un graphique sparkline.**

2. **Sous l'onglet Insertion, dans le groupe Graphiques sparkline, cliquez sur le type de sparklines désiré.**

   Excel ouvre la boîte de dialogue Créer des graphiques sparkline. Elle contient deux champs :

   - Plage de données : Contient les références de la plage de données que vous venez de sélectionner à l'Étape 1.
   - Plage d'emplacements : Vous indiquez dans ce champ la cellule ou la plage de cellules dans laquelle les sparklines doivent apparaître.

3. **Cliquez sur le bouton à droite du champ Plage d'emplacements, puis sélectionnez la cellule ou la plage de cellules pour les sparklines.**

   L'étendue de la plage de cellules réservée aux sparklines doit être identique à celle de la plage des cellules contenant les données.

4. **Cliquez sur OK.**

TRUC

Comme les sparklines sont de petite taille, vous pouvez fort bien les placer dans la dernière colonne d'un tableau. De cette manière, et à l'instar de ceux de la Figure 7.5, les tendances ou les résultats de séries de chiffres sont immédiatement visibles et interprétables.

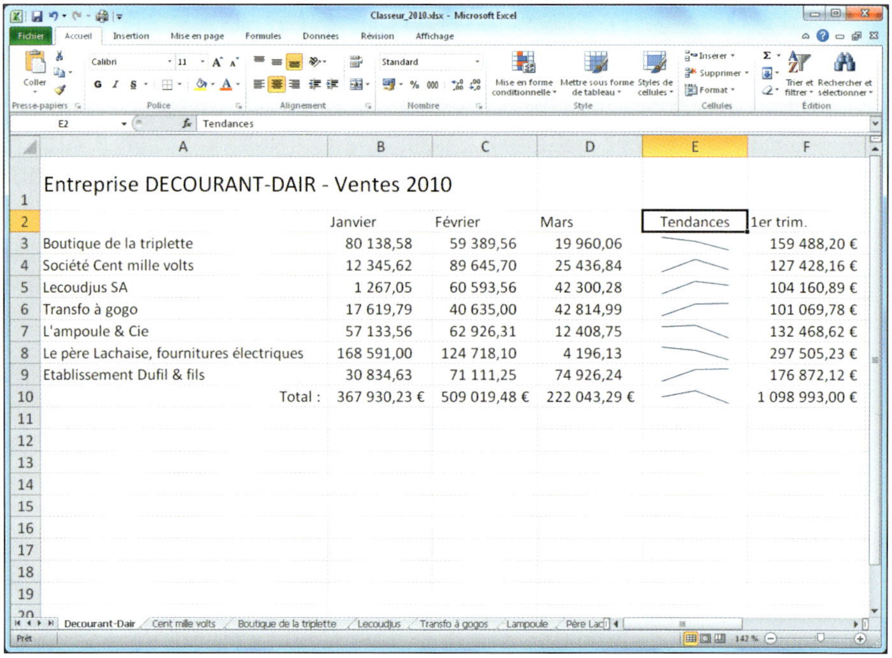

	A	B	C	D	E	F
1	Entreprise DECOURANT-DAIR - Ventes 2010					
2		Janvier	Février	Mars	Tendances	1er trim.
3	Boutique de la triplette	80 138,58	59 389,56	19 960,06		159 488,20 €
4	Société Cent mille volts	12 345,62	89 645,70	25 436,84		127 428,16 €
5	Lecoudjus SA	1 267,05	60 593,56	42 300,28		104 160,89 €
6	Transfo à gogo	17 619,79	40 635,00	42 814,99		101 069,78 €
7	L'ampoule & Cie	57 133,56	62 926,31	12 408,75		132 468,62 €
8	Le père Lachaise, fournitures électriques	168 591,00	124 718,10	4 196,13		297 505,23 €
9	Etablissement Dufil & fils	30 834,63	71 111,25	74 926,24		176 872,12 €
10	Total :	367 930,23 €	509 019,48 €	222 043,29 €		1 098 993,00 €

Figure 7.5 : Les sparklines sont parfaits pour montrer les tendances d'une série de chiffres, comme ici les résultats trimestriels.

Quand un ou plusieurs sparklines sont sélectionnés, Excel 2010 affiche un onglet Outils sparkline dans le ruban. Le sous-onglet Création contient des boutons avec lesquels vous choisirez le type, le style et la mise en forme des sparklines. Le dernier groupe, qui s'appelle tout bêtement Groupe, permet de réunir en ensemble de sparklines dans un seul groupe partageant les mêmes axes et/ou valeurs maximales et minimales (le choix est effectué dans le menu du bouton Axe). Cela est extrêmement commode lorsqu'un ensemble de sparklines doit partager les mêmes paramètres de graphique afin de représenter les tendances des données de manière égale.

Des messages plus efficaces avec les zones de texte

Les *zones de texte* sont des cadres dans lesquels vous pouvez ajouter des explications afin (par exemple) de commenter certains détails de vos graphiques. Elles sont un peu comme les commentaires de cellules d'une feuille de calcul (comme expliqué au Chapitre 6), à ceci près qu'une zone de texte est visible en permanence et peut être associée à une flèche pointant vers l'élément auquel elle se rapporte.

Partant toujours du même exemple (les chiffres du premier trimestre 2010), j'ai ajouté une zone de texte accompagnée d'une flèche pointant vers les résultats obtenus par l'entreprise de fournitures électriques Le père Lachaise. La Figure 7.6 montre la zone de texte.

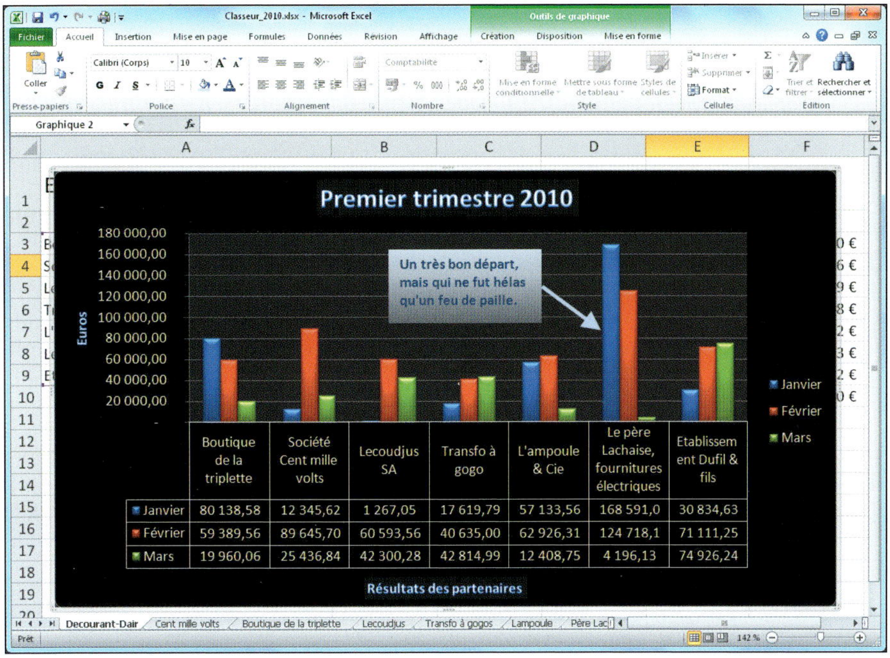

Figure 7.6 : Les chiffres du Père Lachaise sont mis en évidence grâce à une zone de texte.

Ajouter et mettre en forme une zone de texte

Voyons comment ajouter une zone de texte comme celle de la Figure 7.6. Si le graphique est déjà sélectionné, cliquez sur le bouton Insertion sous l'onglet Disposition des outils du graphique, puis choisissez l'option Zone de texte. Sinon, servez-vous du bouton éponyme sous l'onglet Insertion (dans le groupe Texte du Ruban).

Le pointeur de la souris prend la forme d'une ligne verticale barrée vers le bas d'un petit trait horizontal. Cliquez à l'emplacement qui sera le premier coin de la zone de texte. Faites ensuite glisser le pointeur pour tracer le cadre. Lorsque vous relâchez la souris, Excel dessine un rectangle entouré de poignées qui délimite la forme et la taille de la zone.

Le point d'insertion est automatiquement positionné au début du texte, en haut à gauche de la zone. Tapez le texte qui doit figurer dans le cadre. Il est automatiquement renvoyé à la ligne chaque fois que la marge droite est atteinte. Vous pouvez aussi appuyer sur Entrée pour créer un retour à la ligne. Le texte saisi, cliquez hors de la zone pour la désélectionner.

Pour modifier une zone de texte, commencez par cliquer dessus afin de la sélectionner. Vous pouvez ensuite :

- Faire glisser son cadre pour déplacer la zone de texte.
- La redimensionner en faisant glisser la poignée appropriée (éventuellement en combinaison avec les touches Maj, Ctrl ou Alt pour conserver les proportions, la position du centre ou l'accrochage aux cellules).
- La pivoter vers la droite ou vers la gauche en faisant glisser sa poignée de rotation (c'est le petit cercle vert qui se trouve en haut).
- Modifier sa mise en forme et son apparence en faisant appel aux multiples boutons dédiés à cet usage (notamment dans le groupe Styles de formes du sous-onglet Format des outils de dessin, ou encore à partir de l'onglet Accueil pour formater tout ou partie du texte de la zone).
- La supprimer en cliquant sur son périmètre et en appuyant sur la touche Suppr (vérifiez d'abord que les tirets qui délimitent le contour deviennent des traits pleins, et que le point d'insertion n'apparaît pas dans le texte).

Ajouter une flèche à une zone de texte

Pour mettre en évidence un point particulier, il peut être utile d'associer à la zone de texte une flèche qui pointera directement vers l'objet que vous voulez mettre en valeur. Voici comment procéder :

1. **Cliquez sur la zone de texte devant recevoir une flèche.**

   Les poignées apparaissent sur les bords de la zone, et l'onglet Format des outils de dessin apparaît dans le Ruban.

2. **Dans le groupe Insérer des formes, à gauche du Ruban, cliquez sur l'icône qui représente une flèche.**

   Ce pictogramme se trouve en troisième position sur la première ligne de la galerie des formes (en la déroulant, vous découvrirez la multiplicité des objets qu'Excel met à votre disposition). Une fois que vous avez sélectionné le bon bouton, il s'affiche en surbrillance dans la palette des formes. Dans le même temps, le pointeur de la souris devient une petite croix.

3. **Déplacez le pointeur sur la zone de texte. Remarquez l'affichage en rouge des poignées situées au milieu des côtés du cadre (elles**

permettent un accrochage précis de la flèche). Cliquez là où vous voulez placer le point de départ de la flèche, puis faites glisser jusqu'à la position où va se trouver la pointe de la flèche. Relâchez alors le bouton de la souris.

4. **Après avoir relâché le bouton de la souris, Excel dessine deux points, l'un à la base de la flèche, sur la zone de texte, l'autre du côté de la pointe. Le contenu du groupe Styles de formes change pour afficher une galerie de styles de lignes.**

   Cliquez sur le bouton Autres, dans le coin inférieur droit de la galerie des styles de formes. En passant le pointeur de la souris au-dessus des vignettes, vous pouvez juger dynamiquement de l'effet du style sur la flèche.

5. **Cliquez sur la vignette du style à appliquer à la nouvelle flèche.**

Excel redessine la flèche en temps réel, en utilisant le style en cours. L'objet reste sélectionné, avec des poignées à chaque extrémité. Vous pouvez alors modifier la flèche :

- Déplacez-la en faisant glisser son contour (ou en appuyant sur les touches de direction du clavier).
- Réglez sa longueur en tirant la poignée du côté de la pointe.
- Changez la forme de la pointe ou l'épaisseur de la hampe en choisissant une option à votre convenance dans les listes déroulantes Contour de forme et Effets sur la forme de l'onglet Format. Vous pouvez aussi cliquer sur la flèche avec le bouton droit de la souris pour ouvrir son menu contextuel. Choisissez alors la commande Format de la forme (Ctrl + 1 donne directement le même résultat). Dans la boîte de dialogue qui apparaît, choisissez les réglages les mieux adaptés à vos besoins dans les rubriques Remplissage, Couleur du trait, Style de trait, Ombre, Format 3D et Rotation 3D.
- Effacez la flèche en appuyant sur la touche Suppr.

Livre 3

PowerPoint

Première partie

Les bases de PowerPoint 2010

Dans cette partie...

Il fut un temps où le terme *présentation* évoquait le chevalet à grandes feuilles de papier et les crayons-feutres épais. Microsoft PowerPoint, qui permet de créer de spectaculaires présentations avec son ordinateur, a relégué toute cette papeterie aux oubliettes.

Les chapitres de cette partie sont une introduction à PowerPoint 2010. Vous y apprenez ce qu'est réellement ce logiciel et comment l'utiliser pour créer des présentations simples. Les fonctions avancées du logiciel sont traitées dans les dernières parties de l'ouvrage. Si vous débutez dans PowerPoint, lisez impérativement les pages qui suivent.

Chapitre 1

Bienvenue dans PowerPoint 2010 !

Dans ce chapitre :

- Démarrer PowerPoint.
- L'écran de PowerPoint 2010 et son Ruban.
- Le panneau Backstage
- Créer une présentation.
- Voir le plan d'une présentation.
- Enregistrer et fermer votre travail.
- Retrouver une présentation sur un disque.
- Quitter PowerPoint.

Ce chapitre est en quelque sorte la cérémonie d'ouverture de PowerPoint 2010, la version revue et largement améliorée du fort connu logiciel de présentation de Microsoft.

On peut le comparer à la cérémonie d'ouverture des jeux Olympiques, dans laquelle tous les athlètes défilent autour du stade tandis que les officiels font des discours en français. Ici, la parade est composée de toutes les fonctions de PowerPoint, pour lesquelles je me permettrai même de faire un petit discours, mais pas en français (sauf si bien sûr vous lisez la traduction française de cet ouvrage).

Démarrer avec PowerPoint

Voici comment démarrer PowerPoint :

1. **Préparez-vous.**

2. **Cliquez sur le bouton Démarrer.**

   Il se trouve dans le coin inférieur droit de votre écran.

   TRUC

   Si vous ne trouvez pas le bouton Démarrer, approchez le pointeur de la souris du bord inférieur de l'écran. Avec un peu de chance, le bouton Démarrer apparaîtra. Autrement, parcourez les bords de l'écran, car la barre des tâches où se trouve le bouton Démarrer peut avoir été placée ailleurs qu'en bas.

3. **Pointez sur Tous les Programmes.**

   Le menu Démarrer ouvert, immobilisez le pointeur de la souris sur Tous les programmes. Un autre menu s'ouvre, dévoilant une foule de noms d'éditeurs et de logiciels.

4. **Cliquez sur Microsoft Office puis sur Microsoft PowerPoint 2010.**

   Votre ordinateur mouline (greuleu greuleu greuleu, broute broute…) et PowerPoint apparaît.

   TRUC

   Si vous utilisez fréquemment PowerPoint, il peut apparaître dans la liste des programmes fréquemment utilisés, dans le menu Démarrer. Vous serez ainsi dispensé d'errer dans les menus de Tous les programmes. Pour que PowerPoint apparaisse en permanence en haut à gauche du panneau, choisissez Tous les programmes/Microsoft Office, cliquez du bouton droit sur Microsoft PowerPoint 2010, et sélectionnez l'option Ajouter au menu Démarrer.

Se déplacer dans l'interface de PowerPoint

Juste après le démarrage, PowerPoint affiche une telle débauche de commandes et de boutons que vous seriez tenté de regretter le chevalet et les crayons-feutres. Le centre de l'écran est – c'est encore heureux… – entièrement vide. Mais la partie supérieure est bourrée d'icônes, de boutons et de commandes. À quoi peut bien servir tout ce fourbi ?

La Figure 1.1 montre l'écran d'ouverture de PowerPoint dans toute sa splendeur. Les paragraphes suivants mettent l'accent sur ses parties les plus importantes.

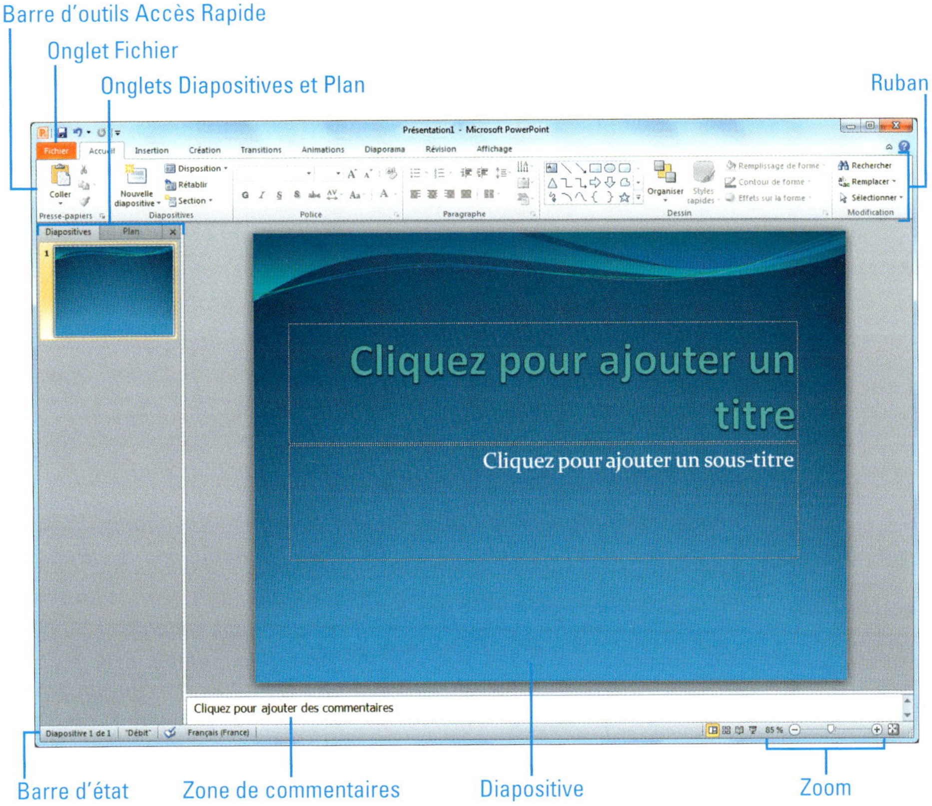

- **Ruban :** En haut de PowerPoint, juste sous la barre de titre, se trouve l'interface principale, appelée *Ruban*. Si vous connaissez les versions précédentes de PowerPoint, vous vous attendez sans doute à voir, à cet emplacement, une barre de menus surmontant une ou deux barres d'outils. Après mûre réflexion, les têtes pensantes de Microsoft ont estimé que menus et barres d'outils n'étaient guère conviviaux. C'est pourquoi ils ont décidé de les remplacer par le Ruban, qui combine leurs fonctions. Le Ruban exige une phase d'adaptation, mais une fois que vous en avez saisi le principe, il s'avère plus agréable et facile à utiliser que les menus et barres d'outils d'antan.

  Notez que l'apparence du Ruban varie selon la taille de l'écran. Sur les petits écrans, PowerPoint peut compresser le Ruban, notamment par l'usage de boutons plus petits et une disposition différente. Par exemple, il superposera des boutons au lieu de les juxtaposer.

  Pour en savoir plus sur l'utilisation du Ruban, reportez-vous à la section « Dérouler le Ruban », plus loin dans ce chapitre.

- **L'onglet Fichier :** Le premier onglet du Ruban est l'onglet Fichier. Cliquer dessus donne accès à un panneau particulier, nouveau dans Office 2010, appelé *Backstage,* « les coulisses ». Il contient des diverses fonctions, notamment celles servant à ouvrir ou enregistrer des fichiers, créer une nouvelle présentation, imprimer, etc. Reportez-vous à la section « Dans les coulisses du Backstage », plus loin dans ce chapitre, pour en savoir plus

- **Barre d'outils Accès rapide :** Juste à droite de l'onglet Fichier se trouve la barre d'outils Accès rapide. Elle sert essentiellement à héberger les commandes les plus fréquemment utilisées.

  Initialement, la barre d'outils Accès rapide ne contient que trois boutons : Enregistrer, Annuler et Répéter. Il est cependant possible d'en ajouter d'autres en cliquant du bouton droit sur un bouton de la barre et en choisissant Autres commandes. Une boîte de dialogue permet d'ajouter, mais aussi d'ôter des commandes.

- **La diapositive :** Au centre de l'écran, se trouve la diapositive en cours.

- **Onglets Diapositives et Plan :** À gauche de l'écran, vous pouvez basculer entre deux affichages : *Diapositives* et *Plan.* Le mode Diapositives, actif sur la Figure 1.1, montre des images miniatures de chacune des diapositives de la présentation. Il suffit de cliquer sur l'une d'elles pour afficher la diapositive au centre de l'écran. Le mode Plan montre l'organisation de votre présentation. Pour basculer d'un mode à l'autre, cliquez sur l'onglet correspondant. Pour plus d'informations sur le plan, lisez le Chapitre 3.

- **Zone de commentaires :** Sous la diapositive se trouve un petit volet appelée *zone de commentaires.* Pour plus d'informations sur sa fonction, consultez le Chapitre 5.

- **Volet des tâches :** À droite de la diapositive, se trouve le *volet des tâches.* Il sert à réaliser rapidement les tâches les plus communes. Lorsque vous démarrez PowerPoint pour la première fois, le volet des tâches n'est pas visible ; c'est pourquoi vous ne le voyez pas sur la Figure 1.1. Lorsque vous travaillez dans PowerPoint, d'autres options apparaissent dans ce volet selon ce que vous voulez faire.

- **Barre d'état :** Tout en bas de l'écran, se trouve la *barre d'état.* Elle indique la diapositive en cours d'édition.

  TRUC

  La barre d'état peut être configurée en cliquant dessus du bouton droit. Vous accédez ainsi à une liste d'options que vous pouvez sélectionner ou désélectionner.

- **Zoom :** PowerPoint adapte automatiquement le zoom afin que la diapositive soit toujours affichée dans sa totalité. Le rapport du zoom est réglable à l'aide de la glissière en bas à droite de la fenêtre.

TRUC Vous n'avancerez jamais si vous estimez que tout doit être immédiatement compris. Ne vous souciez pas de ce qui vous aurait échappé jusqu'à présent. Concentrez-vous sur ce qui est nécessaire pour accomplir telle ou telle tâche, le reste viendra par la suite.

Dérouler le Ruban

Le tout nouveau Ruban n'apparaît pas que dans PowerPoint. Il est aussi utilisé dans Word 2010, Excel 2010 et Access 2010. Il remplace les barres de menus et d'outils des versions précédentes de ces programmes.

Le Ruban est surmonté d'une série d'onglets. Cliquer sur l'un d'eux révèle un ensemble de commandes spécifiques. Par exemple, à la Figure 1.1, c'est l'onglet Accueil qui était sélectionné. La Figure 1.2 montre le contenu de l'onglet Insertion.

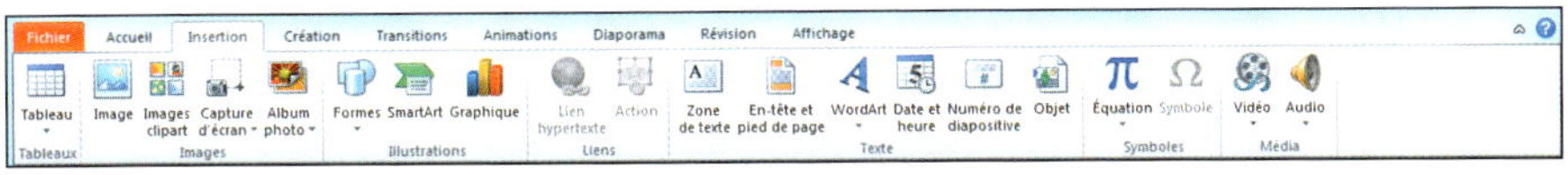

Figure 1.2 : Le Ruban et les commandes de l'onglet Insertion.

Initialement, le Ruban affiche les onglets du Tableau 1.1 :

Tableau 1.1 : Les onglets de base du Ruban.

Onglet	***Utilisations***
Accueil	Création et mise en forme des diapositives.
Insertion	Placement de différents éléments et objets dans les diapositives.
Création	Amélioration de la présentation des diapositives.
Transitions	Réglage de l'effet des transitions insérées entre des diapositives.
Animations	Ajout et réglage d'effets animés.
Diaporama	Configuration de la présentation.
Révision	Vérification de la présentation et ajout de commentaires.
Affichage	Affichage des diapositives dans PowerPoint

En plus de ces onglets de base, d'autres apparaissent de temps en temps. Par exemple, quand vous sélectionnez une image, un onglet Outils Image s'ajoute aux autres ; il contient des commandes permettant de manipuler et régler l'image.

Dans le Ruban, les commandes sont réunies dans des groupes. Dans chacun de ces groupes, la plupart des commandes sont de simples boutons semblables à ceux des barres d'outils des précédentes versions de PowerPoint.

Elle est pas belle la vue ?

À droite dans la barre d'état, quatre boutons permettent de passer d'un mode d'affichage à un autre. Le Tableau 1.2 indique la fonction de chacun d'eux.

Tableau 1.2 : Les boutons d'affichage.

Bouton	*Fonction*
	Mode Normal. Il affiche la diapositive, la mise en page et les commentaires. C'est l'apparence par défaut de PowerPoint.
	Mode Trieuse de diapositives. Il permet de réorganiser intuitivement les diapositives et de leur ajouter des transitions ou d'autres effets spéciaux.
	Mode Lecture. Il sert à visionner le diaporama dans une fenêtre.
	Mode Diaporama. Il montre les diapositives en plein écran, comme elles le seront au cours de la présentation publique.

Dans les coulisses du Backstage

Vous affichez le panneau Backstage, que montre la Figure 1.3, en cliquant sur l'onglet Fichier.

Initialement, le panneau Backstage affiche les informations à propos de la présentation. Le menu à gauche, qui ressemble bigrement à feu le menu Fichier des antédiluviennes versions de PowerPoint, donne accès à d'autres fonctionnalités que vous ne trouverez nulle part ailleurs.

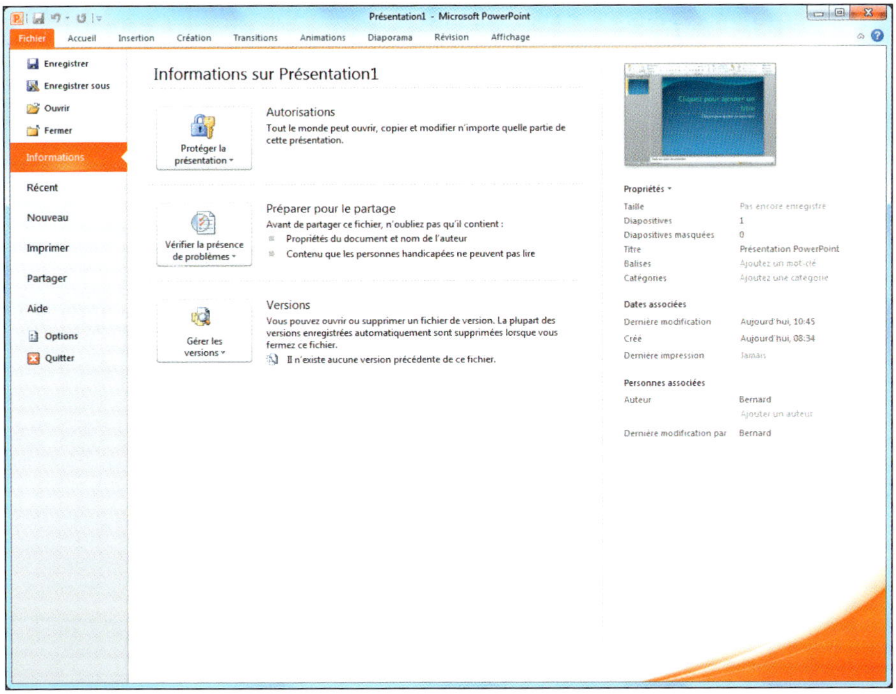

Figure 1.3 : L'affichage Backstage de PowerPoint.

Créer une nouvelle présentation

Lorsque vous démarrez PowerPoint, une nouvelle présentation vide est créée. Une diapositive vide est aussi angoissante pour un commercial que la page blanche pour l'écrivain.

Pour échapper à cette angoisse existentielle, cliquez sur l'onglet Fichier afin d'accéder au Backstage, puis cliquez sur le bouton Nouveau, dans le volet de gauche. Vous accédez ainsi au panneau de la Figure 1.4. Il propose plusieurs manières de créer une nouvelle présentation :

- **Nouvelle présentation :** Double-cliquez sur Nouvelle présentation pour en démarrer une à partir de zéro.
- **Modèles récents :** Cette partie de la boîte de dialogue Nouvelle présentation répertorie les modèles que vous avez récemment utilisés pour créer des présentations. Double-cliquez sur n'importe lequel d'entre eux pour créer une autre présentation du même genre.

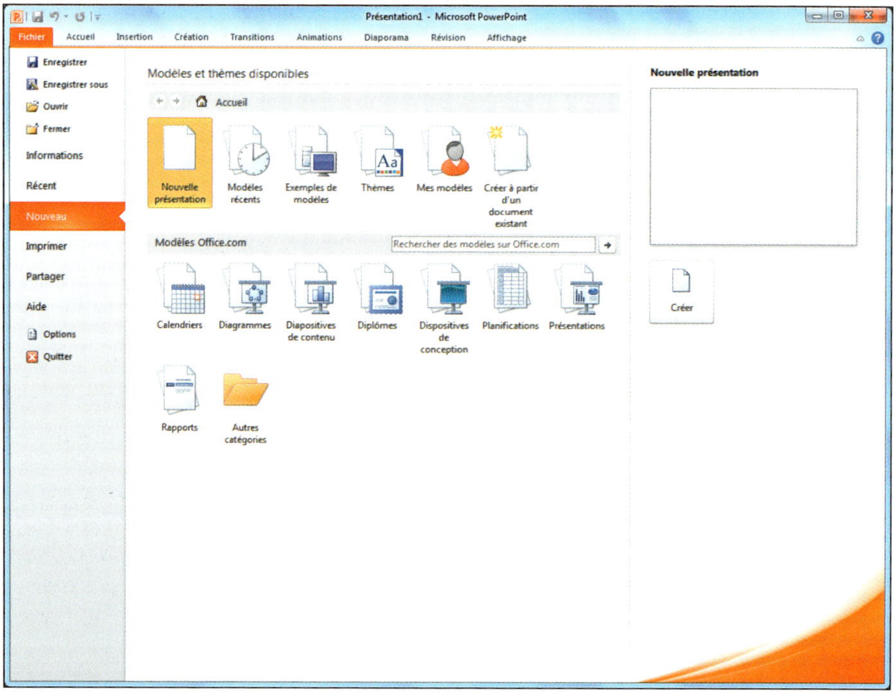

Figure 1.4 : La boîte de dialogue Nouvelle présentation.

- **Exemples de modèles :** Cliquez sur cette option pour accéder à tous les modèles installés dans l'ordinateur. Quand vous créez une présentation à partir d'un modèle, elle hérite des divers éléments globalement appelés *thèmes*, de même que du texte prédéfini figurant dans le modèle.

- **Thèmes :** Affiche tous les thèmes présents dans l'ordinateur. La création d'une présentation à partir d'un thème est semblable à la création à partir d'un modèle, sauf que la nouvelle présentation ne contient aucun texte prédéfini.

- **Mes modèles :** Ouvre une boîte de dialogue distincte permettant d'utiliser des modèles que vous aurez préalablement enregistrés.

- **Créer à partir d'un document existant :** Double-cliquez sur cette option pour créer une nouvelle présentation basée sur une présentation existante (par exemple, pour créer une présentation dans le même esprit qu'une autre).

- **Modèles Office.com :** Cette rubrique contenant quantité d'icônes sert à choisir des modèles sur le site de Microsoft. Ils sont classés par catégories comme Calendriers, Diagrammes, Planifications, Rapports, Autres catégories…

Remarquez l'aperçu dans le volet de droite. Il est tout blanc dans la Figure 1.3, mais si vous sélectionnez un modèle de présentation, cet aperçu montre à quoi il ressemble.

Modifier le texte

La plupart des diapositives contiennent deux objets textuels : un pour le titre et l'autre pour le corps du texte (ou texte courant). Vous pouvez cependant ajouter des objets texte supplémentaires et supprimer du texte courant ou un titre, voire supprimer les deux pour créer une diapositive sans texte.

Dès que vous placez le pointeur de la souris sur une zone de texte, il prend la forme d'un point d'insertion. Il suffit alors de cliquer pour saisir du texte.

Quand vous cliquez sur un objet textuel, une marque de sélection l'entoure, et le point d'insertion apparaît à droite de l'endroit où vous avez cliqué. PowerPoint devient alors une sorte de traitement de texte. Tout caractère saisi est inséré dans le texte au niveau du point d'insertion. Vous pouvez utiliser la touche Suppr ou Retour arrière pour supprimer du texte, et vous déplacer dans cette zone de saisie avec les touches du pavé directionnel (les flèches). Si vous appuyez sur Entrée, une nouvelle ligne de texte apparaît dans l'objet textuel.

Quand une zone de texte n'en contient pas, du texte bidon s'y affiche en permanence : cliquez pour ajouter du véritable texte. Le texte bidon disparaît comme par enchantement.

Si vous commencez à saisir du texte sans avoir cliqué quelque part, il apparaît dans le titre de l'objet textuel s'il n'en contient pas déjà un. Si le titre n'est pas vide, tout texte saisi est purement et simplement ignoré.

Quand vous aurez fini de saisir du texte, appuyez sur la touche Echap ou cliquez sur la souris, hors de la zone de texte.

Au Chapitre 2, vous découvrirez tous les plaisirs – en tout bien tout honneur – des objets textuels. Mais auparavant, d'autres sujets importants vous attendent.

Ajouter une nouvelle diapositive

Quand vous commencez une nouvelle présentation, elle ne comporte qu'une seule diapositive. C'est mieux que rien et à peine davantage que trois fois rien, mais fort heureusement PowerPoint propose diverses manières d'ajouter des diapositives. Nous nous en tiendrons à trois d'entre elles :

- Sous l'onglet Accueil, dans le groupe Diapositives, cliquer sur le bouton Nouvelle diapositive.

- Appuyer sur Ctrl+M.
- Cliquer du bouton droit sur les onglets Diapositives ou Plan, dans le volet de gauche, et choisir Nouvelle diapositive.

Dans les trois cas, PowerPoint affiche une nouvelle diapositive avec une mise en page standard comportant un titre et une zone de contenu. Pour choisir une autre mise en page, cliquez sur le bouton Disposition, sous l'onglet Accueil, et choisissez-en une dans la palette, comme dans la Figure 1.5.

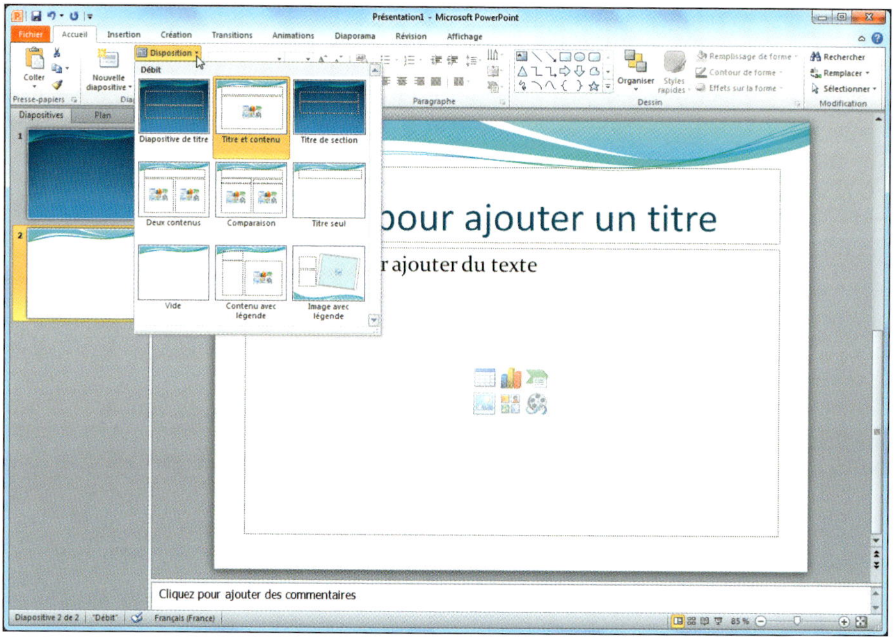

Figure 1.5 : Le choix d'une mise en page pour une diapositive.

Chaque mise en page de diapositive a un nom. Par exemple, celle nommée *Titre et contenu* propose un objet texte qui s'ajoute à la zone de titre. C'est sans doute celle que vous utiliserez le plus souvent, car cette mise en page est parfaite pour présenter un sujet développé en plusieurs points. La Figure 1.6, elle, montre une classique diapositive à puces, dans laquelle chaque point révèle la dépravation morale de votre gamin qui, la trentaine à peine entamée, file encore un mauvais coton.

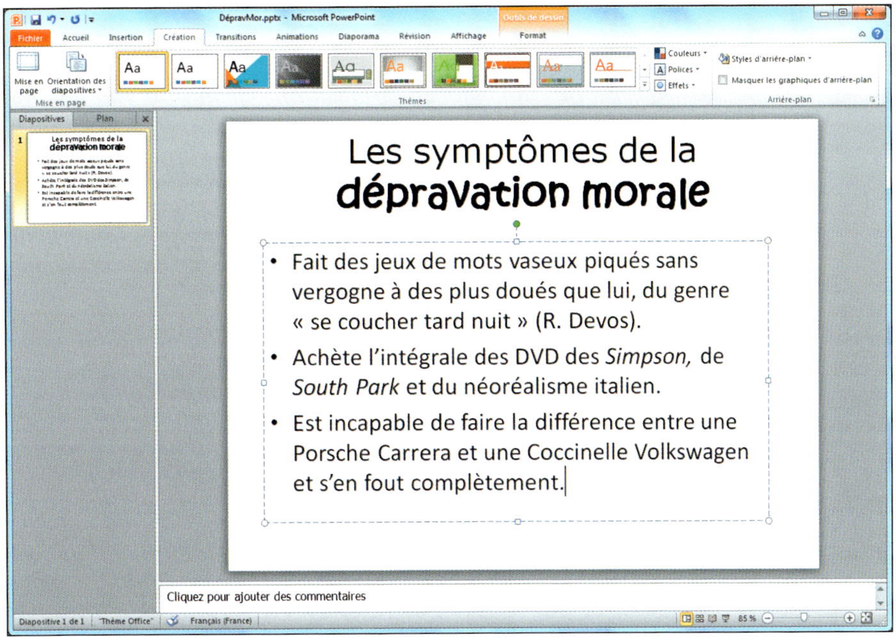

Figure 1.6 : Une diapositive de texte.

Se déplacer de diapositive en diapositive

Plusieurs techniques permettent d'avancer ou de reculer dans la masse des diapositives constituant votre présentation :

- **Cliquer sur l'une des doubles flèches en bas de la barre de défilement vertical de la diapositive.** Vous avancez ou reculez alors d'une diapositive à la fois.
- **Utiliser les touches Page Haut et Page Bas du clavier pour vous déplacer d'une diapositive à la fois.**
- **Tirer le curseur de la barre de défilement vers le haut ou vers le bas.** Une infobulle indique le numéro de la diapositive atteinte. Pour afficher cette diapo, relâchez le bouton de la souris. C'est une technique très simple pour atteindre rapidement telle ou telle diapositive de votre présentation.
- **Cliquer sur la miniature de la diapositive à afficher, dans le volet gauche de la fenêtre principale de PowerPoint.** Si les miniatures ne sont pas visibles, cliquez sur l'onglet Diapositives, à côté de l'onglet Plan.

Choisir une mise en page

Dans les deuxième et troisième parties de ce livre, vous découvrirez diverses manières de créer de belles diapositives. Il n'est cependant pas indispensable d'attendre jusque-là pour appliquer quelques styles de base à votre présentation. J'ai déjà mentionné qu'Office 2010 est livré avec plusieurs thèmes prédéfinis de qualité professionnelle, destinés à créer des présentations soignées d'un seul clic de souris. Pour ce faire, cliquez sur l'onglet Création, dans le Ruban, puis, dans le groupe Thèmes, choisissez un thème qui vous plaît. La Figure 1.7 montre l'effet du thème Métro.

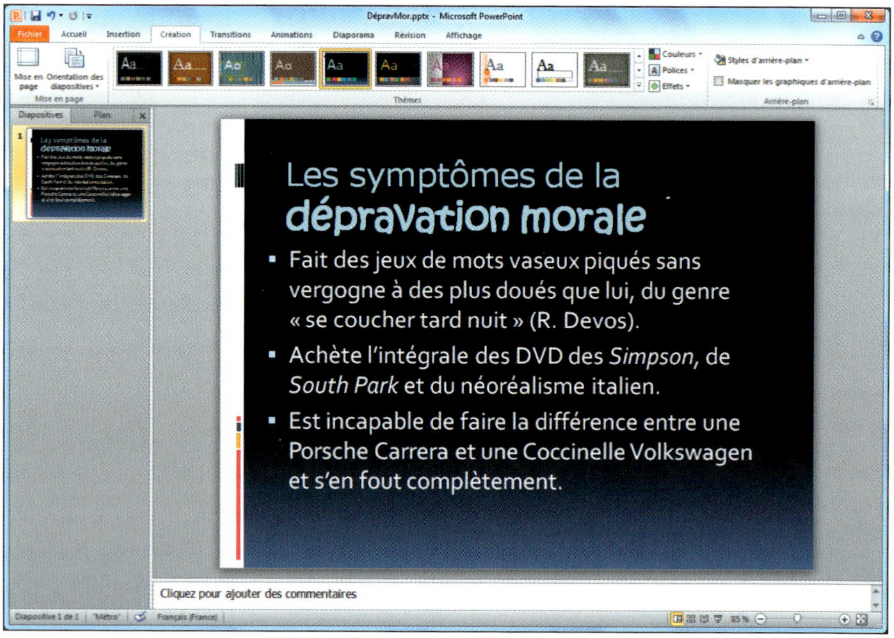

Figure 1.7 : Une diapositive après l'application du thème Métro.

Visionnez votre présentation

Votre chef-d'œuvre terminé, affichez-le en suivant ces quelques étapes :

1. **Cliquez sur l'onglet Diaporama, dans le Ruban, puis, dans le groupe Démarrer le diaporama, cliquez sur le bouton A partir du début.**

   Plusieurs raccourcis clavier exécutent cette commande. Vous pouvez appuyer sur F5 ou cliquer sur le bouton Diaporama, en bas à droite de PowerPoint.

2. **Admirez la première diapositive.**

   Elle est affichée en plein écran. N'est-elle pas magnifique ?

3. **Appuyez sur la touche Entrée pour passer à la diapositive suivante.**

   Cela fonctionne aussi avec la barre d'espace.

   Pour revenir en arrière, appuyez sur la touche Page Haut.

4. **Appuyez sur Echap pour fermer le diaporama.**

   Inutile d'atteindre la dernière diapositive. Vous pouvez quitter un diaporama en cours d'exécution et revenir à PowerPoint.

Pour des informations complètes sur le visionnement des présentations, consultez le Chapitre 6.

Enregistrer votre travail

PowerPoint propose pas moins de quatre manières d'enregistrer un document :

- Cliquer sur le bouton Enregistrer, dans la barre d'outils Accès rapide.
- Cliquer sur l'onglet Fichier et choisir Enregistrer.
- Appuyer sur Ctrl+S.
- Appuyer sur Maj+F12.

Si vous n'avez jamais enregistré votre travail, la boîte de dialogue Enregistrer sous apparaît. Donnez un nom à votre présentation, puis cliquez sur le bouton Enregistrer. Lorsqu'une présentation a été enregistrée une fois, l'enregistrer de nouveau n'ouvre plus la boîte de dialogue. En d'autres termes, enregistrer de nouveau la présentation au cours de votre travail la sauvegarde automatiquement à l'endroit défini lors du premier enregistrement.

Remarquez aussi qu'après le premier enregistrement du fichier, le nom *Présentation*, dans la barre de titre, est remplacé par le nom que vous avez donné au fichier. C'est un moyen sûr de savoir si un enregistrement a déjà été fait depuis que vous avez créé la présentation ou que vous l'avez ouverte.

Gardez ceci à l'esprit lorsque vous enregistrez des fichiers :

- Donnez un nom significatif à votre présentation. Le nom de fichier est celui qui permet d'identifier une présentation ; il doit donc en suggérer le contenu.

- Ne travaillez pas pendant des heures sur un projet sans l'enregistrer régulièrement. Le raccourci Ctrl+S doit être un réflexe conditionné. Utilisez-le chaque fois que vous effectuez des travaux qu'il serait bête de perdre par inadvertance ou à cause d'une coupure de courant inattendue. Il est également recommandé d'enregistrer votre travail avant de l'imprimer.
- Pour enregistrer une copie de la présentation sur laquelle vous travaillez, choisissez Fichier/Enregistrer sous. Nommez le fichier différemment puis cliquez sur Enregistrer.
- La commande Enregistrer sous contient un menu Type permettant d'enregistrer la présentation dans un autre format de fichier. Les options les plus importantes sont PDF et Document XPS. Les fichiers PDF – un format inventé par la société Adobe Systems – permettent au destinataire de consulter le contenu du fichier même s'il ne possède pas l'application qui l'a créé, Powerpoint en l'occurrence. Un document XPS offre le même service, mais il a été inventé par Microsoft.

Ouvrir une présentation

Il est très facile d'ouvrir une présentation que vous avez enregistrée sur votre disque dur. Là encore, PowerPoint propose plusieurs moyens de le faire. Voici les trois plus courants :

- Cliquer sur l'onglet Fichier et choisir Ouvrir.
- Appuyer sur Ctrl+O.
- Appuyer sur Ctrl+F12.

Ces trois manipulations affichent la boîte de dialogue Ouvrir. Elle montre les fichiers parmi lesquels vous opérerez votre choix. Cliquez sur celui qui vous intéresse, puis sur le bouton Ouvrir.

La boîte de dialogue Ouvrir permet de parcourir tous les lecteurs et les dossiers de votre ordinateur. De fait, la boîte de dialogue Ouvrir de PowerPoint fonctionne comme toutes les boîtes de dialogue des applications conçues pour Windows.

Si vous ne trouvez plus un fichier, parcourez les différents dossiers pour voir s'il s'y trouve. Peut-être l'avez-vous placé par mégarde ailleurs que dans le dossier prévu. Ou alors vous ne l'avez pas enregistré sous le nom auquel vous pensiez : le fichier `EscaladeVerdon.pttx` s'appelle en réalité `EscalVerd.pptx`, ce qui ne vous avance guère. Dans ce cas, utilisez la fonction de recherche de Windows. Sous Windows XP, cliquez sur le bouton Démarrer, choisissez Rechercher et suivez les instructions. Sous Windows 7 et Vista, tapez tout ou partie du nom du fichier dans le champ Rechercher du menu Démarrer.

TRUC

Le moyen le plus rapide d'ouvrir un fichier depuis la boîte de dialogue Ouvrir est de double-cliquer dessus.

PowerPoint conserve la trace des fichiers récemment ouverts. Cliquez sur l'onglet Fichier puis, dans le volet de gauche du Backstage, cliquez sur Récent. Cliquez ensuite sur le fichier à ouvrir.

Fermer une présentation

Pour fermer un fichier, cliquez sur le bouton Fermer, en haut à droite de PowerPoint (c'est le moyen le plus rapide). Ou alors cliquez sur l'onglet Fichier et choisissez Fermer. Ou encore optez pour le raccourci Ctrl+W.

TRUC

Inutile de fermer un fichier avant de quitter PowerPoint, car ce dernier s'en charge. La seule raison de fermer un fichier est l'intention de travailler sur une autre présentation PowerPoint sans que les deux fichiers soient ouverts en même temps.

Si vous avez effectué des modifications non enregistrées, PowerPoint vous invite à les sauvegarder avant de fermer la présentation. Cliquez sur Oui pour enregistrer votre travail ou sur Non si vous souhaitez ne pas conserver les changements.

Quand toutes les présentations PowerPoint sont ouvertes, de nombreuses commandes de PowerPoint deviennent indisponibles (elles sont en grisé). Ouvrez une présentation ou créez-en une nouvelle et les commandes reviennent.

Quitter PowerPoint

Vous avez eu assez d'émotions pour la journée ? Alors, quittez PowerPoint par l'une des techniques suivantes :

- Cliquez sur l'onglet Fichier puis, dans le volet de gauche, cliquez sur l'option Quitter.
- Cliquez sur le bouton de fermeture (x), dans le coin supérieur droit de PowerPoint.
- Appuyez sur Alt+F4.

Et voilà ! PowerPoint, y a plus !

Chapitre 2

Éditer des diapositives

Dans ce chapitre :

- Se déplacer dans une présentation.
- Utiliser des objets et modifier du texte.
- Annuler une erreur et supprimer des diapositives.
- Chercher et remplacer du texte.
- Réorganiser des diapositives.

Ce chapitre est consacré à la modification, oups… l'édition des objets textuels. La majorité des techniques décrites ici s'appliquent à d'autres objets comme des cliparts ou des formes dessinées. Pour plus d'informations sur l'édition d'autres objets, consultez la troisième partie.

Se déplacer de diapositive en diapositive

Le moyen le plus rapide pour passer d'une diapositive à l'autre consiste à appuyer sur les touches Page Haut ou Page Bas :

- **Page Haut :** Déplace vers la diapositive précédente de votre présentation.
- **Page Bas :** Déplace vers la diapositive suivante.

Vous pouvez aussi opérer pareils déplacements en cliquant sur les doubles flèches situées en bas de la barre de défilement de la diapositive :

- **Flèches doubles :** Situées aux extrémités de la barre de défilement, elles font avancer ou reculer d'une diapositive à la fois.

- **Flèches simples :** Font défiler les diapositives en continu, en avant ou en arrière. Notez que si le zoom est défini pour n'afficher qu'une seule diapositive à la fois, cliquer sur ces flèches fait avancer ou reculer d'une diapositive.

- **Curseur de défilement :** Appelé aussi « ascenseur », cet élément fait défiler les diapositives en cliquant dessus et en le tirant vers le bas ou vers le haut. Au cours de cette opération, une infobulle mentionne la diapositive qui sera affichée si vous relâchez le bouton à ce moment.

Utiliser des objets

La plupart des objets de votre diaporama seront du texte. Reportez-vous au Chapitre 8 pour en savoir plus sur les objets textuels.

Chaque diapositive dispose d'un ou plusieurs *espaces réservés*. Il s'agit de zones réservées pour le texte, les cliparts, un graphique et bien d'autres types d'objets. Par exemple, si vous choisissez la mise en page Titre, PowerPoint crée une nouvelle diapositive composée de deux espaces réservés : un pour le titre et l'autre pour le sous-titre. Vous pouvez ajouter d'autres objets à la diapositive ou bien en supprimer, les déplacer ou encore les redimensionner. Reportez-vous au Chapitre 1 pour en savoir plus sur la création d'une diapositive.

Vous pouvez ajouter des objets à votre diapositive, comme des cliparts, des graphiques, des formes et autres éléments, à l'aide des commandes de la barre d'outils Dessin.

Chaque objet occupe une zone rectangulaire que le contenu de l'objet peut ou non remplir en totalité. Mais vous le verrez toujours lorsqu'il est sélectionné (voir la section « Sélectionner des objets », plus loin dans ce chapitre).

Les objets peuvent se chevaucher, au risque de créer des effets étranges. Mais parfois ce chevauchement est voulu, pour placer du texte sur une image, par exemple.

Sélectionner des objets

Avant de modifier le contenu d'une diapositive, vous devez sélectionner l'objet sur lequel vous désirez intervenir. Par exemple, vous ne pouvez pas saisir directement du texte à l'écran. Il faut préalablement sélectionner l'objet texte (ou textuel, à votre convenance) qui contient le texte à modifier. En général, vous devez sélectionner tout objet en vue de le modifier.

Voici quelques points à garder à l'esprit quand vous sélectionnez des objets :

- **Objets textuels :** Pour sélectionner un objet textuel afin de le modifier, placez le pointeur de la souris dessus et cliquez sur le bouton gauche. Une zone rectangulaire apparaît autour de l'objet, et l'arrière-plan situé derrière le texte se transforme en couleur unie pour faciliter la lecture du texte. Un point d'insertion clignote dans la zone de saisie, indiquant l'emplacement où apparaîtra le texte.
- **Objets non textuels :** Les autres types d'objets fonctionnent un peu différemment. Cliquez sur un objet pour le sélectionner. Une zone de sélection rectangulaire entoure l'objet. Vous pouvez alors le déplacer ou le redimensionner, mais certainement pas le modifier. Pour modifier un objet non textuel, double-cliquez dessus. Le sélectionner n'est pas nécessaire. Pointez dessus avec la souris et double-cliquez.
- **Cliquer-déplacer :** Une autre manière de sélectionner un objet – ou plusieurs – consiste à utiliser le pointeur pour dessiner un cadre virtuel autour de l'objet à sélectionner. Pointez en haut à gauche de l'objet ou du groupe d'objets à sélectionner. Cliquez et, sans relâcher le bouton de la souris, faites glisser le pointeur dans le coin inférieur droit opposé. Lorsque vous relâchez le bouton de la souris, tous les objets se trouvant dans le rectangle sont sélectionnés.
- **Touche Tab :** Appuyez sur Tab pour sélectionner le premier objet de la diapositive. Appuyez de nouveau sur Tab pour sélectionner l'objet suivant. Vous aurez compris qu'il faut appuyer sur la touche jusqu'à ce que l'objet à modifier soit sélectionné.
- **Touche Ctrl :** Vous pouvez sélectionner plusieurs objets en cliquant sur le premier puis, touche Ctrl enfoncée, en cliquant sur les autres objets à sélectionner.

TRUC

Appuyer sur la touche Tab est commode lorsqu'il est impossible de pointer précisément sur un objet. Ce problème survient quand des objets sont empilés et donc difficilement accessibles.

Redimensionner ou déplacer un objet

Quand vous sélectionnez un objet, une zone rectangulaire de sélection (que l'on appelle *cadre* ou *marque de sélection*) l'encadre (voir Figure 2.1). Elle est entourée de *poignées* à chaque coin et au milieu de chaque bord. Il suffit de positionner le pointeur de la souris sur un des bords – mais entre deux poignées – pour déplacer l'objet.

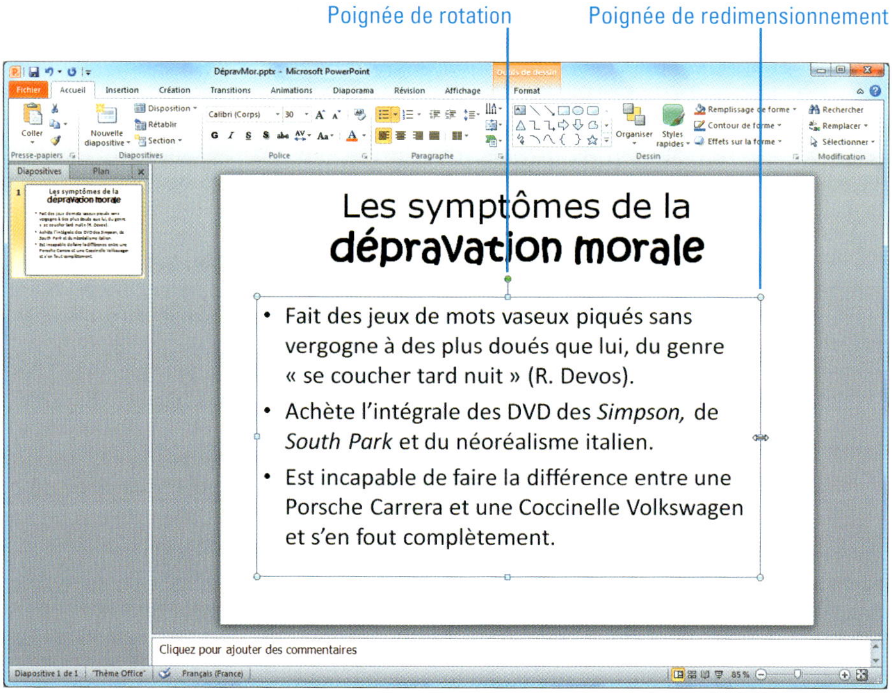

Figure 2.1 : Un objet, comme ici une zone de texte, peut être redimensionné à l'aide des poignées.

Les objets graphiques sont dotés d'une poignée verte appelée *poignée de rotation*. Elle permet de pivoter librement l'objet.

Pour modifier la taille d'un objet, sélectionnez-le. Cliquez ensuite sur une poignée et, bouton de la souris enfoncé, faites glisser le pointeur dans le sens voulu du redimensionnement. Relâchez le bouton de la souris : c'est fait !

Les diverses poignées d'un objet permettent d'agir différemment sur son redimensionnement :

- Les poignées situées dans les angles permettent de modifier la hauteur et la largeur de l'objet.
- Les poignées situées sur les bords supérieur et inférieur modifient la hauteur.
- Les poignées situées sur les bords latéraux n'agissent que sur la largeur.

Quand la touche Ctrl reste enfoncée pendant que vous tirez une poignée, l'objet reste centré à sa position. Maintenez la touche Maj enfoncée pendant que vous agissez sur des poignées d'angle, et les proportions de l'objet sont préservées.

Pour déplacer un objet, cliquez n'importe où sur une bordure du cadre de sélection, mais surtout pas sur une poignée. Faites glisser l'objet jusqu'à l'endroit désiré, puis relâchez le bouton de la souris.

TRUC

Le cadre de sélection peut être difficile à distinguer sur un arrière-plan un peu trop chargé. Si vous sélectionnez un objet et que vous ne voyez pas bien son cadre de sélection, cliquez sur l'onglet Affichage, dans le Ruban, puis choisissez l'une des options Couleurs/Nuances de gris suivantes :

- **Couleur :** Affiche toutes les couleurs des diapositives.
- **Niveau de gris :** Affiche les couleurs en nuances de gris (l'équivalent du noir et blanc en photographie).
- **Noir et blanc intégral :** Affiche les diapositives uniquement en noir et uniquement en blanc.

Les modes Niveau de gris et Noir et blanc intégral permettent de mieux voir les poignées. Revenez ensuite à l'affichage Couleur.

Éditer un objet texte

Quand un objet texte est sélectionné, PowerPoint se transforme en petit traitement de texte : le texte revient automatiquement à la ligne. Vous n'appuyez sur la touche Entrée que pour créer un nouveau paragraphe.

Le texte d'une présentation PowerPoint est généralement précédé d'une puce au début de chaque paragraphe. Sa forme par défaut dépend du thème appliqué à la diapositive ; mais rien ne vous empêche d'en changer pour une autre de quasiment n'importe quelle forme. Une puce fait partie intégrante de la mise en forme d'un paragraphe. Il ne s'agit pas d'un caractère que vous devez saisir. Elle apparaît dès que vous appuyez sur la touche Entrée.

Presque tous les logiciels de traitement de texte permettent de choisir entre le *mode insertion* et le *mode refrappe*. Avec le mode insertion, chaque caractère que vous saisissez s'insère à l'endroit du point d'insertion, repoussant éventuellement vers la droite des caractères existants. En mode refrappe, chaque caractère saisi remplace les caractères existants à la position du point d'insertion. PowerPoint travaille toujours en mode insertion. Le texte que vous saisissez apparaît donc au point d'insertion. Appuyer sur la touche Insert n'aura aucun effet ici.

Vous pouvez vous déplacer dans un objet textuel à l'aide des touches fléchées du pavé directionnel. Vous pouvez aussi utiliser les touches Fin et Origine pour rejeter le curseur en fin de ligne ou en début de ligne. Les flèches peuvent s'utiliser conjointement avec la touche Ctrl. Par exemple,

Ctrl+Flèche droite et Ctrl+Flèche gauche permettent de placer respectivement le point d'insertion devant ou derrière le mot.

Pour supprimer du texte, appuyez sur la touche Suppr ou Retour arrière. Appuyez sur Ctrl+Suppr pour effacer la totalité d'un mot, en appuyant d'abord sur Ctrl+Flèche gauche ou Ctrl+Flèche droite afin de déplacer le point d'insertion au début du mot à supprimer. Appuyez ensuite sur Ctrl+Suppr.

Sélectionner du texte

Certaines opérations exigent une sélection préalable du texte. Voici les techniques à votre disposition :

- **Avec le clavier**, maintenez la touche Maj enfoncée et appuyez sur les touches du pavé directionnel correspondant à la direction dans laquelle se trouve le texte à sélectionner.
- **Avec la souris**, pointez au début du texte à sélectionner, puis cliquez et faites glisser le pointeur sur le texte concerné. Relâchez le bouton quand vous avez atteint le dernier mot à marquer.

PowerPoint est doté d'une option de sélection automatique d'un mot entier. Si vous utilisez la souris pour marquer un bloc de texte, vous observerez que le texte sélectionné inclut toujours les mots en entier, même si vous tentez de vous arrêter à l'intérieur d'un mot. Si cette fonction vous gêne, désactivez-la en cliquant sur l'onglet Fichier, puis sur le bouton Options. Cliquez sur Options avancées et décochez la case Lors d'une sélection, sélectionner automatiquement le mot entier.

Voici quelques conseils pour sélectionner du texte :

- **Un seul mot :** Pour sélectionner un seul mot, double-cliquez dessus.
- **Un paragraphe entier :** Pour sélectionner tout un paragraphe, triple-cliquez dedans.

Après avoir sélectionné du texte, modifiez-le par l'une de ces techniques :

- **Supprimer du texte :** Pour supprimer la totalité d'un bloc de texte sélectionné, appuyez sur Suppr ou Retour arrière.
- **Remplacer du texte :** Pour remplacer un bloc de texte sélectionné, saisissez le nouveau texte. Le bloc disparaît et votre nouvelle prose le remplace dès que vous appuyez sur une lettre.
- **Couper, Copier et Coller :** Vous pouvez utiliser les commandes Couper, Copier et Coller du groupe Presse-papiers. Elles sont détaillées dans la section qui suit.

Couper, Copier et Coller

Comme tout programme Windows qui se respecte, PowerPoint est doté des commandes standard Couper, Copier et Coller. Elles s'appliquent au texte ou à l'objet sélectionné (tiens c'est bizarre, CCC sont les initiales de Chaos Computer Club, un célèbre groupuscule de pirates informatiques… Mais c'est sans doute un hasard…).

Couper, Copier et Coller fonctionnent dans un lieu de Windows assez mystérieux : le *Presse-papiers*. Il s'agit d'un espace de stockage temporaire où Windows entrepose tout ce que vous copiez ou coupez afin de pouvoir le coller dans une présentation ou toute autre application.

Dans le Ruban, les commandes exploitant le Presse-papiers se trouvent dans le groupe du même nom, sous l'onglet Accueil. Trois des quatre boutons qui s'y trouvent servent à travailler directement avec le Presse-papiers :

 Couper

 Copier

Coller

Remarquez la taille plus grande du bouton Coller et sa flèche qui déroule un menu. En cliquant sur l'icône du Presse-papiers, l'objet qui a été coupé ou copié en dernier est collé. En revanche, si vous cliquez sur la flèche, des options supplémentaires sont proposées. Nous y reviendront à la prochaine section, « Dupliquer un objet ».

Une nouvelle fonctionnalité de PowerPoint 2010 permet de voir l'apparence qu'aura le contenu du Presse-papiers avant de le coller dans une diapositive. Pour voir comment elle fonctionne, commencez par couper ou copier quelque chose (l'élément est de ce fait envoyé dans le Presse-papier). Cliquez ensuite sur le bouton fléché situé sous le bouton Coller. Une palette apparaît ; elle contient plusieurs boutons représentant chacun une manière différente de coller la sélection. Immobilisez le pointeur de la souris sur chacun de ces boutons pour voir de quelle manière l'élément sera collé dans la diapositive. Si l'une de ces manières vous convient, cliquez pour coller.

Pour supprimer définitivement un objet, sélectionnez-le puis enfoncez la touche Suppr ou Retour arrière. Cette opération efface l'objet de la diapositive, mais sans le conserver dans le Presse-papiers. Il disparaît une fois pour toutes. Il est certes possible de le récupérer avec la commande Annuler, mais seulement en s'y prenant rapidement. Pour en savoir plus, reportez-vous à la section « Oups ! ce n'est pas ce que je voulais faire… »

Dupliquer un objet

PowerPoint est doté d'une commande Dupliquer permettant de créer rapidement des copies d'un objet. Pour ce faire, sélectionnez un objet et appuyez sur Ctrl+D. Positionnez ensuite la copie où bon vous semble.

Un moyen encore plus facile de dupliquer un objet consiste à maintenir la touche Ctrl enfoncée, à cliquer sur un objet et à le tirer à un autre emplacement. Dès que vous relâchez le bouton de la souris, une copie de l'objet est créée.

Le volet Presse-papiers

Le volet Presse-papiers permet de collecter jusqu'à 24 éléments textuels ou graphiques provenant de n'importe quel programme Office, et de les coller sélectivement dans vos présentations. Pour afficher le volet Presse-papiers, cliquez sur le minuscule bouton du lanceur du volet, à droite du titre du groupe Presse-papiers, sous l'onglet Accueil du Ruban. Le volet Presse-papiers apparaît (Figure 2.2). Remarquez les divers objets qu'il contient.

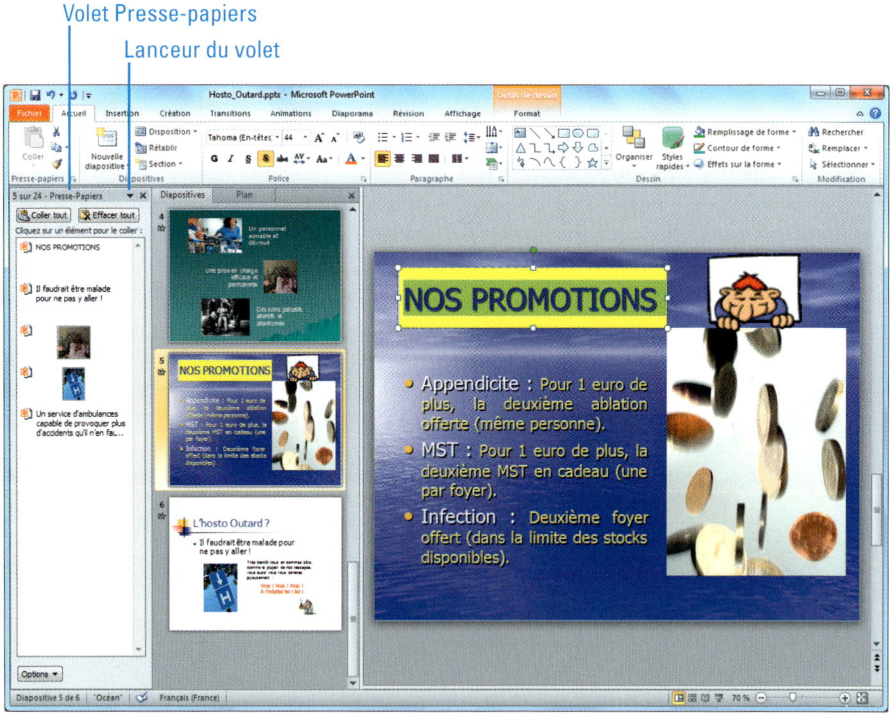

Figure 2.2 : Le volet Presse-papiers, à gauche, contient plusieurs objets.

Pour coller dans une diapositive l'un des divers objets présents dans le volet Presse-papiers, cliquez dessus.

Oups ! ce n'est pas ce que je voulais faire... (la merveilleuse commande Annuler)

Une erreur ? Pas de panique ! Utilisez la commande Annuler. C'est votre bouée de sauvetage, ne l'oubliez jamais.

Une erreur peut être annulée de deux manières :

- Choisir Edition/Annuler dans la barre Accès rapide.
- Appuyer sur Ctrl+Z.

Annuler fait revenir sur l'action que vous venez de commettre. Si vous avez déplacé un objet, la commande Annuler le remet à sa place. Vous saisissez le principe ?

Annuler est une commande si utile que je vous encourage à mémoriser ce raccourci clavier pour l'exécuter dès que vous en aurez besoin : Ctrl+Z.

Jusqu'à vingt actions peuvent être annulées, soit en répétant la commande, soit en cliquant sur la flèche près de la commande Annuler et en choisissant dans la liste l'action à laquelle il faut remonter. Il est recommandé d'annuler une erreur aussitôt que possible. En effet, l'annulation de plusieurs étapes oblige à refaire celles qui étaient correctes, puisque PowerPoint ne dispose pas d'un historique où l'on puisse annuler une action dans une liste et laisser intactes celles qui suivent. Avec PowerPoint, vous remontez étape par étape dans l'annulation des actions. Pour cette raison, appuyez sur Ctrl+Z dès que vous commettez une erreur.

ma012PowerPoint dispose aussi d'une fonction Refaire. C'est une annulation d'une annulation. Voici deux manières de rétablir une action :

- Cliquer sur le bouton Refaire, dans la barre d'outils Accès rapide.
- Appuyer sur Ctrl+Y.

  Notez que si la dernière action effectuée n'était pas une annulation, le bouton Refaire est remplacé par un bouton Répéter qui exécute de nouveau la dernière commande.

Supprimer une diapositive

Vous voulez supprimer une diapositive ? Pas de problème ! Affichez-la et appuyez sur le bouton Supprimer, dans le groupe Diapositives de l'onglet Accueil. Plus de diapo !

Une autre technique consiste à cliquer sur la miniature d'une diapositive dans le volet de gauche de PowerPoint, puis d'appuyer sur la touche Suppr ou Retour arrière.

Vous avez supprimé une diapositive par erreur ? Pas de problème ! Appuyez immédiatement sur Ctrl+Z ou cliquez sur le bouton Annuler pour la récupérer aussitôt.

Dupliquer une diapositive

PowerPoint dispose d'une fonction Dupliquer la diapositive qui permet de faire, en une seule opération, une copie conforme d'une diapositive existante. Ainsi, après avoir passé des heures à mettre une diapositive en page, vous la dupliquerez en moins de temps qu'il n'en faut pour le dire. Elle servira de base pour une autre diapositive de la présentation.

Pour dupliquer une ou plusieurs diapositives, sélectionnez-les puis cliquez sur l'onglet Accueil, dans le Ruban. Dans le groupe Diapositives, cliquez sur la flèche sous Nouvelle diapositive, et choisissez Dupliquer les diapositives sélectionnées.

Si vous êtes un adepte du raccourci clavier, il suffit de sélectionner la diapositive à dupliquer dans le volet Diapositives, à gauche de la fenêtre de PowerPoint, et d'appuyer sur Ctrl+D.

Trouver du texte

Comment savoir quelle est la diapositive affichant un texte particulier dans une présentation qui ne compte pas moins de soixante diapos ? C'est là qu'intervient la fonction Rechercher de PowerPoint.

Grâce à cette commande, vous trouverez n'importe quel texte dans n'importe quelle diapositive. Voici les quelques étapes à suivre :

1. **Déterminez le texte à trouver.**

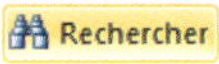

2. **Cliquez sur le bouton Rechercher, dans le groupe Modification de l'onglet Accueil, ou appuyez sur Ctrl+F.**

La Figure 2.3 montre la boîte de dialogue Rechercher qui apparaît.

Figure 2.3 : La boîte de dialogue Rechercher.

3. **Saisissez le texte à trouver.**

   Il doit figurer dans le champ Rechercher.

4. **Appuyez sur la touche Entrée.**

   Ou cliquez sur le bouton Suivant.

Pour peu que le texte recherché se trouve quelque part dans la présentation, la commande Rechercher vous amène directement à la diapositive en question. Le texte est mis en surbrillance, c'est-à-dire qu'il est sélectionné. Vous pouvez alors le modifier ou rechercher une autre occurrence du texte dans la présentation. Si vous modifiez le texte, la boîte de dialogue Rechercher reste affichée pour vous permettre de poursuivre vos… recherches.

Remplacer du texte

Supposons que vous appreniez que le nom « Dupont », dont il est abondamment question dans votre présentation, s'orthographie en réalité « du Pont ». Pour éviter un regrettable crime de lèse-narcissisme doublé d'un redoutable incident diplomatique, vous utiliserez la fonction Remplacer :

1. **Cliquez sur le bouton Rechercher – il se trouve lui aussi dans le groupe Modification de l'onglet Accueil – ou appuyez sur Ctrl+H.**

   La boîte de dialogue de la Figure 2.4 apparaît.

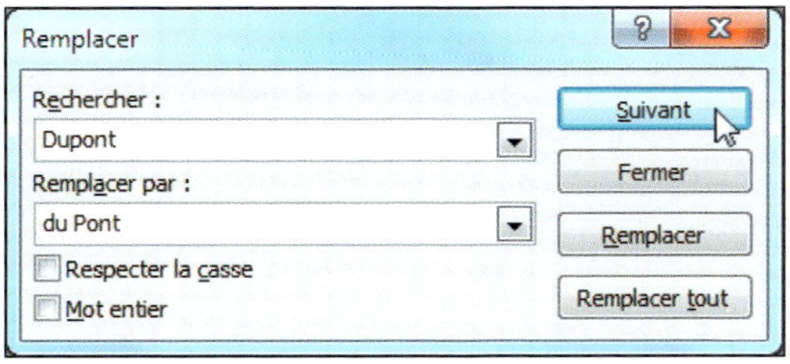

Figure 2.4 : La boîte de dialogue Remplacer.

2. **Dans le champ Chercher, saisissez le texte à trouver.**

   Ce sera dans notre exemple le mot **Dupont**.

3. **Dans le champ Remplacer par, saisissez le texte de remplacement.**

   Ce seront les mots **du Pont**.

4. **Cliquez sur le bouton Suivant.**

   PowerPoint s'arrête à la première occurrence.

5. **Cliquez sur Remplacer pour substituer le texte saisi au texte en place.**

   N'oubliez jamais de vérifier la pertinence du remplacement en cours.

6. **Cliquez de nouveau sur Suivant et remplacez toutes les occurrences appropriées.**

Si vous devez remplacer toutes les occurrences du texte dans votre présentation, cliquez directement sur Remplacer tout. Dans ce cas, n'oubliez pas de cocher la case Mot entier, sinon PowerPoint remplacera également les occurrences qui se trouvent dans un mot. Par exemple, si vous remplacez *pont* par *passerelle*, PowerPoint remplacera *Dupont* par *Dupasserelle*. C'est dire combien cette option doit être utilisée avec la plus extrême circonspection car vous n'avez pas la possibilité de vérifier le bien-fondé des remplacements.

Si la commande Remplacer tout a semé la pagaille dans votre présentation, recourez à la commande Annuler pour tout remettre en ordre.

Réorganiser vos diapositives avec la Trieuse de diapositives

En mode Normal, l'affichage permet de modifier directement les diapositives en y ajoutant du texte ou des graphiques, etc. Ce mode connaît quelques limitations : vous ne bénéficiez pas d'une vue d'ensemble de votre présentation, et vous ne voyez en détail qu'une seule diapositive. Pour obtenir un affichage global de la présentation, passez en mode Trieuse de diapositives.

Ce mode peut être activé de deux manières :

- Cliquer sur le bouton Mode Trieuse de diapositives, à droite dans la barre d'état.
- Choisir l'onglet Affichage, dans le Ruban, et cliquer sur le bouton Trieuses de diapositives, dans le groupe Affichage des présentations.

La trieuse de diapositives apparaît (Figure 2.5).

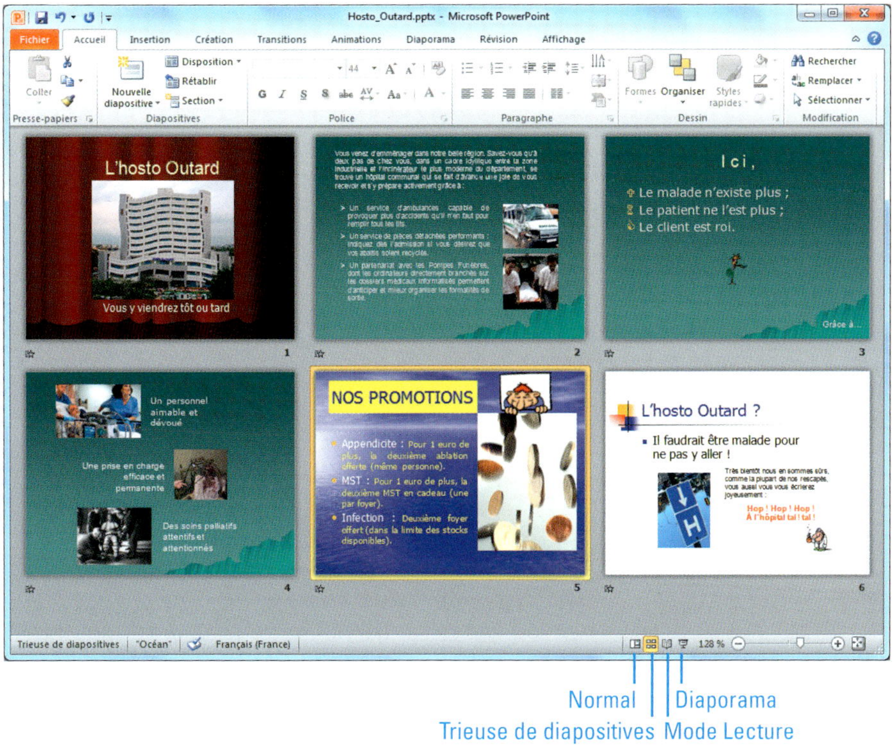

Figure 2.5 : La trieuse de diapositives montre l'ensemble des diapositives.

Voici comment réorganiser, ajouter ou supprimer des diapositives dans la trieuse :

- **Pour déplacer une diapositive** : Cliquez dessus et faites-la glisser vers un nouvel emplacement. Pointez sur la diapositive, maintenez le bouton gauche de la souris enfoncé, et faites glisser la diapositive. Relâchez le bouton de la souris quand elle se trouve correctement positionnée dans la présentation.

- **Pour supprimer une diapositive** : Cliquez dessus pour la sélectionner et appuyez sur la touche Suppr. Cette action n'est possible qu'en mode Trieuse de diapositives.

- **Pour ajouter une nouvelle diapositive** : Cliquez sur celle que la nouvelle diapo doit suivre, puis cliquez sur le bouton Nouvelle diapositive : le volet Mise en page des diapositives apparaît. Pour modifier le contenu de cette diapositive (ou d'une autre), revenez à l'affichage Diapositives ou Plan en cliquant sur les boutons de vue situés à droite dans la barre d'état, ou sous l'onglet Affichage du Ruban.

Si la présentation contient plus de diapositives que ne peut en afficher l'écran, modifiez le facteur de zoom. Réduisez le pourcentage. Vous verrez davantage de diapositives, mais plus petites.

La trieuse de diapositives ne paraît pas très attrayante ni très enthousiasmante. Mais c'est pourtant ici que vous définirez les transitions et les effets, ou que vous placerez des animations sympathiques dans vos diapositives. Tout cela est décrit au Chapitre 10.

Chapitre 3

Planifier votre présentation

Dans ce chapitre :

- Se focaliser sur le fond, pas sur la forme.
- Promouvoir et abaisser.
- Ajouter une diapositive dans l'onglet Plan.
- Réduire et développer le plan.

La plupart des présentations sont faites de diapositives qui répertorient des éléments à l'aide de listes à puces. Elles contiennent aussi quelques représentations graphiques, notamment des cliparts destinés à détendre l'atmosphère d'une présentation autrement fort austère.

C'est pourquoi les présentations s'accommodent très bien du mode Plan. Elles semblent souvent limpides dans le discours préliminaire et s'avèrent pesantes dans PowerPoint. L'onglet Plan, juste à gauche de l'onglet Diapositives, permet de se concentrer sur les points principaux et secondaires. Autrement dit, vous vous focalisez sur le contenu sans vous soucier de l'apparence.

Accéder au mode Plan

Deux onglets sont visibles dans le volet de gauche de PowerPoint : Diapositives et Plan. Normalement, c'est l'onglet Diapositives qui est actif, permettant de voir des miniatures de la présentation. Pour basculer en mode Plan, cliquez sur l'onglet du même nom. Le plan de la présentation est alors affiché, avec pour chaque diapositive le titre affiché au premier niveau et le texte affiché au niveau inférieur. La Figure 3.1 montre cet agencement. Notez que si une diapositive est dépourvue de titre, elle apparaîtra néanmoins dans le plan, mais avec bien sûr un niveau supérieur vide.

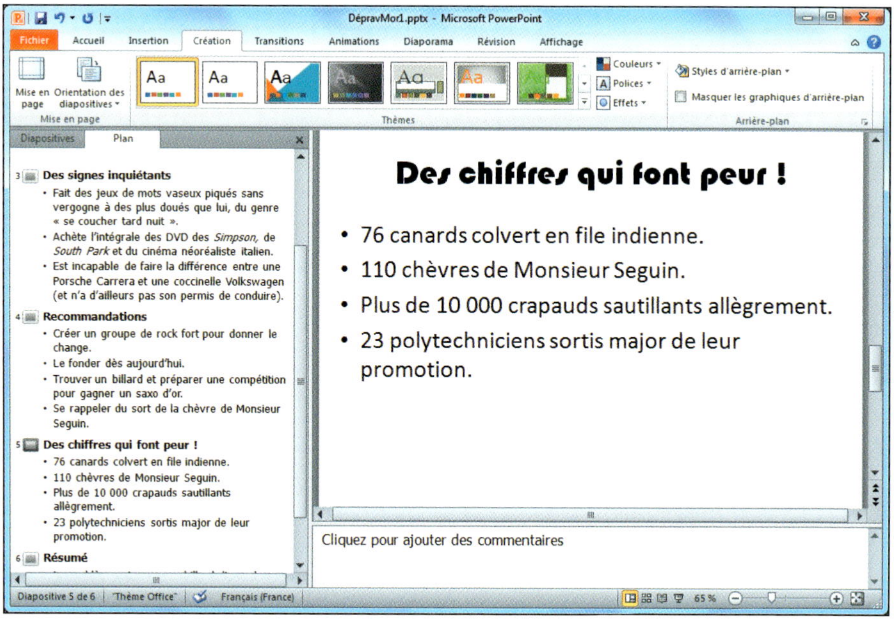

Figure 3.1 : L'affichage du plan d'une présentation.

Le volet du plan peut être élargi en tirant sa bordure vers la droite.

Les points suivants attirent votre attention sur quelques éléments importants du plan :

- **Le plan est constitué à partir des titres et du texte courant de chaque diapositive.** Tous les autres éléments de la présentation, comme des images, des graphiques et j'en passe, ne sont pas représentés. Tout objet textuel ajouté manuellement ne sera pas affiché dans le plan.
- **Chaque diapositive est représentée par son titre placé au niveau le plus élevé.** Le texte du titre se trouve à droite de la diapositive. Le numéro de la diapositive est à gauche.
- **Chaque ligne de texte courant d'une diapositive est placée en retrait du titre.** Cette présentation révèle bien la hiérarchie des niveaux.
- **Un plan peut contenir des sous-points subordonnés aux points principaux.** PowerPoint permet de créer jusqu'à cinq niveaux de titres sur chaque diapositive. Au-delà de trois niveaux, une diapositive devient assez difficile à lire.

Sélectionner et modifier une diapositive

Quand vous travaillez en mode Plan, vous devez souvent sélectionner la totalité d'une diapositive. Il suffit pour cela de cliquer dans son icône.

Vous pouvez supprimer, couper, copier ou dupliquer toute une diapositive :

- **Supprimer :** Pour supprimer la totalité d'une diapositive, sélectionnez-la et appuyez sur Entrée.
- **Couper ou copier :** Pour couper ou copier une diapositive entière en utilisant le Presse-papiers, sélectionnez-la et appuyez sur Ctrl+X (couper), Ctrl+C (copier) ou utilisez les boutons Couper et Copier, sous l'onglet Accueil du Ruban. Placez ensuite le curseur où bon vous semble et appuyez sur Ctrl+V, ou utilisez le bouton Coller, pour coller le contenu du Presse-papiers. Ces opérations sont aussi possibles en cliquant du bouton droit et en choisissant l'option désirée dans le menu contextuel.
- **Dupliquer :** Sélectionnez la diapositive et appuyez sur Ctrl+D. Cette action place une copie de la diapositive juste après l'original. En fait, vous n'avez pas même à sélectionner la totalité de la diapositive pour la dupliquer : cliquez simplement dans son titre ou dans le corps de son texte.

Sélectionner et modifier un paragraphe

Vous pouvez sélectionner et modifier tout un paragraphe. Cliquez sur la puce du paragraphe à sélectionner ou triple-cliquez n'importe où dans le texte. Pour supprimer tout un paragraphe ainsi que ceux qui lui sont subordonnés, sélectionnez-le et appuyez sur la touche Suppr.

Pour couper ou copier tout un paragraphe vers le Presse-papiers avec ses paragraphes subordonnés, sélectionnez-le et appuyez sur Ctrl+X (Couper) ou Ctrl+C (Copier). Vous pouvez ensuite utiliser Ctrl+V pour coller le paragraphe dans n'importe quel endroit de la présentation.

Promouvoir et abaisser des paragraphes

Promouvoir un paragraphe consiste à le placer à un niveau hiérarchique supérieur dans le plan.

Abaisser un paragraphe est l'inverse : le paragraphe descend d'un niveau hiérarchique dans le plan.

Pour promouvoir un paragraphe, placez le curseur n'importe où dans le paragraphe concerné et appuyez sur Maj+Tab, ou cliquez sur Réduire le niveau de liste, dans le groupe Paragraphe. Notez qu'il n'est pas possible de promouvoir un titre, qui occupe d'ores et déjà le niveau le plus élevé. En revanche, si vous l'abaissez, la diapositive tout entière est subsumée.

Pour abaisser un paragraphe, placez le curseur n'importe où dans son texte. Ensuite, appuyez sur la touche Tab ou cliquez sur Augmenter le niveau de liste, dans le groupe Paragraphe.

Des paragraphes peuvent être promus ou abaissés à l'aide de la souris, mais la technique est quelque peu délicate. Quand le pointeur se trouve au-dessus d'un point – ou du bouton Diapositives –, il passe d'une flèche simple à une flèche à quatre pointes ; cette métamorphose indique que vous pouvez cliquer pour sélectionner la totalité du paragraphe, ainsi que tous les paragraphes subordonnés. Vous pourrez ensuite promouvoir ou abaisser le paragraphe et ses subordonnés en le tirant vers la droite ou vers la gauche.

Sachez qu'un paragraphe rabaissé risque de déprimer sérieusement et de porter plainte pour harcèlement moral. En revanche, vous pouvez compter sur la flagornerie d'un paragraphe promu.

Ajouter un nouveau paragraphe

Pour ajouter un nouveau paragraphe à une diapositive en mode Plan, placez le curseur à la fin du paragraphe après lequel vous voulez en insérer un, et appuyez sur la touche Entrée. PowerPoint crée le nouveau paragraphe au même niveau que celui qui le précède.

Notez que si vous placez le point d'insertion à la fin de la ligne et que vous appuyez sur Entrée, PowerPoint crée une nouvelle diapositive. Vous pouvez ensuite appuyer sur la touche Tab pour transformer la nouvelle diapositive en paragraphe, dans la diapo précédente.

Si vous placez le point d'insertion au début du paragraphe et appuyez sur la touche Entrée, le nouveau paragraphe est inséré au-dessus du point d'insertion. Si vous placez le point d'insertion au centre du paragraphe et appuyez sur Entrée, le paragraphe est scindé en deux parties.

Après avoir ajouté un nouveau paragraphe, vous pouvez en modifier le niveau directement dans le plan. Pour cela, haussez ou abaissez le nouveau paragraphe. Pour créer un sous-point dans un point principal, placez le curseur à la fin du point principal et appuyez sur la touche Entrée. Ensuite, abaissez le nouveau paragraphe en appuyant sur la touche Tab.

Ajouter une nouvelle diapositive

En mode Plan, une nouvelle diapositive peut être ajoutée de plusieurs manières :

- **Hausser un texte existant** : Placez-le au niveau le plus élevé. Cette technique scinde une diapositive en deux.
- **Hausser un nouveau texte :** Ajoutez un nouveau paragraphe et haussez-le au niveau le plus élevé.
- **Appuyer sur Entrée :** Placez le pointeur dans le titre d'une diapositive et appuyez sur Entrée. Cette méthode crée une nouvelle diapositive avant la diapositive en cours. En fonction de la position du curseur dans le titre, le texte reste sur la diapositive en cours, apparaît sur la nouvelle diapositive ou est réparti sur les deux diapos.
- **Appuyer sur Ctrl+Entrée :** Placez le point d'insertion dans le texte courant de la diapositive, et appuyez sur la touche Entrée. Cette méthode crée une nouvelle diapositive après la diapo en cours. La position du curseur dans la diapositive existante importe peu ; la nouvelle diapo est toujours créée après celle en cours. Le point d'insertion doit être dans le texte courant pour que cette méthode fonctionne. Si vous placez le point d'insertion dans le titre de la diapositive et appuyez sur Ctrl+Entrée, le curseur passe au texte courant sans créer de nouvelle diapo.
- **Insérer une nouvelle diapositive :** Placez le point d'insertion n'importe où dans la diapositive et appuyez sur Ctrl+M, ou cliquez sur le bouton Nouvelle diapositive, dans le groupe Diapositives de l'onglet Accueil, dans le Ruban.
- **Dupliquer une diapositive :** Sélectionnez une diapositive en cliquant sur son icône dans le mode Plan ou en triple-cliquant sur son titre, et appuyez ensuite sur Ctrl+D.

TRUC

Puisque le plan se focalise sur le contenu plutôt que sur la mise en page, les nouvelles diapositives héritent de la mise en forme Liste à puces. Elle comporte un titre et du texte mis en forme avec des puces.

Déplacer du texte de haut en bas

Le plan sert à réorganiser une présentation. Vous pouvez facilement modifier l'ordre de chacun des points d'une diapositive, ou réorganiser les diapositives.

Pour déplacer le texte de haut en bas, cliquez du bouton droit dans le paragraphe à déplacer puis, dans le menu contextuel, choisissez Monter ou Descendre. Le pointeur prend la forme d'une flèche à quatre têtes. Tirez-le vers le haut ou le bas. Une ligne horizontale montre la position exacte de la sélection. Lorsque cette dernière se trouve au bon endroit, relâchez le bouton droit de la souris afin de placer le texte.

TRUC

Faites attention lorsque vous effectuez un déplacement dans une diapositive à plusieurs niveaux de texte. Observez bien la position de la ligne horizontale lors du glissement de la sélection ; toute la sélection est insérée à cet endroit, ce qui peut entraîner une rupture des points de niveau inférieur. Si le résultat ne vous satisfait pas, appuyez immédiatement sur Ctrl+Z ou cliquez sur le bouton Annuler.

Développer et réduire le plan

Si votre présentation contient de nombreuses diapositives, la structure de la présentation devient difficile à appréhender, même en mode Plan. Heureusement, PowerPoint permet de *réduire* le plan pour n'afficher que les titres. La réduction d'un plan ne supprime pas le texte courant, mais se contente de le masquer pour que vous puissiez focaliser votre attention sur l'ordre des diapositives.

Développer une présentation restaure le texte courant préalablement masqué par une réduction du plan. Vous pouvez réduire et développer une présentation complète ou simplement quelques diapositives.

Pour réduire la totalité d'une présentation, cliquez du bouton droit n'importe où dans le plan, puis choisissez Réduire/Réduire tout, ou utilisez le raccourci Alt+Maj+I. Pour développer la présentation, cliquez du bouton droit et choisissez Développer/Développer tout, ou utilisez le raccourci Alt+Maj+9.

Pour réduire une seule diapositive, cliquez du bouton droit n'importe où dans le plan, puis choisissez Réduire/Réduire tout. Vous pouvez également passer par le menu contextuel de la diapositive et choisir Réduire. Pour développer une diapositive réduite, cliquez dedans du bouton droit et choisissez Développer/Développer tout.

Chapitre 4

Vérifier vos présentations

Dans ce chapitre :

- Vérifier l'orthographe.
- Trouver des synonymes.
- Gérer les majuscules et les minuscules.
- Utiliser la correction automatique.

N'étant pas un as de l'orthographe, me voici bien content d'utiliser les fonctions de correction orthographique des divers logiciels qui jonglent avec les mots. Le français est inflexible et ses règles grammaticales draconiennes, et j'avoue qu'aujourd'hui nous sommes moins attentifs à l'orthographe qu'hier – à supposer que nous l'ayons jamais été –, puisque nous savons que les traitements de texte gardent un œil vigilant sur notre travail et signalent les erreurs.

Correction en temps réel

Le correcteur de PowerPoint n'attend pas que vous ayez terminé un document pour entrer en action. Il surveille tous vos faits et gestes orthographiques. Dès qu'il détecte une faute, il la souligne afin d'attirer votre attention, comme l'illustre la Figure 4.1.

Sur la Figure 4.1, le mot *ringuards,* entre autres, est souligné. Dès lors, trois options sont envisageables :

- **Corriger :** Retapez le mot directement dans la zone de texte.
- **Solliciter l'aide de PowerPoint :** Cliquez sur le mot avec le bouton droit de la souris. Dans le menu contextuel qui apparaît, sélectionnez la

proposition la plus appropriée au mot à corriger. Si aucune ne correspond, corrigez-le manuellement.

- **Ignorer la faute de frappe :** Parfois les erreurs sont volontaires pour diverses raisons (nom propre, jeu de mots…). Par exemple, le vocabulaire des *Aventures potagères du Concombre masqué* (« le grand patatoseur », « l'intempestivité à bringuebaduler »…), de même que le nom de leur auteur, Mandryka, sont la hantise des correcteurs orthographiques.

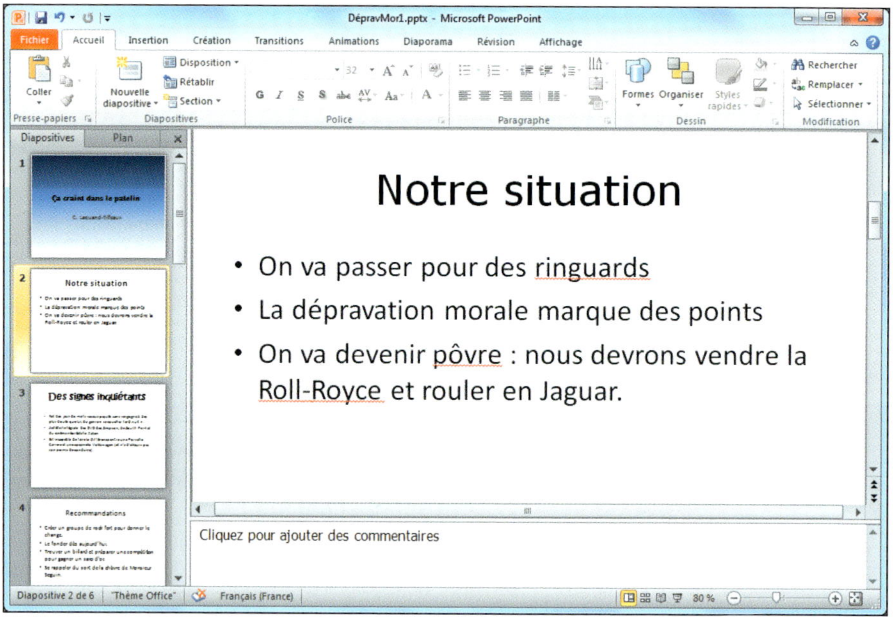

Figure 4.1 : PowerPoint repère les fautes d'orthographe.

Une correction après coup

L'orthographe peut être vérifiée une fois votre document achevé, en lançant la correction *a posteriori*. La recherche s'effectue sur la totalité du texte et une boîte de dialogue s'ouvre ou s'actualise chaque fois qu'une faute est rencontrée. Vous pouvez choisir entre plusieurs propositions de remplacement ou saisir directement le mot correct.

Les étapes suivantes montrent comment vérifier l'orthographe de toute une présentation :

1. **Ouvrez la présentation à vérifier, si ce n'est déjà fait.**

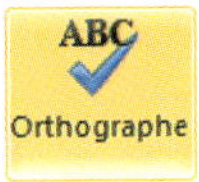

2. **Cliquez sur l'onglet Révision, dans le Ruban, puis, dans le groupe Vérification, cliquez sur le bouton Orthographe.**

3. **Tournez-vous les pouces en regardant les mouches au plafond.**

   PowerPoint cherche les erreurs. Soyez patient !

4. **Ne vous formalisez pas si PowerPoint trouve une faute d'orthographe.**

   Dès qu'une erreur est découverte, PowerPoint la signale en ouvrant la boîte de dialogue Orthographe. Le mot inconnu de PowerPoint s'affiche dans le champ Absent du dictionnaire et des suggestions sont proposées juste en dessous, comme le montre la Figure 4.2.

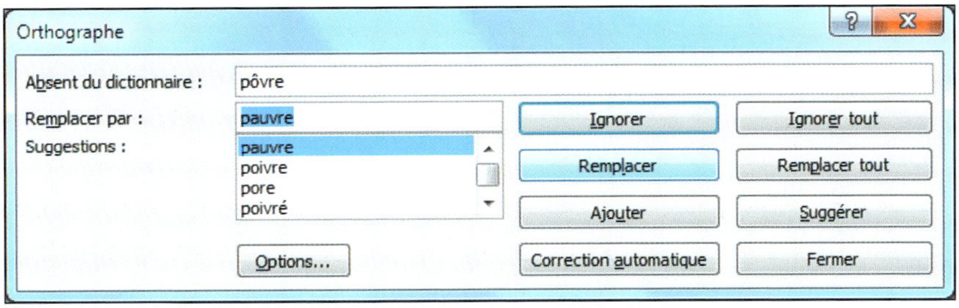

Figure 4.2 : PowerPoint vient de trouver une faute d'orthographe.

5. **Choisissez de corriger l'erreur, puis cliquez sur le bouton Remplacer. Ou alors, si ce n'est pas une erreur, snobez le correcteur orthographique en cliquant sur Ignorer.**

   Si vous admettez que le mot est mal orthographié, recherchez dans la liste des propositions le mot qui convient, cliquez dessus puis cliquez sur Remplacer.

   Si le mot est correct mais inconnu de PowerPoint et que vous ne souhaitez pas l'entrer dans son dictionnaire, cliquez sur Ignorer.

   Pour que PowerPoint ignore toutes les occurrences du mot qui lui est inconnu, cliquez sur Ignorer tout. Désormais, si PowerPoint rencontre ce même terme dans la présentation, il ne s'y arrêtera plus. Cela ne vaut que pour la session de travail en cours.

6. **Répétez les étapes 4 et 5 jusqu'à ce que PowerPoint termine la vérification.**

   Un panneau contenant ce message indique la fin des opérations :

```
La vérification de l'orthographe est terminée.
```

PowerPoint commence toujours une vérification à partir de la première diapositive. Il analyse les titres, le texte courant, les notes et les objets textuels ajoutés aux diapositives. Il ne vérifie pas les objets incorporés, comme les représentations graphiques et les schémas.

Pour ajouter un mot au dictionnaire de PowerPoint, cliquez sur Ajouter.

Le dictionnaire personnalisé

Le vérificateur orthographique de PowerPoint s'appuie sur deux dictionnaires : un dictionnaire standard et un dictionnaire personnalisé. Le premier contient des milliers de mots généralement utilisés dans le langage courant ; le second les mots ajoutés par l'utilisateur quand il clique sur le bouton Ajouter de la boîte de dialogue Orthographe.

Le dictionnaire personnalisé est partagé avec d'autres programmes Microsoft comme Word et Excel. Ces applications partagent toutes le même dictionnaire que PowerPoint. Par conséquent, si vous ajoutez un mot dans celui de Word, il sera aussi valable dans PowerPoint.

Que se passe-t-il si vous ajoutez un mot au dictionnaire par mégarde ? Vous avez le choix entre demander à l'Académie d'ajouter votre mot au dictionnaire de la langue française, ou alors supprimer le mot du fichier `Custom.dic`. Pour y accéder, cliquez sur l'onglet Fichier puis, dans le Backstage, sur le bouton Options. Cliquez sur le bouton Vérification puis sur le bouton Dictionnaires personnels. Sélectionnez le fichier `Custom.dic` puis cliquez sur le bouton Modifier la liste de mots.

Le dictionnaire des synonymes

Un mot vous échappe ? Vous répétez trop souvent le même terme ? Utilisez le dictionnaire des synonymes :

1. **Cliquez sur un mot avec le bouton droit de la souris. Dans le menu contextuel, choisissez Synonymes.**

   Un menu contextuel propose des mots apparentés. Parfois, PowerPoint propose un antonyme, c'est-à-dire un mot dont le sens est le contraire de celui que vous testez.

2. **Sélectionnez le terme adéquat.**

   PowerPoint effectue la substitution.

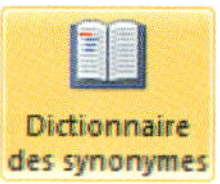

Si vous choisissez l'option Dictionnaire des synonymes, dans le menu contextuel, le volet Office l'affiche comme le montre la Figure 4.3. Le dictionnaire des synonymes permet d'aller plus loin dans une recherche. Par exemple, si vous cherchez l'équivalent d'un mot, PowerPoint affiche une liste de synonymes où vous faites tranquillement votre choix. Si un terme se rapproche de ce que vous cherchez, cliquez dessus. PowerPoint affiche ensuite des synonymes de ce mot apparenté.

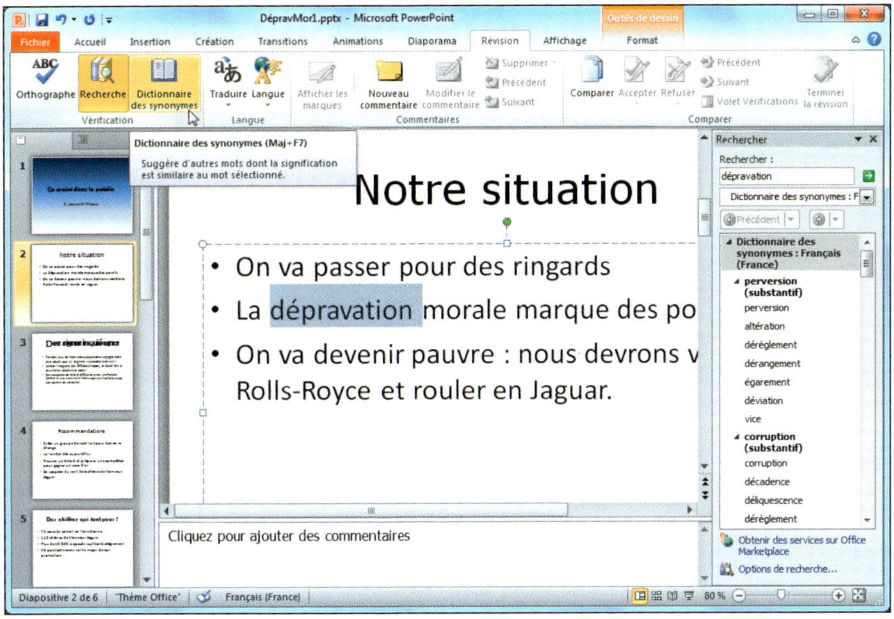

Figure 4.3 : Le dictionnaire des synonymes apparaît dans le volet Rechercher, à droite de la diapositive.

Du bon usage de la casse

PowerPoint dispose d'une fonction qui permet de placer correctement les majuscules dans le texte des diapositives. Voici comment l'utiliser :

1. **Sélectionnez le texte à mettre en majuscules.**

2. **Sous l'onglet Accueil du Ruban, cliquez sur le bouton Modifier la casse, dans le groupe Polices.**

   Une liste de choix s'affiche.

3. **Étudiez les options proposées, puis cliquez sur celle qui répond à vos besoins.**

   Les options de casse sont :

   - **Majuscule en début de phrase :** La première lettre du premier mot de chaque phrase sera en majuscule.

- **minuscules :** Tous les mots sont écrits en minuscules.
- **MAJUSCULES :** Tous les caractères sont transcrits en majuscules.
- **1re lettre des mots en majuscule :** La première lettre de chaque mot est capitalisée. PowerPoint est assez intelligent pour laisser certains mots comme « à » et « le » en minuscules, mais je vous conseille de vérifier pour être certain qu'il n'a pas été fantaisiste dans son appréciation.
- **iNVERSER lA cASSE :** Cette option transforme les majuscules en minuscules et les minuscules en majuscules.

4. **Cliquez sur OK ou appuyez sur Entrée puis vérifiez le résultat.**

TRUC

Vérifiez toujours le texte après une modification de casse pour être sûr que le résultat correspond à votre attente. Vérifiez attentivement les noms propres, dont la première lettre en majuscule ne doit pas avoir été convertie en minuscule.

Les titres auront presque toujours la première lettre de leurs mots en majuscule. Le premier niveau de puce d'une diapositive peut recevoir l'option 1re lettre des mots en majuscule ou l'option Majuscule en début de phrase.

N'OUBLIEZ PAS

Évitez autant que possible les majuscules. Un texte en capitales est pénible à lire et visuellement agressif. EST-CE CLAIR ?

La correction automatique

PowerPoint dispose d'une fonction de correction automatique capable de vérifier l'orthographe en cours de frappe et de corriger immédiatement les erreurs. Par exemple, si vous saisissez *téh* à la place de *thé*, PowerPoint corrige immédiatement l'erreur. Et si vous oubliez de mettre en majuscule la première lettre du premier mot d'une phrase, PowerPoint se charge de le faire.

TRUC

Si PowerPoint effectue une correction inappropriée, appuyez immédiatement sur Ctrl+Z.

Quand vous amenez le point d'insertion sur le mot qui vient d'être corrigé, une petite ligne apparaît sous la première lettre. Placez-y le pointeur de la souris, un bouton s'affiche. Cliquez sur ce bouton pour afficher un menu local dans lequel vous indiquerez à PowerPoint de ne plus effectuer la correction du mot. Si PowerPoint lui substitue un autre mot que celui désiré, choisissez, dans ce même menu, Contrôler les options de correction automatique. La boîte de dialogue Correction automatique apparaît. Configurez les remplacements nécessaires à vos habitudes linguistiques.

Pour paramétrer la correction automatique, cliquez sur l'onglet Fichier puis sur le bouton Options. Dans le volet de gauche, cliquez sur Vérification. Ensuite, en haut à droite, cliquez sur le bouton Options de correction automatique. Vous accédez ainsi aux options que montre la Figure 4.4.

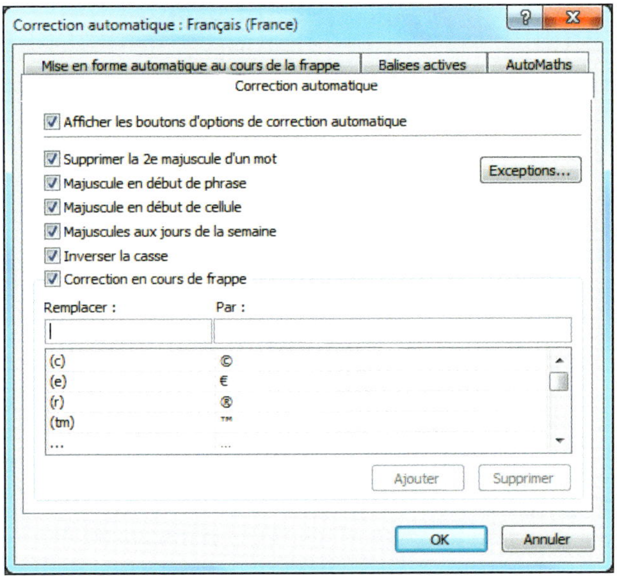

Figure 4.4 : La boîte de dialogue Correction automatique.

Comme vous le constatez, la boîte de dialogue Correction automatique contient des cases à cocher qui régissent le fonctionnement de la correction :

- **Afficher les boutons d'options de correction automatique :** Cette option affiche le bouton de correction automatique sous les mots corrigés automatiquement. Il permet d'annuler une modification ou de demander à PowerPoint de cesser tel ou tel type de correction.
- **Supprimer la 2e majuscule d'un mot :** Recherche les mots qui ont deux majuscules initiales, et transforme la seconde en minuscule. Par exemple, si vous saisissez *ENsemble*, PowerPoint corrige automatiquement en *Ensemble*. Cependant, si vous saisissez une troisième majuscule, PowerPoint suppose que c'est un acte volontaire et n'effectue aucune correction.
- **Majuscule en début de phrase :** Met automatiquement en majuscule la première lettre d'un mot commençant une phrase.
- **Majuscule en début de cellule :** Met automatiquement en majuscule la première lettre du premier mot d'une cellule d'un tableau.
- **Majuscule aux jours de la semaine :** Lundi, Mardi, Mercredi… il y en a sept comme ça.

- **Inverser la casse :** C'est une fonction très sympathique. Si PowerPoint remarque que vous capitalisez à l'envers de la normale, il suppose que vous avez appuyé accidentellement sur la touche de verrouillage des majuscules. Il déverrouille les majuscules et rétablit le bon ordre des choses.

- **Correction en cours de frappe :** Cette option est le cœur de la correction automatique. Elle consiste en une liste de mots fréquemment mal orthographiés. Si vous faites toujours la même faute au même mot, par exemple si vous écrivez systématiquement *vraiement* au lieu de *vraiment*, il suffit de saisir *vraiement* dans le champ Remplacer et *vraiment* dans le champ Par. Cliquez sur Ajouter. À partir de cet instant, PowerPoint remplacera ce mot sans que vous vous doutiez de rien. PowerPoint possède une liste de remplacements prédéfinis que vous pouvez enrichir des vôtres, et que vous pouvez également modifier.

TRUC

Ajoutez à la liste tous les mots qui vous posent problème ! Mieux : pour accélérer votre saisie de texte, définissez des abréviations. Par exemple, je trouve que le mot « c'est-à-dire » est long à écrire. J'ai donc défini « c'est-à-dire » comme remplacement de « cad ». Ainsi, dès que je tape « cad » et appuie sur la barre d'espace, PowerPoint écrit « c'est-à-dire » à ma place. J'en ai une bonne cinquantaine dans ce genre.

La fonction de correction automatique comporte plusieurs options de mise en forme qui appliquent automatiquement des changements en cours de frappe. Pour définir ces options, cliquez sur l'onglet Mise en forme automatique au cours de la frappe. Les options sont présentées Figure 4.5. Elles contrôlent la présentation d'éléments comme les guillemets, les fractions, les ordinaux et j'en passe.

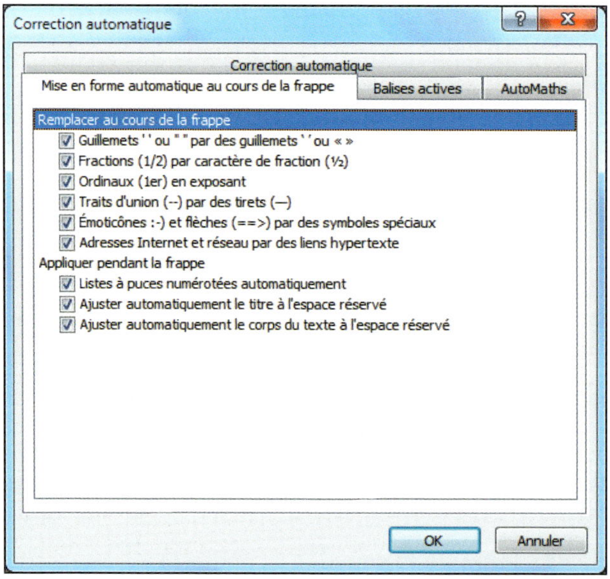

Figure 4.5 : Les options de la boîte de dialogue Mise en forme automatique au cours de la frappe.

Chapitre 5

N'oubliez pas vos notes !

Dans ce chapitre :

- Placer des commentaires dans votre présentation.
- Agrandir la page des commentaires pour mieux lire son contenu.
- Ajouter une nouvelle diapositive en mode d'affichage des commentaires.
- Imprimer les commentaires.

Une magnifique diapositive avec un beau texte, un diagramme évocateur, peut-être même des images époustouflantes se trouvent au début de votre présentation, mais vous ne savez plus pourquoi. Décontenancé, vous cherchez vos mots, ce qui augure mal de la suite de votre prestation.

PowerPoint est heureusement capable d'afficher des commentaires qui vous aident à bien préparer une présentation et à ne jamais être pris au dépourvu. Ils peuvent être mot pour mot ce que vous direz à l'auditoire, ou seulement quelques notes utilisées comme pense-bête.

Comprendre la notion de « commentaire »

Les *commentaires* sont des notes liées à vos diapositives. Ils n'apparaissent pas pendant la diffusion du diaporama, car PowerPoint les affiche séparément. Chaque diapositive d'une présentation comporte sa propre page de notes.

En mode d'affichage Normal, les notes sont cachées en bas de l'écran dans un volet indépendant appelé Commentaires. Pour voir les notes en mode Normal, vous devez agrandir la zone de commentaires afin de disposer d'une place suffisante pour la saisie. Pour plus d'informations, consultez la section « Ajouter des commentaires à une diapositive », plus loin dans ce chapitre.

PowerPoint dispose d'un affichage spécial intitulé Pages de commentaires. Pour l'activer, cliquez sur l'onglet Affichage, dans le Ruban, puis, dans le groupe Affichages des présentations, cliquez sur le bouton Page de commentaires. La Figure 5.1 montre une diapositive affichée dans ce mode. Chaque page montre une version réduite de la diapositive surmontant une zone de commentaires.

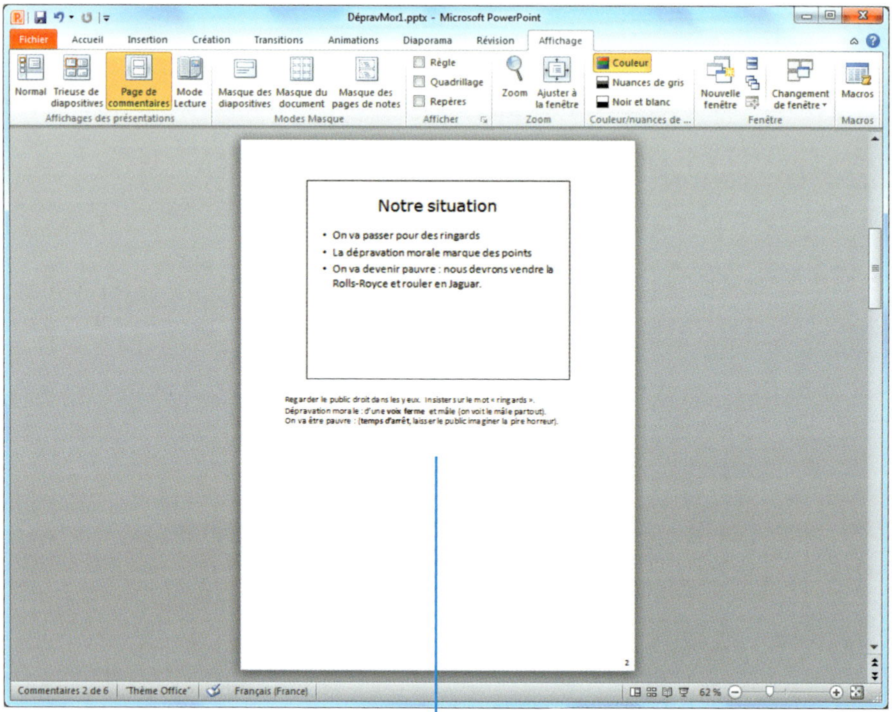

Saisissez le commentaire dans cette zone

Figure 5.1 : L'affichage en mode Page de commentaires permet de voir vos notes personnelles.

Bien sûr, ces notes sont trop petites pour les exploiter en mode Page de commentaires, sauf en augmentant le facteur de zoom.

Aucun raccourci clavier n'est hélas disponible pour basculer directement en mode Page de commentaires. Dans les versions précédentes de PowerPoint, il existait certes un bouton dans le coin inférieur gauche de la fenêtre, mais pour d'obscures raisons, Microsoft a jugé bon de le supprimer dans les versions 2007 et 2010. Vous devez donc impérativement cliquer sur le bouton Page de commentaires, dans le Ruban.

Ajouter des commentaires à une diapositive

Voici comment ajouter des commentaires à une diapositive :

1. **En mode Normal, affichez la diapositive dans laquelle vous désirez ajouter des notes.**

2. **Cliquez et faites glisser la bordure du volet Commentaires pour mieux voir les notes.**

3. **Cliquez dans la zone de saisie où se trouve présentement la phrase Cliquez pour ajouter des commentaires.**

4. **Saisissez vos notes.**

Le texte que vous saisissez apparaît dans la zone de commentaires. Lorsque vous créez des notes, vous pouvez utiliser toutes les fonctions standard du traitement de texte de PowerPoint comme Couper, Copier et Coller. Appuyez sur la touche Entrée pour créer un nouveau paragraphe.

La Figure 5.2 montre une diapositive dont la zone de saisie des commentaires a été largement agrandie. Quelques recommandations à l'intention du présentateur s'y trouvent.

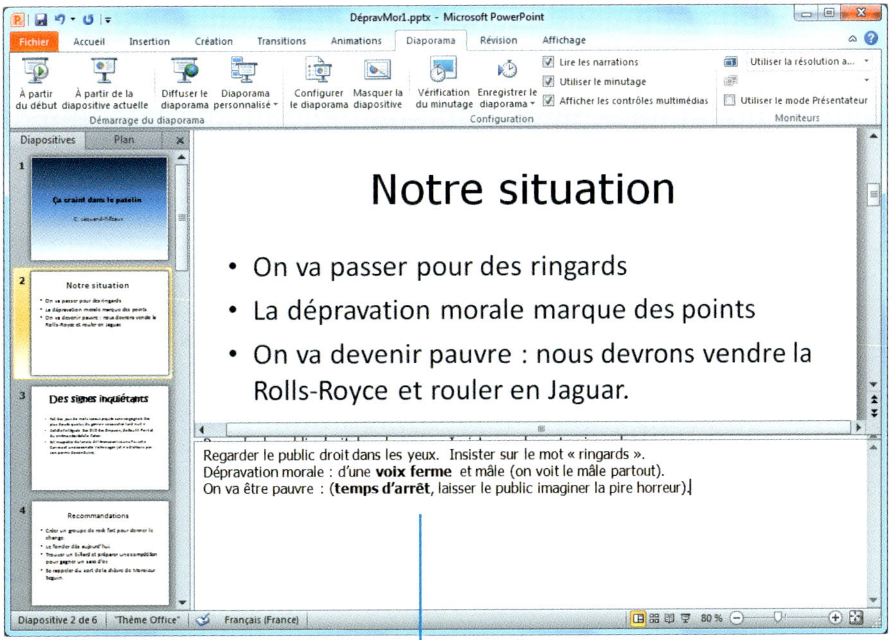

Zone de commentaires

Figure 5.2 : Une diapositive avec, dans la zone de commentaires, des notes concernant la présentation.

Ajouter une autre page de commentaires à une diapositive

PowerPoint ne dispose pas d'une fonction d'ajout de pages de commentaires à une diapositive. L'astuce suivante montre cependant comment y parvenir autrement :

1. **Créez une copie de la diapositive juste après celle exigeant deux pages de commentaires.**

   Pour dupliquer la diapositive, affichez-la en mode Normal et appuyez sur Ctrl+D.

2. **Sous l'onglet Affichage, dans le groupe Affichages des présentations, cliquez sur le bouton Page de commentaires.**

   La page de commentaires de la duplication apparaît.

3. **Supprimez la diapositive qui se trouve au-dessus de la zone de commentaires.**

   Cliquez sur la diapositive et appuyez sur la touche Suppr.

4. **Agrandissez la zone de commentaires afin qu'elle remplisse la page.**

   Cliquez sur la zone de commentaires pour la sélectionner. Tirez vers le haut la poignée centrale de la bordure supérieure de la zone.

5. **Saisissez dans cette nouvelle page les notes destinées à la diapositive précédente.**

   Ajoutez un en-tête comme « Suite de la diapositive 23 », par exemple, en haut de la page pour vous souvenir que cette partie est bien la suite des notes liées à la précédente diapositive.

6. **Repassez en mode Normal.**

   Cliquez sur le bouton Mode Normal, dans le groupe Affichages des présentations, sous l'onglet Affichage.

7. **Cliquez sur l'onglet Diaporama, dans le Ruban, et dans le groupe Configurer, choisissez Masquer la diapositive.**

   Cette commande cache la diapositive, ce qui signifie qu'elle n'est pas affichée par le diaporama, donc qu'elle ne sera pas vue par votre auditoire.

Le résultat de cette astuce est que vous disposez à présent de deux pages de commentaires pour une seule diapositive. La seconde page n'a pas d'image de diapositive et n'est pas incluse dans le diaporama.

Si vous imprimez votre présentation sur des transparents, vous devez décocher l'option Imprimer les diapositives masquées, dans la boîte de dialogue Imprimer. Elles ne seront ainsi pas imprimées. Veillez à réactiver cette option quand vous souhaiterez imprimer les notes, sinon les commentaires ajoutés par cette technique ne seront pas imprimés. Car, si vous créez des commentaires, c'est bien pour les lire !

Réfléchissez à deux fois avant de créer une seconde page de commentaires. En effet, n'est-il pas plus judicieux de répartir le contenu de la diapositive dans deux diapositives pour clarifier votre exposé ?

Ajouter une nouvelle diapositive en mode Page de commentaires

Si vous travaillez en mode Page de commentaires et réalisez qu'il est nécessaire d'ajouter une nouvelle diapositive, inutile de retourner en mode Normal : cliquez simplement sur le bouton Nouvelle diapositive dans le groupe Diapositives, sous l'onglet Accueil, ou appuyez sur Ctrl+M.

Pour modifier le contenu ou l'apparence des diapositives, vous devez revenir en mode Normal. Aucune intervention n'est en effet possible en mode Page de commentaires.

Imprimer des pages de commentaires

Si votre ordinateur ne permet pas de projeter les diapositives sur un écran, vous utiliserez un autre moniteur ou imprimerez vos commentaires sur papier afin de les avoir sous les yeux pendant votre prestation. Voici comment procéder :

1. **Cliquez sur l'onglet Fichier puis sur la commande Imprimer.**

   La boîte de dialogue Imprimer apparaît.

2. **Dans la liste Imprimer, choisissez Pages de commentaires.**

3. **Vérifiez que l'option Imprimer les diapositives masquées est cochée.**

Cette option est en grisé si la présentation ne comporte aucune diapositive cachée.

4. **Cliquez sur OK ou appuyez sur la touche Entrée.**

Consultez le Chapitre 6 pour en savoir plus sur l'impression.

Chapitre 6

Que le spectacle commence !

Dans ce chapitre :

- Imprimer des diapositives.
- Imprimer des documents, des notes et le plan.
- Prévisualiser une impression.
- Présenter sur l'écran de l'ordinateur ou sur grand écran.
- Préparer le projecteur.

Ce chapitre commence par montrer comment terminer les préparatifs en imprimant des exemplaires des diapositives, des commentaires et des documents. Il se poursuit par l'installation d'un projecteur puis l'affichage ou la projection de votre présentation.

Imprimer rapidement

Le moyen le plus direct pour imprimer une présentation consiste à cliquer sur le bouton Impression rapide, dans la barre d'outils Accès rapide, en haut à gauche de PowerPoint. S'il ne s'y trouve pas, cliquez sur la petite flèche à droite de la barre puis, dans la liste, cliquez sur l'option Impression rapide.

L'impression rapide démarre sans passer par la moindre boîte de dialogue. Vous obtenez une copie de toutes vos diapositives. En revanche, si vous avez modifié les paramètres d'impression dans le panneau Imprimer du Backstage – décrit à la prochaine section –, cliquer sur ce bouton imprimera la présentation avec ces mêmes paramètres.

Imprimer depuis le Backstage

Le contrôle précis de l'impression s'effectue à partir du Backstage, en configurant le panneau Imprimer que montre la Figure 6.1 Vous y accédez en cliquant sur Fichier/Imprimer ou en appuyant sur les touches Ctrl+P.

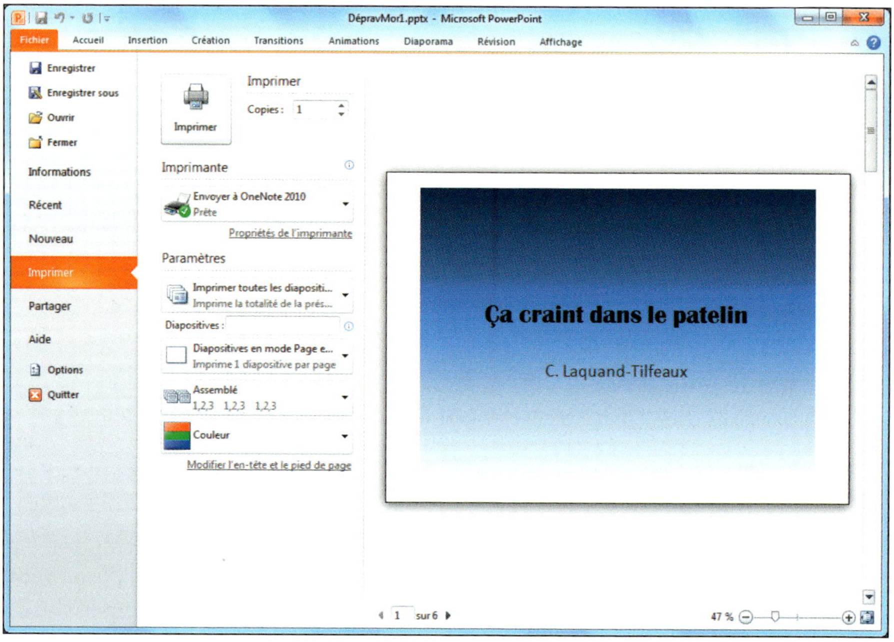

Figure 6.1 : Le panneau Imprimer se trouve dans le Backstage.

Cliquez ensuite sur le grand bouton Imprimer, ou appuyez sur la touche Entrée, pour démarrer l'impression de toutes les diapositives de la présentation. La commande Copies permet d'imprimer plusieurs exemplaires du jeu de diapositives, tandis que les options de la rubrique Paramètres permettent de limiter l'impression à certaines diapositives, d'imprimer des documents destinés au public, ou seulement les commentaires, ou le plan. Nous y reviendrons en détail dans les sections qui suivent.

Ne vous impatientez pas si rien ne se passe immédiatement après avoir cliqué sur le bouton Imprimer car la préparation de l'impression par PowerPoint et par l'imprimante est une lourde tâche.

Imprimer plusieurs exemplaires

Le champ Copies, en haut du panneau Imprimer, permet d'obtenir plusieurs exemplaires sur papier de votre présentation. Cliquez sur l'une des flèches à droite du champ pour augmenter ou diminuer le nombre d'exemplaires. Le nombre peut être saisi directement dans le champ.

Changer d'imprimante

Peut-être faites-vous partie de ces nantis qui possèdent plusieurs imprimantes ? Vous devez dans ce cas en sélectionner une dans le champ Nom de la section Imprimante. Chaque imprimante doit être connectée à l'ordinateur et allumée. Si vous êtes en délicatesse avec votre imprimante et sa connexion, lisez *Windows Vista pour les Nuls* ou *Windows 7 pour les Nuls*.

Imprimer des parties d'une présentation

À la rubrique Paramètres, le menu Imprimer toutes les diapositives permet de choisir la partie de la présentation à imprimer. Par défaut, la totalité de la présentation est imprimée. Mais si seules certaines diapositives doivent l'être, choisissez parmi l'une de ces options :

- **Imprimer la sélection :** Imprime la partie de la présentation que vous avez préalablement sélectionnée. Commencez par sélectionner les diapositives à imprimer. Choisissez ensuite la commande Imprimer, puis l'option Imprimer la sélection, et cliquez sur OK. (Si aucune diapositive n'est sélectionnée cette option est indisponible.)
- **Imprimer la diapositive active :** Imprime la diapositive actuellement affichée dans PowerPoint. Avant d'appeler cette commande d'impression, vérifiez que la diapositive à imprimer est bien visible dans PowerPoint. Cliquez ensuite sur OK. Cette option est commode lorsque vous avez modifié une ou deux diapositives dans une présentation qui a déjà été entièrement imprimée.
- **Plage personnalisée :** Permet de définir les diapositives à imprimer en indiquant leur numéro (NdT : L'infobulle qui apparaît lorsque le pointeur de la souris est immobilisé sur le champ de saisie des numéros indique la syntaxe à appliquer pour définir les diapositives isolées ou les plages de diapositives à imprimer).
- **Diaporamas personnalisés :** Si vous avez défini un ou plusieurs diaporamas personnalisés, cette commande vous permettra de sélectionner celui que vous désirez imprimer.

Ce n'est pas tout. La rubrique Paramètres contient quelques autres commandes :

- **Diapositives en mode Page entière :** Cette option sert à configurer le nombre de diapositives par page. La palette permet aussi de choisir l'impression des commentaires ou du plan, au lieu des diapositives.
- **Assemblé :** Cette option sert à choisir comment une liasse de diapositives doit être imprimée lorsque vous désirez en obtenir plusieurs exemplaires. Par exemple, si la présentation compte dix diapositives à imprimer en trois exemplaires chacune et que le mode Assemblé est actif, PowerPoint imprimera d'abord un jeu complet (diapositives de 1 à 10) puis un second jeu et enfin un troisième jeu. En revanche, si l'option Non assemblé a été choisie, PowerPoint imprime d'abord trois exemplaires de la première diapositive, puis trois exemplaires de la deuxième diapositive, et ainsi de suite.
- **Couleur :** Vous avez le choix entre l'impression en couleur, l'impression en nuances de gris (l'équivalent du noir et blanc photographique) ou le noir et blanc intégral, sans aucun gris intermédiaire (c'est ce que les graphistes et les imprimeurs appellent « au trait », par analogie au dessin à l'encre de Chine).

L'aperçu avant impression

Dans le Backstage, le panneau Imprimer comprend un aperçu permettant de vérifier l'aspect des pages avant de démarrer l'impression.

Utilisez la glissière de zoom, en bas à droite du Backstage, pour examiner un détail d'une diapositive. Parcourez les pages en actionnant la barre de défilement à droite, ou avec les touches Page Haut et Page Bas.

Démarrer un diaporama

Les fonctions d'impression sont appréciables, mais PowerPoint a surtout été conçu pour produire des diapositives qui seront présentées sur un écran plutôt qu'imprimées sur du papier. L'écran peut être celui de votre ordinateur, un vidéoprojecteur ou un écran géant à plasma ou à cristaux liquides.

Pour montrer une présentation à une seule personne ou à un petit groupe réuni autour de l'ordinateur, le démarrage du diaporama se fait d'un seul clic sur le bouton Diaporama. Il se trouve, ainsi que d'autres boutons d'affichage, en bas à droite de PowerPoint. Si vous avez configuré l'affichage en plein écran, la présentation occupe tout l'espace disponible. Pour passer à la diapositive suivante, cliquez ou appuyez sur Entrée, ou sur la touche Flèche Bas, Page Bas ou encore F5.

Si PowerPoint a été configuré pour utiliser deux moniteurs, le diaporama apparaît sur le second. L'écran principal affiche la présentation en mode Normal, accompagnée des commentaires à l'intention du présentateur.

Configurer le diaporama

En règle générale, la configuration par défaut du diaporama est adéquate. Mais parfois, elle doit être modifiée. À cette fin, ouvrez la présentation à configurer puis, sur le Ruban, cliquez sur l'onglet Diaporama et, dans le groupe Configuration, choisissez Configurer le diaporama. La boîte de dialogue de la Figure 6.2 apparaît, dans laquelle vous réglez les divers paramètres de la présentation.

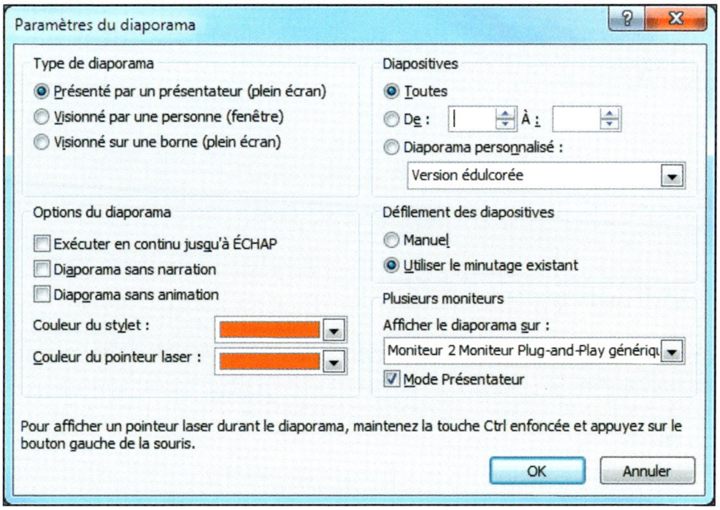

Figure 6.2 : La boîte de dialogue servant à configurer le diaporama.

Les options de la boîte de dialogue Paramètres du diaporama permettent d'effectuer ce qui suit :

- **La présentation :** Vous choisirez l'option appropriée selon que le diaporama est Présenté par un présentateur (plein écran), Visionné par une personne (fenêtre) ou Visionné sur une borne (plein écran).
- **L'exécution en boucle :** Cochez cette case afin que le diaporama s'exécute en continu. Arrivé à la dernière diapositive, il reprend à la première, et cela jusqu'à ce que quelqu'un appuie sur la touche Échap.
- **La simplification de la présentation :** Décochez à cette fin la case Diaporama sans narration ainsi que la case Diaporama sans animation.

- **Sélectionner la couleur du stylet et du pointeur laser :** Le stylet permet d'écrire ou de dessiner à même la diapositive.
- **Choisir les diapositives à montrer :** Dans la rubrique Diapositives, choisissez Toutes pour présenter la totalité des diapositives de la présentation, ou indiquez dans les champs De et À la plage de diapositives à inclure.
- **Diaporama personnalisé :** Activez ce bouton d'option pour choisir un diaporama personnalisé que vous avez confectionné.
- **Choisir de passer manuellement d'une diapositive à une autre :** À la rubrique Défilement des diapositives, sélectionnez l'option Manuel pour avancer à la diapositive suivante en appuyant sur la touche Entrée ou sur la barre d'espace, ou en cliquant. Pour que les diapositives défilent automatiquement, choisissez Utiliser le minutage existant.
- **Sélectionner un moniteur :** Si votre ordinateur est relié à deux moniteurs, choisissez l'écran sur lequel le diaporama doit apparaître en le sélectionnant dans le menu Afficher le diaporama sur. Cochez la case Mode Présentateur si vous le désirez.

Installer un projecteur

Si vous envisagez d'utiliser un vidéoprojecteur pour montrer votre présentation, vous devez savoir comment le connecter à l'ordinateur portable, et aussi comment l'allumer, régler la netteté, etc. Tout ceci varie d'un projecteur à un autre ; c'est pourquoi vous devrez consulter son manuel. Voici cependant quelques conseils qui peuvent vous aider :

- **Connexion du vidéoprojecteur :** La plupart des ordinateurs portables sont équipés d'une sortie vidéo située à l'arrière ou sur le côté. Reliez l'ordinateur et le projecteur par un câble standard VGA ou DVI (cela dépend du type de connecteur de l'ordinateur et du projecteur).
- **Activation du port vidéo externe :** Pour que le projecteur puisse recevoir un signal vidéo de l'ordinateur, le port vidéo de ce dernier doit être activé. Certains ordinateurs portables sont dotés d'une touche à cette fin. Pour d'autres, vous devez configurer les paramètres d'affichage. Dans le doute, cliquez du bouton droit dans une partie vide du Bureau et, dans le menu contextuel, choisissez Propriétés (Windows XP), ou Personnaliser/Paramètres d'affichage (Windows Vista) ou Personnaliser/Affichage/Modifier les paramètres d'affichage (Windows 7). NdT : Notez aussi que sous Windows 7 et Vista, le Centre de mobilité Windows, accessible au travers des paramètres d'affichage – option Se connecter à un projecteur ou à un autre appareil d'affichage externe –, contient d'utiles outils logiciels.

TRUC

- Sous Windows Vista et Windows 7, il est possible d'activer le mode Présentateur en appuyant sur les touches Windows+P. Cette action active automatiquement le port vidéo externe.
- **Retour à la vidéo normale :** La présentation au public terminée, veillez à rétablir le mode vidéo normal, sur l'écran principal uniquement, *avant* de débrancher le projecteur. Il n'est pas du tout recommandé de retirer le câble pendant que la vidéo externe est active. Car si en plus l'ordinateur portable désactive par la même occasion la vidéo interne, vous ne verrez plus rien sur son écran !
- **Sélection de l'entrée vidéo du projecteur :** La plupart des projecteurs sont équipés de plusieurs entrées vidéo (ordinateur, magnétoscope, vidéoprojecteur...). Un bouton ou un commutateur permet de sélectionner l'entrée adéquate. Pensez-y lorsque vous branchez l'ordinateur au projecteur, que tout paraît correct mais que rien n'apparaît sur l'écran externe.
- **Télécommande du projecteur :** Pour que la télécommande du projecteur puisse agir sur la présentation PowerPoint, elle doit être reliée à l'ordinateur par un câble USB. Ce câble est livré avec le projecteur.
- **Son :** Si la présentation est sonorisée, des enceintes ou un amplificateur doivent être connectés à la sortie audio de l'ordinateur. Dans une grande salle, l'ordinateur devra être branché à la sono. Un convertisseur jack/minijack sera peut-être nécessaire.

Le clavier et la souris au service du diaporama

Au cours du diaporama, vous pouvez contrôler la présentation à l'aide du clavier et de la souris. Les Tableaux 6.1 et 6.2 répertorient les touches et les clics à mettre en œuvre.

TRUC

Si le pointeur de la souris est masqué, bougez votre périphérique de pointage (votre souris, quoi !). Dès que le pointeur redevient visible, un menu apparaît dans le coin inférieur gauche de la diapositive. Il permet d'activer diverses options d'affichage des diapositives.

Tableau 6.1 : Le clavier au service du diaporama.

Fonction	*Mise en œuvre*
Afficher la diapositive suivante	Entrée, barre d'espace, Page Bas ou S
Afficher la diapositive précédente	Retour arrière, Page Haut ou P

Fonction	*Mise en œuvre*
Afficher la première diapositive	Origine
Afficher une diapositive spécifique	Numéro de la diapositive+Entrée (pavé numérique)
Basculer vers un écran noir	N ou . (point)
Basculer vers un écran blanc	B ou , (virgule)
Afficher ou masquer le pointeur	F ou =
Effacer le dessin à l'écran	E
Afficher la diapositive suivante même si elle est masquée	M
Afficher une diapositive masquée	Numéro de la diapositive masquée+Entrée (pavé numérique)
Transformer le pointeur en stylet	Ctrl+P
Transformer le stylet en pointeur	Ctrl+A
Arrêter le diaporama	Echap, Ctrl+Pause, - (« moins » du pavé numérique)

Tableau 6.2 : La souris au service du diaporama.

Fonction	*Mise en œuvre*
Afficher la diapositive suivante	Cliquer
Parcourir les diapositives	Actionner la molette (si la souris en a une)
Afficher le menu des actions	Cliquer du bouton droit
Afficher la première diapositive	Maintenir les deux boutons de la souris enfoncés jusqu'à l'apparition de la diapositive 1
Dessiner	Appuyez sur Ctrl+P pour transformer le pointeur en stylet et dessiner

Annoter les diapositives

Si vous éprouvez comme un brin de nostalgie pour le feutre qui vous permettait de gribouiller les grandes feuilles de papier sur le chevalet d'antan (celui qui s'empoussière dans le cagibi à côté de la machine à café), sachez que PowerPoint vous permet d'exercer vos talents d'artiste, ou tout au moins de souligner, flécher, entourer et barrer tout ce que vous voulez, grâce à la fonction d'annotations manuscrites. Voici comment :

1. **Démarrez un diaporama.**
2. **Dès que l'envie de gribouiller vous prend, appuyez sur Ctrl+P.**

   Le curseur devient un point dont le diamètre correspond à l'épaisseur du trait.
3. **Dessinez, tracez, gribouillez avec la souris.**

   La Figure 6.3 montre une diapositive ayant reçu des annotations manuscrites.

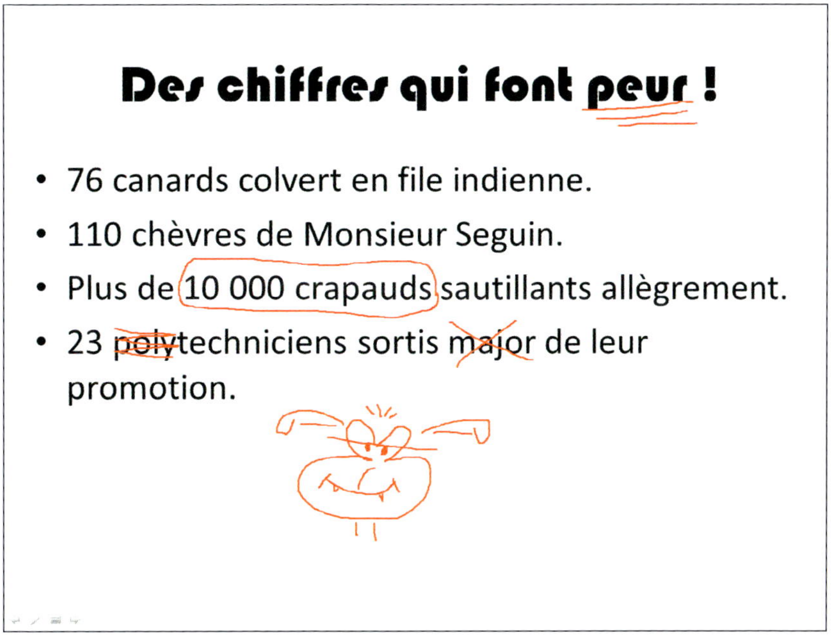

Figure 6.3 : Une diapositive joliment annotée.

4. **Pour effacer l'ensemble des annotations, appuyez sur la touche E.**
5. **Pour cesser d'annoter appuyez sur Echap.**

Dessiner d'une manière précise exige une parfaite maîtrise de la souris (c'est un tout petit peu plus facile avec le stylet d'une tablette graphique). Avec un peu d'expérience, vous serez capable de tracer des annotations à peu près présentables. Voici quelques conseils :

- **Masquez temporairement le pointeur de la souris :** Appuyez sur Ctrl+M puis sur le signe = (égal). Procédez de même – ou appuyez sur la touche A – pour faire réapparaître le pointeur.
- **Renforcez votre propos par des interjections :** « Et hop ! », « Voilà ! », « Bof… »
- **Changez le type et la couleur du stylet :** Pour choisir une autre couleur, cliquez sur la très diaphane icône en forme de stylo, en bas à gauche du diaporama. Quatre options sont proposées : la Flèche (pas de stylet), le Stylet pointe bille, le Stylet feutre et le Surligneur. Ce dernier trace un épais trait translucide, à la manière des surligneurs à pointe en feutre.

TRUC

Vous pouvez également appuyer sur le bouton droit de la souris pour accéder à un menu contextuel qui propose diverses commandes. Il risque cependant d'interrompre le diaporama pendant que vous choisissez une commande. Ce menu permet de changer la couleur du stylet et quelques autres fantaisies. Vous pouvez définir la couleur du stylet avant de lancer le diaporama. Il suffit de cliquer sur Configurer le diaporama, dans le groupe Configurer sous l'onglet Diaporama. Si vous avez une souris télécommandée et désirez accéder au clavier pendant la présentation, il est préférable d'utiliser le menu contextuel.

La présentation terminée, PowerPoint demande si vous désirez enregistrer vos annotations ou non. Si vous acceptez, vous ne serez plus obligé de les dessiner laborieusement la prochaine fois

Vérifier le minutage du diaporama

Les fonctions de minutage de PowerPoint servent à évaluer la durée d'une présentation. Vous pouvez aussi définir une durée totale qui régira la temporisation de l'affichage des diapositives.

Pour temporiser une présentation, cliquez sur l'onglet Diaporama et, dans le groupe Configurer, cliquez sur Vérification du minutage. Le petit chronomètre que montre la Figure 6.4 est affiché.

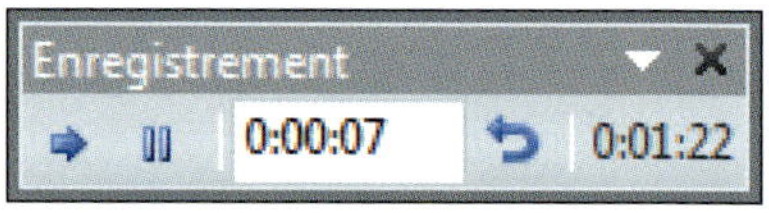

Figure 6.4 : Le chronomètre du diaporama.

Minutez votre présentation. Cliquez ou utilisez les raccourcis clavier pour passer d'une diapositive à l'autre. PowerPoint enregistre le temps d'affichage de la diapositive affichée (à gauche), ainsi que la durée totale écoulée depuis le début de la présentation (à droite).

Après la dernière diapositive, une boîte de dialogue permet de valider le minutage du diaporama. S'il vous convient, cliquez sur Oui.

Si un minutage s'avère complètement inexploitable, cliquez sur le bouton Répéter. Il sera relancé depuis le début de la présentation.

Chapitre 7

À l'aide !

Dans ce chapitre :

- Accéder à l'Aide.
- Trouver une aide utile.
- Rechercher de l'aide sur un sujet spécifique.
- Trouver de l'aide sur l'Internet.

La meilleure méthode pour utiliser PowerPoint est d'avoir un formateur à côté de vous. Vous lui posez toutes les questions qui vous tracassent. Le problème, c'est que faire appel à un professionnel coûte très cher.

PowerPoint est heureusement doté d'une fonction d'aide susceptible de répondre à vos questions.

Plusieurs moyens d'obtenir de l'aide

Comme dans toutes les applications d'Office, PowerPoint propose plusieurs manières d'accéder à l'aide. Le plus simple serait d'envoyer un SOS avec la souris, mais il faut connaître le morse (sans jeu de mots, car cétacé, phoque ça cesse. Otarie). Autrement, vous disposez des options suivantes :

- Appuyez sur la touche F1 ou sur le bouton Aide ; c'est celui avec un point d'interrogation, en haut à droite du Ruban. Cette action active le système d'aide de PowerPoint que montre la Figure 7.1.
- Quand une boîte de dialogue est affichée, cliquez sur le bouton orné d'un point d'interrogation, en haut à droite, pour obtenir une aide spécifique à cette boîte.

- Quand vous immobilisez le pointeur de la souris sur un élément du Ruban, une infobulle explique sa fonction. Bon nombre d'entre elles comportent une option intitulée Appuyez sur F1 pour obtenir de l'aide. Cette action affiche une aide spécifique.

Figure 7.1 : Toute l'aide sur PowerPoint se trouve là.

Vous en sortir dans l'Aide

La boîte de dialogue Aide (voir Figure 7.1) propose divers moyens d'accéder à l'aide que vous recherchez :

- **Les liens de la fenêtre d'aide :** Cliquez sur n'importe lequel des liens de la fenêtre principale pour accéder à un sujet particulier. Par exemple, si vous cliquez sur le lien Nouveautés, vous découvrirez les fonctionnalités propres à PowerPoint 2010.

- **Le bouton Afficher la table des matières :** Cliquez sur ce bouton pour afficher la table des matières de l'aide. Vous bénéficierez ainsi d'un accès plus structuré aux divers sujets abordés. Cliquer de nouveau sur le bouton – qui ressemble à un livre ouvert lorsque la table des matières est affichée – fait disparaître le volet de la table des matières.

- **La fonction Rechercher :** Si vous ne trouvez pas votre bonheur, tapez un mot ou une phrase dans le champ Rechercher – en haut au milieu de la fenêtre Aide –, puis cliquez sur le bouton en forme de loupe. Le moteur de recherche Bing renverra des résultats se rapportant au mot ou à la phrase que vous avez tapés.

- **Le bouton Maintenir sur le dessus :** Normalement, la fenêtre de l'Aide est toujours affichée par-dessus toutes les autres. Mais bien souvent elle masque partiellement PowerPoint, empêchant d'y travailler. Pour éviter que la fenêtre d'aide soit toujours au premier plan, cliquez sur le bouton en forme de punaise ; l'aide restera ainsi toujours à l'arrière-plan.

- **Le bouton Précédent :** Il permet de reculer au panneau précédent lors de vos pérégrinations au sein de l'aide.

- **Le bouton Accueil :** Il ramène à la première page de l'aide.

Deuxième partie

De superbes diapositives

« Apparemment, la transition Dissoudre de ma présentation est mal configurée... »

Dans cette partie...

Les chapitres qui composent cette partie visent tous à rendre vos diapositives plus attrayantes. Vous y apprendrez à affiner un texte et à le rendre plus lisible grâce à une mise en forme soignée.

Chapitre 8

Polices et mise en forme du texte

Dans ce chapitre :

- Le gras, l'italique, le soulignement et autres enrichissements typographiques.
- Modifier la taille et la couleur des textes.
- Liste à puces et numérotées.
- Tabulation et mise en retrait.
- Espacer le texte.
- Aligner le texte.

Une bonne présentation doit être comme un feu d'artifice : le public doit s'émerveiller à chaque nouvelle diapositive (« oh la belle bleue ! »). Mais cet émerveillement ne doit pas se faire au détriment de la lisibilité.

Ce chapitre vous montre comment éblouir votre auditoire par une belle mise en page. Si vous basez vos présentations sur des modèles PowerPoint, le texte sera d'ores et déjà correctement mis en forme. Mais, pour passer au niveau supérieur, vous devrez recourir à quelques petits trucs.

Modifier l'apparence du texte

L'effet d'une présentation tient pour une grande part à son aspect. Vous le modifierez un peu ou complètement selon le but visé et votre public.

L'apparence des polices typographiques se règle dans le groupe Police (rien à voir avec un célèbre groupe de la fin des années 1970), sous l'onglet Accueil du Ruban, comme le montre la Figure 8.1.

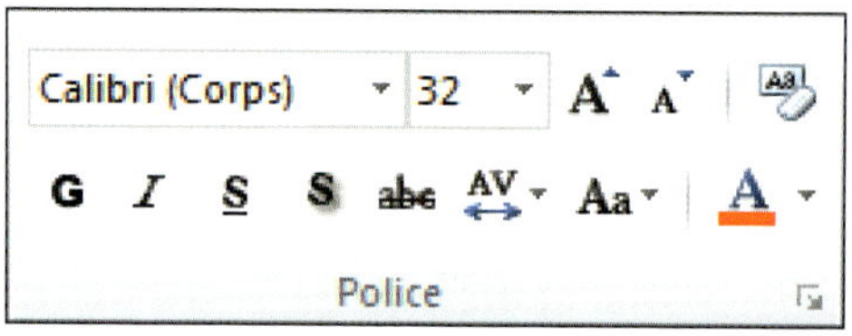

Figure 8.1 : Le groupe Police, sous l'onglet Accueil du Ruban.

Si vous désirez des options supplémentaires, ouvrez la boîte de dialogue Police (Figure 8.2). Pour ce faire, cliquez sur le lanceur de la boîte de dialogue, c'est-à-dire le tout petit bouton dans le coin inférieur droit du groupe Police.

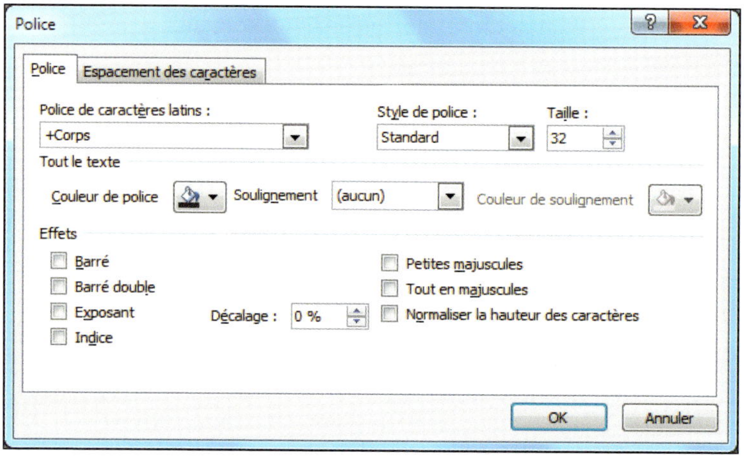

Figure 8.2 : Ces commandes s'appliquent aux caractères typographiques.

Plusieurs options de mise en forme ont des raccourcis clavier ; ils sont répertoriés dans le Tableau 8.1.

Tableau 8.1 : Raccourcis de mise en forme typographique.

Bouton	***Raccourci clavier***	***Mise en forme***
Garamond	(aucun)	Police
28	(aucun)	Taille
	Ctrl+Maj+K	Augmente la taille de la police
	Ctrl+Maj+H	Diminue la taille de la police

Bouton	*Raccourci clavier*	*Mise en forme*
	Ctrl+Espace	Efface toutes les mises en forme
	Ctrl+G	Gras
	Ctrl+I	Italique
	Ctrl+U	Souligné
	(aucun)	Barré
	(aucun)	Texte ombré
	(aucun)	Espacement des caractères
	Maj+F3	Modification de la casse
	(aucun)	Couleur de la police

Vous n'êtes pas obligé d'apprendre tous ces raccourcis par cœur. Les plus usités sont Gras, Italique, Souligné et l'effacement de la mise en forme. Vous les mémoriserez facilement à l'usage, en les utilisant d'abord sporadiquement, puis de plus en plus souvent.

Deux moyens d'appliquer une mise en forme

La mise en forme d'un texte peut être appliquée de deux manières :

- **Si le texte existe déjà,** sélectionnez-le puis cliquez sur le ou les boutons appropriés, ou utilisez les raccourcis clavier. Par exemple, pour souligner du texte, sélectionnez-le et appuyez sur Ctrl+U.
- **Pour saisir du texte avec une mise en forme,** cliquez d'abord sur un bouton, ou tapez le raccourci clavier, puis tapez le texte. Ce dernier apparaît avec la mise en forme choisie. Pour revenir à une frappe normale, appuyez sur Ctrl+Espace.

NdT : Une palette d'outils de mise en forme ainsi que plusieurs options de mise en page sont affichées en cliquant du bouton droit dans du texte, qu'il soit sélectionné ou non.

Modifier la taille des caractères

Si le texte est difficile à lire ou si vous désirez attirer l'attention, vous pouvez grossir un mot par rapport au reste du texte. Le plus simple pour modifier la taille de la police consiste à sélectionner une taille prédéfinie dans la liste de la barre d'outils Mise en forme.

Pour augmenter ou diminuer rapidement la taille d'un texte, sélectionnez-le ou placez-y le point d'insertion. Appuyez sur Ctrl+Maj+K pour augmenter sa taille et sur Ctrl+Maj+H pour la diminuer.

Si vous saisissez plus de texte que l'espace réservé peut en contenir, PowerPoint réduit automatiquement la taille des caractères afin que votre prose tienne dedans.

Les polices de caractères

Il est très facile de choisir une autre police et de changer ainsi l'aspect d'un texte. Le moyen le plus rapide de changer de police est de la sélectionner dans le groupe Police, sous l'onglet Accueil. Ou alors, si vous êtes allergique au poil de souris, appuyez sur Ctrl+Maj+F, puis sur Tab, et enfin sur une touche fléchée Bas ou Haut pour sélectionner une police dans la liste.

Mettre du texte en couleur

La couleur est un excellent moyen d'attirer l'attention sur un texte. Pour ce faire, sélectionnez-le puis cliquez sur le bouton Couleur de police. Choisissez ensuite la nouvelle couleur à appliquer dans la palette qui apparaît.

Si vous n'aimez pas les couleurs que propose la palette Couleur de police, cliquez sur Autres couleurs. Une boîte de dialogue s'ouvre. Choisissez une couleur ou définissez-en une en cliquant sur l'onglet Personnalisées. Reportez-vous au Chapitre 10 pour en savoir plus sur les couleurs.

Du texte ombré

Ajouter une ombre à des caractères permet de détacher le texte de l'arrière-plan, ce qui facilite souvent la lecture. C'est pourquoi de nombreux modèles PowerPoint y ont recours.

Une ombre peut être appliquée à n'importe quel type de texte. Sélectionnez-le texte, puis cliquez sur le bouton Ombre du texte, dans le groupe Police sous l'onglet Accueil. Si tous les textes de toutes les diapositives doivent être ombrés, vous aurez intérêt à utiliser un masque de diapositive.

La mise en forme en long, en large et en travers

Le groupe Paragraphe, sous l'onglet Accueil du Ruban (voir Figure 8.3), contient des commandes s'appliquant à des paragraphes entiers. Elles sont décrites dans les sections qui suivent.

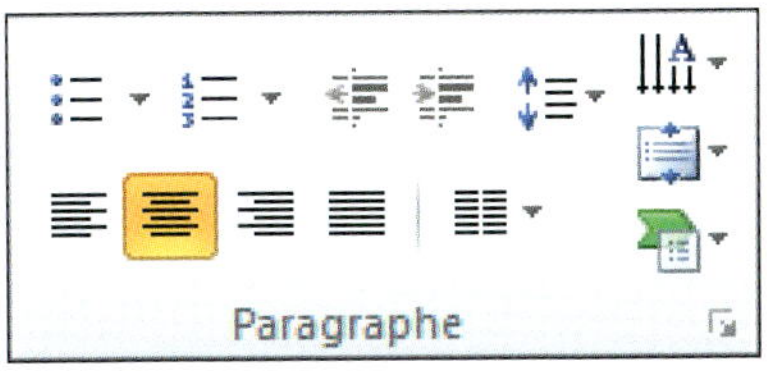

Figure 8.3 : Le groupe Paragraphe, sous l'onglet Accueil du Ruban.

Les listes à puces

Dans la plupart des présentations, les paragraphes sont précédés d'un petit pictogramme appelé « puce », en jargon typographique. Autrefois, vous deviez les ajouter vous-même. Aujourd'hui, les puces apparaissent automatiquement (c'est votre chien qui va être content !)

PowerPoint permet de créer des puces spéciales basées sur des images, au lieu de simples points, carrés ou coches. Avant de vous lancer dans la création infernale de ces puces à image, apprenez les bases de l'utilisation de ces petites bestioles.

Pour placer des puces en regard d'un ou de plusieurs paragraphes :

1. **Sélectionnez les paragraphes devant recevoir des puces.**

   Pour ajouter des puces à un seul paragraphe, il est inutile de le sélectionner. Placez simplement le point d'insertion dedans.

2. **Cliquez sur le bouton Puces, dans le groupe Paragraphe, sous l'onglet Accueil.**

   PowerPoint place une puce devant chaque paragraphe sélectionné.

Le bouton Puces est une commande dite *à bascule* : vous cliquez dessus pour ajouter des puces et cliquez de nouveau dessus pour les ôter (voilà qui ferait le bonheur de votre chien, qui n'aurait plus à se gratter).

Si vous tenez à faire preuve d'originalité, vous pouvez choisir des puces différentes de celles proposées par PowerPoint. Confectionnez-en à partir d'un caractère typographique, d'un clipart, d'une photo, voire d'une animation.

Si aucune des puces de la liste ne vous plaît – elles sont laides comme des poux –, ouvrez la boîte de dialogue Puces et numéros. Pour ce faire, cliquez sur le bouton fléché à droite du bouton Puces et, tout en bas, cliquez sur Puces et numéros. La boîte de dialogue de la Figure 8.4 s'ouvre.

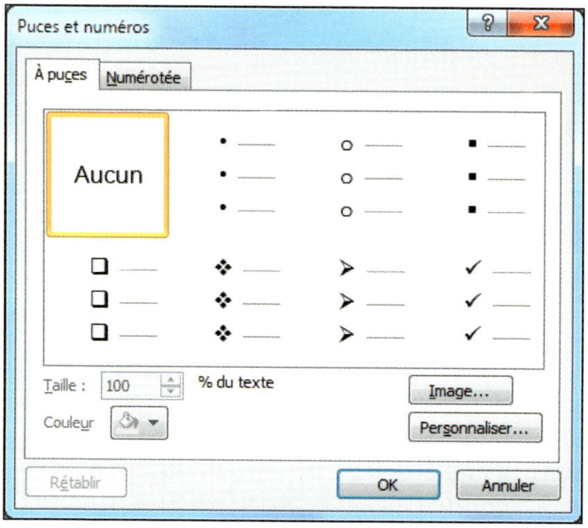

Figure 8.4 : La boîte à puces de PowerPoint, où elles font leur numéro.

Voici quelques conseils concernant l'utilisation des puces (ce qui n'en fera pas des puces savantes) :

- **Personnalisez la forme de la puce :** Plusieurs types de puces sont proposés. Si aucun ne vous convient, cliquez sur le bouton Personnalisé, en bas à droite de la boîte de dialogue. Vous ouvrez ainsi une autre boîte de dialogue montrant d'autres caractères spéciaux susceptibles d'être utilisés comme puces. Choisissez celui qui vous plaît et cliquez sur OK. Ou alors choisissez une autre typographie dans la liste déroulante Police.

- **Modifiez la taille de la puce :** Si les puces sont trop petites – de vraies larves... –, augmentez leur taille dans le champ prévu à cet effet de la boîte de dialogue Puces et numéros. Cette taille est spécifiée en pourcentage de la taille du texte.

- **Modifiez la couleur :** Choisissez-la dans la liste Couleur. Sélectionnez une teinte prédéfinie ou personnalisez-la en cliquant sur Autres couleurs ; la boîte de dialogue qui apparaît permet de sélectionner n'importe laquelle des 16 777 216 couleurs qu'offrent la plupart des écrans d'ordinateur. Pour plus d'informations sur l'utilisation de la boîte de dialogue Couleurs, consultez le Chapitre 9.

- **Utilisez une image :** Pour utiliser une image (logo, pictogramme…) comme puce, cliquez sur le bouton Image. Vous accédez à la boîte de dialogue de la Figure 8.5. Choisissez l'image à utiliser comme puce, puis cliquez sur OK. (Vous pouvez aussi cliquer sur le bouton Importer afin d'utiliser vos propres images ou photos comme puces.)

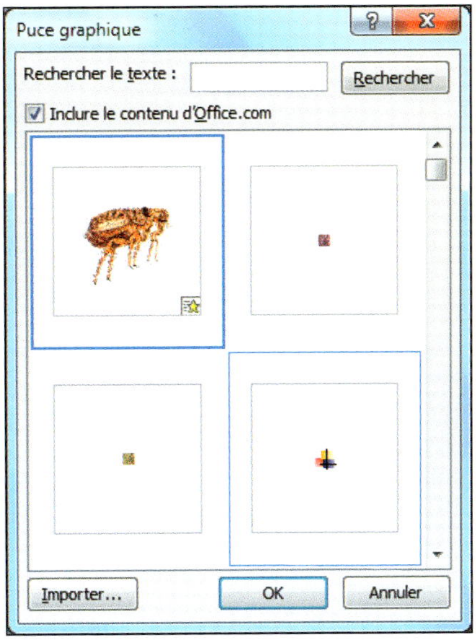

Figure 8.5 : Une puce typographique plus vraie que nature.

Créer des listes numérotées

Vous pouvez numéroter les listes dans vos présentations. Cliquez simplement sur le bouton Numérotation, dans le groupe Paragraphe, sous l'onglet Accueil.

Pour modifier la mise en forme d'un chiffre, cliquez sur le bouton fléché à droite du bouton Numérotation, afin d'accéder à différents styles de numérotation. Choisissez ensuite celui qui vous plaît.

Si aucune des numérotations ne vous convient, choisissez Puces et numéros afin d'ouvrir la boîte de dialogue de la Figure 8.6.

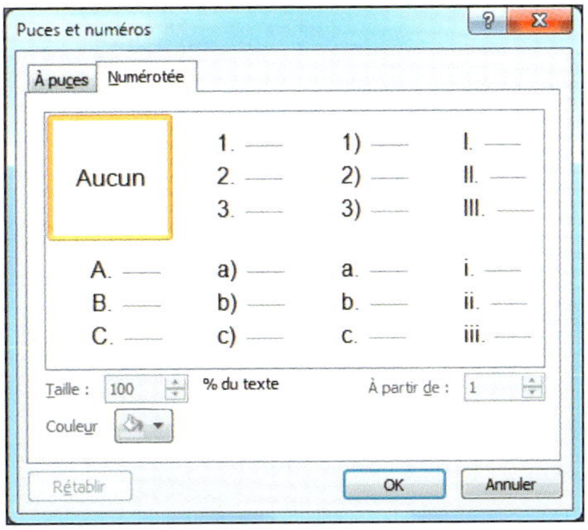

Figure 8.6 : D'autres options de numérotation.

TRUC

La numérotation commence normalement à 1 à chaque diapositive. Mais comment faire si elle doit se poursuivre sur la diapositive suivante ? Dans ce cas, vous tapez la première partie de la liste dans une diapositive, et la seconde dans l'autre. Ensuite, cliquez du bouton droit sur le premier élément de la deuxième diapositive et, dans le menu contextuel, choisissez Puces et numéros. Mettez ensuite la valeur du champ À partir de, en bas à droite de la boîte de dialogue, au numéro du premier élément de la liste. Par exemple, si la première liste comporte cinq éléments, la valeur de À partir de sera 6.

Tabulations et retraits

PowerPoint permet de définir des taquets de tabulation pour contrôler la position du texte dans l'objet qui le contient. Dans une présentation, chaque paragraphe est mis en retrait selon son niveau dans le plan. Aussi, les modèles intègrent-ils des tabulations par défaut pour hiérarchiser comme il se doit les divers éléments des diapositives.

La manipulation et la littérature qui suivent expliquent comment exploiter les tabulations, un savoir-faire précieux pour peaufiner une présentation :

1. **Passez en mode d'affichage Normal.**

   Il est impossible de régler les tabulations en affichage Commentaires ou Trieuse de diapositives.

2. **Si la règle n'est pas visible, choisissez l'onglet Affichage, dans le Ruban et, dans le groupe Afficher, cochez la case Règle.**

   Des règles apparaissent en haut et à gauche de la fenêtre de la présentation. Celle d'en haut est prête à recevoir des taquets de tabulation.

3. **Sélectionnez l'objet textuel dont vous désirez modifier les tabulations ou les mises en retrait.**

   Chaque objet textuel dispose de ses propres paramètres de tabulation et de retrait. Dès que vous cliquez sur l'objet, les symboles appropriés apparaissent sur la règle.

4. **Cliquez sur la règle horizontale pour placer un taquet de tabulation.**

   Cliquez à l'emplacement exact dans la règle où le taquet de tabulation doit être placé. Son symbole apparaît.

5. **Déplacez éventuellement le taquet avec la souris pour modifier la mise en retrait.**

   Le taquet de tabulation est composé de trois parties : un triangle supérieur, qui définit le retrait ou le débord de la première ligne ; un triangle inférieur, qui définit le retrait ou le débord des lignes restantes du paragraphe ; et un rectangle, tout en bas, qui définit le retrait ou les débords de l'ensemble du paragraphe. Choisissez un texte de trois ou quatre lignes et essayez chacun de ces éléments.

N'OUBLIEZ PAS

Les types de tabulations

Il existe quatre types de tabulations : gauche, droite, centrée et décimale. Le bouton carré visible dans le coin supérieur gauche de la règle indique le type de tabulation en cours. Cliquez dessus pour passer d'un type de tabulation à un autre :

- **Tabulation gauche.** Appuyer sur la touche Tab décale le texte jusqu'au prochain taquet de tabulation.
- **Tabulation droite.** Le texte est aligné du côté droit du taquet de tabulation.
- **Tabulation centrale.** Le texte est disposé de part et d'autre de la tabulation.
- **Tabulation décimale.** Les chiffres sont disposés de part et d'autre de la tabulation, la virgule décimale se trouvant exactement sous le taquet (cette option est très commode pour créer des tableaux de chiffres parfaitement alignés).

Chaque objet textuel a déjà des taquets de tabulation définis par défaut. Lorsque vous en ajoutez un, tous les taquets par défaut situés à gauche du nouveau taquet disparaissent.

TRUC

Pour supprimer un taquet de tabulation, tirez-le hors de la règle puis relâchez le bouton de la souris.

Espacer le texte

Vous manquez de place pour le texte ? Les lignes sont serrées les unes contre les autres comme dans un métro à l'heure de pointe ? Donnez-leur de l'air en procédant comme suit :

1. **Sélectionnez le ou les paragraphes dont il faut espacer les lignes.**

2. **Cliquez sur le bouton Interligne, dans le Ruban, et réglez l'espacement.**

   Le bouton Interligne affiche les espacements les plus couramment utilisés : 1,0 ligne, 1,5 ligne, 2,5 lignes et 3,0 lignes. Si l'espacement désiré n'y figure pas, sélectionnez Options d'interligne, tout en bas du menu, afin d'accéder à la boîte de dialogue de la Figure 8.7.

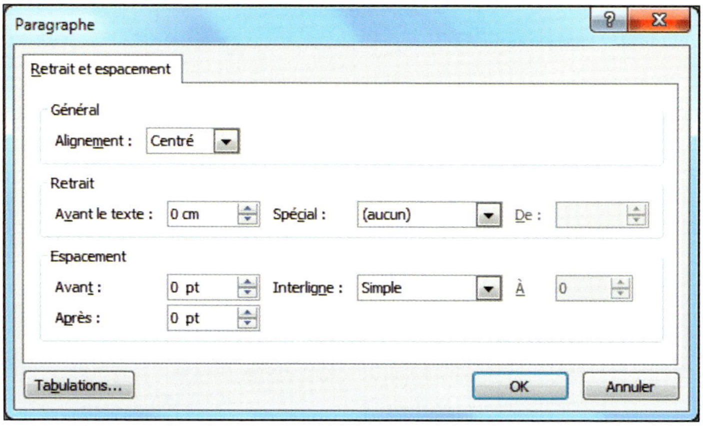

Figure 8.7 : Modifiez l'interligne à votre guise.

Aligner le texte

PowerPoint permet de contrôler l'alignement des lignes de texte dans une diapositive. Il peut être centré, aligné à gauche ou aligné à droite, ou encore justifié. Utilisez pour cela les boutons d'alignement du groupe Paragraphe, sous l'onglet Accueil, ou utilisez les raccourcis clavier du Tableau 8.2.

Tableau 8.2 : Les raccourcis pour aligner du texte.

Bouton	*Raccourci*	*Alignement*
	Ctrl+Maj+G	Aligné à gauche
	Ctrl+E	Centré
	Ctrl+Maj+D	Aligné à droite
	Ctrl+J	Justifié

Notez que le centrage des lignes n'est pas effectué par rapport à la diapositive, mais par rapport à l'espace réservé – la zone de texte, si vous préférez – dans laquelle elles se trouvent.

Notez aussi que les listes à puces ou numérotées ont un plus bel aspect lorsqu'elles sont alignées à gauche. Évitez de les centrer.

Chapitre 9

De toutes les couleurs

Dans ce chapitre :

- Comprendre les thèmes.
- Utiliser les couleurs du thème, les polices et les effets.

L'une des tâches les plus ardues lors de la création d'une présentation PowerPoint est d'en soigner l'apparence. Dans les précédentes versions du logiciel, vous deviez laborieusement peaufiner tous les aspects d'une diapositive afin qu'elle ne paraisse pas trop austère. PowerPoint 2010 est doté d'une nouvelle fonctionnalité – les thèmes –, qui permet d'obtenir de belles diapositives en un rien de temps.

L'accès principal aux thèmes s'effectue sous l'onglet Création, dans le Ruban. Ce chapitre lui est entièrement consacré. Pour faire simple, nous étudierons ses commandes de la droite vers la gauche, bien que ce ne soit sans doute pas dans cet ordre que vous les utiliserez.

Un coup d'œil à l'onglet Création

La Figure 9.1 montre l'onglet Création. Comme vous le constatez, il contient plusieurs groupes de commandes permettant de définir les divers aspects des diapositives d'une présentation. L'onglet Création peut être activé en cliquant dessus dans le Ruban, ou par le raccourci clavier Alt+G.

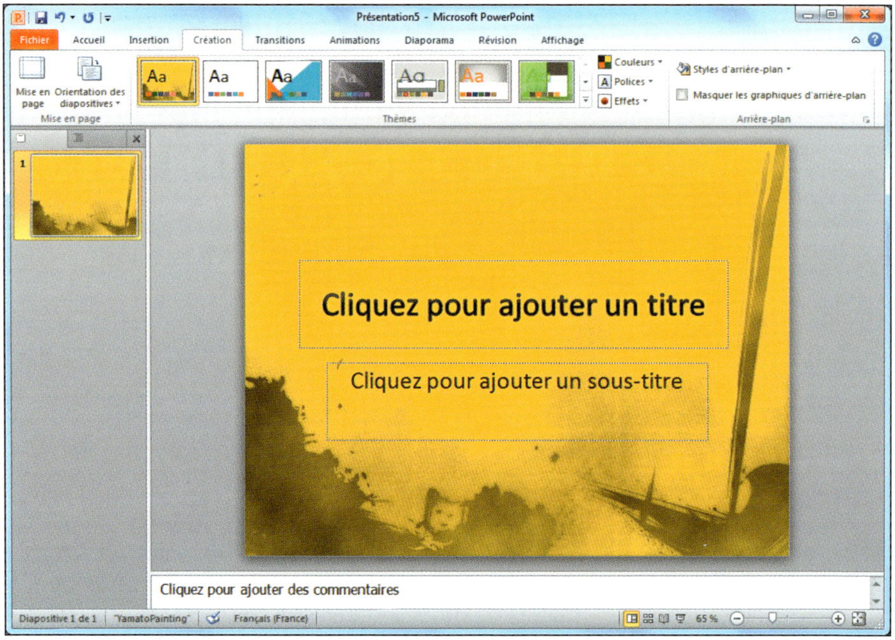

Figure 9.1 : L'onglet Création sert à définir l'aspect graphique des diapositives.

Voici à quoi servent les groupes de l'onglet Création :

- **Mise en page :** Permet de changer l'orientation de la diapositive de Paysage (en largeur) à Portrait (en hauteur), et de définir d'autres options de mise en page.
- **Thèmes :** Permet d'appliquer un thème à une présentation. C'est le groupe que vous utiliserez le plus souvent lors de la conception de vos diapositives.
- **Arrière-plan :** Permet d'appliquer un effet de couleur ou une image utilisés comme arrière-plan.

Concevoir la mise en page

Le groupe Mise en page contient une commande Orientation des diapositives qui permet de choisir entre une présentation en mode Paysage (proposée par défaut) ou Portrait. L'orientation Portrait, en hauteur, ne doit être utilisée que si vous comptez imprimer des transparents que vous projetterez avec un rétroprojecteur, ou si la présentation sera visionnée avec un ordinateur de type « tablette » dont l'écran est en hauteur.

Cliquer sur le bouton Mise en page, dans le groupe éponyme, affiche la boîte de dialogue de la Figure 9.2. Elle permet de contrôler encore plus étroitement la mise en page.

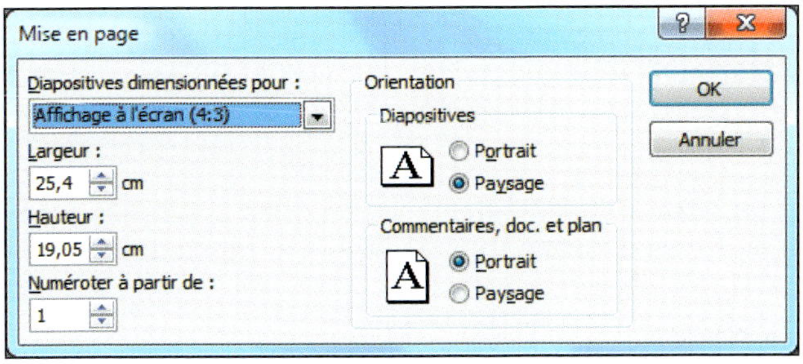

Figure 9.2 : Cette boîte de dialogue contient des options de mise en page supplémentaires.

Voici les commandes que contient la boîte de dialogue Mise en page :

- **Diapositives dimensionnées pour :** Cette liste déroulante permet de définir la dimension des diapositives selon la manière dont vous les présenterez. La plus courante est l'affichage sur un écran d'ordinateur, dont le rapport est de 4:3. Cela dit, le rapport d'écran de nombreux ordinateurs portables récents et des écrans de bureau panoramiques est de 16:9 ou 16:10. Vous trouverez ces formats dans le menu déroulant, parmi d'autres comme le papier A4 ou A3, les transparents et même les diapositives 24 x 36. Une option Personnalisé permet de définir des proportions atypiques.
- **Largeur :** Sert à définir la largeur de la diapositive.
- **Hauteur :** Sert à définir la hauteur de la diapositive.
- **Numéroter à partir de :** Si vous avez choisi de numéroter les diapositives, cette option permet de fixer le numéro de la première. Par défaut, il est de 1.
- **Orientation :** Impose le sens de la présentation : Paysage – à l'horizontale, appelée « à l'italienne » par les graphistes – ou Portrait, en hauteur, « à la française ». Ce paramètre peut être défini séparément pour les diapositives et pour les documents, notes et plan. En règle générale, les diapositives sont en mode Paysage tandis que les documents sont en mode Portrait.

Utiliser les thèmes

Le groupe Thèmes, sous l'onglet Création, permet de sélectionner le thème qui sera appliqué aux diapositives. PowerPoint 2010 est livré avec une kyrielle de thèmes joliment conçus qui donneront un aspect professionnel à vos présentations. Si vous avez quelque talent d'artiste, vous pourrez créer les vôtres.

Un *thème* est un ensemble d'éléments graphiques appliqués à une ou plusieurs diapositives. Chaque thème comporte plusieurs composants de base :

- Un **jeu de couleurs** qui s'accordent bien. Chaque thème compte quatre couleurs pour le texte et l'arrière-plan, et six couleurs pour mettre tel ou tel élément en valeur.
- Un **ensemble de polices** qui cohabitent esthétiquement. Chaque thème utilise une police pour le titre, une autre pour le corps du texte.
- Des **styles d'arrière-plan,** qui sont en fait un appariement de couleurs d'arrière-plan et d'effets comme des motifs ou des remplissages en dégradé.
- Des **effets typographiques** comme des styles de puces ou de traits.

Office contient 40 thèmes prédéfinis identifiables par leur nom quelque peu sibyllin, comme le révèle ce tableau :

Thème Office	Angles	Apex	Apothicaire
Aspect	Austin	Capitaux	Civil
Clarté	Composite	Contiguïté	Couture
Cravate noire	Débit	Élémentaire	Essentiel
Exécutif	Fonderie	Grille	Horizon
Livre relié	Mailles	Médian	Métro
Module	Opulent	Oriel	Origine
Papier	Papier journal	Perspective	Promenade
Punaise	Rotonde	Sillage	Solstice
Technique	Urbain	Vagues	Verve

Appliquer des thèmes

Pour appliquer un thème à la totalité d'une présentation, cliquez sur celui qui vous intéresse, dans le groupe Thèmes de l'onglet Création. Si le thème en question n'est pas visible dans le Ruban, cliquez sur les boutons de défilement, à droite du groupe Thèmes, pour accéder aux thèmes supplémentaires.

Cliquez sur le bouton fléché, sous les flèches de défilement du groupe Thèmes, pour afficher l'ensemble des thèmes disponibles, comme le montre la Figure 9.3. En bas de la palette, des liens permettent de rechercher des thèmes supplémentaires sur le site Office.com. Celui tout en bas sert à enregistrer un thème que vous auriez modifié ou créé de toutes pièces.

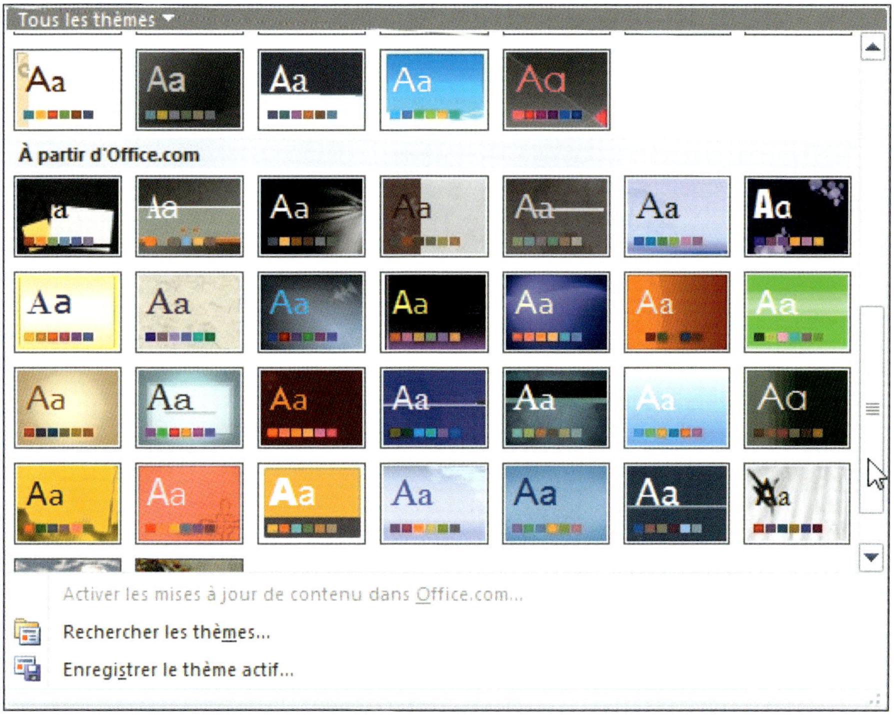

Figure 9.3 : Tous les thèmes disponibles se trouvent dans cette palette.

Toutes les diapositives d'une présentation ne doivent pas forcément avoir le même thème. Pour en appliquer un à une seule diapositive ou à un ensemble de diapositives, sélectionnez-les, cliquez du bouton droit sur le thème à leur affecter et, dans le menu contextuel, choisissez Appliquer aux diapositives sélectionnées.

Utiliser des jeux de couleurs

Les jeux de couleurs de PowerPoint sont la plus grande invention depuis l'époisses, un fromage pas fait pour les mauviettes qui se déguste à la petite cuillère quand il est bien coulant. Sans les jeux de couleurs, vous n'auriez que l'embarras du choix entre les 16 777 216 couleurs (pas une de moins !) à votre disposition. Si les couleurs d'une présentation étaient mal choisies, l'auditoire pousserait les mêmes cris d'horreur qu'à la vue du papier peint à fleurs choisi par tante Berthe pour sa chambre à coucher.

Chaque jeu de couleurs est basé sur douze teintes agencées de la manière suivante :

- **Quatre couleurs pour les textes et l'arrière-plan :** Elles sont censées être les couleurs principales de la présentation. Dans chaque appariement de couleurs, l'une est utilisée pour le texte, l'autre pour le fond.
- **Six couleurs contrastantes :** Aussi appelées « accent », elles sont appliquées à divers éléments de la diapositive afin de les mettre en valeur par rapport au texte et à l'arrière-plan.
- **Deux couleurs de liens hypertextes :** Elles ne sont bien sûr utilisées que si des liens ont été définis dans la présentation.

Quand vous appliquez un thème, son jeu de couleurs est également appliqué, au même titre que tous ses autres éléments. PowerPoint vous permet cependant de modifier le jeu de couleurs. Vous pouvez par exemple appliquer un thème Opulent, mais utiliser le jeu de couleurs du thème Verve.

Appliquer un jeu de couleurs

Pour appliquer un jeu de couleurs sans recourir à un autre thème, cliquez sur le bouton Couleurs, en haut à droite du groupe Thèmes. La palette de la Figure 9.4 se déploie ; vous pouvez y choisir le jeu de couleurs à appliquer. Remarquez comment chaque ensemble de couleurs est associé au nom d'un thème.

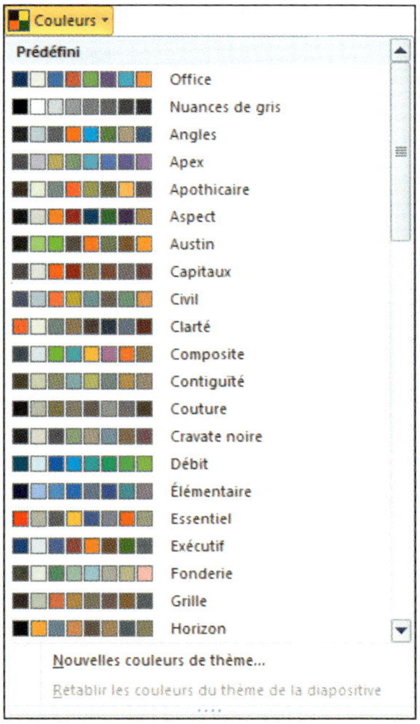

Figure 9.4 : Cette palette contient les jeux de couleurs des différents thèmes.

Utiliser les polices des thèmes

Un thème comporte bien moins de polices que de couleurs. Alors que les polices sont au nombre de douze, les couleurs ne sont que deux : une pour les titres, l'autre pour le corps du texte.

Si vous ne tenez pas à utiliser les polices imposées par le thème que vous avez choisi, cliquez sur le bouton Polices, à droite du groupe Thèmes. Celle que vous choisirez dans le menu déroulant sera appliquée dans toute la présentation.

N'OUBLIEZ PAS

Notez bien que changer la police d'un thème est différent de changer de police à l'aide de la commande Police du groupe du même nom sous l'onglet Accueil. Quand vous mettez une police en forme à partir de l'onglet Accueil, vous effectuez une *mise en forme directe*, qui supplante provisoirement les paramètres de police définis par le thème. En règle générale, vous ne devrez modifier les polices du thème que si elles s'appliquent à toute la présentation. Utilisez parcimonieusement la mise en forme directe ; ne l'appliquez qu'à un mot ou deux que vous désirez faire ressortir.

La police utilisée par un thème peut être changée en cliquant sur le bouton Polices, dans le groupe de Thèmes de l'onglet Création, et en choisissant l'option Nouvelles polices de thème, tout en bas du menu. Une boîte de apparaît ; elle permet de changer la police des titres et du corps du texte.

Appliquer des effets de thème

Les *effets de thème*, qui appliquent de subtiles variations graphiques à une présentation, sont un autre élément majeur d'un thème de PowerPoint. Ils sont appliqués automatiquement chaque fois que vous utilisez un thème. Il est toutefois possible d'appliquer des effets issus d'un autre thème en cliquant sur le bouton Effets, à droite du groupe Thèmes, sous l'onglet Création. Vous accédez ainsi à la palette d'effets où vous ferez votre choix.

Chapitre 10

De l'animation dans les diapositives

Dans ce chapitre :

- Appliquer des transitions.
- Animer du texte.
- Créer des animations personnalisées.
- Paramétrer le minutage de l'animation.

Si vous envisagez de projeter l'animation sur votre ordinateur ou sur un écran, vous pouvez utiliser ou abuser des possibilités d'animation de PowerPoint. On ne croira certes pas que les studios Disney ont travaillé pour vous, mais l'auditoire risque d'être agréablement surpris. Les animations ne sont qu'un exemple des capacités de PowerPoint à rendre une présentation très spectaculaire.

Ce chapitre commence par les transitions de diapositives. Techniquement, il ne s'agit pas d'animations, car les éléments de la diapositive ne sont pas animés. Cependant, on les utilise de concert avec des animations pour créer des présentations bien plus intéressantes que si elles affichaient platement des informations.

Créer des transitions

Une *transition* est un effet visuel entre deux diapositives. La plus classique consiste à afficher brusquement la nouvelle diapositive ; c'est efficace, mais ne révèle pas une grande imagination. PowerPoint propose plus de 50 effets de transition. Par exemple, la nouvelle diapositive peut recouvrir l'ancienne depuis le coin supérieur droit de l'écran ou toute autre direction. Vous pouvez aussi appliquer des fondus, utiliser des volets ou encore faire tourner la diapositive comme à la fête foraine.

Les transitions sont contrôlées par les commandes de l'onglet Transitions que montre la Figure 10.1.

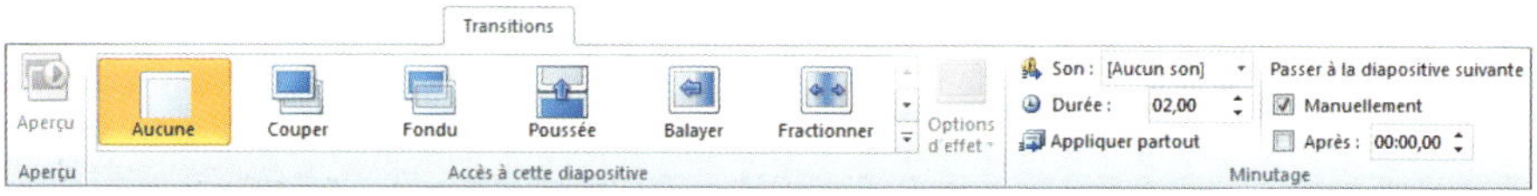

Figure 10.1 : Les transitions sont définies dans cet onglet.

L'onglet transitions comprend les trois groupes de commandes suivants :

- **Aperçu :** Ce groupe ne contient qu'une seule commande, fort opportunément nommée Aperçu, qui montre l'effet de la transition sélectionnée pour la diapositive courante.
- **Accès à cette diapositive :** Vous sélectionnez dans ce groupe la transition affichant la diapositive courante.
- **Minutage :** Ce groupe permet de sélectionner des options affectant la transition appliquée à la diapositive, notamment la vitesse de l'effet, et son déclenchement par un clic de souris ou automatiquement après un certain délai.

Voici comment créer une transition :

1. **Affichez la diapositive à laquelle vous souhaitez appliquer une transition.**

   Notez que la transition précède la diapositive que vous venez d'afficher (elle ne se déroule pas après). Par exemple, si la diapositive n° 3 est affichée, la transition que vous vous apprêtez à définir se produira lors du passage de la diapositive 2 à la diapositive 3 (et non de 3 à 4).

   Pour appliquer un jeu d'animations à l'ensemble des diapositives, passez cette première étape, car peu importe à partir de quelle diapositive vous la créez.

   TRUC

   Pour appliquer des transitions différentes entre les diverses diapositives, travaillez de préférence en mode Trieuse de diapositives (cliquez sur le bouton d'affichage en bas à droite de PowerPoint), car il permet de voir plusieurs diapositives en même temps.

2. **Cliquez sur l'onglet Transitions puis, dans le groupe Accès à cette diapositive, sélectionnez l'effet à appliquer.**

Si vous le désirez, vous pouvez afficher la palette complète des transitions (voir Figure 10.2) en cliquant sur le bouton fléché Autres, en bas à droite du groupe Accès à cette diapositive.

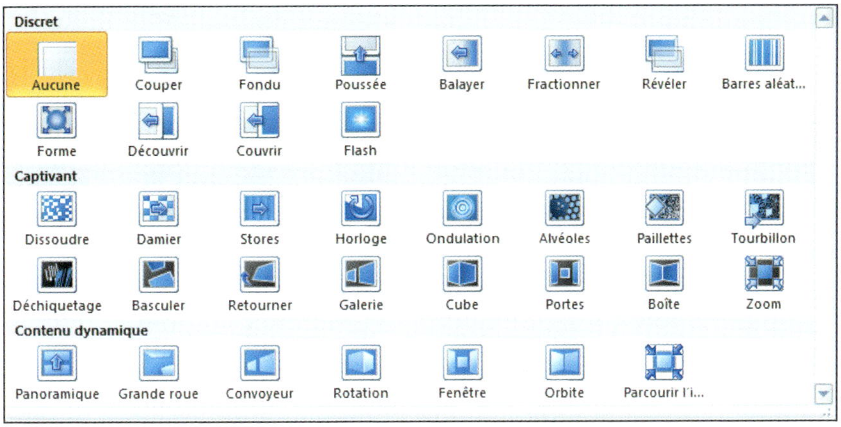

Figure 10.2 : La palette des transitions.

3. **Cliquez sur le bouton Options d'effets afin de sélectionner une variation à appliquer à la transition choisie à l'étape précédente.**

   Toutes les transitions ne permettent pas de choisir une option d'effet, et le nombre des effets change selon la transition. Par exemple, pour la transition Balayer, vous avez le choix entre les effets suivants :

   - À partir de la droite.
   - À partir du haut.
   - À partir de la gauche.
   - À partir du bas.
   - À partir du coin supérieur droit.
   - À partir du coin inférieur droit.
   - À partir du coin supérieur gauche.
   - À partir du coin inférieur gauche.

4. **Si vous le désirez, déroulez le menu Son afin de sonoriser la transition.**

   Le menu Son contient une longue liste de bruitages comme Acclamation, Appareil photo, Brise, Machine à écrire, Vent… L'option Autre son permet d'utiliser n'importe quel fichier audio à condition qu'il soit au format `.wav`.

5. **Utilisez la commande Durée pour régler la rapidité de la transition.**

   Elle est par défaut de 1 seconde, mais vous pouvez spécifier une durée plus longue ou plus courte.

6. **Cochez la case Manuellement ou Après, afin d'indiquer comment la transition doit être activée.**

   Pour contrôler vous-même le passage d'une diapositive à une autre, cochez la case Manuellement. Pendant la présentation, vous devrez cliquer dans la diapositive pour passer à la suivante. En revanche, si la diapositive ne doit rester affichée que pendant une durée définie puis passer automatiquement à la suivante, cochez la case Après, puis spécifiez le délai.

TRUC

Pour appliquer l'effet à la totalité de la présentation, cliquez sur l'option Appliquer partout.

Voici quelques points à garder à l'esprit quand vous définissez des transitions :

- **La vitesse de l'ordinateur :** Les effets de transition sont meilleurs sur un ordinateur rapide, car il est capable de manipuler un grand nombre de pixels en très peu de temps. Si votre machine est lente, choisissez la vitesse Rapide afin que la transition ne se traîne pas.

- **La sélection d'un jeu de transitions :** Certains effets de transition agissent dans plusieurs directions. Vous pouvez créer un jeu de transitions qui varie ces effets d'une diapositive à l'autre. Par exemple, choisissez Recouvrir à partir de la droite pour la première diapositive, Recouvrir à partir de la gauche pour la deuxième, Recouvrir à partir du bas pour la troisième, et ainsi de suite.

- **La prévisualisation les transitions :** Quand vous travaillez en mode Trieuse de diapositives, cliquez sur l'icône en forme d'étoile d'une diapositive afin d'animer cette dernière. Le minutage automatique des transitions est également affiché sous la diapositive si vous avez opté pour ce mode de transition.

L'onglet Animation

Avec les transitions, le type d'animation le plus prisé dans PowerPoint est l'ajout d'effets d'ouverture et de fermeture au texte qui apparaît dans la diapositive. Ils sont particulièrement utiles pour les listes à puces, car ils permettent d'afficher une phrase à puce à la fois. Chacune semble arriver de nulle part, descendre du haut de l'écran ou défiler de gauche à droite, à moins que vous préfériez faire rebondir les caractères ou leur faire faire la roue dans un sens ou dans l'autre.

Ces animations sont configurées à partir de l'onglet Animations que montre la Figure 10.3 :

Figure 10.3 : Les commandes d'animation se trouvent ici.

L'onglet Animations contient quatre groupes de commandes :

- **Aperçu :** Ce groupe ne contient qu'une seule commande du même nom qui visualise l'effet sélectionné pour la diapositive courante.
- **Animations :** Vous sélectionnez ici l'une des animations prédéfinies.
- **Animation avancée :** Les commandes de ce groupe permettent de créer des animations personnalisées à partir des effets de base du groupe Animations. Nous y reviendrons à la section « Personnaliser l'animation », un peu plus loin.
- **Minutage :** C'est là que vous temporisez l'animation, comme expliqué à la section « Minuter l'animation », plus loin dans ce chapitre.

Pour appliquer une animation, commencez par sélectionner la zone de texte qui doit recevoir l'effet. Choisissez ensuite l'effet dans le groupe Animations.

À l'instar des autres palettes de PowerPoint, la palette Animation est dotée d'un bouton fléché Autres qui affiche la totalité de la palette, comme le montre la Figure 10.4.

Après avoir appliqué une animation, vous pouvez cliquer sur le bouton Options d'effets pour lui appliquer une variation. Par exemple, si vous avez appliqué l'animation Entrée brusque, vous choisissez dans les options d'effet la direction dans laquelle s'effectue l'entrée.

TRUC

Remarquez qu'il existe quatre options Autres, en bas de la palette des animations. Chacune contient des animations supplémentaires.

Pour obtenir des animations plus complexes, vous devrez les configurer vous-même comme expliqué à la prochaine section, « Personnaliser l'animation ».

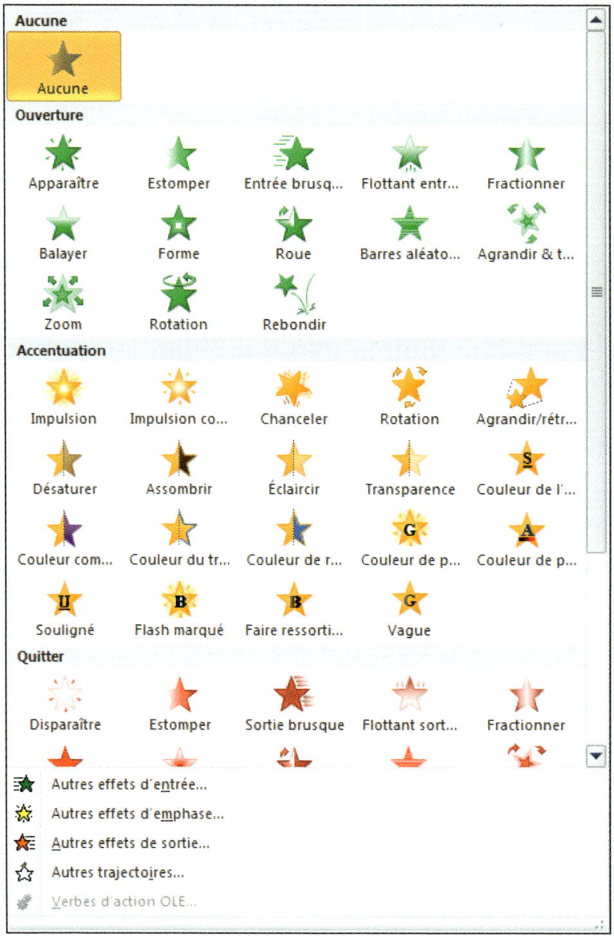

Figure 10.4 : La palette Animations.

Personnaliser l'animation

L'animation personnalisée permet d'exploiter à fond les possibilités d'animation de PowerPoint. C'est le seul moyen d'obtenir des effets autrement plus sophistiqués que les styles prédéfinis comme Estomper, Balayer et Entrée brusque, présents dans le groupe Animations. En plus du texte, la personnalisation permet d'animer d'autres objets comme des images, des formes et des graphiques.

Comprendre la personnalisation de l'animation

Avant d'entrer dans les détails, voici quelques concepts de base à bien assimiler. Rassurez-vous, ils ne sont pas très techniques, mais vous ne pouvez pas vous en dispenser.

Des animations personnalisées peuvent être appliquées à n'importe quel objet d'une diapositive, c'est-à-dire à un espace réservé, un objet dessiné (forme automatique…), une zone de texte ou encore un clipart. Pour les objets textuels, vous pouvez choisir d'appliquer l'animation à la totalité du texte ou seulement à tel ou tel paragraphe de l'objet. Vous pouvez aussi indiquer si l'effet survient automatiquement ou après un clic, ou encore après l'appui sur la touche Entrée.

Personnaliser l'animation applique quatre types d'effets d'animation élémentaires aux objets :

- **Ouverture :** Manière dont un objet entre dans la diapositive. Si vous n'en spécifiez pas, l'objet s'affiche à la position où vous l'avez placé sur la diapositive. Mais pour être plus créatif, utilisez l'un des 52 effets proposés comme Apparaître, Bandes, Descendre, Étirer, Boomerang, etc.

- **Emphase :** Attirer l'attention sur un objet déjà en place. PowerPoint propose 31 effets d'emphase dont Changer la couleur de remplissage, Modifier le style de la police, Ampoule de flash, Mélange de couleurs, Scintiller, Clignoter, etc.

- **Fermeture :** Définit la manière dont un objet sort de la diapositive. La plupart des objets n'ont pas d'effet de sortie, mais s'il est applicable, sachez que PowerPoint propose 52 effets, analogues aux effets d'ouverture.

- **Trajectoire :** Animation personnalisée des plus intéressantes. Une *trajectoire* est une courbe imaginaire suivie par l'objet. PowerPoint fournit 64 trajectoires prédéfinies comme le cercle, l'étoile, la larme, la spirale, etc. Et si ce n'est pas suffisant, vous pouvez tracer librement les vôtres.

  Si la trajectoire commence hors de l'écran et se termine sur la diapositive, vous obtenez un effet d'ouverture. Si la trajectoire commence sur la diapositive mais se termine en dehors, vous obtenez un effet de fermeture. Et si la trajectoire commence et se termine sur la diapositive, vous obtenez un effet d'emphase. Rien ne vous empêche de définir une trajectoire commençant et se terminant hors de la diapositive. Dans ce cas, l'objet ne fait que passer.

Pour définir une trajectoire, cliquez sur le bouton Ajouter un effet, dans le volet Animation, puis choisissez Trajectoires, Tracer une trajectoire personnalisée. Choisissez ensuite l'un des outils de dessin dans le menu contextuel : Trait, Courbe, Forme libre ou Dessin à main levée. Tracez ensuite la trajectoire à l'aide de l'outil sélectionné.

Plusieurs animations peuvent être appliquées à un objet. Par exemple, vous pouvez lui affecter un effet d'ouverture, un effet d'emphase et un effet de fermeture. Cela permet d'afficher l'objet, d'attirer l'attention sur lui et de lui faire quitter la diapositive. Vous pouvez également dessiner plusieurs trajectoires pour un seul objet ou cumuler les effets d'ouverture et de fermeture. Mais bien souvent un seul fonctionnera.

Chaque effet possède plusieurs propriétés permettant de le personnaliser. Elles proposent toutes un paramètre de vitesse, et certains effets sont pourvus de paramètres supplémentaires permettant de contrôler l'amplitude des mouvements.

TRUC

Il est possible de créer un *déclencheur* qui démarre une animation lors d'un clic sur tel ou tel objet. Par exemple, vous pourriez définir un déclencheur qui applique une pulsation à un paragraphe lorsque vous cliquez sur un titre. Pour ce faire, commencer par animer le texte. Ensuite, dans le groupe Animation avancée, cliquez sur Déclencheur et, dans le menu, choisissez Sur clic de. Une liste d'objets cliquables apparaît. Sélectionnez l'espace réservé Titre 1 (notez que vous pouvez aussi déclencher une animation lorsqu'un endroit spécifique est atteint au cours de la lecture d'une vidéo.

Utiliser le volet Animation

ma051Le volet Animation est un panneau qui apparaît à droite de la diapositive. Il affiche des informations importantes à propos des animations appliquées aux diapositives. Le volet Animation personnalisée est masqué par défaut, mais il est recommandé de le faire apparaître avant d'ajouter des animations personnalisées à vos diapositives. Pour afficher ce panneau, cliquez sur le bouton Volet Animation, dans le groupe Animation avancée.

La Figure 10.5 montre le volet Animation lorsqu'aucune animation n'a été ajoutée à la diapositive.

Voyons maintenant comment utiliser ce volet pour nos animations.

Figure 10.5 : Le volet Animation vide.

Ajouter un effet

Procédez comme suit pour animer un objet sur une diapositive :

1. **En mode Normal, affichez la diapositive qui contient l'objet à animer, et cliquez sur l'objet afin de le sélectionner.**

   Pour animer des paragraphes de texte, sélectionnez l'espace réservé qui les contient.

2. **Cliquez sur l'onglet Animations, dans le Ruban.**

3. **Dans le groupe Animation avancé, cliquez sur le bouton Volet Animation.**

   Le volet Animation apparaît.

4. **Cliquez sur le bouton Ajouter un effet puis, dans le menu qui se déroule, sélectionnez le type d'effet à créer.**

   Le menu propose les quatre catégories d'effets : Ouverture, Accentuation, Quitter et Trajectoires. Dans cet exemple, nous choisissons l'effet d'ouverture Rebondir.

   L'effet d'ouverture qui vient d'être choisi apparaît dans le volet Animation, comme le révèle la Figure 10.6.

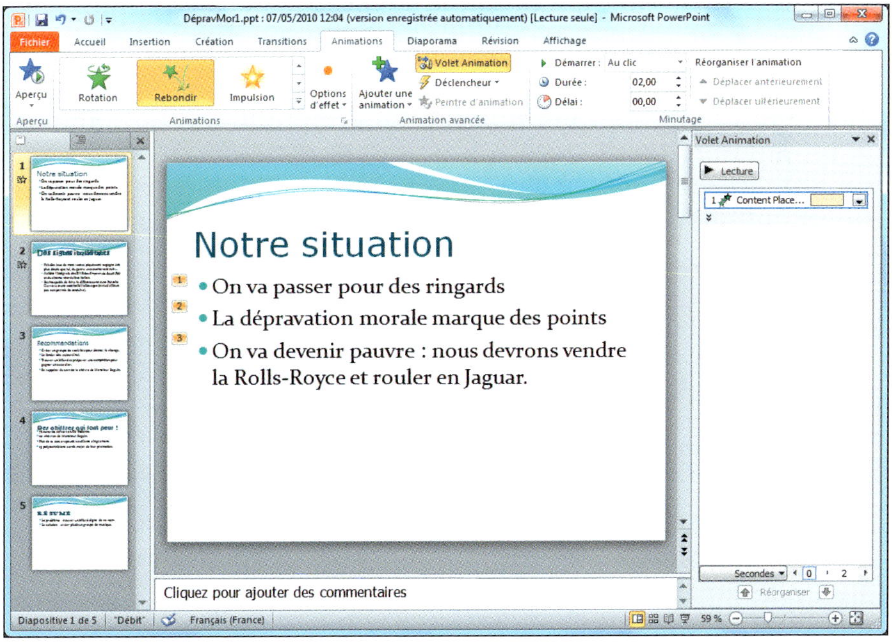

Figure 10.6 : Le volet Animation, à droite, après l'ajout d'une animation.

Remarquez la numérotation qui a été appliquée à chacun des paragraphes de l'espace réservé. Ils indiquent que ce sont eux qui seront animés. Dans le volet Animation, cette numérotation n'est pas mentionnée car, bien que l'animation ait été appliquée à trois paragraphes, elle est considérée comme une seule et même entité dans le volet Animation.

Mais si vous cliquez sur les chevrons en bas à gauche de l'animation, dans le volet, le détail de l'animation est affiché comme le montre la Figure 10.7.

5. **(Facultatif) Cliquez sur le bouton Options d'effets pour définir un paramètres supplémentaire.**

   Par exemple, pour l'animation Rebondir, vous choisirez un rebond global pour tous les paragraphes en même temps, ou le rebond du premier paragraphe, puis du second, et ainsi de suite.

Figure 10.7 : Le détail d'une animation peut être affiché dans le volet Animation.

6. **Pour prévisualiser l'animation, cliquez sur le bouton Lecture, en haut à gauche du volet Animation.**

   Ou, si vous préférez, démarrez la lecture du diaporama en appuyant sur la touche F5 pour apprécier l'aspect de l'animation. Si rien ne se passe, essayez de cliquer sur le bouton de la souris.

Si vous appliquez plusieurs effets à une diapositive, ils seront initialisés à chaque clic de souris, dans l'ordre où vous les aurez définis. Rien ne vous empêche de déterminer l'ordre des effets en cliquant sur les flèches de l'option Réorganiser, sous la fenêtre du volet Animation. Pour en savoir plus sur la réorganisation des effets et leur temporisation, reportez-vous à la section « Minuter les animations », plus loin dans ce chapitre.

Un effet peut être configuré plus finement encore en cliquant sur le bouton fléché à sa droite, dans la fenêtre où ils s'accumulent. Choisissez Options d'effet, dans le menu. Une boîte de dialogue semblable à celle de la Figure 10.8 s'ouvre. Elle permet d'ajouter un son, de modifier la couleur de l'objet une fois l'animation terminée, et de déterminer la manière dont le texte sera animé (tout simultanément, mot après mot ou lettre après lettre). Selon le type d'effet, des commandes supplémentaires peuvent apparaître dans cette boîte de dialogue.

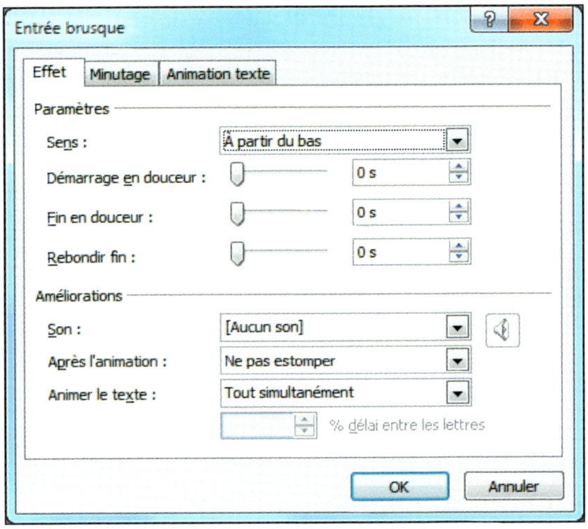

Figure 10.8 : La boîte de dialogue des paramètres de l'animation Entrée brusque.

Minuter les animations

La plupart des animations sont déclenchées à la souris. Mais vous pouvez activer automatiquement certaines animations en séquence ou toutes en même temps. Les fonctions de minutage de PowerPoint le permettent.

Il faut d'abord placer les divers effets dans l'ordre correct. Dans un premier temps, ils sont ajoutés à la liste selon leur ordre de création. Il est rare de déterminer l'ordre définitif des effets au moment où on les crée dans une présentation. Pour les ordonner correctement, il suffit toutefois de les faire monter ou descendre dans la liste.

Les effets placés dans le bon ordre, cliquez sur le bouton fléché à droite de l'animation, dans le volet Animation, et choisissez l'une de ces options :

- **Démarrer en cliquant :** Lance l'effet quand vous cliquez ou appuyez sur la touche Entrée.
- **Démarrer avec le précédent :** Lance l'effet quand celui situé immédiatement au-dessus dans la liste démarre. Utilisez cette option pour animer plusieurs objets simultanément.
- **Démarrer après le précédent :** Lance l'effet dès que le précédent est terminé.

Commencez par le premier effet de la liste. Cliquez ensuite sur chaque effet pour les sélectionner. Choisissez une option dans la liste Début. Si tous les effets, à l'exception du premier, sont fixés sur Avant la précédente ou Après la précédente, toutes les animations des diapositives s'exécutent automatiquement quand vous cliquez pour lancer le premier effet.

Index

Word

W

Excel

Symboles

A

B

C

G

H

I

L

M

N

O

P

Q

R

S

T

U

V

W

X

Z

PowerPoint

A

B

C

V

X